21世纪经济管理新形态教材·物流学系列

# 供应链物流管理
## 教程（第2版）
Supply Chain Logistics Management

杨建华　王为人 ◎ 编著

清华大学出版社
北京

## 内 容 简 介

本书从理论与实践两个视角，围绕增强企业竞争优势、扩大市场机会的目标，对企业供应链与物流管理理论与方法从4个方面展开论述。第一，全局战略。从价值链视角介绍企业供应链与供应链管理，分析物流管理的发展、分支、分类与电商物流等；并从供应链变革出发，权衡供应链战略目标，构建供应链战略与规划框架。第二，进出厂物流。从上游的战略采购与库存管理，到下游的分销物流，详细阐述采购与库存、仓储与运输、第三方物流、分销网络优化等管理决策问题。第三，关系管理。介绍供应链客户关系管理、供应商关系管理及战略联盟合作关系的发展与治理，且关注供应商偏好与供应市场、供应商绩效评价与改善。第四，可持续供应链。介绍供应链风险管理、危机管理及应急理论与方法；阐述供应链可持续运营的社会责任问题；介绍安全、绿色、低碳供应链物流的理论与方法。针对每一部分的内容，本书还展示企业供应链实践的实例，精选案例与讨论题，利于师生结合实际开展协同教学与研究。

本书封面贴有清华大学出版社防伪标签，无标签者不得销售。

版权所有，侵权必究。举报: 010-62782989, beiqinquan@tup.tsinghua.edu.cn。

**图书在版编目(CIP)数据**

供应链物流管理教程/杨建华,王为人编著. —2版. —北京:清华大学出版社,2024.2
21世纪经济管理新形态教材. 物流学系列
ISBN 978-7-302-65678-4

Ⅰ. ①供… Ⅱ. ①杨… ②王… Ⅲ. ①物资供应－物资管理－高等学校－教材 Ⅳ. ①F252

中国国家版本馆CIP数据核字(2024)第048277号

责任编辑: 高晓蔚
封面设计: 汉风唐韵
责任校对: 宋玉莲
责任印制: 刘 菲

出版发行: 清华大学出版社
网　　址: https://www.tup.com.cn, https://www.wqxuetang.com
地　　址: 北京清华大学学研大厦A座　　邮　编: 100084
社 总 机: 010-83470000　　邮　购: 010-62786544
投稿与读者服务: 010-62776969, c-service@tup.tsinghua.edu.cn
质量反馈: 010-62772015, zhiliang@tup.tsinghua.edu.cn

印 装 者: 三河市天利华印刷装订有限公司
经　　销: 全国新华书店
开　　本: 185mm×260mm　　印　张: 18　　字　数: 391千字
版　　次: 2016年1月第1版　2024年4月第2版　　印　次: 2024年4月第1次印刷
定　　价: 59.00元

产品编号: 091219-01

# 前言

本书聚焦于企业供应链与物流管理,为实现企业目标或满足顾客需求,对产品/服务及相关信息从产地到消费地高效、低成本的采购、储存、装卸、运输、配送等进行系统的规划、实施与控制。物流连接了供应链过程,已经成为企业重要的利润源泉与管理决策领域。企业物流管理不是孤立的,而是应从企业供应链全局战略出发,运用新模式、新理念、新技术、新设备、新系统推动企业内部单元及企业间的供应链集成,进而做出全局供应链与物流管理决策。

随着业界对供应链与物流管理的日益关注,以及新文科、新商科的发展,供应链与物流管理成为国内外著名大学的新文科、新商科专业,并设有本科、硕士和博士学位,在 MBA 中也有供应链与物流管理方向。本书参考国际供应链管理师认证的课程知识点来组织教学内容,从理论指导与实践应用的双重视角,对供应链与物流管理的核心理论与关键方法展开深度阐述,强调数字化技术的应用,以满足读者对供应链与物流管理理论知识的进一步需求。首先,从整体上介绍供应链与物流管理理论(第1章)、供应链战略与规划(第2章);其次,沿企业价值链从上游到下游方向介绍采购与库存(第3章)、综合物流(第4章);再次,全面阐述供应链关系管理(第5章);最后,介绍供应链风险与危机管理(第6章)、社会责任(第7章)等。本书增加了数字化新技术应用、电商物流、供应链危机管理、安全管理、可持续发展的最新主题,提供了为企业提升竞争力的社会责任视角。

本书获得了北京科技大学研究生教育基金的资助。业界率先开启供应链管理的制造企业与服务企业、供应链研究者所提供的许多有价值的资料,为本书的写作提供了帮助,在此一并感谢。

供应链与物流管理本身是一门发展的前沿学科,由于编著者水平有限,本书编写过程中难免会出现谬误,恳请读者不吝赐教。

编著者

2023 年 10 月于北京

# 目 录

## 第1章 导论 … 1

### 1.1 供应链与供应链管理 … 1
- 1.1.1 理解供应链 … 1
- 1.1.2 价值链和供应链 … 7
- 1.1.3 供应链管理理论 … 10
- 1.1.4 供应链运作的基本过程 … 16
- 1.1.5 供应链"牛鞭效应" … 18

### 1.2 物流与物流管理 … 22
- 1.2.1 物流 … 22
- 1.2.2 物流管理的发展 … 24
- 1.2.3 物流分类及管理活动 … 29

### 1.3 典型的几种物流 … 32
- 1.3.1 全球供应链物流 … 32
- 1.3.2 区域物流与城市物流 … 35
- 1.3.3 企业物流 … 40
- 1.3.4 电子商务物流 … 44
- 1.3.5 跨境电商国际物流 … 47

案例：SE汽车公司的战略供应链变革 … 49

## 第2章 供应链战略与规划 … 53

### 2.1 供应链变革 … 53
- 2.1.1 供应链变革驱动要素 … 53
- 2.1.2 供应链管理的挑战 … 56

### 2.2 供应链战略 … 57
- 2.2.1 供应链面临的不确定性 … 57
- 2.2.2 供应链战略框架 … 58
- 2.2.3 供应链数字化转型战略 … 62
- 2.2.4 供应链伙伴关系战略 … 65

## 2.3 供应链规划与设计 ················································································ 67
### 2.3.1 供应链规划概述 ········································································· 67
### 2.3.2 供应链网络设计 ········································································· 70
### 2.3.3 战略规划中的权衡 ····································································· 72
## 2.4 供应链集成与新技术应用 ····································································· 75
### 2.4.1 供应链集成阶段 ········································································· 75
### 2.4.2 供应链集成度 ············································································ 76
### 2.4.3 应用区块链 ················································································ 77
### 2.4.4 应用物联网 ················································································ 78
### 2.4.5 应用自动化与人工智能 ······························································ 80
## 2.5 供应链总体绩效 ················································································· 82
案例：供应链管理系统再造 ·············································································· 83

# 第3章 采购与库存 ························································································ 87
## 3.1 采购与供应 ························································································· 87
### 3.1.1 采购管理概述 ············································································ 87
### 3.1.2 采购组织的集中与分散 ······························································ 89
### 3.1.3 战略采购管理 ············································································ 92
### 3.1.4 供应战略 ···················································································· 94
### 3.1.5 供应商管理 ················································································ 99
## 3.2 供应链库存管理 ················································································ 111
### 3.2.1 供应链库存管理思想 ································································ 111
### 3.2.2 JIT 拉动式库存管理 ································································· 112
### 3.2.3 快速响应 ·················································································· 113
### 3.2.4 VMI 持续补货 ·········································································· 114
### 3.2.5 高效客户响应 ·········································································· 115
## 3.3 供应链协同计划、预测与补货 ····························································· 116
## 3.4 多级库存管理及可视化 ······································································ 117
### 3.4.1 库存集中与分散管理策略 ························································· 118
### 3.4.2 成本降低及风险聚集 ································································ 119
### 3.4.3 供应链可视化 ·········································································· 121
案例：避重就轻的汇报 ···················································································· 122

# 第4章 综合物流 ·························································································· 124
## 4.1 仓储管理 ·························································································· 124

  4.1.1 仓储及仓储功能 ………………………………………………………… 124

  4.1.2 仓储管理决策 …………………………………………………………… 127

  4.1.3 仓库空间布局设计 ……………………………………………………… 131

  4.1.4 越库作业 ………………………………………………………………… 133

4.2 运输管理 ……………………………………………………………………………… 135

  4.2.1 运输与运输方式 ………………………………………………………… 135

  4.2.2 运输决策 ………………………………………………………………… 140

  4.2.3 行车路线和时刻表 ……………………………………………………… 144

  4.2.4 国际货运 ………………………………………………………………… 148

4.3 第三方物流 …………………………………………………………………………… 148

  4.3.1 兴起与概念 ……………………………………………………………… 148

  4.3.2 物流外包的范围 ………………………………………………………… 149

  4.3.3 包装、装卸、仓储和运输 ……………………………………………… 150

4.4 分销网络 ……………………………………………………………………………… 152

  4.4.1 分销网络概述 …………………………………………………………… 152

  4.4.2 分销网络方案 …………………………………………………………… 154

  4.4.3 分销策略模式 …………………………………………………………… 159

  4.4.4 配送与配送需求计划 …………………………………………………… 161

4.5 基于网络的选址 ……………………………………………………………………… 166

  4.5.1 网络结构 ………………………………………………………………… 166

  4.5.2 选址目标、原则与影响因素 …………………………………………… 171

  4.5.3 选址的数学规划法 ……………………………………………………… 173

  4.5.4 选址及能力分配 ………………………………………………………… 177

案例：节节攀升的呆料 ……………………………………………………………………… 181

## 第5章 供应链关系管理 ……………………………………………………………… 184

5.1 需求管理与客户关系 ………………………………………………………………… 184

  5.1.1 需求管理 ………………………………………………………………… 184

  5.1.2 客户关系管理及其发展 ………………………………………………… 185

  5.1.3 客户服务及评价指标 …………………………………………………… 192

  5.1.4 客户关系管理发展趋势 ………………………………………………… 197

5.2 供应商关系管理 ……………………………………………………………………… 199

  5.2.1 关系管理的挑战 ………………………………………………………… 199

  5.2.2 SRM 定义及模式 ………………………………………………………… 202

  5.2.3 供应商开发 ……………………………………………………………… 203

　　　　5.2.4　供应商认证 ·················································································· 206
　　　　5.2.5　供应商偏好及供应市场管理 ····························································· 206
　　阅读：徐工发展小供应商作为战略伙伴 ································································ 213
　5.3　供应商绩效评估与改善 ················································································ 213
　　　　5.3.1　供应商绩效评估流程 ····································································· 214
　　　　5.3.2　绩效整体指标 ············································································· 215
　　　　5.3.3　供应商分级 ················································································ 219
　　　　5.3.4　供应商绩效改善 ·········································································· 220
　5.4　战略联盟合作关系 ······················································································ 224
　　　　5.4.1　合作关系 ···················································································· 224
　　　　5.4.2　协调机制 ···················································································· 225
　　　　5.4.3　战略供应商联盟 ·········································································· 227
　案例：顺序颠倒 ································································································ 230

## 第6章　供应链风险与危机管理 ············································································ 233

　6.1　供应链风险管理 ························································································· 233
　　　　6.1.1　企业风险管理概述 ········································································ 233
　　　　6.1.2　供应链风险识别 ··········································································· 237
　　　　6.1.3　供应链风险评估 ··········································································· 242
　　　　6.1.4　供应链风险应对 ··········································································· 245
　　　　6.1.5　风险监控与分析 ··········································································· 248
　6.2　供应链危机管理 ························································································· 248
　　　　6.2.1　含义及特性 ················································································· 249
　　　　6.2.2　分类 ·························································································· 250
　　　　6.2.3　危机应对措施 ·············································································· 251
　　　　6.2.4　供应链安全管理 ··········································································· 252
　6.3　供应链应急计划 ························································································· 254
　　　　6.3.1　应急计划 ···················································································· 254
　　　　6.3.2　供应链韧性 ················································································· 255
　　　　6.3.3　业务持续性计划 ··········································································· 256
　案例：海上风电项目质量风险管控的失败？ ·························································· 257

## 第7章　社会责任 ································································································ 260

　7.1　企业社会责任与可持续供应链 ······································································ 260
　　　　7.1.1　企业社会责任 ·············································································· 260

  7.1.2 可持续供应链 ……………………………………………………… 262
7.2 绿色供应链与绿色物流 ……………………………………………………… 264
  7.2.1 绿色供应链 …………………………………………………………… 264
  7.2.2 绿色物流 ……………………………………………………………… 265
  7.2.3 逆向物流中的退货管理 ……………………………………………… 267
7.3 低碳供应链物流 ……………………………………………………………… 268
  7.3.1 碳足迹 ………………………………………………………………… 268
  7.3.2 低碳政策 ……………………………………………………………… 269
  7.3.3 低碳物流 ……………………………………………………………… 271
案例：城市地下物流系统 …………………………………………………………… 273

**参考文献** ……………………………………………………………………………… 275

# 第 1 章

# 导　论

## 1.1　供应链与供应链管理

### 1.1.1　理解供应链

当今世界,科技变革的速度在逐渐加快,科技对于传统产业的影响力日益加大,供应链管理以"跨越企业边界""跨越产业"和"超越时间"的整合方式,不断促进着产业的融合以及新兴业态的诞生和发展。互联网、物联网、大数据、云计算、区块链、人工智能、数字化等技术的发展驱动着供应链管理模式的进化,并迅速改变着企业的经营管理方式与人类生活方式。新技术为供应链管理带来了驱动力,数字化、大数据,以及智能计算能力推动了大规模个性化定制的发展,大幅度降低了设计和工程成本;商务分析与智能有助于实现数据监测、检测到预测,再到预防的高质量发展的转变;先进制造技术、原型设计和数字化制造大大提高了劳动生产率与整体生产能力;扩展现实、虚拟和增强现实技术、工业机器人、智能物流技术促进了数字化工厂的智能化进程,等等。利用新技术可以实时地对整个供应链网络进行监控和管理,从上游供应网络的每一个供应商,到制造工厂的每一个制造单元,再到下游分销网络的每一个经销商,甚至每一个产品/服务及其拥有的顾客,以及连接这些的服务供应商,进而实现了供应链网络互联与数字化转型。从供应链管理的视角对供应链所有的环节进行数字化映射,从而确保对每个最小单元进行统一有效的精细化管理,提升企业的盈利能力,增强企业应对外部市场环境变化的适存性。将供应链视作一个跨越企业边界的复杂的、开放的运营系统,以系统观点解析供应链系统对于企业管理者理解供应链、运用供应链战略是有帮助的。

**1. 运营系统 SIPOC 模型**

系统是一组相互依赖、相互关联的组成部分,可以通过协同运营实现系统的目标。系统成功的秘诀在于系统的各个组成部分相互合作,密切配合,共同向系统的目标努力。如果各个部分以自我为中心,变成竞争的独立单元,就会破坏整个系统。系统可以是最广大的宏观系统(如银河系统),也可以是最小的微观系统(如遗传 DNA 系统)。我们平常处理的系统一般介于上述两者之间,系统可以是一个组织,可以是一个产业,也可以是整个国家。系统的范围越大,可能产生的效益就越大,然而管理的难度也更大。

运营使企业能够创造财富,并支撑全球经济运转。运营管理研究企业生产产品和提供服务的方式。运营管理关注企业生产率的提高,强调通过在系统内部或系统间进行有效的运营来获得质量、成本、柔性、时间、服务等方面的竞争优势。对于运营系统,应当进行系统思考。系统思考就是以系统的观点、整体的观点,以各种相依、互动、关联与顺序,来认识现实世界、解决问题的一般反应能力与习惯。

以系统的观点看待运营系统,所有的运营系统必须首先明确"为谁做"(顾客或消费者)、"做什么"(生产什么产品或提供什么服务);还要知道"怎么做"最好(最具有竞争优势的生产流程)、"需要什么资源"(输入资源),这些资源在哪里,由谁来提供(供应商);当然也要知道运营系统所处的政治、经济、社会、技术环境及其不确定性、利益相关者及其期望。本质上看,运营系统就是以一定的方式,按照一定的生产系统转换程序,在生产设备的支持下将输入资源加以转换,从而生产出产品或服务,系统输出满足顾客及消费者的需求。系统输出与系统输入相比,其状态或性质等发生了显著变化。

为了关注系统的供应商与顾客,了解全面的运营视野,企业运营管理系统模型采用SIPOC(S:供应商 Suppliers、I:输入资源 Input、P:流程 Process、O:输出 Output、C:顾客 Customers)模型。

**输入资源 I**

输入资源往往来自不同种类的供应商,输入资源可分为以下两种。

(1) 待转化资源:将要被加工、转换或改变的资源,如生产系统中原材料供应商提供的原材料、信息处理系统中的信息或数据提供商、旅游服务系统中的观光客等。

(2) 转化资源:支持运营系统转化过程的资源,如运营系统的基础设施、机器设备、员工、自动化系统,以及信息管理应用软件系统。

**流程 P**

不同的生产系统有不同的流程,流程指具体的转化过程、转化条件、方法与步骤。需要根据输入的待转化资源的性质,设计不同的转化过程,如以机械加工为主的生产系统、以信息加工为主的数据分析系统,以及以顾客游览服务为主的旅游服务系统等。

大多数制造系统需要对原材料进行加工并转化,有些是形状或物理组成的变化(如汽车、家用电器的制造等),有些是化学成分的变化(如炼钢、酿酒等);有些服务系统是改变物料的地理位置(如邮政快递、包裹快运、运输、城市配送等),有些则是以存储物料为目的(如仓库存储);管理咨询公司、会计师事务所需要对信息进行加工;美发美容店、饭店、旅馆等需要对顾客进行直接的接待服务。

**输出 O**

运营系统的输出是其提供的产品与服务。不同运营系统的输出存在多种差异,如有形的产品、无形的服务。从顾客的角度看,产品与服务会给他们带来新的产品与服务的体验;

从组织的观点看,产品与服务会给他们带来利润与市场份额。同样的输入资源,要想更好的输出,必须改善系统的流程,同时改善系统的转化过程与方法。

**供应商 S 与顾客 C**

组织运营系统的供应商可能有原材料及各类物料供应商、设备供应商、人才市场(人力资源供应者)、物流服务供应商、信息系统服务商等。为了实现系统的目标,系统的思考方式应当以顾客优先为原则。运营系统提供的产品与服务如何,只有顾客最清楚。不能得到顾客的反馈意见,就无法界定工作的好坏。顾客满意才能确保组织运营的可持续性。

SIPOC 模型表示了企业的全局供应链,也可用于分析运营系统内部,这正是系统方法的魅力所在。运营系统可以看作是由众多微观运营构成的层级结构。可以用 SIPOC 模型表示组织内每个人的工作,也可以把组织的运营看作是多个 SIPOC 的集合,而每个人的工作都是整体流程的一部分。在内部运营中,存在内部顾客与内部供应者。内部顾客指从其他微观运营获得输入的微观运营,内部供应者就是向其他微观运营提供输出的微观运营。微观运营中也需要强调顾客优先。顾客优先是善解人意的思考方式,而不是以生产者自我为中心。

在信息化、经济全球化的浪潮下,组织面临多变的宏观环境,行业竞争不断加剧,运营系统要想完全满足顾客需求,组织势必要向上游、下游扩展,并借助于利益相关者的资源,从而达到快速响应顾客需求的目的。对运营系统的分析需要以网络化、系统化的观点,考虑所有与其相互作用的扩展组织的运营系统组成的供应链网络。由大量制造商和服务商共同合作的供应链网络对组织的卓越运营至关重要。

**2. 供应链**

供应链由直接或间接地满足顾客需求的所有环节组成,不仅包括制造商和供应商,分销渠道上的分销商、批发商及零售商,甚至顾客本身,而且包括向他们提供运输及仓储服务的服务供应商。在每一个企业中,供应链包括接收并满足顾客需求的全部功能,如新产品开发、市场营销、生产运作、分销、财务和客户服务。供应链是以客户需求为导向,以提高质量和效率为目标,以整合资源为手段,实现产品设计、采购、生产、销售、服务等全过程高效协同的组织形态。随着信息技术的发展,供应链已发展到与互联网、物联网深度融合的智慧供应链新阶段。

国家标准 GB/T 18354—2021《物流术语》给出供应链的定义是在生产及流通过程中,为了将产品或服务交付给最终用户,由上游与下游企业共同建立的网链结构。供应链是动态的,包括不同环节间的信息流、产品流、资金流的持续流动。例如,超市向顾客提供了产品,顾客付款给超市;超市把收款台的商品销售信息和要求补货的信息传达给上游的商品分销商或制造商,负责运输的公司用卡车把补货订单中所需要的商品送至超市,补货后超市付款给供货的商品分销商或制造商;分销商或制造商为超市提供价格信息,提交发货日程安排;超市还可以回收包装物,以便于再循环使用。类似的信息流、物流和资金流发生在整个供应链之中。供应链需要响应市场需求,支持公司业务战略,展开有效运作。

供应链成为描述组织(供应商、制造商、分销商或批发商,以及顾客)如何连接在一起的重要术语。史迪文斯(Stevens)认为:"通过增值过程和分销渠道控制从供应商的供应商到顾客的顾客的流就是供应链,它开始于供应源头的端点,结束于最终消费者的端点。"哈理森(Harrison)认为:"供应链是执行采购原材料、转换为中间产品和成品,并且将成品销售到顾客的功能网链。"

图 1-1 表示了一个塑料物品生产商的供应链,构成这一供应链的主要部分如下。

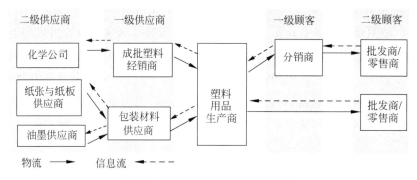

图 1-1 塑料物品生产商的供应链

(1)中心运营系统。所研究的提供产品/服务的中心运营系统,这里就指塑料物品生产商。

(2)中心运营的上游供应商。向中心运营直接提供产品/服务或信息的运营,通常称为一级供应商,一级供应商自身的供应又需要二级供应商……组织在上游可具有多级供应商。

(3)中心运营的下游需求方。中心运营向一级顾客提供产品/服务,一级顾客又为二级客户服务……中心运营也可能直接向最终顾客提供产品/服务,组织在下游具有多级分销商。供应链管理需要了解供应链所服务的市场。

(4)直接供应网络。直接供应网络指与中心运营有直接联系的供应商与顾客的集合。

(5)整体供应链网络。按顾客的顾客、供应商的供应商的逻辑推演产生的与中心运营有关的全部运营组成的集合。

一般情况下,可将供应链的结构简单归纳为多层次的结构,如图 1-2 所示。可以看出,供应链由所有加盟的节点企业组成,其中一般有一个核心企业(可以是产品制造企业,也可以是大型零售企业)。节点企业在需求信息的驱动下,通过供应链的职能分工与合作(生产、分销、零售等),以资金流、物流和服务流为媒介来实现整个供应链的不断增值。

现在看另外一个例子,当顾客在线购买电脑时,供应链包括顾客、网站、装配商,以及所有的供应商和供应商的供应商。网站为顾客提供定价、产品种类、和可获得性的产品信息。选择产品后,顾客输入订单信息并付款。随后,顾客可以返回网站来检查订单履行的状态。这个过程涉及供应链不同环节的信息流、物流和资金流的变化。一般的供应链可以包括许

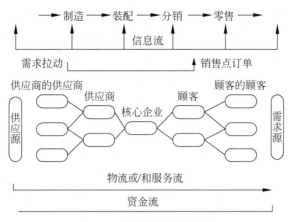

图 1-2 供应链的层次结构

多组织机构或个人：顾客、零售商、批发商/分销商、制造商、零部件/原材料供应商。

顾客是供应链不可分割的一部分。供应链管理是创建和满足顾客对产品和服务的需求的过程，它管理的是一个致力于满足最终顾客共同目标的贸易伙伴社区［加特纳（Gartner）机构的定义］。可见，建立供应链的主要目的都是满足顾客的需求，企业单靠自身能力已经不能很好地满足顾客日益苛刻的需求及实现整个系统的目标。如果不能比竞争对手做得更好，企业利润就不能实现持续增长。供应链这一术语形象地描述了物料在供应商到制造商、分销商，再到零售商直至顾客这一"链"中移动的过程，其中包括供应链中合作企业的活动过程，也包含信息流、资金流和物流的传递过程。物流企业实施物联网战略，在物流领域应用人工智能与机器人等新兴技术，促进了供应链全过程的物流精准化与信息流的共享，相应的也提升了供应链的竞争力。

供应链的各环节通过物流、信息流和资金流彼此相连。这些流动经常是双向的，可能通过其中一个环节或一个协调者来进行管理。以个人计算机公司为例，其顾客主要分为两类，一类是公司客户群，另一类则是需要个性化配置的个体消费者。针对上述顾客，公司可设计两种供应链模式，以便提供细分市场的服务。按订单生产，即个人计算机的制造始于顾客订单，公司的直销供应链体系中不需要零售商、批发商或分销商。公司还可以在电商平台、大型超市、电器连锁店、实体商店等出售其个人计算机，这一类供应链增加了零售商环节。

### 3. 智慧供应链

2013 年，德国工业 4.0 计划不仅提出了数字工厂的概念，也提出了智慧供应链与物流的概念。智慧供应链离不开信息的自动采集设备、全球定位系统、自动盘点库存、集装箱及托盘数字化的智慧物流。智慧供应链能使整个供应链的顾客、供应商、信息系统等实现互联，供应链网络实现协同规划，供应链决策实现智能化。商务分析与建模技术能够帮助决策者更好地分析复杂多变的环境因素，评估供应链风险，比较分析多种备选方案，进而实现智能决策，提高供应链的响应能力。智慧供应链开启了数字化供应链的时代。

2015年，新一轮科技革命和产业变革与我国加快转变经济发展方式形成历史性交汇，国务院印发《中国制造2025》，旨在提升制造业创新能力、质量竞争力，以及数字化研发设计工具普及率，从而提高核心企业的系统集成能力，促进向价值链高端延伸。《中国制造2025》提出了要推进制造过程智能化，在重点领域试点建设智能工厂/数字化车间，加快人机智能交互、工业机器人、智能物流管理、增材制造等技术和装备在生产过程中的应用，并促进工业互联网、云计算、大数据在企业研发设计、生产制造、经营管理、销售服务等全流程和全产业链的综合集成应用，搭建智能制造网络系统平台，加快客户关系管理、供应链管理系统的推广应用，促进集团管控、设计与制造、产供销一体、业务和财务衔接等关键环节集成，实现智能管控。

2016年，美国数字化供应链研究院开发的以客户为中心的数字化供应链平台模型，能够通过多渠道实时获取数据、最大限度地利用数据，进而激发需求、匹配需求、感知需求与管理需求，从而提升企业绩效，并最大限度地降低风险。2017年一些全球咨询公司提出供应链数字化变革需要由链到网，基于数字化平台构建数字化供应网络，并运用数字化技术收集并分析从采购到交付的端到端的数据信息，优化联合设计、新产品试验、库存优化、物流可视化与质量追溯，改进内部和外部的仓储与物流网络，优化和创新供应链结构和生态关系，进而实现快速高效的供应，以及实现供应链从短期改善到长期变革的转变。无疑这一转变包含了整个供应链过程的计划与执行功能。

2017年，我国国务院办公厅印发《关于积极推进供应链创新与应用的指导意见》（以下简称《意见》），指出"供应链是以客户需求为导向，以提高质量和效率为目标，以整合资源为手段，实现产品设计、采购、生产、销售、服务等全过程高效协同的组织形态。随着信息技术的发展，供应链已发展到与互联网、物联网深度融合的智慧供应链新阶段。"《意见》提出要促进制造协同化、服务化、智能化。

（1）协同化。推动供应链上下游企业实现协同采购、协同制造、协同物流，促进大中小企业专业化分工协作，快速响应客户需求，进而缩短生产周期和新品上市时间，降低生产经营和交易成本。

（2）服务化。向供应链上游拓展协同研发、众包设计、解决方案等专业服务，向供应链下游延伸远程诊断、维护检修、仓储物流、技术培训、融资租赁、消费信贷等增值服务，推动制造供应链向产业服务供应链转型，提升制造产业价值链。

（3）智能化。推进行业供应链体系的智能化，加快人机智能交互、工业机器人、智能工厂、智慧物流等技术和装备的应用，促进全链条信息共享，实现供应链可视化，提高制造能力。

党的十九大报告提出"现代供应链"，首次将其作为建设现代化经济体系的新增长点与新动能。发展智慧供应链，通过跨界融合和协同发展，打通设计、生产、消费等各环节，实现供需匹配，促进降本增效，推进供给侧结构性改革。

## 1.1.2 价值链和供应链

### 1. 价值链

价值链是企业设施和企业增值过程构成的网络,在该网络中有产品流、服务流、信息流和资金流,它们来自供应商,利用企业设施,经过一系列的生产过程,生产出产品,并传递给顾客,提供服务。价值链的定义是作为竞争分析和战略的工具而产生的,价值链由为顾客提供价值并为企业创造利润的主要活动与辅助活动组成。上一节所述的运营系统 SIPOC 模型就是价值链的一个模型,如图 1-3 所示。产品价值链也反映了产品的全寿命周期过程,它起始于供应商,由供应商为产品的生产提供原材料或组件,即为生产过程网络提供输入。运营、营销、进出物流与服务都是主要活动。基础设施、人力资源、技术开发与采购属于辅助活动。

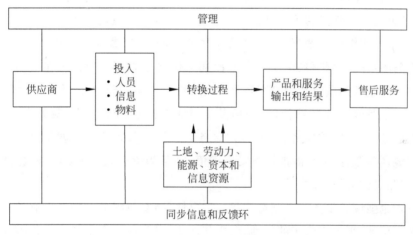

图 1-3 基于 SIPOC 模型的价值链

价值链上、下游实体间的关系就是供应商与顾客之间的关系。制造企业的供应商可能是零售商店(灵活供应办公用品等)、经销商、信息与网络公司(提供信息系统的应用服务)、维护和修理中心(提供设备的维护维修服务)、原材料及其组件的制造商。这些输入通过过程或活动的网络被转换成增值的产品或服务,支持这些过程或活动的是土地、设施、劳动力、能源资金和信息等资源。输出的商品或服务将被交付给顾客。同时售后服务也是一个增值过程,因为优秀的售后服务可以留住顾客并使顾客放心使用产品,提高顾客的满意度。

整个价值链的成功依赖于价值链的供应商、输入、过程、输出等所有方面的设计和管理,包括各环节的短期和长期决策。表 1-1 举了价值链的一些例子。例如,汽车零部件或组件需要一系列的加工处理与装配过程,才能产出市场需要的汽车;去医院就诊的患者也需要挂号、分诊、检查、诊断、治疗等一系列的治疗处理过程,才能被治愈,成为健康人群。

表 1-1　制造业和服务业价值链中的 SIPOC 示例

| 组织 | 供应商 S | 输入 I | 过程 P | 输出 O | 顾客/细分市场 C |
|---|---|---|---|---|---|
| 汽车装配厂 | 引擎厂<br>轮胎制造商<br>车架车轴、<br>座椅生产商 | 汽车零部件<br>装配线<br>工人及管理者<br>能源<br>…… | 焊接<br>切削<br>装配<br>测试 | 汽车 | 经济型<br>豪华型<br>出租、货运<br>救护车、警车<br>…… |
| 医院 | 制药公司<br>设备供应商<br>食物供应商<br>器官捐赠人<br>医疗供应商 | 患者<br>医护人员<br>药物<br>诊疗设备设施<br>医学知识<br>…… | 门诊/住院治疗<br>实验室检测<br>医生诊断<br>护理服务<br>手术安排<br>药物管理<br>康复保健 | 健康人群<br>化验结果<br>准确账单<br>保健知识 | 老人<br>中青年<br>儿童<br>急救<br>外科<br>专科<br>…… |

价值创造的重要过程无疑是产品的生产过程。产品生产的前期准备,产品的售后服务、售前服务也是产生价值的重要过程。产品生产的前期准备包括研发团队所进行的产品和服务设计、采购和供应商选择、客户消费金融业务的办理、预定定金收取、产品品质保证等。前期服务的重点是"获得客户"。这些前期增值服务通常是使公司在市场脱颖而出的闪光点。在产品服务的质量与价格和竞争者同质化时,前期服务尤为重要。

售后服务包括现场安装或使用、现场保养和维修服务、交付服务、保修和索赔服务、产品使用培训服务、售后回访服务、技术咨询服务等。售后服务的重点就是"留住客户"。后期的再加工或换新服务为产品和服务实现增值,并且为价值链过程的改善提供了反馈信息,有利于产品设计的持续改进。

价值链理论强调了服务对于制造流程的重要性,制造与服务的融合可有效提升产品与服务的价值。例如,当个人汽车的特性、品质和性能,以及在目标市场中的价格同竞争对手大致相同时,售前和售后服务就成为吸引顾客的关键要素。而在定制化汽车时代,产品生产的前期服务及自动化的智能制造过程将成为顾客购买的决定性因素。研发设计、信息、物流、商务、金融等服务对于制造企业来说,已经成为企业获得顾客青睐并留住顾客的竞争差异化要素。

**2. 价值链增值指标**

在价值链的 SIPOC 模型中,增加组织绩效评价的指标,可以用来评估价值链上每一环节的绩效,如图 1-4 所示。中层管理者、一线主管和员工可利用这些评价指标来监控各自的增值流程。当然,高级管理者一般不会对这些日常细节感兴趣,但他们感兴趣的企业绩效指标往往来源于此。这些指标遍及财务会计、市场、人力资源和运营,可以帮助高层管理者评估并改善整个价值链的绩效(如图中虚线所示),从而实现企业战略目标。

供应商将产品和服务投入价值链中,用来创造和产生价值链的输出。评价供应商的绩

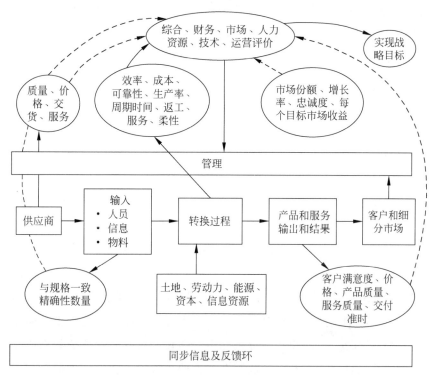

图 1-4 价值链增值绩效评价指标

效对价值链管理至关重要。如果供应商的产品和服务质量很差,那么进入系统后产出的产品质量也不会好。如果供应商不能准确、及时地交付,系统的生产过程就不能按期完成,也就不能按期交付给顾客。因此,系统需要从其供应商处获取与产品和服务相关的绩效数据及时间数据,一般的供应商绩效评价指标包括输入的质量、价格、交付可靠性,以及服务评价指标。供应商绩效数据是组织建立与其供应商合作关系的基础。

运营管理者对设计、管理价值链上的增值流程及相关资源负有主要责任。流程数据可以反映运作的缺陷和错误,还能有效地评价成本、周期、交付柔性、生产率、进度、设备可靠性、预防性维修工作、能源和设备效率,以及原材料的使用效果等。

企业通过评价产品或服务,来了解流程是否满足顾客期望的质量和服务水平,了解产品合格率,了解各职能部门的绩效,这也为如何控制生产过程提供了反馈信息。

企业通过顾客和市场信息,来了解顾客满意度、股东满意度,以及了解如何更有效地配置产品和服务的组合,即顾客收益包,并从中可以发现如何按照顾客的需求与需要去实现价值链的增值。

同步信息和反馈是协调价值链中的物质流和信息流,是评估组织战略目标是否实现所必须的。及时的信息同步与共享有利于降低产品及在制品库存,合理安排员工,合理安排生产及物流运输计划等,并有利于实现组织系统目标。物联网技术及数字化、信息化、智能化技术的快速发展,促进了价值链上的载运工具、机器设备、作业系统的智能化,其可实现对供应链物流全流程、全要素的智能化识别、定位、跟踪、监控与管理,并可以最大限度地获取不同来源的实时数据。管理者可及时关联价值链中的各种信息,利用大数据分析技术,预测资源分配及库存部署信息,从而创造供应链卓越绩效。

### 3. 供应链与价值链的关系

供应链是价值链的一部分,其主要关注产品和物料的实物移动过程,并支持信息流和资金流,贯穿供应、生产和分销全过程。如今,供应链已经为所有企业及组织所关注,组织的供应链系统旨在理解供应链合作伙伴的要求,以整合供应链活动信息、物料和产品流动,以及财务信息,从而达到提高产品销量、降低成本、增加现金流,并且在恰当的时间以合适的价格提供给顾客需要的产品的目的。

许多公司在使用价值链和供应链术语时往往是互换的,但是这两个概念是不同的。价值链比供应链的范围更广,囊括创造顾客价值、提供顾客收益包的所有活动,包括生产前期、生产中、生产后期的售前和售后服务。价值链是从满足顾客要求的角度出发,考虑为顾客创造价值,以一体化的生产与物流服务提供产品和服务;而供应链则更多的是从企业内部关注产品原材料的供应、产品生产与分销这个一体化的过程。价值链和供应链具有互补的作用,整合的供应链使得产品与服务能够在正反两个方向上流通。价值链理论鼓励广泛地思考产品和服务在创造顾客价值中的作用,使得顾客端产生需求;供应链则主要关注物流、制造与分销等运营活动,将为顾客创造价值作为供应链管理的一个目标。另外,价值链理论既可以应用在服务型企业中,又可以应用在制造型企业中。供应链理论则应用于服务业中,也有学者采用服务链的说法,以充分展现其服务的特性。

当今供应链企业的数字化转型已经成为企业价值链及其业务增长的关键驱动要素。企业要实现价值链增值和业务增长的潜力就必须聚焦于客户,为客户创造价值,提升客户满意度,进而为企业降低成本,增加盈利,并为整个供应链带来价值。供应链的愿景与战略是实现供应链企业数字化转型的驱动器。供应链的客户价值战略应与价值交付交互连接,以实现客户价值和商业价值最大化,且供应链的绩效目标由成本、效率转向快速响应、弹性与可持续。

## 1.1.3 供应链管理理论

### 1. 供应链管理的演进

尽管供应链是任何公司所固有的,但供应链管理理论的发展是不断演进的。20世纪70年代以前,制造企业往往注重采用新的技术来提高质量,它们通过扩大规模来降低成本,并开始改进设计流程及生产工艺流程的柔性。当时企业关注的是自身企业所具有的技术能力,大多都没有考虑建立供应商合作关系。工厂里到处都堆满了物料的库存。企业的各项功能活动基本上都是孤立的,即采购、生产、运输、中转、仓储、销售等是分散独立的。这可以说是供应链管理发展的第一阶段——活动孤立阶段。大约在1960—1980年期间,虽然开始采用计算机辅助管理技术、制造资源计划应用系统,而且由于产品产量的增加导致了运输量、仓储量、分拣、包装作业量的大幅增加,且生产过程中及时供货的呼声越来越高,但因管理人员的认识、组织的局限性、技术等方面的原因,几乎没有考虑建立供应商合作关系,且企业内部部门功能化管理结构导致了生产过程"孤岛化"、部门间"高墙耸立"、订单处理时间长、环节库存多等现象,降低了生产效率。

进入20世纪80年代,美国企业开始学习日本的准时制(JIT)生产模式,开始意识到生产工序间的高度依赖性,也意识到与供应商建立合作关系对准时化采购、准时化生产乃至全面质量管理的重要性,同时意识到可以通过生产活动的依赖性来降低在制品库存。供应链管理的术语开始出现,供应商战略合作关系成为供应链管理理论发展的基础。另外,进厂物流方面的需求预测、制造资源计划、采购计划、生产计划、制造库存等管理活动获得集成;出厂物流方面的成品库存、分销计划、订单管理、运输及客户服务等管理活动获得集成;仓库管理、物料管理、包装管理等贯穿于进厂物流与出厂物流。这就是供应链管理发展的第二阶段——活动优化及局部集成阶段。大量库存等浪费问题开始引起社会关注,资源计划系统便获得了广泛应用。企业开始在一些局部范围把分散的活动联系起来,建立"依赖"关系,通过下游向上游"拉动",或者上游向下游"推动"来优化各种功能,从注重单个功能转变为注重"过程流",如进厂物流、出厂物流。这样就可以更好地组织和优化企业内部的生产和外部供应商,改善采购与生产的集成,组织优化企业内部成品库的管理,统一渠道销售环节,以低成本方式满足顾客的需求。

供应链管理发展的第三阶段为供应链综合集成阶段。20世纪90年代中期至21世纪初,市场日益全球化,顾客需求日益"苛刻",企业面临的竞争进一步加剧,企业不仅需要进一步提升质量、降低成本、提高效率,而且需要改进客户服务、缩短交货期、增强顾客响应能力,满足不同细分市场中顾客的个性化需求。所以,很多企业注重生产组织的全局优化,沿供应链向上游或下游集成(也称前向集成、后向集成),物流功能的整合趋势也越来越明显。在信息技术支撑下,企业把供应链中的多个环节、多个部门甚至包括产品开发、零部件生产、废物回收等都纳入了统一的规划和管理中,形成了从企业上游活动到下游活动的纵向一体化的供应链及物流管理模式。这就是经常说的供应链的纵向一体化方式,它关注供应链活动的所有权与协调,但组织文化仍然是注重短期利益,注重规模化,注重本公司的"大而全",以大幅度提升本公司绩效为目标。不过,这是供应链集成的"老范式",它是供应链第二阶段发展的惯性反映。

很快,实施这一模式的公司在竞争中遇到了困难,因为公司再大,也不可能做所有的事情,仅仅靠一个公司的能力是无法满足顾客不断变化的需求的,还是需要依靠战略供应商及合作伙伴的核心能力,实现动态能力集成。供应商合作伙伴做得要比公司自己做得好,因为它们拥有这方面的核心能力,生产更加专业。这也是一个"自己生产"还是"购买"的经典决策问题。例如,瑞士手表由 30 家不同的公司共同生产,每个公司只会生产其中几个零部件;可口可乐分装厂面临着是对外采购装瓶所需的碳酸气,还是投资工厂自行生产碳酸气的决策;福特汽车公司曾拥有一个牧羊场,该牧羊场出产的羊毛用于生产本公司的汽车坐垫,但现在该牧羊场被剥离了,因为顾客所关注的是汽车的核心能力而并非坐垫。供应链纵向一体化的集成方式加强了企业的控制能力,加强了企业的质量保证能力,也降低了供应链上的库存。但做不擅长的事情会增加企业的投资风险。若企业过于臃肿,官僚主义的出现也会使企业丧失市场开发的时机。

为了保留纵向一体化的优势,抛弃纵向一体化的劣势,加强供应链管理的灵活性,并提升供应链各环节的专业化、协同化能力,以及集成供应链上的核心能力,因此应选择部件制造能力最强的供应商和综合物流服务最好的第三方物流服务提供商,让它们利用专业的物流技术和先进的物流理念为企业提供个性化的仓储、运输、信息等服务。加强横向合作与部署,从而形成以价值链为基础的一体化供应链及物流管理模式。这就是供应链管理新范式,它要求供应链中的各个公司更加专业化,聚焦各公司的核心能力,强化同供应商及客户公司的信任关系,强化外包战略以实现共赢。新范式是核心能力的集合,是一种"强强联合"的方式,是同供应商及客户公司自愿缔结以信任为基础的跨界的紧密合作关系。供应链集成管理新范式也涉及了退货处理、维护、保修及回收利用的"逆向"物流。

供应链管理发展的第四阶段是供应链物流网络化集成阶段,是进入 21 世纪后供应链管理新范式的进一步发展。随着经济全球化、市场一体化,以及信息化、数字化、智能化的全面推进,制造及物流服务都呈现出全球化、网络化的特征。专业化国际物流企业利用在供应链一体化集成中形成的专业优势,目前已经渗透到世界各地。物流市场的地区边界已被打破。制造商、贸易商、开发商对面向全球的物流服务及产业融合协作的重视达到了前所未有的程度。全局物流与全局供应链管理模式整合更加灵活,抛弃了线形、链型的结构,促进了制造业与现代服务业融合发展,形成了多产业融合、多业态呈现的局面。

将供应链及物流管理的发展与演进的 4 个阶段集中标示在图 1-5 中。

### 2. 管理理念

从供应链管理(supply chain management,SCM)的发展阶段,不难看出供应链管理理念的精华。很多学者及机构都给出了供应链管理的概念、理念。供应链管理采用跨越公司边界的整体化管理模式,管理从原材料供应商通过制造工厂、仓库到最终顾客的整个物流、信息流及服务流。伊文斯(Evens)认为"供应链管理是通过前馈的信息流和反馈的物流及信息流,将供应商、制造商、分销商、零售商,直到最终用户连接成一个整体的模式。"

国家标准 GB/T 18354—2021《物流术语》中给出的供应链管理的解释为:对供应链涉及的全部活动进行计划、组织、协调与控制。这一术语的解释,给供应链管理理念的发展预

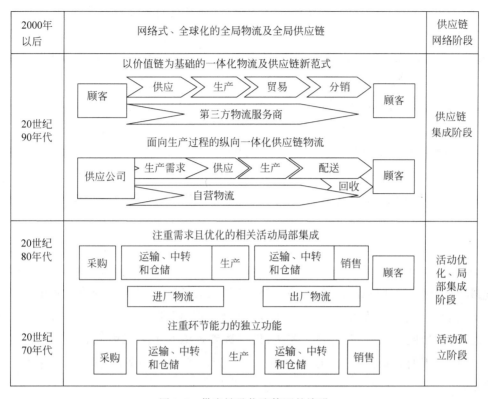

图 1-5 供应链及物流管理的演进

留了充分的空间。美国生产和库存控制协会（American production and inventory control society，APICS）第 9 版，将供应链管理定义为"计划、组织和控制从最初原材料到最终产品及其消费的整个业务流程，这些流程链接了从供应商到顾客的所有企业。供应链包含了由企业内部和外部为顾客制造产品和提供服务的各职能部门所形成的价值链。"

供应链管理以关注最终顾客，即消费者的真正需求为前提，灵活运用核心能力集成与外包战略。协同是供应链管理的重要特征，柔性是供应链管理的重要优势。福瑞德·库林（Fred A. Kuglin）定义了以顾客为中心的供应链管理，"制造商与它的供应商，分销商及顾客——即整个'外延企业'中的所有环节——协同合作，为顾客所希望并愿意为之付出的市场，提供一个共同的产品和服务"。这样一个多企业的组织，作为一个外延的企业，最大限度地利用共享资源（如人员、流程、技术）和绩效评价来获得协同运营，其结果必然是高质量、低成本、迅速投放市场并获得顾客满意的产品和服务。大卫·茹斯（David F. Ross）认为，供应链管理是正在持续演进的一种管理哲学，其试图联结企业内部及外部结盟企业伙伴的联合生产能力与资源，使供应链成为一个具有高竞争力及使顾客丰富化的供应系统，使其得以集中力量发展创新方法并使市场产品、服务与信息同步化，进而创造独特且个性化的顾客价值源头。

军用供应链管理的首要目标是提供有效且高效的端到端的客户服务，以满足作战使用要求。为了给部队提供物资，国防部门要维持军用供应链，它由武器系统保障承包商、供应机构、配送基地、包括外包承运人在内的运输渠道、批发级的综合器材管理者、武器系统产品保障综合者、包括制造商在内的地方配送商及供应商、合同的和建制的维修机构,以及其他后勤保障机构(如工程保障机构、试验设施、再利用和营销机构)等组成。供应链管理是跨职能的采办、生产并向客户提供产品和服务的方式。管理范围包括供应商、子供应商、内部信息,以及资金流。供应链管理的职责包括武器系统维持器材的分发、资产可视化和减少过时淘汰。从作战人员的角度看,运输和资产可视化对于保障指标具有重大的影响,应该在产品保障策略中加以强调。如果不能在恰当的时间和地点获得合适的器材,所有技术熟练的人员、先进的技术,以及现代化武器系统的性能就没有任何意义。所以,需要不断寻求和实施减少和简化后勤保障规模的机制,这需要与系统工程师持续合作,并利用现有的保障其他系统的供应链,而不是开发新的供应链,从而最大程度减少冗余和相关的后勤规模。

按照美国供应链管理专业人员协会(Council of supply chain management professionals, CSCMP),供应链管理包含涉及供应商选择、采办、运输和后勤管理的所有活动的规划和管理。它还包括与渠道合作伙伴之间的协调和协作的关键部分。它们可以是供应商、中间商、第三方供应服务商,以及客户。其实,供应链管理综合了公司内部和跨公司的供需管理。近年来,人们将松散联合、自行组织来合作提供产品和服务的企业网络称为扩展型企业。

从供应链管理的演进看,供应链管理即是供应链集成化的管理,以撤除"高墙"的跨界合作,构建多赢的企业间合作关系模式为主要特征。企业需要利用其供应链上的企业集成来获得竞争优势与效率。菲利浦(Phillip)认为供应链管理不是供应商管理的别称,而是一种新的管理策略,它把不同企业集成起来以增加整个供应链的效率,并注重企业之间的合作。

供应链管理反映了企业管理者的系统思维,即从供应链全局范围内,而不是传统企业边界内,获得系统整合、全局优化的好处。集成(integration)包含整合、综合、融合、一体化的含义,"把部分组合成一个整体",系统的各个要素之间能彼此有机和谐地工作,以发挥整体效益,达到整体优化的目的。集成化供应链(integrated supply chain, ISC)指供应链的所有成员单位基于共同的目标和利益而组成的一个基于供应链的"虚拟组织",组织内的成员通过信息的共享,资金、技术和物质等方面的协调与合作,以优化组织整体绩效为目标。供应链中的节点企业需要摈弃传统的管理思想和观念,根据企业战略与市场需要,将供应链看作一个整体过程,通过信息技术对供应链中所有成员的采购、生产、销售、财务等业务进行整合。

供应链管理需要全局观下的流程改进,并且注重运用技术创新手段来改进流程。门泽(Mentzer)等人认为供应链管理是传统企业各个部门之间,供应链上各个企业之间的系统的、具有战略性的协调活动,其目的是改善企业及供应链各个流程、各个环节的长期运营绩效。他们提出的供应链管理模型如图1-6所示。从门泽的供应链管理模型中可以看出供应链管理的范围与聚焦点,供应链管理的目标是实现供应链上所有成员企业的多赢局面,并获取整体的竞争优势和盈利能力,以及提高顾客满意度。

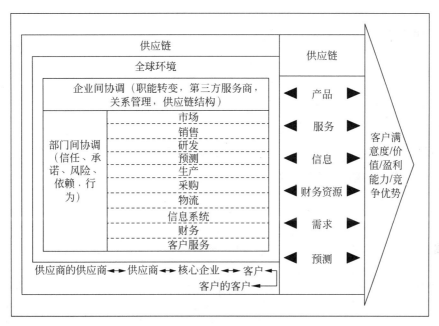

图 1-6　门泽的供应链管理模型

供应链集成管理反映了全球化环境下企业部门间、企业间的协调与集成。供应链企业之间和各企业内部的物流、业务流程、财务资源和信息等需要综合集成。供应链上、下游企业之间的关系是供需关系,不仅彼此相容,而且互补。各成员企业所拥有的资源和核心能力具有互补特征。供应链集成管理的目的在于通过合作伙伴之间的有效合作与支持,提高整个供应链中物流、价值流、信息流和资金流的通畅和快速响应,提高增值性,使所有与企业经营活动相关的人、技术、组织、信息,以及其他资源有效地集成,形成整体竞争优势。在市场竞争中,各成员把主要精力用在培育自身的核心能力上,以达到系统集成的效果。从这方面来说,供应链管理是获取基于核心能力集成的竞争优势的管理模式。在这一模式下,各成员都可以从整体的竞争优势中获得风险分担、利益共享的好处。克瑞斯夫(Christopher,1996)提出:供应链可能不仅是单纯的三四个成员企业的线性连接,需方/供方或买者/卖者之间的连接方式对改进供应链中的物流和信息流非常重要。克瑞斯夫的观点包括:供应链之间的竞争并非单个公司的竞争;供应链成本降低和价值增加的多数机会存在于供应链成员集成的方式上;供应链竞争是基于增值的信息交换;供应链的集成意味着面向顾客的业务流程的整合;供应链竞争力的提升需要供应链整体战略的决策。

流通企业与生产企业合作,建设供应链协同平台,可准确及时传导需求信息,实现需求、库存和物流信息的实时共享,引导生产端优化配置生产资源,加速技术和产品创新,按需组织生产,合理安排库存。智慧物流应用供应链理念和技术,可提升流通供应链智能化水平;新零售整合供应链资源,可构建采购、分销、仓储、配送供应链协同平台;供应链服务企业建立供应链综合服务平台,拓展质量管理、追溯服务、金融服务、研发设计等功能,可提供采购执行、物流服务、分销执行、融资结算、商检报关等一体化服务。

### 1.1.4 供应链运作的基本过程

供应链理事会(supply chain council,SCC)在1997年提出了一个供应链运作参考(supply chain operation reference,SCOR)模型。SCC将SCOR看作是描述和运用过程的工业标准。在SCOR中,计划、采购、制造、交付作为4个基本过程的过程类型,是企业建立供应链的起点。然后对每个过程类型分别定义核心过程目录,并作为供应链的组成部分。通常每个类型都包含如下内容,如图1-7所示。

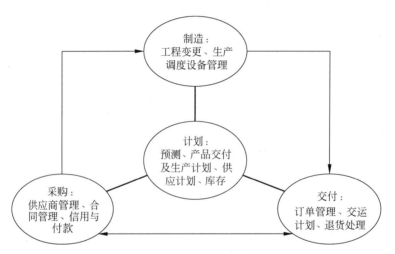

图1-7 供应链运作的4个基本流程

#### 1. 计划

计划是规划和组织采购、制造、交付3个过程的运作,主要包括需求预测、产品计划、产品定价、库存管理等,以及评估供应链资源、汇总和安排满足需求的产品交付计划、库存计划,评价分销需求,确定生产计划、采购与供应计划、关键能力计划等。计划过程的基本问题有自制/外购决策、供应链构建、长期能力和资源计划、企业计划、产品线管理等。

#### 2. 采购

采购主要指外购件/原材料等物料的采购:收货、检验、入库。采购过程的基本问题包括供应商认证、外购件质量、供应商合同管理、原材料物流、信用与付款等。

#### 3. 制造

制造的主要作业有请求及接收物料、制造和测试产品、包装、储存与发货管理。制造过程的基本问题有工程变更、设施与设备、生产状态、车间作业计划、短期生产能力。

### 4．交付

需求管理：产品预测、计划促销、销售计划、销售数据的收集与分析、产品定价、顾客满意度评价、有效顾客响应等。

订单管理：订单输入与维护、产品配置、建立和维护顾客数据库、维护产品价格数据、管理应收款、收据与发票管理等。

仓储管理：接收和维护产成品、收货与包装、产品运输、标签管理等。

运输管理：交通问题、车辆调度、产品入库与出库等。

安装管理：安排安装活动、调试、检验等。

交付过程应关注流通渠道的商业规则、订货规则、退货处理规则、库存管理、交货数量管理等。

通常，单个企业无法控制从原材料产地到最终消费地的产品流通全过程，因此对单一企业来说，供应链管理往往是对与该企业有直接联系的采购与供应、实物配送渠道予以管制，并实现与企业物料管理、订单管理、客户服务的集成，以实现一体化的物流管理。在20世纪60年代，需求预测、采购、需求计划、生产计划、库存管理、仓储管理、物料搬运与包装、配送计划、订单管理、运输等都是孤立的活动，由相应的职能部门完成。后来在供应与生产方面，物料实现了统一的管理，在产品交付方面也实现了统一的配送管理。

供应链管理与传统的物料管理和控制有着明显的区别。从前面供应链管理的发展阶段可以看出来，主要体现在以下几个方面：供应链管理把供应链中所有节点企业都看作一个整体，供应链管理涵盖从供应商到最终用户的采购、制造、分销、零售等职能领域过程；供应链管理强调依赖战略。"供应"是整个供应链的节点企业之间在事实上共享的一个概念（任两节点之间都是供应与需求关系），同时它又是一个有重要战略意义的概念，因为它影响或可以认为它决定了整个供应链的成本和市场占有份额；供应链管理中关键的是需要采用集成的思想和方法，而不仅仅是节点企业、技术方法等资源简单的连接；供应链管理具有更高的目标，即通过管理库存和合作、信任关系去达到满足顾客需求的能力水平。

提升所需的供应链能力水平，需要了解供应链所面临的顾客类型，以及顾客需要什么样的产品与服务；确定了产品之后，应如何生产，又如何提高生产的响应性；如何管理库存，以获得响应性；如何设计供应链网络，在地理位置上接近顾客群，获得响应性；如何通过快速灵活的运输方式来实现响应性；如何管理好供应链上的信息，分享顾客需求信息，共享生产计划和库存水平的数据，实现供应链的协同运营，进而实现供应链企业的共赢。可见，供应链运作的重要管理决策有6个方面：客户服务、生产、库存、供应链网络、运输与信息。进入新时代的供应链数字化转型是从传统的线性供应链转变为新的供应链网络，并以客户为中心，基于网络的相互连接、协同、智能、动态自适应、可预测、具有弹性与可持续的特征，涵盖了计划与执行功能的整个供应链过程。

## 1.1.5 供应链"牛鞭效应"

### 1."牛鞭效应"

供应链中各个企业的运作之间存在一定的动力机制,可能会导致决策失误、准确性下降和不确定性,而且这种影响将会沿着供应链向上游移动,并在运动过程中不断增大,如图1-8所示。

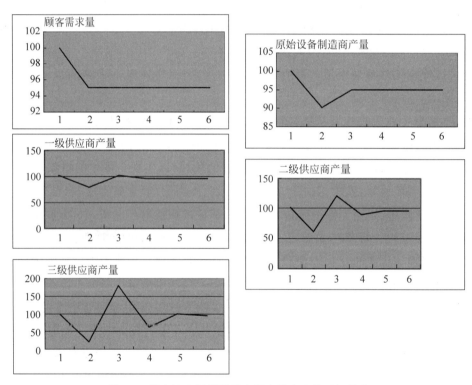

图1-8 供应链中订货数量由顾客端向上游逐级放大

这就是供应链中的"牛鞭效应"(bullwhip effect),最早发现这一现象的是麻省理工学院斯隆管理学院的怀特·福莱斯特(Jay Wright Forrester)教授。怀特·福莱斯特教授在他1961年出版的著作《工业动力学》(*Industrial Dynamics*)中提及了这一现象。1997年李效良(Lee,Hau)等人在斯隆管理评论上发表了供应链中的牛鞭效应论文。

牛鞭效应是供应链运作过程中的一种信息扭曲现象,这种现象将直接导致供应链效率的降低:库存投资增加,客户服务质量差,利润减少,能力误导,生产与运输计划的失效等。由于信息流逆供应链而上(从顾客到供应商),逐级扭曲,这导致需求信息的波动越来越大。这种信息扭曲如果和企业制造过程中的不确定因素叠加在一起,将导致巨大的经济损失。

1995年,宝洁公司(Procter&Gamble,P&G)的管理人员在考察婴儿一次性纸尿裤的订单分布规律时,也发现了牛鞭效应现象:某一地区的婴儿对该产品的消费比较稳定,零售商那里销售量的波动也不大,但厂家从经销商那里得到的订货量却出现大幅度波动,同一时期厂家向原材料供应商的订货量波动幅度更大。

模拟供应链运营的"啤酒游戏"也证实了供应链运行中存在"牛鞭效应",这并不是意外,而是供应链存在系统性问题。导致这一情况的主要原因,并非单纯由错误、误解引起,而是一个非常理性的理由:供应链内每一环节都想以最明智的、费用最低的方式来制订生产计划与采购计划,降低库存水平。

#### 2. "牛鞭效应"的成因

供应链运作中"牛鞭效应"的成因可以归纳如下。

(1) 需求预测修订

在传统的供应链中,各节点企业总是以其直接下游的需求信息作为自己需求预测的依据。例如,当某企业销售了100个产品时,它可能会乐观地估计未来,也为了保证不断货,会增加进货,使产品达到120个。同样地,由于信息的不完全,批发商和分销商也可以做出比以往更多的库存的决策,当传到制造商时,订单可能就是200个,甚至更多。而实际需求最多不会超过110个,"牛鞭效应"也就产生了。

(2) 订单批量决策

在供应链中,每个企业都会向其上游订货。一般情况下,销售商并不会来一个订单就向上级供应商订货一次,而是在考虑库存和运输费用的基础上,在一个周期或汇总到一定数量后再向供应商订货;为了减少订货频率、降低成本和规避断货风险,销售商往往会按照最佳经济规模加量订货。同时频繁的订货也会增加供应商的工作量和成本,供应商也往往要求销售商在一定数量或一定周期订货,此时销售商为了尽早得到货物或全额得到货物,或者以备不时之需,往往会人为提高订货量,这样,由于订货策略而导致了"牛鞭效应"。

(3) 价格波动

供应链中的上游企业经常采用一些促销策略,如价格折扣、数量折扣等。对下游企业来说,如果库存成本小于由于折扣所获得的利益,那么在促销期间,它们为了获得大量含有折扣的商品,就会虚报商品的销售量,然后将虚报的商品拿到其他市场销售或推迟到促销结束后再销售,也有的将这一部分商品再转卖给其他经营者,这样就引起了需求极大的不确定性。而对消费者来说,在价格波动期间,他们会改变购买,但这并不能反映消费者的实际需求,因为他们会延迟或提前部分需求。例如,每年的3次长假,由于商家的促销,消费者会将假前的部分需求推迟,也会将以后的部分需求提前,集中到假期消费,这样需求的变动就比较大。所以,价格波动也会产生"牛鞭效应"。

(4) 短缺博弈

当需求大于供应时,理性的决策是按照订货量比例分配现有供应量。例如,若总的供应量只有订货量的 40%,合理的配给办法就是按其订货的 40%供货。此时,销售商为了获得更大份额的配给量,故意夸大其订货需求是在所难免的;当需求降温时,订货又会突然消失,这种由于短缺博弈导致的需求信息的扭曲最终将导致"牛鞭效应"。

(5) 提前期

总提前期是由用于订单处理、采购和制造商品、在供应链不同阶段运输商品的时间构成的。提前期越长,对企业的订购点和安全库存的影响越大,也会降低需求信息的时效性,从而引起"牛鞭效应"。

(6) 供应链的结构

一般来说,供应链的战线拉得越长,供应商离消费者越远,对需求的预测越不准确。同时经过各环节的传递及各企业安全库存的多层累加,需求信息的扭曲程度越大,"牛鞭效应"越明显。

通过以上的分析,可以发现"牛鞭效应"产生的根本原因在于供应链中上、下游企业间缺乏沟通和信任机制,而每一个企业采用理性的思考方式,考虑各自的利益,由此造成需求信息在传递过程中不断地被扭曲。"牛鞭效应"是企业自己造成的波动与延迟,而不是他人。但是,大家都在埋怨、指责合作方,这就会进一步造成对合作方的伤害,造成供应链更加混乱的局面。

### 3. 解决牛鞭效应的对策

"牛鞭效应"将会增加生产成本,增加库存成本;出现生产能力不足或库存不能满足需求的缺货情况;导致运输需求剧烈波动,高峰需求的应付必然会增加运输成本;导致劳动力需求波动,增加劳动力成本;出现大规模缺货,降低服务水平;导致供应链实体间的不信任,增加未来协调的难度;势必会增加物流总成本,降低供应链的盈利能力。因此在供应链管理中只有通过合作,才能消除"牛鞭效应"现象。没有合作,各顾各的,必然会产生"牛鞭效应"现象,而且双方还会相互指责,相互埋怨,进而破坏合作关系。

解决"牛鞭效应"的根本对策是建立供应链合作关系,整合供应链中的企业,建立企业之间的诚信机制,实现信息共享。信息共享,就是供应链中的各个企业共同拥有一些知识或行动,如生产、销售、需求等信息。实现信息共享,可以减少由于信息不对称或不完全带来的风险。通过建立一个基于互联网的供应链信息系统实现信息共享管理,协调各企业的行动,能够确保需求信息的真实、快速传递,从而减少供应链中的"牛鞭效应"。

(1) 缩短提前期

一般来说,订货的提前期越短,订量越准确,因此鼓励缩短订货期是破解"牛鞭效应"的一个好办法。通过应用现代信息系统可以及时获取销售信息和物流情况,同时通过多频次小数量联合送货方式,可以实现实需型订货,从而使需求预测的误差进一步降低。

使用外包服务,如第三方物流也可以缩短提前期和使小批订货实现规模经营,这样销售商就无须从同一个供应商那里一次性大批订货。虽然这样会增加额外的处理费用和管理费用,但只要所节省的费用比额外的费用大,这种方法还是值得应用的。

(2) 规避短缺情况下的博弈行为

首先,当商品出现短缺时,供应商可以通过互联网查询各下游企业以前的销售情况,以此作为向它们配货的依据,而不是根据它们订货的数量,从而杜绝了下游企业企图通过夸大订货量而获得较多配给的心理。惠普公司就采用这种办法。其次,通过互联网,链中所有企业共享关于生产能力、库存水平和交货计划等方面的信息,能够增加透明度,以此缓解下游企业的恐慌心理,减少博弈行为。制造商也能够了解到更加准确的需求信息,合理有序地安排生产。

(3) 加强出入库管理,合理分担库存责任

避免人为处理供应链上的有关数据的一个方法是使上游企业可以获得其下游企业的真实需求信息,这样,上、下游企业都可以根据相同的原始资料来制订供需计划。例如,有些公司在合作协议中明确要求分销商将零售商中央仓库里产品的出库情况进行反馈。

使用移动互联网及现代信息技术对销售情况进行实时跟踪也是解决"牛鞭效应"的重要方法。例如,某公司通过移动互联网组成了一个高效信息网络,当订单产生时即可传至信息中心;由信息中心将订单通过互联网和企业间的信息网分派给各区域中心,各区域中心按此订单进行组装;并按时间表在规定的时间内准时供货(通常不超过48h),从而使订货、制造、供应"一站式"完成,有效防止了"牛鞭效应"的产生。

联合库存管理策略是合理分担库存责任、防止需求变异放大的先进方法。联合库存管理是使供应商与销售商权利责任平衡的一种风险分担的库存管理模式,它在供应商与销售商之间建立起了合理的库存成本、运输成本与竞争性库存损失的分担机制,将供应商全责转化为各销售商的部分责任,从而使双方共担成本和风险,共享利益,有利于形成成本、风险与效益平衡机制,从而有效地抑制"牛鞭效应"的产生和加剧。

(4) 加强企业和消费者的沟通,建立新型的客户关系

通过互联网,企业和客户可以进行互动的交流,缩短企业和客户的距离,便于企业了解客户的需求和趋势,因此企业做出的需求预测准确度高。而且上游企业也能够和客户交流所得的信息,并对下游企业的订单要求进行评估判断,这就有效地缓解了"牛鞭效应"。

同时,制造商也可以通过互联网,建立直销体系,减少供应链中的层次,简化供应链的结构,防止信息在传递过程当中过多地被人为扭曲,避免"牛鞭效应"的产生。

综上所述,对大多数企业而言,单靠自己的实力,要想在激烈的市场竞争中求得生存和发展,是相当困难的。因此企业之间通过供应链彼此联系起来,以一个有机的整体参与竞争,共同合作,优势互补,实现协同效应,从而提高供应链的竞争力,达到群体共存。供应链运营需要企业相互信任,整合供应链业务流程,才能互惠互利,实现多赢、共赢的格局;需要各节点企业共同参与合作,才能从整体最优的角度做出决策,实现产品/服务在供应链过程中不断增值,塑造有竞争力的供应链品牌。

## 1.2 物流与物流管理

### 1.2.1 物流

**1. 物流定义**

商品的生产地与消费地的不同,必然需要商品流通。物流促进了商品流通,并且给人们生活带来了很大的方便,例如,农产品在收获的季节可以存储起来供以后使用,或者运输到其他不生产这种产品的地方。在古代,商品的流通在小范围内,而在现代,物流的飞速发展使得商品流通进入全球化时代,国际贸易额逐年增长。现代物流为跨国企业在全球化范围内充分利用各地资源优势,部署制造工厂、销售网络等提供了机会。物流恰恰是物品从供应地流向需求地的桥梁。物流是国际贸易、国内贸易所必需的。

物流指物品从供应者向需求者的物理移动,它由一系列创造时间价值和空间价值的经济活动组成,包括运输、保管、配送、包装、装卸、流通加工及处理等活动。物流的概念最早起源于军事领域,当时称为后勤保障,它是军事科学的一个分支,包括供应前方作战人员所需军用物资(如军械、粮草、被服等,我国古代称为辎重)及装备的采办、维护和运输。物流军官负责为部队安营扎寨、安排住宿和管理补给仓库。在"二战"中的战争装备供应方面,将战时装备生产、采购、运输、配给等后勤活动作为一个整体进行统一布置,以求战略物资补给的费用低、速度快、保障好。这就是美军所倡导的后勤学(logistics)。

如今,物流这一术语已经为广大普通民众所认可。远洋或内陆运输公司、仓储公司、配送公司等常常将自己称为物流公司,并强调物流服务的重要性。例如,电商"双11"网上销售的成功被认为是物流系统的成功。消费者在网上购物不满意时也往往会指责物流配送得不及时。那么,如何定义物流呢?

国家标准 GB/T 18354—2021《物流术语》中将物流定义为:物流是物品从供应地向接收地的实体流动过程中,根据实际需要,将运输、储存、采购、装卸、包装、流通加工、配送、信息处理等功能有机结合起来以实现用户要求的过程。

物流与供应链是密不可分的。美国物流管理协会(Council of logistics management,CLM)将物流定义为供应链过程的一部分,认为其是以满足客户需求为目的,以高效和经济的手段来组织产品、服务及相关信息从供应地到消费地的流动和存储的计划、执行和控制的过程。朗力(Langley)将物流定义为预测顾客需求,获取必要的资本、物资、人员、技术和信息,优化产品生产网络及服务网络,并利用这一网络及时满足顾客需求的过程。在美国物流学会(Institute of Logistics)给出的物流定义中,引入了人的因素,以及"供应链"这个术语,使物流概念可以包括企业管理的所有方面:物流是与时间相关的资源及其定位,与整个供应链战略管理一致。供应链是满足顾客需要的一系列事件,包括采购、制造、配送、废物处理及其相关的运输、存储和信息技术等。物流与商品、人员、生产能力、信息等密切相关,物流要求它们做到合适的地点、合适的时间、合适的数量、合适的质量和合适的价格。

**2．物流的价值体现**

所谓"价值"，不仅仅指金钱的价值。尽管对多数购买者来说，金钱价值是购买的关键，但"价值"也意味着感知收益。感知收益包括与产品相关的有形的收益和与服务相关的无形的收益。

顾客价值可以定义如下：

$$顾客价值 = 感知收益/总体拥有成本$$

感知收益会因人而异。总体拥有成本反映了与产品所有权相关的所有成本，不仅仅指产品的价格，库存持有成本、订货成本、运营及维护成本及其他交易成本都应包括在内。

企业通过提高顾客的感知收益水平或降低顾客的拥有总成本，来为他们创造价值。

顾客要求产品有更高的附加值，以及更低的成本。当然，在现实中仅仅追求低成本是不够的。仅仅在产品价格上竞争，只会让顾客觉得这种产品是一种商品。如果一个公司只会降价，那么它在其他方面如何与竞争对手竞争呢？尽管价格是重要的，但是关注价格的目的应该是出于提高顾客价值的感知，只有这样，顾客才乐意为这个产品支付一个更高的价格，产品也就不仅仅是一个产品。

对企业而言，物流管理是一个寻求优化组织内部物料流动和供应及其面向消费者的业务的集成过程。它本质上是计划过程和基于信息的活动。物流管理能对顾客价值公式中的分子和分母都产生影响，所以物流管理为提高顾客价值提供了有效的方法。

生产通过生产过程将一些资源转化成了顾客需要的产品。生产通过提供形式效用来满足顾客需求，依靠生产过程来增加产品的价值。

有些物流活动也能提供形式效用。例如，在配送中心所进行的分装、简单的装配等，它改变了产品的装运规格和包装，进而提供了产品的另外一种形式。航空公司的配餐中心将大量的面包、水果等拆开，分装形成面向消费者的快餐盒，这就增加了产品的形式效用。

多数物流活动会产生空间效用、时间效用和数量效用，进而满足顾客需求。这正是物流价值的体现。

（1）空间效用。物流通过将产品从生产地移动到需求地而提供空间效用。物流跨越了地理区域，在顾客需要的地方出现，从而增加了产品的经济价值。物流主要是通过运输活动产生空间效用。当然，空间效用也会导致产品的市场区域扩大，使企业面临的市场竞争加剧，进而导致产品降价。但顾客满意度会提升，因为顾客面临的选择变多了。

（2）时间效用。物流主要通过适当的仓储，使产品在顾客需要的时间出现，这就产生了时间效用。通过运输将某种产品更加迅速地运往需求地也会产生时间效用。在今天这个基于时间竞争的时代，顾客需要产品在恰当的时间点到达，时间效用变得更加重要。

（3）数量效用。当今企业面临的竞争环境不仅要求产品能够及时地送达正确的目的地，而且要求按照正确的数量送达。因此，时间和空间的效用要结合数量效用。将正确数量的产品送达要求的地点就产生了数量效用。物流通过预测、调度和库存控制来创造数量效用。例如,在准时制生产企业中,准确的供货数量尤为重要,需要供货不多也不少,多了势必要存起来,需要额外的存储空间,增加成本;少了就不够用了,生产势必要停下来。再如,小明家吃早餐,每人只要吃一个煎鸡蛋、一碗面条,而此时冰箱里只剩下一个鸡蛋,也没有面条了,妈妈做了一个煎鸡蛋,谁来吃呢?此时就需要寻找替代品使用。这就是物流没有跟上,导致没有计划好。明天再买一箱子鸡蛋也不能解决今早的问题。如果要提前购买很多鸡蛋,就需要冰箱了,会增加库存持有成本。物流必须在正确的时间、按照正确的数量将产品传递到正确的地点,从而增加产品的效用和价值。

### 1.2.2 物流管理的发展

物流是在供应链运作中,以满足顾客需求为目的,对货物、服务和相关信息在产地和消费地之间实现高效率和低成本的正向和反向的流动和储存所进行的计划、执行和控制的过程。对于传统制造企业来说,不管是制造的上游还是下游,物流似乎是无足轻重的辅助活动。但在今天,物流,这一基本的活动对于满足顾客需求的重要性在增加。网上销售和电子商务的迅猛发展,更是显现出了物流对于顾客满意度的重要作用。有效的物流对于电子商务的发展能起到关键的推动作用。而对于供应链来说,离开物流,"链"就会被分割、分离,因而,不是要区分供应链与物流,而是要将两者结合起来,物流是供应链管理中所不可或缺的。供应链物流管理已经成为发挥企业竞争优势和支持企业持续运营的重要抓手。

#### 1. 军事后勤

随着"二战"的爆发,美国军事后勤活动为怎样将物流一体化提供了经验,推动了战后对物流活动的研究及实业界对物流的重视。1946年,美国正式成立了全美交通与物流协会(American society of traffic and logistics),这是美国第一个关于运输和物流业的社会团体组织。美国军方文件"JCS Pub 1-02 excerpt"将后勤定义为运输和后勤保障资源的计划与执行的科学,包括军用装备规划、设计与研发;军用装备采办、储存、运输、维护;人员和物资储运中心的建设、维修等。

进入21世纪的军事后勤向联合、合作、持续保障的方向发展。联合后勤通过集成国家、多国的军种和战役保障机构能力,为作战指挥官和下属联合部队的指挥官提供持续的后勤战备完好性。通过联合能力的集成,确保部队及其装备在需要的地点和时间实际可用,以保障联合部队。为确保后勤系统中主装备产品的附属品供应,保障特定的主装备产品或系统,军方习惯使用合作后勤供应保障协议来补充装备备件和维修件的国内库存,且备件和维修件应按照初始装备的最终产品配备。为维持和延长装备使用所必需的后勤和人员服务的供给,需要持续保障,直到任务成功完成。持续保障提供了联合部队指挥的灵活性、持久性和扩展使用的延伸能力。有效的持续保障决定了联合部队进行决定性行动的深度,允许联合部队指挥抓住、保持和利用主动权。持续保障也需要同联合后勤环境的提供方、部队保障机构与保障指挥密切合作。

基于性能的后勤是一种基于性能的产品保障策略,有助于开发和实施综合的、具有经济承受力的产品保障包。产品保障包的设计需要长期的产品保障规划、清晰的权利与责任范围的界定,以达到优化系统的战备完好性,从而满足作战人员对武器系统性能输出需求的目的。基于性能的产品保障的目标是向作战人员提供不断增加的战备完好性,提高后勤保障响应度,加强部署,减少后勤保障规模、降低后勤保障费用。基于性能的后勤需要考虑武器系统的寿命、所处的寿命周期阶段、现有的基础设施、组织及商业能力、立法与监管限制等。

### 2. 工厂物流

进入20世纪50年代后,在生产管理方面,企业开始重视工厂范围内物流过程中的信息传递,对传统的物料管理进行变革,对厂内的物流进行统一的规划,以寻求物流合理化的途径。欧美的制造工厂多是从上到下的纵向一体化模式:制造工厂设立加工车间,生产所需要的物料由工厂设立的仓库提供;顾客的需求多是要求月内供货,信息交换通过邮件;产品跟踪采用贴标签的方式;信息处理的软硬件平台是纸带穿孔式的计算机及相应的软件,这一时期的储存与运输分离,各自独立经营。

随着市场营销观念的形成,企业开始意识到顾客满意的重要性。客户服务成为企业经营管理的核心要素。越来越多的企业认识到物流在客户服务中发挥的重要作用。1963年,物流管理协会(National council of physical distribution,1985年更名为Council of logistics management)成立,其促进了对物流过程的研究和理解,以及物流管理理论的发展,促进了物流界与其他组织的联系与合作。物流总成本分析概念开始形成。

工厂物流管理的重点是管理库存,作为平衡有限的生产能力和适应用户需求变化的缓冲手段,它通过各种协调手段,寻求把产品迅速、可靠地送到用户手中所需要的费用与生产、库存管理费用之间的平衡点,从而确定最佳的仓储能力及库存水平。因此其主要的工作任务是管理库存和运输。

### 3. 流通物流

1956年,日本开始从美国引入物流概念,将物流称为"物的流通"。1964年通产省为了降低产业的总体成本,将推动除生产、流通的费用之外第三种成本的消减,即搬运、保管、包装等物流的成本。日本还把"物的流通"视为一种包括运输、配送、装卸、仓储、包装、流通加工和信息传递等多种活动的综合行为。这一时期是日本经济高速增长的时期之一。在这一时期,商品流通量大大增加。随着生产技术向机械化、自动化发展,以及销售体制的不断扩充,物流已成为企业发展的制约因素,日本政府因而加强了物流基础设施建设。例如,1953—1958年的交通运输投资占公共投资总额的19.2%;1959—1963年,交通运输投资已占公共投资总额的29.5%。日本政府从基础设施上为物流发展打下了良好的基础。日本政府在全国范围内开展高速道路网、港口设施、流通聚集地的建设，各厂商也高度重视物流，并积极投资物流体系的建设，构筑与大规模现代生产、销售相适应的物流设施，采用叉车等机械化装卸设备和采用自动化仓库，灵活运用托盘和集装箱，实现货物单元成组装卸；同时建立物流中心，推行物流联网系统，开发车辆调度、配车系统等物流软件。1970年日本同时成立了两个最大的物流学术团体：日本物流管理协会和日本流通协会。

20世纪80年代，日本物流企业发展迅速，一般较大的物流公司都在全国各地设有自己的分公司或支社，面向全国乃至国外开展物流业务，如通运公司、两派公司、大和运输等，形成了多渠道、多层次、多形式、工商齐办的现代化物流系统网络。

同期，美国政府对航空、铁路、公路及远洋运输的经济法规进行了修订，鼓励市场竞争，在市场准入、运价、运输路线等方面给运输企业更大的自主权，大大促进了运输业的发展，使流通物流达到了前所未有的水平。

### 4．综合供应链物流

20世纪70年代末至80年代中期，随着计算机及应用软件的发展，企业制造资源计划（manufacturing resource planning，MRPII）、准时制（just-in-time，JIT）生产等先进管理技术获得了广泛应用与完善，从而推动了物流活动一体化的进程。1984年，山门（G. Sharman）在哈佛商业评论中发表的"物流的再发现"指出，企业高层管理人员应重视物流在企业规划和战略决策中的重要作用。1985年，哈里斯（W. D. Harries）和斯塔克（J. R. Stock）在市场营销研讨会上发表了"市场营销与物流的再集成——历史与未来的视角"，强调了物流在营销、客户服务水平方面的战略作用，提出了营销与物流一体化的必要性，这无疑又从顾客驱动的下游推动了综合供应链与物流过程的研究与实践。

同期，在欧洲也开始应用供应链物流的概念，发展联盟型或合作型物流新体系；供应链物流强调的是在商品的流通过程中企业间的合作，改变原来各企业分散的物流管理方式，通过供应链物流这种合作型的物流体系来提高物流效率。欧洲的协作物流协会（Corporate logistic council）推动了供应链物流的发展。这时期可直接从仓库出货点获取物流需求信息，并可通过传真方式进行信息交换，采用条形码扫描对产品进行跟踪；信息处理的软硬件平台是客户/服务器模式和商品化的软件包。第三方物流（the third party logistics，TPL）在这一时期开始在欧洲兴起。

20世纪90年代，为降低成本，不少美国企业纷纷把加工厂转移到劳动力便宜的国家和地区。为了促进产品的销售，各公司也热衷于建设全球网络。例如，可口可乐、百事可乐等都通过遍及全球的物流网络，提供世界范围的服务。国际物流量迅速增加，这使物流业在美国占有越来越重要的地位。20世纪90年代以来，TPL在美国得到了迅速发展。全球化、合作伙伴、服务型经济、环境等因素使企业的运营环境发生了深刻变化，时间开始成为企业运营最重要的因素之一。物流信息系统和电子数据交换（electronic data interchange，EDI）技术，以及互联网、条形码、全球定位系统（global positioning system，GPS）及无线电射频技术在物流领域中得到应用,企业将物料管理、库存管理、配送管理、客户服务等集成起来作为综合的供应链物流管理就变得"水到渠成",同时满足了物流全球化、服务形式多样化和快速反应的要求。

1995年斯莱特(Slats)等人给出了综合供应链物流的定义。综合供应链物流是所有与物料流与信息流直接相关或间接相关的活动和系统的集成,主要定位于面向产品,也关注供应商和分销商/客户的联系。综合供应链物流强调供应链的整体绩效,物料与信息流是多维集成体;将物料流与信息流的控制集成在供应链结构中,消除传统物流结构中的多重组织层次的协调、库存与物料流、信息流控制中的浪费;特别需要过程、部门、功能、组织、规定和系统的集成,关系管理和伙伴关系是根本;面向业务、功能集成、关注顾客、关注新技术与信息系统的利用;供应链上多个企业组织联合起来共享技术、资源,这种合作以计算机网络、信息技术工具和协议为基础。

综合供应链物流管理把供应链上的各个企业作为一个子系统,使供应链上各企业分担的采购、生产、分销和销售的职能成为一个协调发展的有机体,注重总体物流成本与客户服务水平之间的关系,为此要把供应链各个职能部门有机地结合在一起,从而最大限度地发挥出供应链整体的力量,达到供应链企业群体获益的目的。

可见,综合供应链物流管理需要供应链综合管理,不仅包括物流管理,而且包括供应链战略与规划、关系管理、信息服务、分销管理与财务管理等。供应链管理要研究商品流、物流活动,还要考虑企业间资金流管理(涉及汇率、成本等)、产品质量、供应与需求渠道、信息管理、整合与协调等。

供应链与物流系统不是孤立存在的,因为制造商物流系统的进厂物流和其供应商物流系统的出厂物流是连接在一起的,而制造商物流系统的出厂物流和其他制造商的进厂物流或城市配送物流也是连接在一起的。供应链管理要求供应链网络中所有组织构建的物流系统不能孤立地运作,而应从总体上形成合作的、协调的产品流、服务流和信息流。可见,供应链物流管理应该更加注重系统的协同与整合。

5. 全球物流/全局物流

20世纪90年代以来,全球经济一体化的发展趋势十分强劲,欧美等发达国家的跨国企业纷纷在国外,特别是在劳动力比较低廉的亚洲地区建立生产基地用来生产零部件,甚至建立总装厂。由于生产地与需求地的跨国性,国与国之间的商品流通量呈现增加趋势,国际贸易快速增长,全球物流应运而生。全球物流主要指进口国与出口国之间的物流和信息流。跨国企业开始关注其跨越多国的生产与分销集成的全局物流。

这一时期,欧洲的供应链着眼于整体提供产品和物流服务的能力。欧洲制造业已经发展到了精益制造。为了应对顾客的物流服务要求,欧洲建设了许多具有一定规模的综合物流中心。例如,荷兰的鹿特丹港物流中心,石油加工配送量为6500万吨/年,汽车的分销量为300万辆/年,橙汁与水果的分销量为90万吨/年。供应链集成管理的模式也在发生变化。供应方、运输方需要寻求合作伙伴，而首席物流主管开始作为供应链管理的主导者管理企业的全局供应链。这一时期，物流的需求信息可直接从顾客消费点获取，同时采用电子信息交换方式，应用无线射频标识技术进行产品跟踪，并应用互联网和物流服务方提供的软件进行信息交换与处理，现代化的全球物流体系已经形成。

在"美国运输部1997—2000年度战略规划"中，运输部提出美国应建立一个国际性的以多式联运为主要形式、以智能为特征并将环境包含在内的运输系统，该系统当时是世界上最安全、最便利、最经济和有效的系统。同时指出，数据和信息的收集和传播、知识的创新和共享对国际运输业的发展是非常重要的，该报告对推动美国运输和全球物流的发展起到了重要的指导作用。

从此，美国物流业已成为全球发达和先进的物流体系之一。根据美国国家运输委员会的数据，美国物流业在2019年总产值达到1.6万亿美元，占GDP的8.3%。该产业提供了超过90万个就业机会，服务范围涉及全球。美国物流业包含了多个领域，包括运输、仓储、配送、供应链管理等。

1997年4月，日本政府制定了一个具有重要影响力的《综合物流施策大纲》，其要求到2001年，既要达到物流成本的效率比，又要实现不亚于国际水准的物流服务，为此要求各相关机关要联合起来，共同推进物流政策和措施的制定。该大纲是日本物流现代化发展的指针，对于日本物流管理的发展具有历史意义。到2001年日本物流发展要实现以下3项目标。

（1）亚太地区便利性且充满活力的物流服务。

（2）实现对产业竞争不构成阻碍的物流成本水平。

（3）减轻环境负荷。

为实现上述目标，大纲中还制定了以下实施措施。

（1）通过相互合作来制定综合措施。为确保适应消费者需求的有效运输体系，以及创造良好的交通环境，道路、航空、铁路等交通机构要合作，共同制定综合交通措施。

（2）通过竞争促进物流市场活性化。

（3）促进社会资本的合作与集中使用。提高运输能力，消除物流瓶颈，建设国际港口、机场及相应的高规格的道路，建设主要干线铁路、公路。建设大都市圈物流中心，在法规和政策上进一步推动物流的效率化。

（4）促进物流系统的信息化、标准化，实现无纸贸易。

（5）对城市物流要建立道路交通的畅通机制，提高汽车的装载效率，提高物流服务质量，减轻环境负担，对地域之间的物流要进一步完善多方式运输的竞争条件，实现多式联运，促进水路、铁路货运，建立区域性物流中心及道路。

（6）对于国际物流要进一步缩短物流的时间和成本，纠正内外价格差，提高产业地区的竞争力。

（7）建立各机构、各部门合作的政策推进体制，推进各政府机关、地方团体、物流业者和货主联合采取物流现代化措施，形成整体效应。

进入21世纪,物流作为供应链管理的有机部分,至少产生了以下4个主要分支物流。

(1) 企业物流。企业物流指为满足顾客需求,在供应链上,对产品/服务及相关信息从生产地到消费地的输送和仓储等进行计划、实施和控制,以达到高效、低成本目标的过程。

(2) 军事物流。军事物流指为确保迅速、可靠、有效地保障军事力量的作战效能,对人员、物资及装备保障进行整体的设计、统一的调度与部署的过程。

(3) 应急物流。应急物流指为突然发生的事件及事后的有效救援及恢复,组织、调度和配置所需要的资源(如组织、设备和人员等)网络的过程。

(4) 服务物流。服务物流指服务业运行中的保障或维护过程,对服务企业的设施资产和备件、材料等物资进行采购、调度和管理。

这4个分支都需要有预测、调度、运输和仓储等功能,但是其主要的目的略有不同。这4个分支都可以视为供应链中的上游或下游组织,都与其他组织紧密合作,共同为整个供应链的成功和长期发展作出贡献。

## 1.2.3 物流分类及管理活动

### 1. 物流分类

物流可以进行如下分类。

按照物流的环节与属性分类,可分为:入厂物流(以前的物料管理)、出厂物流(实物分拨、分销物流)、生产物流、逆向物流。

按照物流活动的空间范围分类,可分为:区域物流、国内物流、全球物流。

按照物流系统的性质分类,可分为:社会化物流、行业物流(农产品物流、林业物流、服装物流、药品物流、电子高科技物流等)、企业物流。

按照物流的主体类型分类,可分为:自营物流、委外物流(第三方物流)、第四方物流。

还有些特殊物品的物流,如危险品物流、低温物流(冷链物流、鲜活物流)。在我国台湾地区,低温物流又可分为冷气物流、冷藏物流、冷冻物流。

物流分类的特点与活动内容可以参见表1-2。

表1-2 物 流 分 类

| 分类标准 | 分类名称 | 特点与活动内容 |
| --- | --- | --- |
| 按照物流的环节与属性 | 入厂物流 | 在采购过程中所发生的物流活动,如运输、仓管、库存控制等。采购与供应管理直接影响企业生产成本 |
| | 出厂物流 | 生产企业、流通企业销售产品时,在供方和需方之间的物品流动与储存,如库存管理、配送、包装、装卸、搬运等 |
| | 生产物流 | 在企业内部的生产过程中原材料、在制品、半成品、产成品等的内部物料管理活动,如取送、物料控制、传输、分拣、包装等 |
| | 逆向物流 | 多种原因导致的不合格物品和报废物品的返修、退货、回收,以及周转使用的包装容器从需方返回到供方的逆向物流活动 |

续表

| 分类标准 | 分类名称 | 特点与活动内容 |
|---|---|---|
| 按照物流活动的空间范围 | 区域物流 | 在地区内及地区之间所产生的物流活动 |
| | 国内物流 | 在一个国家范围内产生的物流活动 |
| | 全球物流 | 国与国之间因进出口贸易、交流等需要而产生的物流活动 |
| 按照物流系统的性质 | 社会物流 | 某区域全社会物流活动的总称 |
| | 行业物流 | 某产品行业部门或特定物品类的物流活动 |
| | 企业物流 | 企业运营、生产产品或提供服务所形成的物流活动 |
| 按照物流的主体类型 | 自营物流 | 物流作业与管理由企业本身承担的物流活动 |
| | 委外物流 | 由产品供方和需方以外的第三方物流企业提供专业化的物流服务的业务模式 |
| | 第四方物流 | 是供应链物流服务中的综合服务供应集成商，提供组织物流服务所需设施、信息装备等资源和资金、技术，以及物流方案等 |

**2. 物流管理活动**

CLM 认为一个典型的物流系统的主要管理活动包括客户服务、需求预测、配送系统、库存控制、物料搬运、订单处理、零配件和服务支持、工厂和仓库选择（物流网络设计）、选址分析、采购与供应管理、包装、逆向物流（退货及废弃物处理）、交通与运输管理、仓储管理。

当然，构成企业物流管理的活动因企业而不同，它取决于企业类型、特点及组织结构、管理层对物流范围的不同理解等。企业供应链中包含物料管理与实物分销，其中有些活动是关键性物流活动，有些是支持性物流活动，每项活动都涉及供应链运营的决策问题。

接下来对主要的物流活动做一下简单的介绍，让读者有大概的了解。这里列出了很多物流活动，但并不意味着企业的物流部门需要负责所有这些活动。与这些活动相关的决策必须运用供应链物流管理的系统观点。

**客户服务**  客户服务有两个对物流来说很重要的维度：一是客户接触及客户沟通，这往往是获得客户订单的关键；二是客户服务质量，这对留住客户、扩大市场占有份额至关重要。

从获得订单的角度看，物流关注的是为了满足客户的订单需求而在适当的地点持有一定的库存。同时，物流还关注订单履行的承诺，如接收订单时向客户做出的交货期承诺，兑现这些承诺需要加强库存控制、制造、仓储、运输活动的协同。

客户服务质量可以从产品可得性、交货可靠性、订单的履行速度和交货及时性等得到体现。库存、运输、仓储决策与客户服务质量相关联。物流在确保消费者在正确的时间和地点得到正确的产品方面发挥了非常重要的作用，而这些都是客户服务质量的重要维度。

**运输**  运输是物流系统非常重要的组成部分，而且通常是最大的物流成本因素。物流中一个主要的焦点问题是商品的流动，或者是使商品流动的网络。这个网络包含为企业提供物流服务的货物运输代理机构。物流管理人员负责选择物流运输服务商的方式，或者发展自营运输业务，或者选择第三方物流企业。

**库存控制**　仓库及运输途中都存在库存。库存控制需要确定一定的库存水平,以保证不会导致缺货。例如,在配送中心履行客户订单时,现有的库存量就会降低。当现有库存量到达再订货点时,就要将补货订单通过人工或电子的方式发布给供货仓库或供货工厂,以确保达到顾客可接受的服务水平。库存控制还要保证库存数量的准确性,以确保仓库中的物资库存数量与信息系统中的一致。往往通过库存盘点来控制库存数量的准确性。库存准确性对确保及时履行客户订单是十分重要的。

**订单处理**　订单处理包括与完成客户订单有关的活动。订单处理需要确保在交货期内履行订单。短的交货期可能要求较快的运输方式,较快的运输方式则意味着高成本。企业需要在订单处理中采用互联网及信息技术,有效减少订单的处理时间。

**采购**　采购是物流的重要活动。运输成本与企业生产所要采购物资的地理位置直接相关。经济订货数量与运输成本和存货成本相关。例如,从我国为一家美国的制造厂购买零部件需要几个星期的提前期,这与制造厂最低库存预警线的设置有直接关系。使用快速运输方式可减少提前期,降低库存持有成本,但却会增加运输成本。所以,采购决策需要考虑物流总成本。

**包装**　工业包装可以在产品运输和储存的时候对产品起到保护作用,包括厚纸板、包裹、捆绑、袋子等。企业选择的运输方式会影响包装要求。例如,为防止可能的破损,铁路或水路运输通常需要规定包装要求。因此,运输方案的变化也会相应地影响到包装成本。

**仓储**　运输成本与仓库数量有直接关系。例如,如果企业选用较慢的运输方式,就不得不保持较高的库存水平,这就需要保留足够的仓储空间,建设或租用仓库。当然,企业也可以考虑使用较快的运输方式(如空运)来减少仓库数目及其储存空间。仓库数量、仓库选址和仓库规模等决策问题与此有关。运输决策会影响仓储决策,所以权衡各种方案对整个物流系统的最优化是非常必要的。

**装卸**　装卸决策对于仓库设计和运营是很重要的。物流管理人员需要关注商品进入仓库的运动、商品在仓库的放置,以及商品从储存区到包装区及准备运出仓库的运动。装卸通常使用短距离移动的机械设备,这种设备包括输送机、堆高机、高架起重机和自动存取系统。装卸系统的设计必须保证所使用的各种设备能够相互匹配。

**选址**　物流的另外一个重要活动是工厂和仓库的选址。位置的变化可能改变工厂与市场之间或供应地与工厂之间的时间和地点关系。这种变化将影响运输费用、客户服务质量、库存水平等。选址决定了企业供应链的网络布局。

**其他活动**　其他活动,如零配件和服务支持、退货处理、废弃物处理等,都广泛存在于生产耐用消费品和工业品的企业物流活动中。运输和仓储决策会直接影响这些活动。产品维护、售前、售后服务都需要一定的物流服务支持。绿色、可持续发展理念要求企业重视逆向物流的发展,即要将使用过的、损坏的、废弃的产品返回给供应商以进行循环利用或处理。

## 1.3 典型的几种物流

### 1.3.1 全球供应链物流

**1. 全球供应链物流的兴起**

如今社会存在一个明显的趋势,那就是国际物流或全球物流的发展。不断改善的信息通信和更好的运输工具意味着距离不再那么的重要,组织将具有全球眼光,它们可以有效地在全球市场购买、运输、存储、制造、销售和配送商品。列昂蒂亚迪(Leontiades)曾指出:"20世纪最重要的现象之一就是工业的国际化扩张。实际上,所有的大公司都在它们本土之外进行重要和持续的业务拓展。"工业化国家之间一半的贸易可能发生在同一家公司的子公司之间(Julius)。例如,由美国公司出口到它们的海外子公司,或者是美国在其海外的制造公司又将产品进口到美国本土市场。

全球物流发展迅猛,有许多因素促进了全球物流及国际贸易业务的发展,包括以下几个方面的内容。

- 新兴市场不断增加的需求。当发展中地区的经济变得更有前景,外国公司意识到在新兴市场销售它们产品的机会来临了。
- 瞄准规模经济的制造商。许多制造业务依赖于稳定、大规模的产品生产。其最优经济规模通常比单一市场的需求更大。
- 对供应商的需求增大。当顾客的需求越来越多时,当地的供应商可能无法满足他们的需求,组织必须从更广的区域来寻找最好的资源。
- 市场需求的集中度高。不同的市场逐渐接受相同的产品,至少在制造完成时差别极小,例如可口可乐、麦当劳、丰田和索尼主导产品几乎可以在任何一国销售同种商品。
- 贸易壁垒的消减。许多自由贸易区特别鼓励国际化运营,包括上海自贸试验区、欧盟和北美自由贸易区。
- 变化灵活的物流运营。良好的物流可以使国际贸易更轻松,例如,集装箱和多式联运使得货物运输更方便、更快捷和更便宜。
- 专业化运营支持。许多组织专注于它们的核心竞争力,将物流业务外包给第三方。外包业务地点由其他组织决定,甚至可能不在同一国家。
- 企业之间通信便捷,消费者之间沟通改善。卫星电视、网络和其他沟通渠道使得顾客能更好地关注当地之外的产品。

当然,实践中也可能存在着严重的障碍和困难。有时候产品设计存在问题——不同的地区要求不同的产品,但产品本身并不会国际化,或者顾客并不看好这些产品。有时候,顾客需要某种产品,但是实际的困难使得不可能交货给顾客,诸如边境问题、不够完善的基础设施、流失的技术资源和人力技能及其他的文化差异。不过在各国的努力下,这种情况正在改变。例如,跨国的自由贸易区政策,国与国之间的双边或多边贸易自由化协议的签署等都为全球供应链物流的运营大开绿灯。

对企业而言,一个普遍存在的问题是如何寻找一种合适的组织结构来进行全球供应链的运营,面临的主要选择是在国内、国际、多国间还是全球范围运作。通常,国内公司仅仅在本国市场上开展业务,然后出口商品到外国的其他公司。国际化的公司则将总部设在一个国家,通过这个总部来控制公司在别国子公司的业务活动。多国公司由一些相互联系但是位于不同国家的独立公司组成。跨国公司将世界市场当作一个市场,在效率和效益最高的地方经营。这些描述可能过于古板,不过组织通常在面对当地的条件、实践和需求时会更灵活,这会产生一个更加松散的"跨国界"组织,它涉及不同类型的业务,但是仍然具有整个公司的统一文化。

### 2. 全球供应链及其特点

全球供应链指在全球范围内组合供应链,它要求以全球化的视野,将供应链系统延伸至整个世界范围,并根据企业的需要在世界各地选取最有竞争力的合作伙伴。全球供应链管理强调在全面、迅速地了解世界各地消费者需求的同时,对其进行计划、协调、操作、控制和优化,在供应链中的核心企业与其供应商,以及供应商的供应商、核心企业与其销售商乃至最终消费者之间,依靠现代网络信息技术支撑,来实现供应链的一体化和快速反应,从而达到商流、物流、资金流和信息流的协调通畅,以满足全球消费者需求。全球供应链是实现一系列分散在全球各地的相互关联的商业活动,包括采购原料和零件、处理并得到最终产品、产品增值、对零售商和消费者的配送、在各个商业主体之间交换信息,其主要目的是降低成本、扩大收益。

全球供应链建设需要加强交通枢纽、物流通道、信息平台等基础设施建设;推进国家或地区间互联互通;推动国际产能和装备制造合作;推进边境经济合作区、跨境经济合作区、境外经贸合作区建设;企业加强投资合作,设立境外分销和服务网络、物流配送中心、海外仓等;建立本地化与全球化相平衡的供应链体系。

当企业供应链的活动由国内发展到国外,产品流动穿越不同国界而遍布世界时,就会面临全球供应链物流网络的挑战与机遇。经济全球化将给供应链管理带来更多的不确定因素,从而使全球供应链面临着更大的经营风险和更高的经营难度,主要体现在以下几个方面。

(1) 汇率和通货膨胀对全球供应链运营的影响大

汇率和通货膨胀是影响全球供应链的两个复杂的经济因素。汇率将影响任何国外买家、供货商或竞争对手的公司的经济状况,进而影响输入成本、销售价格与销售量。通货膨胀则会影响一个国家的企业从生产到销售的全部过程。

高效的全球供应链运营可以有效消除因局部汇率和通货膨胀而给企业带来的不利影响。公司可以与许多不同国家的供应商建立关系，并采取动态管理方法，不断调整和吸收新的国际供应商。这样，公司就可以根据汇率的变化，将它的采购对象及时转移到那些能够提供输入最低成本的供应商，尤其是那些货币价值被长期低估的国家的供应商，这样就可以最大限度地获得汇率上的好处。对于存在多重生产来源和过量产能的全球供应链来说，通过网络把过量的产能在不同国家重新分配，可以有效地避免汇率波动带来的风险。

全球供应链上的节点企业，应对通货膨胀的有效方法就是及时提高价格与尽可能地缩短收款期和前置时间，这样就可以确保快速和准确的配送。公司应确保与客户及时完全地沟通，这样有助于价格的提升和改变。

（2）地理距离导致更高的库存

全球供应链穿越不同的国家，从而使供应链的空间距离拉大，这意味着更长的运输周期，必然会导致各种不确定因素的增加、公司存货的增加、市场环境的变化、顾客需求的变异等。例如，越过不同国家边界的商品运输，会由于各个国家烦琐的海关手续程序而拖延时间。应对各种可能存在的不确定性就需要增加缓冲存货，这必然将加剧"牛鞭效应"的程度。所以，供应链空间距离的增加将可能造成大量的库存，从而增加管理费用和供应链成本。

管理全球化工厂网络的公司在供货商具有不同地理位置的情况下，将面对如何执行及时生产的挑战。一些公司发现，面对时差，与远程供货商进行信息回馈是非常困难的。例如，某大计算机公司要完成全球采购是如此复杂，以致无法对销售国家实现及时交货；虽然商品在2～3天之内就可以完成通关手续，但是文件的问题会耽误2～3个星期的配送，如此延误的情形通常会在一个产品上每年发生一次或两次。

（3）准确预测更加困难

来自不同国家的企业共同组成供应链，且都处在不同的文化、经济和法律环境下，并使用不同的语言，这就意味着供应链上的各个节点企业，一方面以不同的观点和预测来评估未来的市场演变，另一方面因相互间的交流和沟通更加困难，而对同一信息的理解本身就有可能存在偏差，这就可能使各个节点或部门建立在同一信息基础上而形成不同的预测结果。同时，客观的空间距离拉长会导致不确定因素的增加，结果公司会发现自己正在使用高度失真的不准确信息，这必然使预测的准确度下降。因此，在全球化供应链中，往往靠增加安全存货量来调整预测误差，以应对需求的不确定性。

（4）技术障碍更大

全球供应链节点企业在不同国家经营，因而在基础设施、设备和人员等方面有可能遇到障碍，如员工技术和供货商品质等，都会影响整体供应链的运作。

员工技术的高低将会影响或改变公司在新的环境中可能采用的技术。

原物料短缺是全球供应链遇到的严重问题。进口原物料因外汇准备不足而被限制输入，或者进口供货商组织结构和运输系统不完整，都会造成供应短缺，这样会使公司面临供应上的障碍。供应短缺或不稳定会在全球供应链的规划过程中引起混乱，同时也会使得某些工厂在网络中不可能实行及时供应和生产。

在某些国家，缺少加工设备和技术也会严重地阻碍某种产品的开发和生产过程。在这种情况下，公司不得不在当地进行研发工作，发展当地的加工设备和技术。

严重不足的运输设施将会延长供应链活动的提前期，其结果是增加供应的不确定性、配送费用和控制配送渠道的难度。信息技术的不足意味着缺少及时、可靠的信息交流，这样会导致公司不能及时了解和全面把握市场，从而影响公司全球竞争战略的实施。

(5) 产品多变性更明显

在全球市场中，不同国家和地区所接受的产品和服务差异很大，并且由于产品种类更多、环境更复杂，所以产品变型的可能性更大。这往往需要跨国公司给许多不同国家的消费者提供个性定制化的产品与服务。通常，为制造一种适合不同市场的产品，公司会先生产一个基本产品，其包含大部分的特性和组件，最后再通过增加组件、本地组装使产品适合本地市场的需求。例如，对不同国家所销售的计算机会有所不同，其电压、频率、插座规格、键盘和手册等都必须与当地情况相匹配。

因此，全球供应链企业必须建立重要资源和产品的风险预警系统，利用国内、国外两个市场的两种资源，提高全球供应链的风险管理水平。制订和实施全球供应链安全计划，建立全球供应链风险评价与预警机制，有助于提升全球供应链的风险防控能力。注重供应链产品信息、数据采集、交换接口、数据交易等关键共性标准，加强数据信息标准的兼容，以实现数据高效传输和交互。推动供应链管理流程标准化水平，推进供应链服务标准化，从而提高供应链的系统集成和资源整合能力。积极参与全球供应链标准制定，推进供应链标准国际化进程。利用区块链、人工智能等新兴技术，完善供应链的信用评价机制。依托全球供应链体系，促进不同国家和地区包容共享发展，构建全球供应链利益共同体和命运共同体。在人员流动、资格互认、标准互通、认可认证、知识产权等方面加强与主要贸易国家和共建"一带一路"国家的磋商与合作，推动建立有利于完善全球供应链利益联结机制的全球经贸新规则。

## 1.3.2 区域物流与城市物流

### 1. 区域物流

区域一般指某个行政区域或两个以上行政区域的联合体。区域物流是区域之间及区域内部的物资的流动，是在一定的区域地理环境中，以大中型城市为中心，以区域经济发展规模和范围为基础，区域内外物资从供应地到接受地的实体流动。我国的行政区域划分为省、市、县、乡等。从这个意义上讲，区域物流包括省域物流、城市物流、县区物流、农村物流等。

区域物流活动凭借区域内的物流基础设施条件,将多种运输方式及物流节点有机衔接,并通过物流业务活动的有机集成来提高本区域物流系统的水平和效率。扩大物流活动的规模和范围,能够辐射其他区域,促进区域经济的协调发展,提高区域经济的运行质量,增强区域的综合经济实力。

从现实来看,区域物流联合体主要包括两大类:第一类是一国之内的区域联合体;第二类是跨越国境的区域联合体。第一类联合体的例子有我国传统的东北、华北、华东、华南、西北、西南六大联合体,以及近些年出现的新区域联合体(如京津冀区域联合体、珠江三角洲、长江流域、长江三角洲、环渤海经济圈、大西北经济区等)。与此相对应地产生了东北物流、华北物流、珠三角物流、长三角物流、西南物流、大北京物流等。第二类联合体的例子有北美自由贸易区、东北亚经济圈、欧盟联合体等,其特点如下:一是联合体的成员是多国的;二是联合体的成员只是某个国家的部分行政区域。例如,东北亚经济圈的主要成员有我国的天津、大连、青岛、烟台、日本的福冈、北九州、下关、韩国的釜山、仁川、蔚山。由于这种跨国区域联合体的存在,因此,也就自然地产生了跨国性区域物流(如东北亚物流)。当然,这种跨国区域物流具有双重属性,即既可以划归为区域物流,也可以划归为国际物流。

我国政府积极推动跨地区跨行业的智慧物流信息平台建设,鼓励在法律规定范围内发展共同配送等物流配送组织新模式。合理布局物流仓储设施,完善仓储建设标准体系,鼓励现代化仓储设施建设,加强偏远地区仓储设施建设。政府鼓励物流(快递)企业发展"仓配一体化"服务。

**2. 区域物流系统分类**

一般而言,区域物流系统可以分为以下几类。

(1) 跨国区域物流

跨国区域物流指跨越国境的区域物流。它是区域物流中层次最高、规模最大、范围最广、管理难度最大的区域物流。因为跨国区域物流的组织和管理涉及许多难题(如区域成员的国境贸易政策(关税)、经济体制、生活习惯、文化传统、商品的腹地延伸、物流设施的共享、物流设备与工具的通用性、物流信息标准化等),同时跨国区域物流的经营主体和管理主体更加复杂。因此,要组织好跨国区域物流,必须建立一个全新的跨国区域物流管理体制,协调各种关系,才能发挥跨国区域物流在促进跨国区域经济发展中的作用。

跨国区域物流是经济全球化的重要体现,也是世界物流发展的必然趋势。随着世界各国贸易与投资壁垒的逐步降低甚至消亡,不同国家的不同地区,特别是地理上相邻或经济上有较大互补与互利关系的地区,将越来越倾向于构筑一个超越国家界限的经济区域,即在经济全球化的背景下,经济生活中的国家概念将日益淡薄,世界经济将由以国家为单位的经济逐步转化为以跨国区域为单位的经济。作为经济活动中的物流,也必将由国家物流时代,逐步进入跨国区域物流时代。

我国提出的"一带一路"倡议,即共建丝绸之路经济带和21世纪海上丝绸之路,获得了共建国家的共鸣,我国与"一带一路"共建国家正努力在政策、设施、贸易、资金等各方面寻求合作,力求实现互联互通,以直接推动跨国区域物流的发展。

(2) 大区物流

大区物流指一国之内的若干行政区所组成的区域联合体物流(如"珠三角物流""长三角物流""东北物流""华北物流"等)。大区物流包含的区域边界较大,区域成员较多,往往包含若干省区。大区物流之所以能够形成,是因为大区内的区域成员在产业结构、地理位置、产业分工、物流资源等方面具有明显的互补关系。因此,通过组织大区物流,加强大区成员之间的物流协作,可以获得更大的绩效,也可以增强大区的经济竞争优势。单个大区物流的组织有相当的难度,要协调好各种关系。

(3) 省域物流

省域物流指一个省内的物流。省域物流的组织和管理相对比较容易,即使省域内存在若干层次的区域物流,但由于在行政上仍隶属于一个省,因此协调比较容易。

(4) 城市物流

城市物流追求的目标不仅包括经济效益,也包括社会效益等多种效益,需要在考虑城市整体利益的基础上,全面优化城市物流系统。城市物流是以城市为主体的,围绕城市物流服务需求所发生的物品在城市内部及周边的实体流动,是服务于城市经济发展的一种中观物流。城市物流既能够满足城市内部的物流活动,同时也能够满足城市与外界联系过程中产生的物流活动,其是城市内部、城市与城市、城市与区域乃至与其他国家和地区进行经济交流活动的桥梁。城市是区域物流的中心。

(5) 农村物流

农村物流指以乡镇和村为活动基地的物流。农村物流与农村的产业结构有直接关系。随着新型城镇化建设,农村物流的主体、客体、网店及组织与管理,与城市物流有许多不同之处,需要与城市物流连接,是一个值得研究的物流领域。

### 3. 城市物流

城市物流是通过考虑城市货物流通对社会、环境、经济、金融和能源的影响使城市物流活动达到整体最优的过程。日本学者谷口荣一将城市物流定义为:"城市物流是在市场经济框架内,综合考虑交通环境、交通阻塞、能源浪费等因素,对城市内企业的物流和运输活动进行整体优化的过程。"1995年王之泰教授在《现代物流学》中提到:"城市物流要研究城市生产和生活所需物资,如何流入以及如何以更有效的形式供应给每个工厂、每个机关、每个学校和每个家庭,城市巨大的耗费所形成的废物又是如何进行物流组织的。"

简单地说,城市物流就是物品在城市的实物流动。具体地说,城市物流主要包括3个方面:城市内物品的实物流动、城市外货物的集散、城市废弃物的回收处理。城市内物品的实物流动主要是城市配送,包括城市居民日常生活用品的配送,以及部分生产资料的配送,特别是及时化配送;城市外货物的集散,主要是中转大进大出城市的物资,包括支柱产业所需的原材料、商品的流入和流出；城市废弃物的回收处理，主要是生活废弃物的回收处理。

**4．城市物流的特点**

城市物流是以城市为依托的物流，是在一定城市规划的约束下，为实现城市商品流通最优化，以及城市运营、管理等的物流活动体系。它具有一般意义上的物流属性，而且城市物流多了个边界，需要在物流涉及的诸多要素上"叠加"地域的限制和城市的属性。现代城市物流更是将物流的内涵进一步拓展，以高科技为支撑，以信息技术为手段，全面涵盖了产品生产前直至销售及售后服务等领域。城市物流的特点归纳起来有以下几点。

（1）城市物流属于中观物流

它介于宏观物流和微观物流之间，可以看作众多企业的微观物流向城市之间的宏观物流的一种过渡，它与企业内部的微观物流有着密切的联系。一方面，城市中大多数企业都拥有大量的物流设施，这些也是城市物流基础设施的一部分；另一方面，由于城市物流与企业的微观物流客观上存在着集散关系，输入城市的宏观物流通过城市物流分散为成千上万的微观物流，而企业输入的微观物流也必须通过城市物流才能汇集成输出城市的宏观物流。

（2）城市物流涉及面广、流量大、流向多变

从静态来看，有城市发展规划中的内容，如物流设施及项目，包括公路、桥梁、车站、码头、机场、物流基地和仓库的布局安排；从动态来看，城市物流的内容包括两大方面。一是本城市的企事业单位和广大居民，表现为实体物资（包括生产、生活资料、废弃物等）的集散和短距离位移。二是由外城市产生的宏观物流，表现为这一城市外其他城市之间或地区之间货物移动时经过该城市的物流活动，是通过本城市对上述物流进行的接续和延伸。对于交通枢纽的城市来说，这方面的物流流量往往十分巨大。

（3）城市物流节点多、分布广

城市物流除了存在大量的货物运输外，每个工厂、配送中心、货运场站、各类市场、商业网点、机关、学校甚至广大家庭都形成了物流的结点。最终用户所形成的末端结点在城市内分布数量多、分布范围广。

（4）城市物流是以城市道路系统为基础的短途运输

城市物流除了为城市工业企业输送生产资料及产成品外，它的首要任务是为城市居民生活服务，充分体现了小批量、多品种、高频率、近距离和门到门的服务特性。与普通的物流相比，城市物流受到城市本身地理区域的限制。城市物流的这种特点决定了城市物流的开展在很大限度上是以城市道路系统为基础的短途运输。

（5）城市物流采用集装运送

城市物流配送主要为小批量、频繁运送，这将增加运输成本。为了降低运输成本，城市物流要求集装运送。城市内的不同行业、供应链的不同环节、不同的销售渠道，应进行统一调度、运输、信息处理、组织和管理，以实现城市物流整体最优，这是现代物流的基本要求。

(6) 城市物流以配送为主要运作方式

由于城市范围一般处于汽车运输的经济里程,城市配送可直接将物资送达最终用户,所以,城市配送往往和商品经营相结合。由于运距短、反应能力强等特点,从事多品种、小批量、多批次、多用户的配送服务优势明显,这使得城市配送成为城市物流的主要运输方式。我国政府积极推动城市配送车辆的标准化、专业化发展;制定并实施城市配送用汽车、电动三轮车等车辆管理办法,强化城市配送运力需求管理,保障配送车辆的便利通行;鼓励采用清洁能源车辆开展物流(快递)配送业务,支持充电、加气等设施建设;合理规划物流(快递)配送车辆通行路线和货物装卸搬运地点。

(7) 城市物流应为城市经济的可持续发展服务

交通阻塞、环境污染和能源浪费是城市经济可持续发展的潜在威胁,而城市物流通过合理的规划和组织,避免重复、倒流、迂回、单程运输和空驶,提高车辆的利用率,减少汽车在城市里的运行时间和数量,既可以实现城市商品流通的通畅,又可以减少环境污染和能源浪费。在现代物流的发展过程中,随着城市交通状况的恶化、生态环境的破坏,物流活动和城市发展的协调日益受到社会的关注,城市物流成为现代物流发展的重要领域。在经济全球化、市场国际化和区域经济一体化的背景下,城市物流通过网络系统化,实现网络资源的最优配置和网络要素的最佳组合,进一步完善城市现代化功能,促进经济社会的协调发展。

## 5. 发展城市物流的意义

城市物流是城市经济的重要组成部分,是城市经济稳定运行的基础保障。城市物流的发展能改进和提高整个城市物流的经济运行质量,提高城市的综合竞争力。城市物流业的发展也是新时期城市经济发展的重要增长点。

(1) 城市物流的发展能够推动地区经济发展

城市物流是城市经济的主要构成要素之一,对城市生产力布局、生产关系转变和经济整体运行质量的提高都具有拉动效应。城市经济的本质是聚集经济,核心是交换。如何减少交换距离、缩短交换时间、保障交换安全、降低交换费用,是城市经济高效集约发展必须研究和解决的问题。城市建设高效物流体系还可以改善城市的投资环境、增加对外资的吸引、解决城市就业压力等,为发展城市经济打下坚实的基础。城市物流业健康发展是城市经济稳定发展的重要保证。

(2) 城市物流的发展有利于降低交易成本,提高运作效率,改变区域经济的增长方式

物流业的发展对企业来说,能降低企业物流成本,提高企业竞争力;对整个社会而言,可优化资源配置,降低社会总成本,使区域经济活动高效运转。当一个经济体发展到一定阶段时,单靠土地、劳动、资本的投入是远远不够的,还需要依靠技术的进步、制度的完善、要素配置效率的提高等来推动经济发展。快速、无缝、低廉、国内国外一体化的物流业发展可以促进城市技术进步、制度完善、经济增长、制度创新,使城市经济走集约型增长的道路,

也就是知识技术信息扩张的道路。

（3）发展物流业有利于产业结构优化

要实现地区持续快速的增长和发展，必然要求地区产业结构的良性演变，就必须促进地区产业结构的高度化和合理化。现代物流产业属于第三产业。一方面，物流业的发展可以促进农业和装备制造业及电子信息产业等第一、第二产业的发展；另一方面，由于物流业与金融业、保险业、信息业息息相关，物流的发展还将带来商流、资金流、技术流的集聚，促进上述3个产业的发展。发展物流也可以使区域的产业结构实现高度化和合理化，从而使整个区域的产业结构得到优化。

（4）城市物流的发展可以促进城市交通运输系统的完善

城市交通运输系统是由道路系统、流量系统和管理系统组成的一个开放式系统。在城市物流中，运输水平的高低直接关系到物流业的整体服务水平。随着新一轮物流管理设备和技术的应用，货主对运输服务质量的要求也相应提高，物流已成为提高物资流通速度、节省仓储费用和加速资本周转的一个有效手段。在物流的影响下，车辆定位系统、交通信息服务系统、行车路线优化系统都有了较大的发展。城市运输系统正在以最小交通需要、最小耗能、最小费用、最佳服务为标准，向系统化、信息化、规模化和可持续化的方向发展。

（5）发展物流业有利于城市提质和城市居民生活水平的提高

发展现代物流，有利于规范发展、提升城市物流业的行业水平，改变粗放、低档次布局不合理的现状，解决货运车辆无序停放问题；有利于道路交通设施建设，缓解城市交通压力，降低城市车辆污染，从而改善城市面貌、美化城市环境、提高城市品位；现代物流配送的发展，能够满足城市居民物质文化生活所需物资的流动需要，为居民节省时间和费用，从而提高城市居民的生活水平。

（6）发展物流业促进以城市为中心的区域市场的形成和发展

城市相对于农村而言，具备发展现代物流的优势条件。城市里产业密集、商业发达、交通完善、金融资本、人力资本、信息资源和公共服务设施都有绝对优势，而且城市的劳动生产率普遍要高于农村，对生产要素的吸引和产品的扩散能力较强；而在广大农村，由于条件有限，目前仍处在传统物流阶段，有些地方甚至只有运输和仓储这两种基本功能。为此，着重优先发展城市物流业，发挥城市的主导作用，有利于扩大城市辐射功能，从而带动中小城市和农村物流，促进城市生产要素的流动，实现与周边区域的互动发展。

### 1.3.3　企业物流

**1. 概念**

一般来说，在一个企业的范围内，由于生产经营活动的需要而发生的物流称为企业物流。国家标准GB/T 18354—2021《物流术语》将企业物流定义为：生产和流通企业围绕其经营活动所发生的物流活动。实际上,企业物流是以企业为研究对象,向顾客提供产品或服务所需要的物流活动的总称,涵盖企业的原料供应、生产物流、销售物流、逆向物流。

企业物流必须通过管理层、控制层和作业层3个层次的协调配合,才能有效实现其总体功能。

(1) 管理层。管理层的主要任务是对整个物流系统进行统一的规划、实施和控制,其主要工作内容包括物流系统的战略规划、物流系统的总体控制和绩效评价,这些工作应坚持的最基本原则就是要有利于反馈机制和激励机制的形成。

(2) 控制层。控制层的主要任务是控制物料流动的过程,其主要工作内容包括订货处理与客户服务、库存计划与控制、生产计划与控制、用料管理和采购等。

(3) 作业层。作业层的主要任务是实现物料的时间效用和空间效用,其主要工作内容包括发货与进货运输、厂内的装卸搬运、包装、保管和流通加工等。

企业运营活动的系统机制是"投入—转换—产出"(企业运营的 SIPOC 模型)。而物流活动是伴随企业的"投入—转换—产出"而发生的,相对于投入的是企业外供应或入厂物流,相对于转换的是企业内生产过程物流,相对于产出的是销售物流(分销物流)或出厂物流,相对于废旧物回收的是回收物流,相对于废弃物处理的是废弃物流。退货、缺陷物品的修复或再制造、回收物流与废弃物流、进厂物流、出厂物流的方向相反,因此也统一称为逆向物流。

在企业物流的几个部分中,生产物流是核心。它和生产同步进行,是企业自身所能控制的、合理化的条件最为成熟的一种物流形式。供应物流和销售物流可以看作是生产过程的上游和下游,它们受企业外部环境的影响较大。例如,公共基础设施水平、市场竞争状况、有关政策法规等都会直接影响到这些物流活动的绩效。

在纵横交错的社会物流网络中,企业物流是其中的子系统。企业物流通过生产物流来完成产品的转换过程,通过供应物流和销售物流来实现与社会物流的连接。如果供应物流和销售物流不畅通,企业生产就肯定会受到影响。因此,企业物流的效率受到社会物流的制约和影响。

**2. 供应物流**

从传统的角度看,企业的采购与供应是两个既相互联系又相互区别的概念。与此对应,采购物流与供应物流也是两个不同的概念。一般情况下,人们通常把供应商运送物料到企业仓库的物流过程称为企业的采购物流,而把从企业自身仓库领取物料运送到生产车间或零售店货架的物流过程称为企业的供应物流。随着现代物流管理水平的提高,企业的采购和供应出现了一体化趋势,采购物流直接扩展到了生产企业的车间或流通企业的货架,从而采购物流与供应物流也开始合二为一。但是,人们习惯上总是从生产和销售的角度出发,把此前的这段物流活动统称为供应物流,并将其定义为:提供原材料、零部件或其他物料时所发生的物流活动(GB/T 18354—2021)。

所以，供应物流包括原材料、燃料、半成品等一切生产资料的采购、进货、运输、库存、仓储管理、用料管理和供料输送等。它是企业物流系统中相对独立的一个子系统，并且和企业内部的生产、财务等部门，以及企业外部的资源、市场等条件密切相关。

供应物流包括采购、供应、库存管理和仓储管理等一系列活动过程。

（1）采购。采购是供应物流与社会物流的衔接点，它是依据制造企业的生产、供应和采购计划而进行原材料外购的作业过程。其主要任务是负责市场资源、供货厂家、市场变化等信息的采集、评价和反馈。

（2）供应。供应是供应物流与生产物流的衔接点，是依据供应计划、消耗定额进行生产资料供给的作业过程。其主要任务是负责原材料消耗的计划与控制。目前，最基本的厂内供应方式主要有两种：一种是用料单位根据自身的实际需要到供应部门领取物料，另一种则是供应部门按时按量向生产部门发送物料。

（3）库存管理。库存管理是供应物流的核心。它首先要依据企业的生产计划制订供应和采购计划，并据此制定原材料的库存控制策略，此外还要定期或不定期地对计划的执行情况进行分析、评价和反馈。

（4）仓储管理。仓储管理是供应物流的转换点，它主要负责生产资料的接货、发货以及物料的日常保管和养护工作。

### 3. 生产物流

生产物流指在企业生产过程中发生的涉及原材料、在制品、半成品、产成品等的物流活动（GB/T 18354—2021）。从工厂购进原材料入库时起，到发送产品进入成品库为止的期间内发生的所有物流活动都属于生产物流的范畴。生产物流是生产（或制造）型企业物流活动的主体内容。这种物流活动是与整个生产的工艺过程相伴而生的，实际上就是生产中的物料管理。企业生产物流的大致流程是：原料、零部件、燃料或其他辅助材料从企业的原材料仓库或企业的大门开始，进入生产线的开始端，伴随生产过程一个环节一个环节地流动；在流动的过程中，原材料同时被加工；并会产生一些废料余料，直到生产加工终结，产品"流"至成品库时便终结了生产物流的过程。

企业的生产类型在很大程度上决定了企业的生产结构、工艺流程和工艺装备，也决定了企业生产的组织形式、管理方法和与之相匹配的生产物流类型。通常情况下，企业生产的批量越大，产品的种类越少，但生产的专业化程度也就会越高，相应的生产物流过程的稳定性和重复性也就越大。反之，如果企业生产的批量越少，产品的种类越多，则生产的专业化程度也就越低，生产物流过程的稳定性和重复性亦会越小。

这些内容主要在《运营管理》《企业资源计划》课程中讲授，本教材不作介绍。

### 4. 分销物流

分销物流是企业内物流的最后一环，是企业物流与社会物流的一个衔接点。它与企业的销售系统相互配合,共同完成产品的销售任务。

生产企业、流通企业售出产品或商品的物流过程被称为分销物流,它是物品从生产者或持有者手中转移至用户或消费者手中的物流过程。我国国家标准 GB/T 18354—2021《物流术语》认为,分销物流就是企业在出售商品过程中所发生的物流活动。

销售活动的主要作用是通过一系列的营销手段来出售产品、满足消费者的需求,最终实现产品的价值和使用价值。分销物流需要与销售系统集成,它离不开市场调研与预测、配送计划、订货合同管理、销售物流分析等。

### 5. 回收物流与废弃物流

人类社会所需要的各种资源都来自大自然。例如,食品、服装、建材、金属和塑料制品等,都是由自然界的原材料经过加工制造而成的。在人类社会的经济活动中,物流的主渠道是"生产—流通—消费"。但是在这一过程中,有大量的资源由于损坏变质而完全丧失了使用价值,或者在生产过程中未能形成产品且不具有再利用价值,这类物品通常被称为废弃物品;也有一些物品,虽然也有损坏变质,也部分丧失了使用价值,但仍有一定的重新再利用价值,这类物品一般被称为废旧物品。由于废旧物品最开始也是以废弃物的形态出现,只有当人们认识到其使用价值,准备对其进行回收加工后,它才变成废旧物品。所以,实践中也常将二者统称为废弃物品。如果按来源进行分类,废旧物或废弃物可以分为 3 种:①生产过程中产生的废旧物或废弃物;②流通过程中产生的废旧物或废弃物;③消费过程中产生的废旧物或废弃物。

由于废旧物与废弃物的使用价值不一样,所以对它们的处理方式也完全不同。一般来说,由于废旧物品具有再利用价值,所以要对其中有再利用价值的部分进行收集、分拣、加工,以使其成为有用的资源重新进入生产或消费领域。与此活动对应的物流就是回收物流。虽然废弃物没有再利用价值,但如果不加处置地任意堆放,肯定会影响企业的正常生产经营活动,甚至对环境造成危害。所以,企业需要将废弃物送到指定的地点堆放、掩埋,或者将其进行焚烧,对于有放射性或有毒的废弃物还要采取一些特殊的处理方法。对废弃物品的处理活动所对应的物流就是废弃物流。

当前社会最关心的问题之一就是环境问题,导致环境污染的最根本原因就是废旧物或废弃物。因此,对回收物流和废弃物流的管理不应仅着眼于经济效益,而应更多地考虑其社会效益。

回收物流与废弃物流的意义如下。

(1) 回收物流是社会资源大循环的有机组成部分。

自然界的资源是有限的,在自然资源日益枯竭的今天,人们越来越重视废旧物品的重新再利用,希望通过回收物流将有利用价值的废旧物品重新补充到生产消费系统中。

(2) 回收物流与废弃物流合理化能够带来经济性。

废旧物品同样也是一种资源,但它们与一般的自然资源有所不同,它们曾经经历过若干道加工过程,本身凝聚着能量和劳动力的价值,因而常被称为载能资源。回收物品重新进入生产领域作为原材料,可以为企业带来很高的经济效益;同时,回收与废弃物流作为一种必须付出成本的经济活动,它们的合理化利用无疑会降低企业的经营成本。

(3) 回收物流与废弃物流能够造福社会。

如果对废弃物品置之不理,那它们也就变成了废弃物品。由于废弃物的大量产生,会严重影响到人类赖以生存的环境,所以必须有效地组织回收物流,尽量减少废弃物对人类生产、生活造成的影响。

### 1.3.4 电子商务物流

#### 1. 概念

随着互联网在全世界的飞速发展,电子商务发展迅猛,不论是 B2B(business to business)、B2C(business to consumer)还是 C2C(consumer to consumer),最终都会涉及商品实体的交易,而这必须靠物流来完成。电子商务物流量迅速膨胀,已经广泛地引起了世界各国政府的重视和支持,吸引了企业界和消费者的目光。同时物流的电子化、信息化都得到了相应的发展,电子商务物流概念也应运而生。

电子商务作为数字化生存方式,代表未来的贸易方式、消费方式和服务方式。因此要求整体生态环境要完善,要求打破原有物流行业的传统格局,建设和发展以商品代理和配送为主要特征,物流、商流、信息流有机结合的社会化物流配送中心,建立电子商务物流体系,使各种流畅通无阻,这才是最佳的电子商务境界。目前电子商务和供应链的整合才刚刚起步。

电子商务物流实际上就是在电子商务环境下的现代物流。具体来说,电子商务物流指基于电子化、网络化的信息流、商流、资金流下的物资或服务的配送活动,包括虚拟商品(或服务)的网络传送(如软件下载、优惠服务卡等)和实体商品的配送。它包括一系列机械化、自动化工具的应用。准确、及时的物流信息对物流过程进行监控,使得电子商务中物流的速度加快、准确率提高,从而有效减少库存,缩短生产周期,最终达到使物流的流动速度加快,尽量与电子商务中的其他"三流"相匹配的目的。物流需求源自电子商务,物流服务由供货方提供;并且实现供应/运输交易的最优化供应链管理,需要物流的协同规划、预测和供应。需求信息直接从顾客消费点获取,用互联网技术来完成物流全过程的协调,在货物交付链上实现优化组合,采用数字编码分类技术通过移动互联网进行信息交换,实现产品的全过程跟踪。可见,电子商务物流采取了集采购、运输、仓储、分拣、包装、配送、代理与销售等环节为一体的组织方式,可以说包含了企业优化供应链整合中所采用的一整套的做法,应用了现代高科技的计算机技术和信息通信技术,通过运输合理化、仓储自动化、包装标准化、装卸机械化、加工配送一体化、信息管理网络化等,实现了物流运作及服务的快捷与准确、可靠。电子商务物流将成为世界经济的又一助推器。

电子商务物流通过互联网和物流公司能够被更大范围内的货主客户主动找到,能够在全国乃至世界范围内拓展业务;贸易公司和工厂能够更加快捷地找到性价比最适合的物流公司;网上物流致力把世界范围内最大数量的有物流需求的货主企业和提供物流服务的物流公司都吸引到一起,提供中立、诚信、自由的网上物流交易市场,帮助物流供需双方高效达成交易。

电子商务物流有着不同于一般物流的明显特殊性。电子商务物流除了具备基本的服务功能外,还要提供增值服务,以数据共享改善客户服务,增强响应性,并且要求有高效的组织结构及严格的物流成本控制能力。

我国政府积极推进电子商务与物流快递协同发展,支持物流(快递)配送站、智能快件箱等物流设施建设;鼓励社区物业、村级信息服务站(点)、便利店等提供快件派送服务;支持快递服务网络向农村地区延伸。我国还鼓励学校、快递企业、第三方主体因地制宜加强合作,通过设置智能快件箱或快件收发室、委托校园邮政局所代为投递、建立共同配送站点等方式,促进快递进校园。我国要求有条件的城市应将配套建设物流(快递)配送站、智能终端设施纳入城市社区发展规划,鼓励电子商务企业和物流(快递)企业对网络购物商品包装物进行回收和循环利用。

## 2. 电子商务物流的特点

随着技术更新和理论研究的日新月异,电子商务物流管理正发挥着巨大的作用,使现代物流具有一些新的特点。2019年京东物流提出要建设5G智能物流园区,以实现高智能、自决策、一体化,推动所有人、机、车、设备的一体互联,包括自动驾驶、自动分拣、自动巡检、人机交互的整体调度及管理,搭建5G技术在智能物流方面的典型应用场景。园区内将设置智能车辆匹配、自动驾驶、人脸识别管理和全域信息监控,实现无人重卡、无人轻型货车、无人巡检机器人调度行驶;依托5G定位技术实现车辆入园路径自动计算和最优车位匹配;通过人脸识别系统实现员工管理,进行园区、仓库、分拣多级权限控制;基于5G提供园区内无人机、无人车巡检及人防联动系统,实现人、车、园区管理的异常预警和实时状态监控。

随着市场交易环境的信息化、网络化、自动化和智能化,电子商务物流需要促进电子商务业务的智能化。电子商务物流需要具有如下特点。

(1) 信息化与数字化

物流信息化是电子商务的必然要求。信息化表现为物流信息处理的电子化和数字化、物流信息传递的标准化和实时化、物流信息存储的数字化等。数字化意味着把模拟格式转换为数字格式的过程。数字化对于数据的处理、储存和传播至关重要,因为它"可以让所有种类、所有类型的数据在相同的格式下混合传输。"电子订货系统、电子数据交换、物联网、配送需求计划、线路安排计划,以及企业资源计划等技术成为电子商务物流系统的显著标志。而如今,数字化技术联结一个个数据"孤岛",实现了对业务数据的实时获取、网络协同与智能应用。物流的信息化与数字化促进了物流系统技术设备的物联网形成。电子商务物流将会彻底地改变传统物流的方式。

(2) 网络化

电子商务物流网络化指根据物流网络的发展需要,应用网络技术建立信息网络,并利用电子网络技术进行物流信息交换。例如,物流配送中心向供应商提出订单的这个过程,就可以使用计算机通信方式,借助于增值网上的电子订货系统和电子数据交换技术来自动实现;物流配送中心通过计算机网络收集客户订货信息的过程也可以自动完成。

(3) 自动化

电子商务物流自动化主要指物流包装、装卸、仓储、运输等作业过程中的设备和实施自动化,如条码、射频识别技术(radio frequency identification,RFID)、自动分拣系统、自动存取系统在仓储管理中的使用。

(4) 智能化

电子商务物流的最高层次应用表现为智能化。物流作业过程中大量的运筹与决策,如库存水平的确定、运输路线的选择、自动导向车的运行轨迹和作业控制、自动分拣机的运行、物流配送中心经营管理的决策支持问题,都需要借助于大量的知识才能解决。在电子商务物流的发展进程中,物流智能化是不可回避的技术难题。为了提高物流现代化的水平,智能化已经成为电子商务物流发展的必然趋势。

电子商务企业必须按照国家信息安全等级保护管理规范和技术标准相关要求,采用安全可控的信息设备和网络安全产品,建设完善网络安全防护体系、数据资源安全管理体系和网络安全应急处置体系。我国政府鼓励电子商务企业获得信息安全管理体系认证,提高自身信息安全管理水平,鼓励电子商务企业加强与网络安全专业服务机构、相关管理部门的合作,共享网络安全威胁预警信息,消除网络安全隐患,共同防范网络攻击破坏、窃取公民个人信息等违法犯罪活动。

为了确保电子商务交易安全,需要研究制定电子商务交易安全管理制度,明确电子商务交易各方的安全责任和义务。建立电子认证信任体系,促进电子认证机构数字证书的交叉互认和数字证书应用的互联互通,推广数字证书在电子商务交易领域的应用。建立电子合同等电子交易凭证的规范管理机制,确保网络交易各方的合法权益。加强电子商务交易各方信息保护,保障电子商务消费者个人的信息安全。同时,注重预防和打击电子商务领域的违法犯罪。电子商务企业需切实履行违禁品信息巡查清理、交易记录及日志留存、违法犯罪线索报告等责任和义务,加强对销售管制商品网络商户的资格审查和对异常交易、非法交易的监控,防范电子商务在线支付给违法犯罪活动提供洗钱等便利,并为打击网络违法犯罪提供技术支持。加强电子商务企业与相关管理部门的协作配合,建立跨机构合作机制,加大对制售假冒伪劣商品、网络盗窃、网络诈骗、网上非法交易等违法犯罪活动的打击力度。

## 1.3.5 跨境电商国际物流

### 1. 跨境电商物流方式

现在跨境电商外贸卖家(出口商)越来越多。当他们接到订单时,要考虑的首先是通过什么方式把货发到国外去。一般来讲,小卖家们可以通过电商平台发货,也可以选择国际包裹等渠道。大卖家或独立平台的卖家们就需要优化总体物流成本,还需要考虑客户体验,同时需要整合物流资源并探索新的物流方式。跨境电商国际物流主要有如下方式。

(1) 邮政包裹

邮政网络基本覆盖全球,比其他任何物流渠道都要广。这主要得益于万国邮政联盟和卡哈拉邮政组织(kahala post group,KPG)。万国邮政联盟是联合国下设的一个关于国际邮政事务的专门机构,其通过一些公约法规来改善国际邮政业务,发展邮政方面的国际合作。万国邮政联盟由于会员众多,而且会员国之间的邮政系统发展很不平衡,因此很难促成会员国之间的深度邮政合作。于是在2002年,邮政系统相对发达的6个国家和地区(中、美、日、澳、韩及中国香港)的邮政部门在美国召开了邮政CEO峰会,并成立了卡哈拉邮政组织,后来西班牙和英国也加入了该组织。卡哈拉组织要求所有成员国的投递时限要达到98%的质量标准。如果货物没能在指定日期投递给收件人,那么负责投递的运营商要按货物价格的100%赔付客户。这些严格的要求都促使成员国之间深化合作,努力提升服务水平。例如,从我国发往美国的邮政包裹,一般15天以内可以到达。据不完全统计,我国出口跨境电商70%的包裹都是通过邮政系统投递,其中中国邮政占据50%左右。我国卖家使用的其他邮政包括香港邮政、新加坡邮政等。当前,跨境电商的主流品类还是以3C数码、配件和服装为代表的小轻便宜的产品,这些产品通过邮政包裹配送,物流成本较低。

(2) 国际快递

四大商业快递巨头,即 DHL、TNT、FEDEX 和 UPS。这些国际快递商通过自建的全球网络,利用强大的信息系统和遍布世界各地的本地化服务,为网购我国产品的海外用户带来极好的物流体验。例如,通过UPS寄送到美国的包裹,最快可在48h内到达。然而,优质的服务伴随着昂贵的价格。一般我国商户只有在客户时效性要求很强的情况下,才会使用国际商业快递来派送商品。不过,跨境电商目前存在的产品风险和知识产权问题,也会导致国际快递不敢过于投入这一市场。因为一旦出现问题,将会影响到它们在目标国的口碑。

(3) 国内快递

国内快递主要指EMS、顺丰和"四通一达"。在跨境物流方面,"四通一达"中的申通、圆通布局较早,但也是近期才发力拓展。例如,美国申通2014年3月才上线,圆通也是2014年4月才与CJ大韩通运展开合作,而中通、汇通、韵达则是刚刚开始启动跨境物流业务。顺丰的国际化业务则要成熟些,目前已经开通了到美国、澳大利亚、韩国、日本、新加坡、马来西亚、泰国、越南等国家的快递服务,发往亚洲国家的快件一般2~3天可以送达。在国内快递中,EMS 的国际化业务是最完善的。依托邮政渠道,EMS 可以直达全球 60 多个国家,费用相对四大快递巨头要低。EMS 在我国境内的出关能力很强,到达亚洲的其他国家需要花费 2～3 天,到欧美则需要花费 5～7 天。

(4) 专线物流

跨境专线物流一般是通过航空包舱方式运输到国外,再通过合作公司进行目的国的派送。专线物流的优势在于其能够集中大批量到某一特定国家或地区的货物,通过规模效应降低成本。因此,其价格一般比商业快递低。在时效上,专线物流稍慢于商业快递,但比邮政包裹快很多。市面上最普遍的专线物流产品是美国专线、欧洲专线、澳洲专线、俄罗斯专线等,也有不少物流公司推出了中东专线、南美专线、南非专线等。

(5) 海外仓

海外仓服务指为卖家在销售目的地进行货物仓储、分拣、包装和派送的"一站式"控制与管理服务。确切来说,海外仓应该包括头程运输、仓储管理和本地配送 3 个部分。

头程运输:我国商家通过海运、空运、陆运或联运将商品运送至海外仓库。

仓储管理:我国商家通过物流信息系统,远程操作海外仓储货物,实时管理库存。

本地配送:海外仓储中心根据订单信息,通过当地邮政或快递将商品配送给客户。

当前,跨境电商的品类正在升级,以家居产品为代表的大货、重货越来越多地通过电商销往海外。而这类产品难以通过空运的方式配送,而采用传统海运方式进行配送,周期又过长,所以海外仓是最好的选择。近年来北美、欧洲等跨境电商成熟市场设立了大量的海外仓,采用海外仓方式进行发货的卖家数量也稳步提升。

以上 5 种方式基本涵盖了当前跨境电商的做法。对于跨境电商的卖家来说,首先应该根据所售产品的特点(尺寸、安全性、通关便利性等)来选择合适的物流。例如,大件产品(如家具)就不适合走邮政包裹渠道,而更适合海外仓储。其次,在淡旺季要灵活使用不同物流方式。例如,在淡季时使用中邮小包以降低物流成本,在旺季或大型促销活动时期采用香港邮政或新加坡邮政甚至要比比利时邮政更保证时效。最后,售前要明确向买家列明不同物流方式的特点,为买家提供多样化的物流选择,让买家根据实际需求来选择物流方式。

外贸综合服务企业具有从事跨境电子商务的天然优势,因为它们具有进出口业务的通关、物流、仓储、融资等全方位服务能力。它们完全可以利用自有能力或与境外企业合作建立全球物流供应链和境外物流服务体系。

我国早在 2015 年就推动中国(杭州)跨境电子商务综合试验区和海峡两岸电子商务经济合作实验区建设,建设跨境电子商务开放平台。这为广大中小型制造和商贸流通企业提供了开拓国际市场的机会。

**2. 跨境电商物流需要考虑的因素**

跨境电子商务物流的发展比国内电子商务更加复杂,需要考虑的因素更多。主要因素有以下几个方面。

(1) 国家和地区间电子商务合作。我国正加强与共建"一带一路"国家和地区的电子商务合作,期待提升合作水平,共同打造若干畅通安全高效的电子商务大通道;并通过多双边对话,与各经济体建立互利共赢的合作机制,以及时化解跨境电子商务进出口引发的贸易摩擦和纠纷。

(2) 跨境外汇支付结算。目前,我国正鼓励境内银行、支付机构依法合规开展跨境电子支付业务,满足境内外企业及个人跨境电子支付需要,并推动在跨境电子商务活动中使用人民币计价结算,支持境内银行卡清算机构拓展境外业务;同时,加强对电子商务大额在线交易的监测,防范金融风险;加强跨境支付国内与国际监管合作,推动建立合作监管机制和信息共享机制。

(3) 通关问题及海关监管。我国政府正在完善跨境电子商务进出境货物、物品管理模式,优化跨境电子商务海关进出口通关作业流程;研究跨境电子商务出口商品简化归类的可行性,完善跨境电子商务统计制度。

(4) 检验检疫。我国对跨境电子商务进出口商品实施集中申报、集中查验、集中放行等便利措施。加强跨境电子商务质量安全监管,对跨境电子商务经营主体及商品实施备案管理制度,突出经营企业质量安全主体责任,开展商品质量安全风险监管。进境商品应当符合进入国的法律法规和标准要求,不能违反生物安全和其他相关规定。

(5) 进出口税收。我国有跨境电子商务零售出口货物增值税、消费税退税或免税政策。财政部连同海关总署、国家税务总局正在制定跨境电子商务零售进口税收政策。

(6) 进出口企业与境外企业的合作。跨境电子商务企业需要与境外企业加强合作,如出口企业可通过"海外仓储"、体验店和配送网店等模式,融入境外零售体系,实现跨境物流的集约化本地配送。

我国政府积极推进跨境电子商务通关、检验检疫、结汇、缴进口税等关键环节"单一窗口"综合服务体系建设,简化与完善跨境电子商务货物返修与退运通关流程,提高通关效率;并积极建立跨境电子商务货物负面清单、风险监测制度,完善跨境电子商务货物通关与检验检疫监管模式,建立跨境电子商务及相关物流企业诚信分类管理制度,防止疫病疫情传入、外来有害生物入侵和物种资源流失。2015年中国(杭州)跨境电子商务综合试验区获得先行先试。2015年我国进一步开放面向港澳台地区的电子商务市场,推动设立海峡两岸电子商务经济合作实验区。同时,鼓励发展面向共建"一带一路"国家的电子商务合作,扩大跨境电子商务综合试点,建立政府、企业、专家等各个层面的对话机制,发起和主导电子商务多边合作。

 案例

### SE 汽车公司的战略供应链变革

7月2日下午,SE汽车公司正在召开董事会。公司自去年年底走出亏损低谷后,现在正进入罕见的高增长期。今年上半年,SE汽车的销量同比翻倍,顺利完成全年12万辆的销售目标似乎不在话下,这不能不令董事会成员们感到高兴。但是,似乎没有任何一位董事对此表示完全满意。因为公司对以前提出的供应链模式改进还没有见到多少成效,这是金融危机期间公司苦练的一项内功。面对顾客的需求多样化,如何以较低的成本快速制造,满足需求,从而进一步推动公司精益化、敏捷化精敏供应链集成,这是一个问题。公司自成立之初就建立了现代化汽车城,当时在行业中具备竞争优势,但是这一优势现在不明显了,公司需要进一步改进这一商业模式。董事会认为目前公司15万辆的产能无法满足需求,董事会已经一致决定将未来5年规划产能提升至30万辆,并将陆续分期投入、产能扩建,但是新产能的建设要着眼于响应需求。大家已经达成共识:"必须寻找适合SE的供应链战略解决方案,以适应公司快速发展的需求,必须尽快构建精敏供应链数字化平台。"会议通过了总经理决定从德国聘任供应链高级顾问理查德·佐尔格以协助实施供应链战略变革的提议。

SE汽车原来属于小批量、多品种装配型。面对众多品牌的多个系列产品,加之每个系列的产品还有不同组合的配置,每个车型展开来都有三四十个零部件品种系列,如座椅有十几种,车灯也有十几种。SE汽车计划通过模块化生产、发展模块供应商的方式来实现快速响应顾客需求的制造过程,建立敏捷化的供应链。SE汽车在建厂之初就以前瞻性的规划,全盘导入了同一体系35家专业配套厂,紧密环绕于主机厂周围,组成了占地近200万平方米的SE汽车城,并依靠产业集群布局,构建了SE汽车紧密而完备的生产配套体系,这在当时吸引了国内外专家学者的无数双眼睛。SE汽车还严格甄选了国内200多家(含SE汽车城的35家)具有优良品质管理的配套厂合作,尤其是SE汽车城内主机厂与配套厂之间紧密合作的形态,有利于SE汽车缩短零部件开发时间、降低零部件物流成本、提高产品品质。

汽车工业从专业化的原材料供应、汽车零件加工、零部件配套、整车装配到汽车分销乃至售后服务已经形成了一整套汽车制造、销售、服务供应链。"市场上只有供应链而没有企业。"汽车零部件产业更加专业化,如德国博世的燃油喷射系统、电子系统和制动系统,法国法雷奥的电器和照明装置;汽车供应商的规模化程度提高,如德尔福、韦氏顿、米其林等,德尔福模块化产品包括车用网络系统、集成化车用娱乐系统、电子服务系统和智能防撞系统等高度模块化的高科技附加值产品。汽车总装厂倾向于模块化采购与组装。汽车供应链的模块化特征越发明显。

SE汽车公司实施了销售、服务、零件供应、信息反馈四位一体同时到位的高品质销售策略。按照由点而面,由沿江沿海、自经济发达区向其周边地区展开的方式,部署建立其经销网络。SE汽车公司在全国已有76家一级经销商,108家4S店,449个经销网点,网络辐射涵盖区域已包含国内所有经济发达地区及主要都会城市,并且正向更广阔的区域延伸。为了更直接地了解市场对产量、品种、产品品质的需求,公司开通了互联网销售预订。顾客的预订信息及4S店的信息反馈表明,顾客对车型的需求发生了很大变化。顾客所要求的车型配置不断增加,市场变化加大,需求也更加多元化。消费者可能今天想买这样的,明天就不想要了。这就使得供应链运营变得更为复杂,而且竞争日益加剧将带来成本压力。

SE 汽车可以根据销售订单组织生产与原材料、零配件的采购,零配件配套供应商则根据 SE 的采购订单提供配套件。零部件生产与原材料供应、物流以及整车的装配共同构成 SE 汽车生产的配套体系。SE 汽车需要形成 0.5 级配套厂、一级供应商与二级供应商相结合的多层次供应网络体系,形成由顾客、分销商网络、维修网络、整车制造商,以及备件供应与配送构成的汽车分销与汽车服务体系。这两大体系交织在一起,还要有效平衡市场需求的多样化与汽车生产所要求的批量、平稳的矛盾。

由于顾客需求的新变化,新车型不断涌现,以及汽车领域应用的新材料、新技术的迅猛发展,SE 汽车对原有配套厂的需求必然会发生变化。以锁止装置为例,电子式车身综合锁止系统中电子元件取代了其中 70% 的机械部件,其供应商的生产与供应系统必然发生变化。另外,国外汽车零配件巨头在华设立的许多独资或合资企业,还有部件供应民营企业,都对 SE 汽车原有的汽车城内的"嫡系"供应商格局产生了一定的冲击。理查德·佐尔格先生是 SE 汽车模块化的倡导者。发展模块供应商,实施模块化生产可节省工厂用地,有效减少零部件数量,从而降低组装难度,减少管理费用,降低库存及零部件的废品率,便于质量监控。但是,公司原先实施的"丰田式"精益模式,主张汽车城里的模块供应商应具有对部件的独家供应权,应用电子化看板,实现准时化的供应与准时化生产。这些供应商是 SE 的配套供应商,他们可精确地掌握 SE 的需求量,每天都可查到未来 6 个月的需求预测。在汽车城里,可以自己生产部件,也可进行模块的组装。

理查德·佐尔格希望改变这一局面,适当增加模块化供应商的数量,并可以从全球范围内选择模块化供应商,将汽车业面临的压力传导至汽车城内的供应商,减少它们的依赖性,促进其技术的变革。在寻求供应商体系相对稳定的同时,也需要保持相对灵活性。按照整车不断"换型"的需求,灵活配置模块供应商,一些松散合作的供应商随时可能被换掉。针对理查德·佐尔格的这一想法,汽车城内原有的长期供应商可能会有些看法,总经理很想让他的团队成员一起讨论一下,到底要不要有意扶植本地的供应商,要不要异地选择有竞争力的模块供应商。

### 讨论题

1. 你认为 SE 汽车供应链当前面临的困难,以及战略转型的挑战有哪些?
2. 在 SE 汽车供应链集成中采用供应商的本地化、集群化还是从全球化视野选择供应商?如何权衡?为什么?
3. 汽车城原本是公司产业集群化的优势,在当前的供应链变革中优势变成障碍了吗?

### 习题

1. 如何理解供应链、供应链管理?
2. 供应链管理包括哪些重要的理念?与传统企业管理有何不同?

即测即练

3. 你认为供应链管理思想是一种时髦思想的炒作吗？几年后会消失吗？
4. 为什么企业不买下它们的供应商与主要经销商来组建大型企业集团，而是实施供应链管理呢？
5. 请简述供应链运作的基本过程及其联系。
6. 请解释供应链牛鞭效应及其成因。
7. 请举例说明需要采取哪些措施可以避免牛鞭效应的负面影响。
8. 什么叫物流？物流的价值体现在哪里？
9. 简述物流管理的几个发展阶段。
10. 物流管理活动有哪些？
11. 你如何理解服务物流？
12. 什么叫应急物流？
13. 全球供应链物流是如何兴起的？
14. 全球供应链管理有何特点？
15. 什么叫城市物流？城市物流与城市可持续发展有何关系？
16. 什么叫企业物流？并从价值链的视角予以解释。
17. 请解释电子商务物流，并试调研电子商务物流的发展现状。
18. 跨境电商物流有哪些方式？
19. 跨境电商物流对全球供应链有何推动作用？

# 第 2 章 供应链战略与规划

## 2.1 供应链变革

### 2.1.1 供应链变革驱动要素

20世纪90年代,供应链管理成为企业高管们常用的术语。三十多年来,企业面临的环境发生了很多大的变化,如全球化、技术变革、组织及产业的融合、消费者的变化、政府的政策和管制等,这些变化成为企业供应链变革的驱动要素。供应链管理绝不是一成不变的,本质上是要把握供应链的变革并进行有效的管理。

#### 1. 全球化

全球化是世界经济发展的主要驱动力,也是供应链管理变革的驱动力。全球化使供应与市场竞争变得更加激烈,同时也带来了机遇。"全球市场"或世界经济的概念也都为所有的企业和消费者所关注。

全球化使得时间和空间被压缩了,给企业带来了前所未有的机会,产品也有了更广阔的市场,同时供应源也有了更多选择。因此,在全球网络下,企业竞争的天地更宽广,合作更紧密,"地理界限"变得模糊,企业不得不考虑以下的问题。

- 应当在何处获取资源?
- 应当在何处组织生产产品或服务?
- 产品或服务应当销往哪些市场?
- 应当在何处组织仓储和进行分销?
- 应当采用哪一种全球化运输战略?

全球经济下,供应链变革也面临着许多机会,如经济合作体、自由贸易区的兴起,国际资本及产业的转移。另外,供应链变革也面临着应对突发事件的严峻挑战,如恐怖主义行为、局部冲突与军事行动、流行性传染病、飓风、洪水、地震等自然灾害,这不仅增强了供应链的动态不确定性,而且会给供应链管理带来危机,这些因素会对全球脆弱的供应链带来严重危害。

## 2. 技术

技术是企业改变自身流程的变革驱动力，它对供应链变革与管理产生着重要影响。同时，技术也是改变市场态势的巨大推动力，每周7天、每天24小时的营业方式成为新常态，而且可以通过互联网获取丰富的信息。搜索引擎能够快速及时地搜集信息，实现企业的智能决策支持。我们不再需要等待媒体按照其规划把信息"推送"给我们，而是完全可以"拉动"信息。数据和信息的大量存储与交换实际上就在指缝之间。信息技术使个人、中小企业与世界的"知识网"相连接，由此为供应链的合作创造了一系列空前的机遇。"世界是平的"，这一理论解释了这种现象。发达国家的经济优势不再那么突出，技术促进了商流向发展中国家移动。技术外包/海外外包发展迅速，为全球企业之间合作提供了机遇，为发达国家企业创造了市场机会。商流不是单一方向的，供应链的供应与需求都变得异常丰富。

第四次工业革命是人类社会经济转型史上一次伟大的转型，将从根本上改变人们的生活、工作和相互联系的方式。人们已经从"点击"时代进入了人机交互的智慧化、数字化时代，并将渐渐开启未来的"元宇宙"时代。随着互联网、物联网、人工智能与大数据技术的飞速发展，新兴的数字技术正成为数字化供应链的赋能者。地理信息系统和全天候定位系统可实现企业供应链管理信息和事件管理的感知，智能制造技术、供应商配置网络、智能生产与物流机器人、智慧仓储、智慧交通、扩展现实、虚拟现实、增强现实及混合现实、数字孪生、云计算与云服务等使得物流供应链系统设备互联、数据实时，基于云服务的供应链数据实现同步化、信息系统实现实时化、供应链管理决策实现智能化、在人机交互环境下的运作变得更加安全、便捷与灵活。

## 3. 组织的融合

第二次世界大战后，产品制造商成为供应链的驱动力，它们负责产品的设计、生产、销售、促销和配送。在营业额、员工、购买力、选址等方面，生产商通常是供应链中最大的组织。它们利用供应链管理优化产品分销流程，降低成本，以获得特定的经济优势。

20世纪90年代，伴随着零售商规模的增加，供应链中相对的经济力量发生了显著变化。零售巨头成为市场的领导者，如沃尔玛、宜家家居、麦当劳、苏宁电器等。虽然其他的零售商不如沃尔玛大，但是它们的规模和购买力都获得了显著的提高。供应链末端经济实力转移的一个重要方面是因为少数零售巨头占了消费品制造企业大部分的销量，零售巨头控制了消费者，单单是沃尔玛就占了某些消费品制造商10%～20%的销量。

这种融合和权重变化的重要性在于大型的零售商和消费品制造企业的目标是一致的，而零售巨头做的事恰恰是制造企业想做却没有做好的事。例如，在客户化分销服务方面采用的定时配送、预先送货通知等，零售巨头的服务运作更有效率和效益。零售巨头的规模化经营也为消费品制造商带来了经济利益。零售巨头与制造商的供应链合作为制造商带来的是成本节省、适销对路。

在这种供应链合作中,零售商也会提供一些增值服务,如保修、包换、无理由退货等。零售巨头与制造商之间的库存管理方式可采用供方管理库存。供方管理库存通常指制造商管理其产品并管理零售商仓库中相关产品的库存,其需要考虑零售巨头电子销售点终端的数据,做出有效的响应,并适时进行货品补充。制造商也会参与到零售商仓库网络中,以保证准确及时地递送。零售商可以获得较低成本的进货,制造商可以通过增长的销量、较少的缺货等来提高收益。

为了获得双方成本的节约,不断提高客户服务,供应链企业之间的合作更多更广,不仅仅在信息共享方面,而是基于信息共享,加强组织间战略、流程及文化的融合,更好地适应环境变化,实现供应链企业的多赢,并塑造供应链品牌。

### 4. 日益强大的消费者

消费者对多样化的产品和个性化服务的需求增加了,消费者对供应链物流管理的影响更加直接。因此,只有考虑消费者体验与满意度的供应链的有效运作,才能为供应链中的零售商和其他组织创造收益。消费者的"强大力量"已经给供应链的运作机制带来了很多变化。

如今的消费者消费更加理性,选择更加自主,且能够随时免费地从互联网或其他传播媒介获取有关商品及制造商的信息。消费者需要优惠的价格、优良的品质、个性化的产品,还有便利、灵活及快速响应,以方便其比较商品的价格、质量和服务。这些都对消费品供应链运营管理提出了挑战。供应链变革与运营管理成为企业必须考虑的战略。

如今"时间"成为许多消费者首要考虑的因素。消费者希望并要求按照计划更加快捷和便利地提供商品和服务。适合消费者多样性需求的供应链物流管理模式在急速增长,因此,如果企业供应链物流管理模式不做出变革,势必就会出局。

### 5. 政府的政策和管制

各级政府的经济政策、税收及管制会对企业管理及供应链管理与变革产生重要影响。政府对企业在物流、运输、通信、金融等的管制在逐渐放松,且市场化趋势在强化,这给企业供应链变革提供了机会。

20 世纪 80 年代,美国政府解除了对交通运输部门的经济管制,解除了对地方税务和服务区域的管制。交通运输服务可以在具有竞争性的环境中进行交易,这就会给用户带来更低的价格和更好的服务。金融业同样也被解除了管制。例如,当允许商业银行、储蓄贷款协会及信用合作社扩展业务时,他们之间的区别就变得模糊了。

企业的经营方式也随之发生了变化。许多公司意识到了资产价值特别是存货的流动性和减少资产值的重要性。由于解除管制后,金融实务操作具有可选择性,因此买方和卖方的支付方式发生了显著的变化。通信行业的竞争性日益增强,企业和消费者都受到了通信行业变化的影响,从蜂窝电话到电子邮件、短信息及互联网,信息通信行业的改善为供应链物流管理的发展带来了机遇,并使其得到显著改善。

政府管制解除了,政策放松了,适应新商业革命的新型企业业态随之出现,传统的企业业态也会消失或转型。如果传统企业不改革,就会给企业本身带来负面影响,甚至倒闭;当然,如果传统企业与时俱进,做出了相应的变革,就能获得新生,甚至会成为脱胎换骨的新型企业。

### 2.1.2 供应链管理的挑战

企业面临着内外环境的众多因素的影响。供应链管理面临的挑战主要来自经营环境的动态性与供应链管理系统的复杂性所带来的顾客需求及产品变化加速、供应链合作伙伴价值观差异,以及战略集成与信息共享等。

(1) 顾客对产品和服务的个性化期望越来越高。顾客已不满足于从市场上购得标准化产品,它们希望按照自己的要求定制产品或服务。这些变化导致了产品由大批量生产向大规模定制方式的转变。标准化的大批量生产方式是"一对多"的关系,用标准化的产品满足不同消费者的需求。然而,这种模式已不能再使企业继续获得较大的效益。现在需要企业根据每一个顾客的特殊要求来定制产品或服务,即所谓的"一对一"的定制服务。企业为了能在新环境下继续保持发展,纷纷转变生产模式,从大批量生产转向大规模定制生产,这是一种将大规模生产的规模经济与客户的个性化产品需求相结合的生产策略。例如,生产芭比娃娃的公司可以让女孩子通过互联网登录到其网站,自己设计她们喜欢的芭比娃娃,由她们自己选择娃娃的皮肤、弹性、眼睛颜色、头发样式和颜色、附件和名字。当娃娃邮寄到孩子手上时,女孩子会在上面找到她们娃娃的名字。这是该公司第一次大量制造"一对一"的产品。不过,应该看到,虽然个性化定制生产能高质量、低成本地快速响应顾客要求,但是对企业的运营模式提出了更高的要求。

(2) 顾客对交货期的要求越来越高。一般来说,品种、质量、价格、时间和服务是决定企业竞争力的五大要素,但在不同的历史时期,这五大要素对企业竞争力的作用是不同的。在工业化初期,主要依靠价格进行竞争;20 世纪 80 年代以来,企业竞争和经营环境发生了深刻变化,竞争优势逐渐转移到品种和服务上;而进入 20 世纪 90 年代以后,由于科学技术的进步,经济的发展、全球化信息网络和全球化市场的形成,以及技术变革的加速,围绕新产品的市场竞争更加激烈,所有这些都要求企业能对不断变化的市场做出快速反应,不断开发出满足用户需求的定制化产品,去占领市场以赢得竞争。顾客不但要求要按期交货,而且要求的交货期越来越短。这要求响应力要提高。从 20 世纪 90 年代开始,竞争的决定因素就转移到了时间,进入了基于时间竞争的时代。谁能对市场的变化做出快速反应,迅速将新产品推向市场,以最快的速度满足顾客的需求,谁就能在市场中获得竞争优势。依靠单一企业自身的能力及供应链管理老范式都难以做到,必须依靠新范式的供应链物流管理来获得"时间"这一竞争优势。

（3）产品的生命周期越来越短。随着消费者需求的多样化，企业的产品开发能力虽然在不断提高，但新产品的研制周期越来越短。这从 20 世纪 90 年代就开始显现，例如，美国电话电报公司新电话的开发时间从过去的 2 年缩短为 1 年；惠普公司新打印机的开发时间从过去的 4.5 年缩短为 22 个月，而且这一趋势还在不断加强。与此相对应的是产品的生命周期缩短，革新换代速度加快。由于产品在市场上驻留的时间大大缩短，因此企业在产品开发和上市时间的活动余地也越来越小，从而给企业带来了巨大压力。存在这样的一幅场景：产品还没有开发出来，就已经退出市场了。

（4）产品的品种数飞速膨胀。因为消费者需求的多样化越来越突出，企业为了更好地满足其要求，不断推出新的品种，从而引发了一轮又一轮的产品开发竞争，结果是产品的品种数成倍增长。例如，日用百货的品种数大幅度增加了，但消费者在购买商品时仍然感到难以称心如意。为了吸引客户，许多厂家不得不绞尽脑汁地不断增加花色品种。按照传统的思路，若每一种产品都生产一批以备客户选择的话，那么制造商和销售商都将背上沉重的负担。超市的平均库存也在增加，库存占用了大量的资金，严重影响了企业的资金周转速度，进而影响了企业竞争力。

（5）供应链的合作伙伴存在价值观差异。当供应链跨越不同国家、不同企业时，在管理决策方面就会存在冲突。供应链管理必须了解供应链伙伴的文化与价值观差异、商业模式、政治经济情况、法律政策环境等因素。

（6）战略集成与信息共享。技术的飞速发展和全球化促进了企业、组织的相互依存，经济环境的不确定和波动性也更需要企业组织的密切合作，只有合作才能快速应对市场变化和赢得竞争。但是紧密合作所需要的公司产品研发、制造、营销、服务等的功能集成、信息集成，以及跨地区、跨文化的协调与信息共享势必就面临着挑战。供应链中的信息不对称和不愿意共享信息等就会带来供应链管理运营的低效率。

由此可见，企业面临的这些变化都增加了企业管理的复杂性，而复杂性又限制了人们的认知。企业要想在这种瞬息万变的动态环境和严峻的竞争环境下生存下去，就必须通过有效的供应链管理与变革来获得强有力的应对复杂环境变化和由环境引起的不确定性的能力，在供应链系统层级做出更为明智的决策。

## 2.2 供应链战略

### 2.2.1 供应链面临的不确定性

供应链面临的不确定性来自环境因素，这些不确定性侵蚀着供应链的所有环节、所有的物流、资金流、信息流及其整合过程，这些多方面的不确定性又通过供应链的结构在其内部产生作用，严重地削弱了供应链的整体能力。

从供应链结构角度来看,供应链中存在的不确定性可以概括为以下4种类型。

(1) 供应的不确定性:供应的不确定性主要表现为供应提前期的不确定,还包括货物的可得性、所供应数量的不确定性等。

(2) 需求的不确定性:需求的不确定性主要表现为顾客需求量的不确定性,以及需求分布在时间、空间上的差异性,需求结构的变动等。"牛鞭效应"就是由供应链中的末端需求不确定性引起的。

(3) 衔接的不确定性:衔接的不确定性即企业之间(或部门之间)的不确定性。它主要体现在企业(或部门)之间的合作上,来源于企业之间合作上的不稳定。

(4) 运作的不确定性:供应链企业运作的不确定性主要来源于缺乏有效的沟通、协调和控制机制、组织管理的不稳定和不确定,主要体现在系统运行不稳定和意外情况下的控制失效。

在这些不确定中,需求与供应的不确定性是企业最难控制的,因为传统上这些属于企业的外部因素。这就需要供应链管理者针对不同的情境,确立供应链战略,利用前瞻的战略克服需求的不确定性,尽可能地减少供应链中的牛鞭效应,确保供应链运营。

## 2.2.2 供应链战略框架

因为供应链是一个复杂的动态系统,所以需要根据产品特点及顾客需求的变化等选择不同的供应链管理战略,以减少供应链的复杂性。需要指出的是,任何一家企业想要成功,其供应链战略与竞争战略必须相互匹配。企业的竞争战略的确定需要考虑企业提供产品和服务的方式,供应链战略同样需要这样。选择适合的供应链战略,使之能达到供应链所要求的目标及竞争优势,才能满足顾客需求。制定合适的供应链战略,促成价值链创新,才能确保价值链增值。

### 1. 两种供应链战略

关于产品,可以定义这样两种类型:功能型产品和创新型产品。功能型产品指那些边际收益较低、用以满足基本需求、生命周期较长且可以预测需求的产品;创新型产品的特征与之不同,其边际收益较高、满足个性化需求、生命周期较短并且难以准确预测需求。企业将根据自身产品的需求特点来确定相应的供应链战略。表2-1表示了市场中两种不同类型的产品需要的运营系统。显然,对于不同的运营系统需要有不同的策略。

供应链战略首先要与产品/服务相匹配,因此,减少产品/服务的复杂度对供应链战略来说尤为重要。对于功能型产品应采用效率型供应链战略。效率意味着通过共同努力减少缺陷,提高生产率和资产利用率来降低供应链流程的成本。提高供应链流程的效率对于功能型产品来说最为重要,实现整个供应链网络的精益运营、精益物流往往有助于提高效率。而对于创新型产品则需要采用响应型供应链战略。在不确定环境下,需要供应链具有

表 2-1　不同类型的产品需要相应的运营系统

| 产品类型 | | 需要何种运营系统？ |
|---|---|---|
| 功能型产品 | 需求可以预测 | 保证产品沿供应链迅速移动/高效率 |
| | 产品变型很少 | 关键要降低成本 |
| | 产品品种较少 | 保持较低库存水平 |
| | 价格相对稳定 | 平衡上、下游的生产能力 |
| | 生产提前期短 | 提高生产能力利用率 |
| | 边际利润较低 | 低价格供应商受欢迎 |
| 创新型产品 | 需求难以预测 | 保证产品及时供应/按需生产，甚至按需设计 |
| | 产品变型很多 | 关键要快速响应 |
| | 产品品种较多 | 合理配置库存 |
| | 入市价格高 | 灵活配置生产能力 |
| | 生产提前期较长 | 按需配置生产能力 |
| | 边际利润高 | 柔性供应商受欢迎 |

一定的响应能力，具有应对不确定需求的有效感知及应变能力。例如，当供应链发生缺货时，如何通过应急手段最大限度地减少缺货的影响。供应链战略匹配图如图 2-1 所示。

| | 功能型产品 | 创新型产品 |
|---|---|---|
| 效率型供应链战略 | 匹配 | 不匹配 |
| 响应型供应链战略 | 不匹配 | 匹配 |

图 2-1　与产品类型匹配的供应链策略

效率型供应链战略要求保持较低的库存水平，尤其在供应链的下游，需要提高产品流动速度，以及减少库存积压的流动资金。以准时化生产方式，平衡生产能力，优化供应链，提高整体生产能力的利用率，降低制造成本。供应链中的信息流动必须快速高效，以保证生产计划与销售计划的及时调整。

响应型供应链战略则强调为最终顾客提供较高的服务水平，保证及时供应，提高迅速反应能力。下游库存需要保证最终顾客随时都可以获得产品供应。快速反应能力要靠供应链的信息化支持，要有对市场的提前感知能力与预测能力，需要自动化的订单处理系统实现按单设计或按单生产，按订单需要灵活配置生产能力，确保个性化信息的传递，且需要信息智能处理的支持。

表 2-2 对这两种不同战略类型的供应链进行了比较。效率型供应链主要体现供应链的功能性，即以最低的成本将原材料转化成零部件、半成品、产品，以及在供应链中的运输等；响应型供应链则主要体现供应链对市场需求的响应能力，即把产品分销到满足用户需求的市场，对需求做出快速反应等。

表 2-2 效率型供应链和响应型供应链的比较

| | 效率型供应链 | 响应型供应链 |
|---|---|---|
| 客户服务 | 准时、免费<br>可预测的顾客需求 | 快速<br>难以预测的顾客需求 |
| 生产 | 流水线制造、标准化产品<br>准时化生产<br>集中式制造工厂<br>面向库存的大批量生产 | 柔性制造、模块化生产、定制产品<br>冗余产能<br>分散式制造工厂<br>面向订单的小批量生产 |
| 库存 | 在制品零库存、产成品库存高<br>产品品类少 | 标准组件高库存<br>产品品类多 |
| 供应链网络 | 少量集中网点、服务的顾客多<br>供应商选择的重点是依据成本和质量 | 多网点、靠近顾客<br>供应商选择的重点是依据速度、柔性和质量 |
| 运输 | 整车运输<br>大批量、运输频次低 | 零担运输<br>小批量、运输频次高 |
| 信息 | 信息搜索与分享及时、准确 | 信息搜索及时、准确 |

效率型供应链和响应型供应链的划分主要从满足顾客需求的角度出发,重点是在供应相对稳定的情况下,供应链如何处理需求不确定的运作问题。响应型供应链更能应对需求不确定的问题。在实际的供应链管理过程中,不仅要处理来自需求端的不确定性问题,还要考虑如何处理来自供应端的不确定性问题。来自供应端的不确定性也可能对整个供应链的运作绩效产生较大影响。

尽管功能型产品与创新型产品是相对的,但同时也是可以相互转化的。时下国内各汽车厂商纷纷推出的经济实用型轿车属于功能型产品,但是如果每款车型又增加了独特的个性化设计,就变成了创新型产品。产品的需求特性难以判断,就会给企业的战略匹配造成障碍。由于创新型产品需求具有不确定性,会使产品的生产销售与需求失衡。一旦失衡要么导致产品脱销,要么导致产品积压,此时企业的竞争战略具有高风险性;相反,功能型产品的风险性则很低。

## 2. 敏捷供应链策略

从供应和需求两个方面的不确定性对供应链运作的影响出发,人们进一步细分了供应链战略:效率供应链、响应供应链、敏捷供应链、避险供应链,如图 2-2 所示。

图 2-2 考虑需求不确定和供应不确定的供应链战略

敏捷性指在成本、质量和服务不变的情况下，供应链对市场需求和供应波动的响应能力。敏捷供应链应该是一种综合能力最强的供应链系统，它能对供应不确定性和需求不确定性做出及时响应，且能适应运行环境的变化。敏捷供应链由客户订单拉动，动态构建供应链，组织生产。这与通过预测组织生产，继而将产品推向市场的推式生产完全不同。敏捷供应链战略的关键要求包括以下内容。

(1) 供应链中的所有运营都由顾客价值驱动。

(2) 响应能力和柔性能力。

(3) 动态地组织供应链运营的能力。

从供需特征来看，敏捷供应链本质上是按照需求进行供应的能力。供应能力可以根据需求来"敏捷"创建，因此敏捷供应链的关键问题在于敏捷的可行性与敏捷的易行性。在构建敏捷的供应能力时，会涉及生产的不确定性，因而会需要模块化生产、柔性生产方式等。

需求不确定和供应不确定都来自环境中的随机事件或突发事件。面对环境中的突发事件，要求供应链具备一定的应变能力，即应对各种突发事件、进行危机处理所要求的有效感知能力和响应能力。当供应链发生中断时，如何通过应急手段最大限度地减少意外事件的影响非常关键。此时，一个内置保护措施的韧性供应链将有助于最大限度地减少或消除供应链中断所带来的负面影响，被视为"浪费"的那些冗余的安全库存、安全能力就能确保供应链的供应，使供应链具备一定的韧性。需求弹性已经成为衡量企业和供应链响应产品需求的不确定能力的一个指标，其表明企业和供应链所能处理的需求增量的大小。企业应用人工智能与大数据技术促进了需求感知能力的提升，通过需求感知，能够检测到最终可能导致需求变化的顾客、竞争对手和技术方面等多种因素的变化。当然，面临不确定供应市场时，持续的风险评估也是设计韧性供应链的必要步骤之一。应使用预警和实时风险管理技术，运用情景规划技术，采取联合措施规避、化解供应链风险。

通过降低库存、离岸生产(把原先设于本土的工厂整个搬到海外生产)和简化供应商等来提高供应链效率的做法，可能会导致供应链失去灵活性。在经济波动、动态环境面临不确定的情况下，供应链会更容易发生风险。在动态环境下，供应链需要在韧性和效率中获得平衡。

### 3. 供应链延迟策略

供应链延迟策略指延迟、优化供应链中的一些活动，以满足当地顾客的实际需求。供应链延迟策略的运用能够支持供应链的快速响应与敏捷机制。供应链中的延迟能够建立针对个性化需求的最佳方案。延迟的本质是推迟供应链中的某项活动，以在晚些时候或离顾客近的地点产生差异化，满足个性化需求，增强快速响应能力。例如，自行车在商店销售时再进行组装；工厂在收到客户的订单后再进行原材料采购，安排生产。在供应链管理中，常见的延迟有下面几种。

(1) 物流延迟(延迟时间和地点的职能决策)。在敏捷环境下缺货往往具有很高的成本,产成品的库存对于应对缺货风险具有重要意义。物流延迟对供应链中的配送部门很有帮助,它提高了供应的响应能力。在配送过程中,将最终产品完成个性化加工的时间,以及运输时间延迟到收到顾客订单之后。将最终产品完成个性化加工的地点从工厂延迟到离顾客最近的本地仓库进行。这一做法避免了企业根据预测提前生产加工了顾客并不需要的产品款式,同时避免了缺货和产品库存的盲目增加。

(2) 外形延迟。将确定产品最后的外形规格和功能增减延迟到接收到顾客订单之后,而不是提前做好各种外形,放入仓库保存。许多公司会延迟包装、贴标签、增加说明书和产品外围设备等。将外形和功能的差异化延迟扩展到工厂的制造、组装、模具制造等工序,将有助于产生符合敏捷要求的更大柔性。

与外形和功能定制相联系的是跨产品和产品线柔性设计的制造和工程原则。为了实现产品定制的目的,有时需要改变产品包装、零部件及设计特征。这无疑增加了设计、制造等的复杂性与不确定性,因此利用延迟,创建敏捷供应链是较好的方案。在敏捷供应链的设计上将不确定性特征放入供应链的末端,充分利用下游的合作伙伴关系,强化客户服务,从改善物流和配送管理上完成产品定制。

当企业具有以下特征时,应用延迟比较合适。

(1) 生产工艺技术特征:可以将初步生产和延迟作业分离、定制不太复杂、模块化产品设计、从多个地点采购。

(2) 产品特征:模块化通用程度比较高的产品;产品单位价值高,定制后产品的体积或重量增加时。

(3) 市场特征:产品的生命周期短、销售量波动大;加工提前期短而可靠;价格竞争激烈;产品拥有多个目标区域市场。

产品的标准化和延迟战略的综合运用常常可以有效降低管理的复杂性,又能满足顾客需求。物流渠道提供多样化的服务是有代价的。产品品种的增加会提高库存,减小运输批量。即使总需求不变,在原有产品系列中增加一个与现有某品种类似的新品种也会使综合产品的总库存水平大大增加。

敏捷供应链战略的核心问题就是如何为市场提供多样化的产品以满足客户需求,同时,又不使物流成本显著增加。生产中的标准化可以通过可替换的零配件、模块化的产品来实现,产品的标准化可以有效地控制供应渠道中必须处理的零部件、供给品和原材料的种类。

### 2.2.3 供应链数字化转型战略

信息技术的应用是推进供应链管理系统中信息共享的关键,改进整个供应链的信息准确度、及时性和库存周转率是提高供应链管理绩效的必要措施。信息技术驱动的供应链战略是不断推动供应链战略实施的使能战略,这一战略将帮助供应链提供全面集成信息的能力,构建基于互联网、区块链的供应链管理信息平台。

供应链管理信息平台利用计算机技术、网络通信技术、互联网、信息科学、管理科学等多技术、多学科知识,全面支持供应链的运营和管理,支持企业销售、生产、仓储、运输物流及供应商管理等基本功能,满足从网络设计/订单启动到产品交付的一体化供应链管理业务。

(1) 供应链网络设计。运用供应链网络建模和优化工具,确定合理的设施数量、位置、规模和能力,以实现客户服务目标;制定分阶段的战术规划,用于确定何时、何地通过网络制造、购买、存储和运输产品,实现供应链采购、制造与设计的协同效应。例如,利用供应链细分市场销量来降低采购成本,利用标准组件减少产品组合,整合供应与制造单元资源形成网络化、模块化的规模生产效应。

(2) 集成需求计划、分销计划、生产计划和排程的高级计划和排程(advanced planning and scheduling, APS)。需求计划帮助各个公司预测和调整顾客需求。通过库存分析,确保在客户服务水平和库存水平之间取得最佳平衡,制订所有网络点的同步补货计划,跟踪供应链网络中的制造商和供应商,获得供应链的可视化。识别供应链的制造环境,制订基于约束的高级计划,调整需求、供应和库存,根据实际和预测需求,将生产能力分配给供应链的不同部分。针对相应的制造环境与生产方式,制订有限能力排程计划,以实现整体供应链计划与排程的协同效应。

(3) 仓储与运输。根据客户细分市场的类型,利用先进的信息系统架构,做好品类库存、人员工作安排,做好多场站、多任务的仓库管理工作,确保配送、拣货及订单履行,优化产品线销售配置,加强预测的准确性、降低储运成本、提高响应速度。制订运输计划、车辆路线计划安排,做好运输管理和内部贸易物流,发挥好基于云的数字网络平台基础架构的协同效应。

供应链管理信息系统包含几个主体部分及中心数据库。企业级数据库主要存放了供应链各成员企业的数据,还有原材料及供应商信息、产品订单信息、生产信息、仓储与运输物流信息等,是整个供应链数据库的一部分。

内部管理系统主要包括财务、营销、物流、生产和采购等多方面的核心内容。

外部连接包括与客户、供应商、承运人和其他供应链伙伴的联系。

订单管理系统包括可获得库存、信用审核、发票管理、产品分配和订单履行等内容。在供应链管理中,订单是企业自身与客户之间业务联系的纽带。有效的订单管理能够减少库存量,提高订单履行率,缩短订单周期,使仓库货物周转加快。

仓储管理系统包括库存水平、拣货线路、拣货员工作安排等内容,基本涵盖了基于入库、上架、拣货、包装、出货的所有范围。

运输管理系统包括拼货、车辆调度、运输业务、处理投诉、货物跟踪和运费等内容。集成的仓储与运输管理,可以优化物流关键流程,提高物流效率,降低物流总成本。

有效管理供应链信息流,建立信息共享机制,也是供应链管理的重要任务之一。

从以下这个局部功能集成的例子，也能看到供应链物流管理信息的智能化管理的威力。甲骨文公司开发的 Oracle G-Log 是一个运输管理系统（transportation management system，TMS）软件，该系统支持汽车整车供应链物流控制中心的运营，全方位追踪整车，从主机厂到经销商的运输过程（包括国内和国际运输），能辨认出物流运输网络中的晚点情况，智能化处理各种意外和异常情况，提供执行报表来缩短整个运输周期和增加运输服务的可靠性。G-Log 的主要功能包括订单处理、承运商选择、运输路线的安排和优化、运输追踪、运费计价、自动付款、进出口贸易、索赔处理等功能，通过基于 Web 架构的应用系统，可以满足运输过程中整车厂和物流商的管理需求，将广泛的物流过程与运输管理结合到一起，无论整车物流的需求是针对单一运输模式下的业务或某一地域，还是针对复杂的多式联运或包含多种业务的全球运输网络。

可见，供应链管理的效率来自供应链管理信息平台。供应链管理信息平台可以展现出一个清晰可见的全球供应链物流运作系统，这是真正的电子供应链。其通过多系统间的信息集成，实现对整个供应链物流网络完整的掌控能力和近似实时的获取数据的功能，跟踪供应链上的数据流，并根据客户的真实需求对供应链企业进行有效统一的协同管理，进而提高交付的可靠性、准确性和及时性，并改善整个网络的可视度。

随着新一代信息技术的发展，供应链管理信息平台已经向数字化供应链管理转型。机器人及自动化技术、传感器和自动识别技术、统计建模与预测分析技术、人工智能与机器学习、网络优化技术、Web3.0 与物联网技术、无人驾驶技术、可穿戴和移动技术、云计算和存储技术、区块链及分布式技术、3D 打印和增材制造技术等都对企业数字化转型和企业竞争力带来了较大的影响，大大推动了供应链数字化转型。毫无疑问，技术创新已经成为供应链数字化转型的加速器。新一代信息技术已经成为供应链数字化转型的赋能者。

图 2-3 表示了一个供应链数字化转型战略的架构，供应链信息系统及其数据库仍然是其核心。供应链数字化转型需要更多地考虑智能控制塔下的设备互联、模块协同与数据实时。实现供应链数字化转型需要端到端的供应链计划业务流程。

需求预测需要借助于统计预测与机器学习来提高其准确性，并需要运用大数据技术和人工智能来实现需求的感知。响应与供应，为企业提供了响应订单的供应计划与配送计划，提升了对客户的快速响应能力。多级库存优化需要优化整个供应链环节的库存管理计划。销售与运营计划连接了企业战略战术决策流程，为企业提供了统一的制造与销售电子商务平台。需求感知与分析协同中心基于 Web 预测平台与 ERP 系统，获取多源的需求和预测数据，来处理各类随机变化的需求。供应感知与分析协同中心基于 Web 发布公司的供应计划，与供应商合作伙伴共同建立了一个可视化的协作平台。供应链网络控制塔是供应链运营的中枢指挥系统及基于云的虚拟决策中心，其以全方位的视角实现端到端的数据连接，从供应链节点的空间位置、产品、物料、工厂、物流、客户等不同视角来审视供应链业务全景；并充当供应链决策大脑赋能整个供应链生态系统，包含供应链的计划应用与核心算法，提供供应链网络的整体的可视化与供应链绩效管理的战略工具。

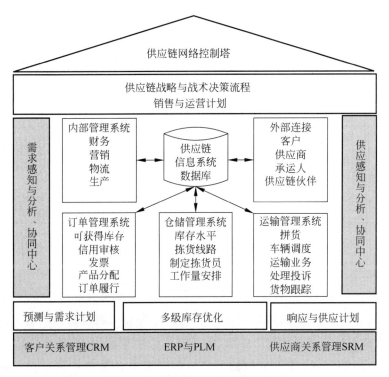

图 2-3　供应链数字化转型战略架构

数字化供应链网络跨越了整个价值链,把供应商、合作伙伴及客户连接起来,运用物联网连接实现了对供应链事件的感知;运用数据分析实现了供应链业务智能管理与分析;运用区块链实现了供应链合作伙伴的信任与供应链可视化;基于云计算与机器学习算法实现了供应链资源管理的智能优化;通过商务智能决策准确响应了客户需求。构建智能数字化供应链运营的生态系统,能够支持平台集成、数据分析与服务、线上线下全渠道客户交互、提供客户解决方案。以数字化供应链运营为核心,运营生态系统支持集成和规划、产品生命周期管理(product lifecycle management,PLM)、智能制造与工业 4.0、智慧物流与配送、售后服务,以及供应链执行。技术生态系统和人员生态系统保证了整个运营生态系统的运行,形成了企业价值创造网络。供应链数字化生态系统的建立实现了最大限度的供应链系统协同效应。

## 2.2.4　供应链伙伴关系战略

企业为了共同利益需要在一起工作,这时就会有合作。供应链合作的确立就是多个企业间的合作,因此,合作伙伴关系战略也是供应链战略实施的基础。合作伙伴关系战略创造了一种协同的经营环境,因为合作要比一方单独做强。培育供应链合作伙伴关系,通过优先发展合作伙伴关系,获得供应链管理所带来的竞争优势,这是供应链管理的重要任务。

供应链伙伴关系战略需要成功确立供应链企业的合作伙伴关系,发展这样的合作关系需要"黏合剂"。目标、承诺、协调、信任、沟通的质量、参与意愿、共同解决冲突,合作方的结构契合等都是发展合作关系需要考虑的。表2-3总结了成功的供应链合作的许多要素。虽然没有一种列表可以穷尽所有要素,但这里所列出的要素都是成功合作的关键要素。

表 2-3  成功合作的要素

| | |
|---|---|
| 1. 理解目标 | 6. 共同利益 |
| 2. 信任和承诺 | 7. 利益共享 |
| 3. 企业包容性 | 8. 领导力 |
| 4. 沟通 | 9. 有效的绩效评价策略与方法 |
| 5. 达成共识 | 10. 对合作关系的战略规划 |

**理解目标**　合作成员要理解供应链合作的目标及其各自的目标。合作成员需要讨论它们如何能为供应链中的每一方成员及供应链顾客创造价值。

**信任和承诺**　信任可以有效地清除合作障碍,信任也意味着对合作伙伴的依赖。信任和承诺有很强的关联性,都可以鼓励企业与合作伙伴为长期利益而共同努力,抵抗住短期诱惑,有放弃投机等机会主义行为的意愿,小心应对供应链运营中的潜在风险。

信任有个人间的信任、基于机构的信任。信任还有计算基础的信任(calculus-based trust)、了解型信任(knowledge-based trust)和认同型信任(identification trust)。计算型信任指交易者都是理性的,交易者自己也相信他人会充分考虑被信任和不被信任的收益和成本。了解型信任依赖于交易双方共同的思考方式,他方行为的可预测正是这类信任的核心。认同型信任指交易双方有着共同的价值观,包括道德责任等方面的共同认识。信任还可以分为契约型信任(contractual trust)、能力型信任(competence trust)、善意型信任(goodwill trust)。契约型信任是一种依赖于契约的信任。契约越细致,越能形成交易当事人的信任。能力型信任指一方具有按照对方要求和预期完成某一行为的能力。善意型信任指交易一方出于善意而对他人授予信任。这里所指的善意,包括共同的信仰、友谊、同情等。

**企业包容性**　这里最重要的是关系,各方需要有共享的愿景、使命、目标、文化,而且合作伙伴之间必须坦诚地讨论各自的方法和流程。人与人的合作,过程的联合都需要相互包容,应该看到合作方的长处,而不是短处。

**合作与沟通**　选择那些能够带来最大收益的合作者,通过合作共同解决问题。沟通和信息的分享与应用是有效合作的核心。分享和应用预测信息对供应链参与方很重要。经常的代表会议对合作有很大帮助。

**达成共识**　所有参与企业坐下来,共同制定决策,一起来解决问题。参与方应该努力避免对彼此活动细节的干涉,而应该将责任与义务在事前就讲清楚。达成共识很重要。

**共同利益**　为了持续更长的时间,成功的合作存在共同利益,也需要为参与方创造收益,共同利益将超过企业独自能够实现的收益。

**利益分享**　虽然许多企业表明了它们对各自目标的贡献,但是成功的合作要求建立公平的共享收益、损失和投入的机制。可持续的利益分享将依赖于所有成员的共同信念与公平。

**领导力**　如果没有一个倡导者推进合作,将很难取得重大的合作成果。

**有效的绩效评价策略与方法**　合作中所有参与方认可所使用的绩效评价方法和策略,共同制订供应链成功运营的关键绩效指标,实现对所有参与方的承诺。

**对合作关系的战略规划**　成功持久的合作会有挑战和困难。对合作关系,需要做好战略规划。做好规划,开发成功合作细则,才能很好地长期发展这种合作关系。

供应链合作伙伴关系战略具有如下特点。

(1) 从价格竞争转变为产品/服务的价值的提升。

利用价格竞争取得的利益是建立在牺牲另一方利益的基础上的,而共同提升顾客价值则可以获得供应链的多赢。

(2) 长期的信任合作,而不是短期合同关系。

供应链管理环境下的合作关系是建立在相互信任、相互合作的长期伙伴关系的基础上,这大大减少了双方交易谈判的时间和次数,降低了交易管理成本。

(3) 从产品研发时就合作,协同开发。

供应链合作利用合作方的技术优势,通过协同开发,改进产品质量,降低产品成本、加快产品开发进度,从产品设计源头着手提高市场的快速反应能力。

供应链合作伙伴关系战略更要强调信息的分享、沟通,同时需要避免信息的泄露、知识产权控制等问题。加强高效率的协调运作,构建合作伙伴关系,能够实现供应链各方的共同成长与壮大。

## 2.3　供应链规划与设计

### 2.3.1　供应链规划概述

随着新兴数字化技术和数字经济时代的商业变革的融合,供应链要成为生产和制造、服务的新的赋能者。供应链规划需要了解供应链全渠道的需求,进行需求预测,管理跨产品供应链的多个计划,整合供应链活动,建立供应链数据的反馈循环,为规划提供可靠的信息。供应链规划需要在现有约束条件下,制定供应链目标,分析假设情形,并实现供应链实时需求战略。供应链规划需要满足客户服务需求,实现采购、生产、分销、物流活动的同步化,进行供应链网络设计,确定销售和运营计划、采购计划、生产计划、分销计划、需求计划等,以便供应链管理者可以分析了解全部数据,提供供应链备选方案,制订有效执行计划。

## 1. 规划步骤

每个供应链都面临着独特的市场需求和运营挑战，但供应链管理面临着许多共性的问题。供应链物流规划的步骤如图2-4所示。通过全面审视、扫描外部环境，确定供应链战略及供应链目标，并对集成化的供应链做出规划，还要详细规划供应链的各个环节，如客户服务、选址与网络设计、采购与供应、库存、仓储、运输、信息等。在此基础上设计全面的集成化供应链管理系统，设计供应链总体绩效评估方法，及时对供应链运营状况做出评估，并改进集成化供应链系统的规划。

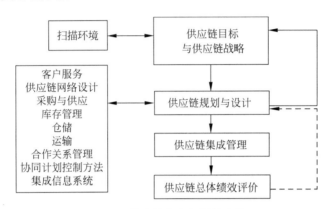

图2-4　供应链物流规划的步骤

供应链物流战略规划的目标可以设置为以下3项。

（1）满足顾客需求，提升客户服务水平。提升客户服务水平，往往会带来库存成本的上升，但由服务水平的提升带来的收入的增长会占据上风。重要的是通过供应链管理带来了服务能力的全面提高，顾客群体大大增加，由此又会带来规模经济的优势。

（2）降低总成本。在服务水平可以保持不变的前提下，降低与仓储与运输相关的可变成本，往往要制定多个备选的供应链方案，可以选择总成本最低或收益最大的方案。

（3）投资回报最大化。在投资回报相同的情况下使投入最小化，避免高额投资扩张战略带来的可变成本上升及风险的增加。例如，放弃自建仓储中心，而采用按需租赁公共仓储的方案。

## 2. 外部环境的扫描

要做好供应链的规划，必须首先了解供应链的特性及供应链所处的外部环境，定位供应链战略。扫描外部环境包括全面权衡影响供应链成员企业及其业务合作、市场等有关因素，主要有以下8个方面。

（1）市场地理环境：市场所处的地理环境，如气候、地形及生产地的位置等，这些会影响到物流的成本，以及运输方式的选择、仓储地点的决策。

（2）当地政策和法规：主要指供应链成员企业所处国家的各种政策规定、汇率问题、贸易保护,以及区域经济圈的整合等。

(3) 社会因素:供应链成员企业所在城市或地区的社会因素,如人口老龄化程度、人口流动性、居民收入增长、生活环境、消费水平的变化等。

(4) 竞争策略:企业之间的相互竞争与合作将对供应链物流系统有着直接或间接的限制,供应链的竞争策略需要从供应链整体来考虑产品策略、定价策略、营销策略,以及分销、配送策略等5个方面。

(5) 供应链技术设施系统:主要指生产、制造、物流技术基础设施及城市公共运输、仓储与物流设施,如铁路、公路、航空,以及水运运输设施,这将影响到物流系统线路、运输/仓储方式的选择等。

(6) 经济状况及产业结构:供应链上企业效益的好坏与经济状况息息相关,经济发展复苏将会促进企业及物流系统的发展,反之则会阻碍企业及物流系统的发展。同时,产业结构的形态,如垄断的市场、自由竞争的市场,都会产生不同的贸易方式,从而影响供应链物流系统的发展。

(7) 科技因素:科学技术的不断发展将会影响供应链企业及产业结构的发展,从而会影响供应链中企业运营方式及供应链物流系统的发展;机器人、物联网、云计算、区块链、机器学习、数据分析等数字化技术促进了数字化供应链平台的变革。

(8) 管理与教育:对供应链企业的员工进行良好的管理教育将不断地提高人才的素质,进而增强企业竞争力与合作意识。

### 3. 规划层次

供应链规划涉及供应链活动的各个环节,如选址与网络设计、库存、运输、仓储等,需要在战略、策略和运作等多个层次做出规划。不同层次的规划之间存在时间跨度的差异。一般来讲,战略规划是长期的,时间跨度通常超过一年;策略规划是中期的,一般短于一年;运作规划是短期的决策,可能每天或每周都要做。供应链管理决策的重点在于如何利用多层次规划实现快速、有效的供货目标。表2-4列出了供应链不同环节、不同规划层次上的一些管理决策具体问题。

表2-4 战略、策略和运作层次的决策问题举例

| 供应链决策 | 战略层次 | 策略层次 | 运作层次 |
| --- | --- | --- | --- |
| 网络 | 供应链节点(如区域配送中心、工厂等)的战略能力与选址 | 供应链节点(如区域配送中心、工厂等)区域分布数量及详细位置 | 仓库、工厂的地段位置 |
| 客户服务 | 设定服务水平的标准 | 客户订单的处理顺序 | 加急送货 |
| 采购 | 发展供应商关系 | 合同,选择供应商,期货业务 | 订单安排,加急供货 |
| 运输 | 运输方式选择/第三方物流公司选择 | 临时租用装备/委托第三方物流公司 | 运输线路安排、调度 |
| 库存 | 存货点和库存控制方法<br>供方管理库存方法 | 具体的库存控制策略、安全库存水平 | 补货数量和时间表 |

续表

| 供应链决策 | 战 略 层 次 | 策 略 层 次 | 运 作 层 次 |
|---|---|---|---|
| 仓储 | 选择搬运设备,仓库布局 | 季节性存储空间选择,合理利用自有/租用存储空间 | 拣货、加工、仓储库位 |
| 订单 | 订单处理系统的规划与设计 | 订单处理的一般策略 | 订单录入与处理 |

各个规划层次在不同的环节有不同的视图。战略层次规划的时间跨度长,因而往往要忽略一些细节,需要很多定性的分析,使用的数据也常常是不完整、不够准确的,并需要对很多因素进行评估与战略分析。运作计划则要使用非常准确的数据。计划的方法应该既能处理大量数据,又能得到合理的计划。例如,战略计划可能是供应链上库存周转率要达到某一数值,而库存的运作计划却要求对每类产品分门别类进行详细的清单管理。

在这里,将主要关注供应链战略规划,策略、运作层次的计划常常需要对具体问题作深入了解,还要根据具体问题采用特定方法,主要在《运营管理》课程中详细阐述。

从设计整个供应链及物流系统开始,进行供应链战略规划,可以将供应链视为由抽象的节点和链构成的网络。网络中的链代表不同存储点之间货物的移动。这些存储点、零售店、仓库、工厂或供应商就是节点。节点还有那些库存流动过程中的临时停点,如货物运达零售店或最终消费者之前短暂停留的仓库。任意一对节点之间可能有多条链相连,代表不同的运输路线。

### 2.3.2 供应链网络设计

供应链网络设计的目标必须与供应链规划的目标相一致,如在满足顾客需求的同时使企业的收益最大化,或者在产能约束下,最大限度地降低供应链总成本。全球供应链网络设计决策可以通过4个步骤来完成,如图2-5所示。

(1) 明确供应链战略。其包括确定供应链的活动是内部执行还是外包。业务外包是供应链企业专注于核心竞争力的提升,并充分利用第三方的物流和运营等专业知识。

需要对供应链竞争战略做出一个清晰的定义,是响应时间还是质量、成本与效率?还要明确供应链网络必须具备哪些能力来支持该竞争战略。管理者必须预测全球竞争的可能演变,以及每个市场的竞争对手是来自当地还是全球。管理者也必须识别可利用资金的约束,理解增长模式靠供应链合作来实现。

(2) 确定区域网络的设施配置。确定设施将要选址的区域、它们潜在的作用(功能),以及大概的产能。分析可以从国家或地区的需求预测开始。这种预测必须包括对需求规模的一个估量,以及对跨地区顾客需求的同质性和多样性做一个基本判定。同质性的需求需要大型设施,而地区的差异性需求却需要较小的本地化设施。

给定现有生产技术,管理者要确定规模经济或范围经济效应,确定能对降低成本起到显著作用的方式。管理者还必须识别与区域市场有关的需求风险、汇率风险及政治风险。

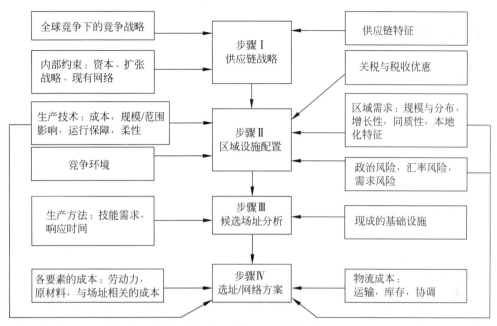

图 2-5　全球供应链网络设计决策步骤

同时必须识别区域的关税、当地生产的要求、税收激励,以及出口或进口限制。选址选在税率最低的地方或选在自由贸易区等都是不错的选择。管理者必须识别区域竞争对手,设施是靠近还是远离竞争对手呢?对市场的响应时间及总体物流成本也必须进行分析。基于这些信息,管理者可以建立网络设计模型来确定供应链网络的区域设施最佳配置。区域配置定义了网络中设施的大概数量、所在地区,以及设施产品所服务的市场等。

(3)分析那些较为满意的候选场址。配送中心、仓库应设在哪里?选择一组候选的场址,进行对比分析。地点的选择应重点考虑基础设施能否支持将来的生产。对基础设施的要求包括供应商的可获得性、运输服务、通信、公共设施,以及仓储设施等。对基础设施的另一方面的要求包括熟练劳动力的可获得性、劳动力的流动,以及社会的接受能力。

(4)选址及网络方案。为每个设施选择最终场址并分配产能。网络设计的目标可以考虑每个市场所期望的毛利和需求、各种物流和设施成本,以及在每个地址的税收和关税的基础上,使总利润最大化。

供应链网络设计是供应链管理中极为重要的战略层决策。近年来,学术界以可持续性为目标研究供应链网络设计,以期实现经济、环境和社会的均衡发展。可持续供应链可以通过制定能够减少环境影响、资源浪费和运营成本的战略和运营实践来设计和改进。很多学者结合具体行业,考虑可持续性,研究闭环供应链网络设计问题,并开发多种智能算法求解或进行仿真建模。不确定环境下供应链网络设计的鲁棒优化运作策略研究,可以增强供应链的抗脆弱性,降低供应链中的牛鞭效应。

## 2.3.3 战略规划中的权衡

### 1. 总成本的权衡

供应链规划不仅要考虑供应链中的物流活动特性,而且要考虑经济原则与市场法则。如将小运输批量合并成大批量(合并运输或拼货)的经济效果非常明显,其产生的原因是现行的运输成本-费率结构中存在规模经济的机会。管理人员可以利用合并降低成本。

供应链系统的战略规划与设计需要权衡总体效益,或者对物流总成本进行分析。在供应链的运作过程中,各项物流成本的变化模式常常表现出互相冲突、此消彼长的特征。解决这一冲突的办法是:平衡各项活动的成本以使整体效益达到最优。

如图 2-6 所示,在选择运输服务(航空运输、铁路运输、公路运输)的过程中,不仅要考虑运输服务的直接成本,而且要考虑由于不同运输服务对物流渠道中库存水平的影响所带来的库存成本,综合权衡总成本,才会找到较为经济的方案。运输费率最低或速度最快的运输服务并不一定是最佳选择。因此,供应链管理的基本问题就是权衡成本冲突的问题。针对各项物流活动之间的成本冲突,必须进行平衡与协调管理。

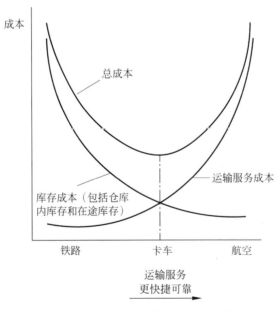

图 2-6 运输成本和库存成本之间的冲突

总成本概念不单单可运用于运输服务的选择,以下举出了一些其他例子,其中也都存在成本冲突问题。

(1) 图 2-7(a)的例子是确定客户服务水平时存在的问题,随着客户得到更高水平的服务,由于缺货、送货慢、运输不可靠、订单履行错误而造成失去客户的可能性就越小。换句话说,随着客户服务水平的提高,缺货损失成本会下降。与缺货损失成本相对应的是维持服务水平的成本。客户服务的改善往往意味着要付出运输、订单处理和库存费用高的代价。

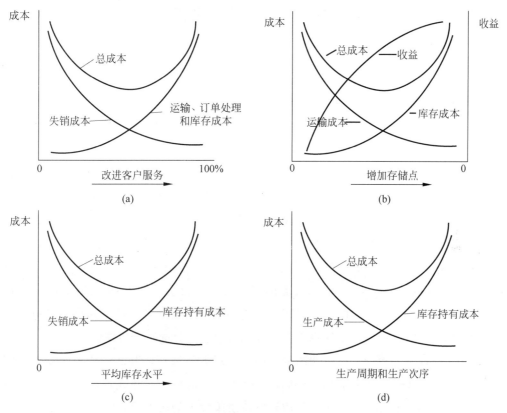

图 2-7　供应链系统运作中的物流总成本观点
(a) 确定客户服务水平；(b) 确定物流系统内仓库的数量；(c) 确定安全库存水平；
(d) 生产多个产品时,确定产品的生产次序

不是所有产品都要求同样的客户服务水平。这是供应链规划的一条基本原则。一般的企业都要配送多种产品,面对各种产品应该有不同的客户服务要求、不同的产品特征、不同的销售水平,这也就意味着企业要在同一产品系列内采用多种差异化配送战略。管理者可以利用这一原则,对产品进行分组、分类,如按销量分为高、中、低三组,并分别确定不同的客户服务水平。当然,在特殊情况下,如应急供货,有时须启用备用配送系统,并使用更快捷的运输方式。

(2) 确定供应链系统内仓库的数量时需要考虑多种基本经济因素,如图 2-7(b)所示。如果存储点大批量进货,但顾客购买量是小批量的,则从存储点向外运出的运费就高于运进的内向运输费率,这样,运输成本会随存储点的增加而减少。但是,随着存储点数量的增加,整个系统的库存水平上升,库存成本也会上升。此外,客户服务水平也受该决策的影响。此时,该问题就变成在库存-运输的综合成本与客户服务水平带来的收益之间寻求平衡的问题。

当然,是否增加存储点也要考虑所采用的配送渠道,要区分那些经存储点运送的产品和从工厂、供货商或其他供货源直接运到客户手中的产品。对于那些由仓库供货的产品,还应按所在存储点产品的周转率进行分组。即周转快的产品应放在位于物流渠道最前沿的基层仓库中。周转中等的产品应存放在数量较少的地区性仓库中。周转慢的产品则放在工厂等中心存储点。这样,每个存储点存储不同组合的产品。

(3) 图 2-7(c)说明的是确定安全库存水平的问题。因为安全库存提高了平均库存水平,并通过客户对物品的可获得率来影响客户服务水平,这样,失去销售的成本(失销成本,即缺货损失成本)就会下降。平均库存水平的提高会使库存持有成本上涨,而运输成本不受影响。我们要尽量在这些相互冲突的成本之间寻求平衡。

(4) 图 2-7(d)给出的是生产多个产品情况下企业生产计划的基本问题。生产成本受产品生产次序和生产运作周期的影响。随着生产次序改变,库存成本会上升,因为收到订单的时间与补货时间往往不一致,结果造成平均库存水平的提高。在生产和库存总成本的最低点可以找到最恰当的生产次序和生产运作周期。

物流总成本是供应链物流运营中的重要权衡因素。在配送渠道中,某一企业的决策会影响到其他企业的物流成本。例如,买方的库存政策不仅会影响发货人的库存成本,还会影响承运人的经营成本。这样,就有必要将系统的范围扩大到企业的全局供应链范围。总成本考虑的范围,管理决策的范围都需要延伸到跨企业边界的整个供应链。

实质上,总成本的概念并没有明晰的界限。管理人员有责任判断哪些影响成本的因素是相关的,应该纳入分析之中,并由此确定总成本分析的范围。总成本概念就是平衡那些相互冲突的成本项,和那些可能影响供应链物流决策效果的成本项。

### 2. 全球化与本地化权衡

全球供应链中存在许多跨国企业。跨国企业可以理解为在若干个国家内获取资源,建立市场并生产产品或服务,使得成本最小和利润最大化,提高顾客满意度和社会福利的一种组织,如通用电气、丰田,以及国际红十字会这样的组织。他们的价值链可以在世界范围内获取资源,进行营销活动,为顾客提供产品和服务。

跨国企业复杂的价值链对运营管理者来说也是一个挑战。在全球化商业环境下,全球供应链的运营管理者必须面对以下的一些问题。

- 如何设计一条满足经济增长缓慢的工业化国家及快速发展的新型经济体的价值链。
- 在全球哪些地方设置制造和物流设施以充分利用价值链的效率并提供最大的顾客价值。
- 在制定关键的价值链决策时,需要使用哪些绩效评价标准。
- 是否应该和竞争者发展合作关系,共享供应链中设计、制造或物流方面的技术知识。

复杂的全球供应链的战略规划需要考虑更多的问题,还要进行全球化与本地化的权衡。

(1) 全球供应链要面对更高的风险和不确定性,需要更多的库存和日常监控,防止产品短缺。国外的罢工和政府骚乱这样的问题会造成库存短缺和订单大幅度的波动。

(2) 在全球供应链中,各国各地的交通基础设施存在大的差异。例如,我国沿海拥有比广大内陆地区更好的运输、分销及零售基础设施。

(3) 全球化采购面临着跨越国界的诸多障碍,如结算汇率的变化使决策者必须谨慎地做出计划。在处理商品时,还要考虑期货合约的问题。国际采购还可能会带来与价格操控和质量缺陷相关的法律纠纷。全球供应链连接的各个国家存在文化与制度的差异。

(4) 危机管理及应急管理成为全球供应链战略规划所必须考虑的重要部分。

## 2.4 供应链集成与新技术应用

### 2.4.1 供应链集成阶段

克服供应链牛鞭效应的有效方式就是建立战略合作关系,对供应链流程进行集成/整合。供应链管理与变革的过程是一个不断集成的过程。供应链集成过程一般要经过5个阶段:打基础、内部流程改进、内部流程集成、内外联合集成和网络化全局集成。这似乎与第1章供应链管理发展阶段是相同的,但实施过程与意义则完全不同。供应链管理发展阶段是从历史发展的视角来看的,而这里的供应链集成过程是在供应链变革的驱动要素下,供应链企业迎接挑战,从供应链战略出发来进行的适应环境变化、企业"抱团取暖"的供应链业务集成。

(1) 打基础就是要从供应链合作战略与视角出发,做好变革的准备。

(2) 内部流程改进就是变革,把各个业务流程打造成具有核心能力的单元流程,这些流程模块就是未来供应链"大厦"的"砖砖块块"。

(3) 内部流程集成需要按照企业资源计划(enterprise resource planning,ERP)的主线来进行。

(4) 内外联合集成还属于局部的集成,如以制造资源计划为拉动的进厂物流与供应商的集成、以配送需求计划为拉动的出厂物流与顾客的集成等。供应商管理库存(vendor-managed inventory,VMI)和协作计划、预测和补货方法(collaborative planning,forecasting and replenishment,CPFR)的应用就属于这一阶段。良好的合作伙伴关系是成功集成的基础。

(5) 网络化全局集成是供应链集成的最高级阶段,需要考虑全局的分销网络从而做出获得所需竞争优势的集成优化决策。有人称,这一阶段实质上是构建集成化供应链动态联盟,也有人称是扩展的供应链联盟企业或虚拟组织。企业通过互联网、物联网技术与合作伙伴们集成在一起,以满足快速变化的顾客需求。这个组织结构是动态的,外围节点是随时更新的。需要说明的是这一阶段中第三方物流服务企业或第四方物流服务企业在这一阶段发挥着重要作用。

### 2.4.2 供应链集成度

德克尔(Decker)和范古尔(Van Goor)早在1998年就提出了供应链集成管理可分为4个层次,包括物理层集成、信息层集成、控制层集成、基础设施层集成。有学者将供应链集成度分成以下4个级别:信息集成、同步计划、业务流程集成、全面的供应链集成。同步计划相当于控制层集成。业务流程集成意味着控制层级、基础物流设施的集成。表2-5对4个集成度的级别进行了比较。

表 2-5　供应链集成度的比较

| 集成度 | 目的 | 效益 |
| --- | --- | --- |
| 信息集成 | 信息共享和透明<br>直接或实时地获取数据 | 提高响应速度<br>及早发现问题<br>构建信任机制<br>避免供应链"牛鞭效应" |
| 同步计划 | 共同制订协同计划、预测和补货计划 | 降低成本<br>优化生产能力部署<br>提高服务水平<br>减少"牛鞭效应" |
| 业务流程集成 | 共同制订销售运营计划、资源计划、采购计划、配送需求计划,通顺业务流程 | 快速响应、降低存货<br>增效、降成本<br>高效准时送货 |
| 全面供应链集成 | 重构物流过程<br>重构分销渠道、实现大规模定制<br>建立供应链战略联盟 | 增效、降成本、个性化产品、差异化配送、新市场拓展<br>新产品即时定制 |

#### 1. 信息集成

对整个供应链集成而言,信息集成无疑是基础。供应链成员可以及时、准确地获得共享信息。在供应链管理过程中,如果供应链成员企业仅利用自有信息进行需求预测,就会不可避免地造成供应链信息扭曲的现象。信息集成应充分利用互联网技术及信息安全技术,根据供应链的实际情况确定安全保密的集成方式。共享的数据包括销售历史数据和需求预测、库存状态、生产计划、生产能力、促销活动和运输时刻表等,这些数据通过互联网以数字化形式实时提供。

#### 2. 同步计划

在具有信息集成的供应链平台上,同步计划可以确定各个成员企业应该做什么。在信息共享的基础上,明确各成员企业的具体职责,以使成员之间取得相互一致的协议。为了实现满足最终消费者需求这一共同目标,要求供应链成员企业协调其订单执行计划,并制定协调一致的行动规则,从而促进在信息共享基础上的计划同步集成。例如,供应链企业共同参与需求预测和库存补货计划,还可以参加新产品的协同设计与开发。

### 3. 业务流程集成

优化供应链成员企业之间的业务流程,并实现业务流程交互的自动化。业务流程集成可以包括采购、订单执行、工程变更、设计优化、分销、客户服务等业务。其结果是形成灵活、高效、可靠、低成本运作的供应链,将供应链企业的业务活动精简并自动化。

### 4. 全面的供应链集成

良好集成的供应链环境实际上为供应链中的参与者提供了一个全新的商业运作模式,使得公司能用全新的、更有效的方式追求企业的目标。

(1) 可以在更大的范围内更有效地进行资源部署,充分利用整个供应链的资源。

(2) 在高度协调集成的供应链环境中,实现供应链结构的动态优化,获得低成本、快速、可靠的交货和优异的客户服务。

(3) 利用互联网+,即时实现大批量定制,构建全新的互联网+供应链整合商业模式。

## 2.4.3 应用区块链

供应链中的商品流、物流、信息流、资金流相互交错,协同难度高。区块链是一种按照时间顺序将数据区块以顺序相连的方式组合成的一种链式数据结构,并以密码学方式保证的不可篡改和不可伪造的分布式账本。广义上来讲,区块链技术是利用块链式数据结构来验证与存储数据、利用分布式节点共识算法来生成和更新数据、利用密码学的方式保证数据传输和访问的安全、利用由自动化脚本代码组成的智能合约来编程和操作数据的一种全新的分布式基础架构与计算方式。已经有很多企业通过构建基于区块链的场景应用进行供应链管理。

(1) 基于区块链技术的供应链场景应用能够获取海量数据,记录商品流转信息,在实现溯源、存证、互信、信息沟通等的基础上有效满足供应链金融需求。

(2) 区块链与供应链结合的管理遵循去中心化理念,各参与企业平等地进行信息互换与存储,使用防篡改标签,增强客户安全,参与企业行使相同的权利与义务,二者存在耦合关系。

(3) 以区块链技术为核心的供应链信息平台能够有效连接供应链相关企业或机构,促使商品流、物流、资金流、信息流四流合一,从而构建互信共赢的供应链生态系统。

(4) 依托区块链技术,供应链上的企业可以快速建立信任关系,且由于数据的不可篡改性,信息的不对称程度大幅降低,这使企业间的沟通成本降低,且能够提高业务绩效。

(5) 利用共识机制,供应链上的企业可以制定一套协作流程用于企业经营,加之已经建立的信任关系,这套流程能够有效指导各企业经营,并形成供应链中的动态企业联盟,产生吸引优质企业、剔除劣质企业的效果。

(6) 区块链综合物联网、大数据、人工智能等技术,能够处理复杂多变的海量数据和信息,跟踪全球货运,减少文书协调及发送时间,动态定义业务流程,支持公司多对多连接,提高供应链上企业应对经营中不确定性的柔性能力。

区块链通过值得信赖、安全和共享的记录,了解供应链中每个产品的每个细节。利用它可以满足供应链各方对信息的需求,从原材料到配送再到售后支持,它可以提高企业处理业务的效率,也可以满足消费者对透明产品的生产地点和方式的要求,也使监管机构可以利用有关供应链的信息对违规行为进行处罚;区块链解决了供应链中组织之间的不信任和信息不对称问题,它拥有共享、许可的零件和货物的所有权、位置和移动记录。该共享记录可以提高任何业务的效率、透明度和信任度。

当供应链因自然灾害、意外短缺导致需求飙升而陷入混乱时,当供应链出现延迟或错误的交付而影响生产时,区块链优化流程将有助于解决问题。在危机出现之前,了解货物存在的风险可立即触发补货行动、替换供应商或调整价格行动。借助于区块链数据,实现库存跟踪、需求预测、环境条件监控、预测维修措施、消除欺诈和错误等,从而增加消费者和合作伙伴的信任。

随着智能设备和移动技术的普及,一些拥有质量安检与配送体系的大型生鲜食品零售公司运用区块链技术实现了食品的可追溯性和透明度。通过使用区块链,可以将连接于物联网的标签贴到货物上,且每批货物都分配一个唯一的标识号码。通过这些标识码可以记录产品的来源、加工信息、存储温度、保质期及其他信息。从进货、管理、配送,以及供应链的各个环节都可采用数字分类账技术,以实现产品的实时、端到端的可追溯性。这一举措将打通溯源中的关键一环,这也会改善全球食品安全问题,切实保障食品安全。

### 2.4.4 应用物联网

简单地说,物联网(internet of things,IoT)就是"物物相连的互联网",依托传感器、RFID、GPS、红外感应器、激光扫描器、气体感应器等各种信息传感设备与技术,实时采集物体或过程的必要信息,按约定的通信协议与互联网结合形成的巨大网络,实现人与物、物与物的信息交互的"语言",方便对物理世界进行识别、决策和管理。物联网在供应链管理方面已经产生了广泛而深远的影响。使用物联网技术可以提高供应链的可视化程度,动态跟踪库存;使用物联网技术可以监控设备运行与故障报警,同时可以监控运输过程的环境条件和货物的安全,等等,大大改善供应链性能。

### 1. 供应链生产环节

(1) 生产工位上的 RFID 自动识别当前工位物料的剩余情况,实时将物料需求信息传送到发料室,及时做好备料发料工作。

(2) 电子产品代码(electronic product code,EPC)技术可以完成自动化生产线运作,实现在整个生产线上对原材料、零部件、半成品和产成品的识别与跟踪,减少人工识别成本和出错率。EPC 属于自动识别科技,不需人工操作,小至单一对象,大至货柜、货车等,甚至扩及服务项目的物品都合适使用 EPC。EPC 通过物联网进行电子数据交换,并以 RFID 标签作为载体。

### 2. 供应链运输环节

(1) 在运输管理中在途运输的货物和车辆被贴上 EPC 标签,运输线的一些检查点上安装了 RFID 接收转发装置。

(2) 提高运输可见性,无论是供应商还是经销商都能很好地了解货物目前所处的位置及预计到达时间。

卫星定位系统通过卫星测时、测距系统进行导航、定位,其是一种可以授时和测距的空间交会定点的导航系统,主要由空间卫星系统、地面监控系统和用户接收系统构成,可以向全球用户提供连续、实时、高精度的三维位置、三维速度和时间信息。例如,我国自行研制的全球卫星导航系统——北斗卫星导航系统由空间段、地面段和用户段 3 部分组成,可在全球范围内全天候、全天时为各类用户提供高精度、高可靠的定位、导航、授时服务,并且具备短报文通信能力,已经初步具备区域导航、定位和授时能力,定位精度为 dm、cm 级别,测速精度为 0.2m/s,授时精度为 10ns。卫星导航与地理信息系统的结合应用可以使物流配送依托强大的地理信息处理功能和实时定位通信能力,对整个配送过程进行同步跟踪控制,对路线、路况信息完整采集保存,从而实现实时调度,事故车辆的紧急援助,基于动态地理数据分析的计算机辅助配车计划编制,以及科学有效的运输调度管理和物流成本分析。

### 3. 供应链存储环节

(1) 基于 EPC 的实时盘点和智能货架技术可实现自动化的存货和取货,保证了发货退货的正确性,以及补货的及时性。

(2) 减少了整个物流中由于商品误置、送错、偷窃、损害和库存、出货错误等造成的损耗。

RFID 技术适用的领域是物料跟踪、运载工具和货架识别等要求非接触数据采集和交换的场合,以及需要对物流过程实现可追溯,要求频繁改变数据内容的场合。RFID 技术可以实现信息采集、信息处理的自动化;实现商品的实物分拣、搬运、装卸、存储等环节的自动化;进而实现库存管理、订单自动生成、配送线路优化等物流管理和决策的自动化,建设智能化仓储管理系统。

### 4. 供应链零售环节

（1）可以改进零售商的库存管理，当贴有标签的物件发生移动时，货架自动识别并向系统报告这些货物的移动，实现适时补货。

（2）在商场出口处，读写器将整车货物一次性扫描，并能从顾客的结算卡上自动扣除相应的金额，这节约了大量的人工成本。

（3）EPC 标签包含了极其丰富的产品信息，如生产日期、保质期、储存方法，以及与其不能共存的商品。

利用物联网技术的零售端电商仓库机器人系统就是很好的应用，其适用于中、小件仓的入库上架、拣选、并合及搬运场景。如果接到拣选任务，机器人就会按照仓库布局自动计算最优路径，前往目标商品区域；根据指令将货品放置在机器人货筐内；机器人按照系统指示将货筐送至传输带，并继续执行下一次任务。机器人拣货系统可以节省作业人员 40%左右的行走距离。

## 2.4.5 应用自动化与人工智能

### 1. 机器人与自动化设备应用

供应链将利用机器人与自动化设备来进行传统的人工任务，如货物拣选、分类、检验、存储等来提高整体的运作效率。机器人流程自动化已经引起了广泛重视。将机器人流程自动化与人工智能结合来实现业务流程自动化，可以为企业节省人工成本，同时提高工作效率。互联智能产品的快速增长促进了供应链数字化转型。

机器人在制造工厂中能够创建无缝且相互关联的流程，实现协同生产。在物流配送中使用无人机进行配送，还使用无人机相机拍摄图像，使用无人机进行质量监控、检查库存等。自动移动机器人卸载卡车，并将货物托盘交付给指定部门。在车间及仓库中使用自动导引搬运车简化物料移动过程，优化物料移动路线。

自动导引搬运车（automated guided vehicle，AGV）指装备有电磁或光学等自动导引装置，能够沿规定的导引路径行驶，具有安全保护及各种移载功能的运输车。工业应用中自动导引车不需要驾驶员，且用可充电的蓄电池作为其动力来源。一般可通过电脑来控制其行进路线及行为，或者利用电磁轨道来设立其行进路线。电磁轨道粘贴于地板上，无人搬运车则依循电磁轨道所带来的信息进行移动与动作。AGV 以轮式移动为特征，相较步行、爬行或其他非轮式的移动机器人具有行动快捷、工作效率高、结构简单、可控性强、安全性好等优势。与物料输送中常用的其他设备相比，AGV 的活动区域无须铺设轨道、支座架等固定装置，不受场地、道路和空间的限制。因此，在自动化物流系统中，AGV 最能充分地体现其自动性和柔性,从而实现高效、经济、灵活的无人化生产。

AGV 的应用领域如下:

(1) 仓储业。仓储业是 AGV 最早应用的场所。1954 年世界上首台 AGV 在美国南加州的一个公司的仓库内投入运营,用于实现出入库货物的自动搬运。

(2) 制造业。AGV 在制造业的生产线中大显身手,其能够高效、准确、灵活地完成物料的搬运任务,并且可由多台 AGV 组成柔性的物流搬运系统,搬运路线可以随着生产工艺流程的调整而及时调整,使一条生产线上能够制造出十几种产品,大大提高生产的柔性和企业的竞争力。

(3) 港口码头和机场。在码头和机场等场合,物品的运送存在作业量变化大、动态性强、作业流程经常调整,以及搬运作业过程单一等特点。AGV 的并行作业、自动化、智能化和柔性化的特性能够很好地满足上式场合的搬运要求。在荷兰的鹿特丹港口,50 辆称为"Yard Tractors"的 AGV 能够完成将集装箱从船边运送到几百码以外的仓库这一重复性的工作。

(4) 烟草、医药、食品、化工行业。对于搬运作业有清洁、安全、无排放污染等特殊要求的烟草、医药、食品、化工等行业,AGV 的应用也受到重视。在国内的许多卷烟企业,如青岛颐中集团、玉溪红塔集团、红河卷烟厂、淮阴卷烟厂都应用了激光来引导 AGV 完成托盘货物的搬运工作。

(5) 危险场所和特种行业。在军事上,以 AGV 的自动驾驶为基础集成其他探测和拆卸的设备,可用于战场排雷和阵地侦察。英国军方正在研制的 MINDER Recce 是一辆侦察车,其是一辆具有地雷探测、销毁及航路验证能力的自动型侦察车。在钢铁厂,AGV 用于炉料运送,这可以减轻工人的劳动强度。在核电站和利用核辐射进行保鲜储存的场所,AGV 用于物品的运送,可以避免危险的辐射。在胶卷和胶片仓库,AGV 可以在黑暗的环境中,准确可靠的运送物料和半成品。

#### 2. 人工智能

美国斯坦福大学人工智能研究中心的尼尔逊教授对人工智能的定义为:"人工智能是关于知识的学科——怎样表示知识以及怎样获得知识并使用知识的科学。"而美国麻省理工学院的温斯顿教授则认为:"人工智能就是研究如何使计算机去做过去只有人才能做的智能工作。"这些说法反映了人工智能学科的基本思想和基本内容。即人工智能是研究人类智能活动的规律,并构造具有一定智能的人工系统,研究如何让计算机去完成以往需要人的智力才能胜任的工作,也就是研究如何应用计算机的软硬件来模拟人类某些智能行为的基本理论、方法和技术。人工智能促进了计算机工业网络的发展,也为人类的文化生活提供了新的模式。

随着云计算、互联网及人工智能领域的科技企业陆续进场,再加上算法提供商、数据提供商,以及企业服务项目的跟进,我国正在经历人工智能企业级服务与人工智能供应链服务的高速发展。云服务提供商将人工智能作为一项服务分享给企业使用。例如,华为云发布了企业智能服务,其已包括30多种子服务。人工智能开始能够处理和解决各种传统产业、小数据产业和特殊产业的问题。

在工业、零售、政务、交通,乃至多个公共服务场景中,人工智能的渗透能力和渗透方式开始普遍增长,并已经渗透到了供应链的各个环节,很多企业开始打造智慧供应链。例如,电商企业以消费者洞察作为原点,借助大数据和人工智能技术的应用,融合公司零售数据的积累,与各方合作伙伴一起,打造敏捷、智慧、开放的零售供应链,以不断满足日益变化的用户期望,提供智慧化的供应链"软"服务,共享消费时代的品质生活。智慧供应链以市场和消费者的需求为导向,围绕"人、物、场"整体框架,以数据智能、信息技术、流程优化和员工赋能为四大基础,在供应链运营中使用人工智能、智能分析与物联网,通过提供交付管理、物流管理、动态定价、需求计划、订单承诺履行、库存管理、自动补货和调拨、协同计划、供应计划、成本效益分析、年度经营计划等应用场景的解决方案,为上游企业构建和优化全新的运营计划和决策体系。建立在云计算、大数据、人工智能和闭环业务流程基础上的智慧供应链理念、技术和体系是构建电商企业未来核心竞争力的基础,也是新零售体系的关键所在。

## 2.5 供应链总体绩效

供应链物流战略规划需要明确提出供应链总体绩效评价指标。供应链委员会提出的SCOR模型就包括了涵盖整个供应链的绩效评价参考指标:配送绩效、柔性与响应性、物流成本和资产管理效果等。

(1)配送绩效。供应链中的物流系统是企业必不可少的竞争利器,竞争迫使物流配送的提前期越来越短。SCOR从多个方面对物流绩效进行了评价,即订单发货期、订单完成率、订单差错率、订货响应速度。

(2)柔性与响应性。这方面主要就指生产柔性、供应链提前期。增加一定比例的非计划产量所需要的生产时间越短,生产柔性越好;供应链提前期包括零部件生产或外包的平均时间、产品生产平均时间、生产完成到交货的平均提前期。

(3)物流成本。物流成本主要包括整体物流管理成本、订单管理成本等。

(4)资产管理效果。供应链的资产主要包括库存、厂房、资金和设备,可以通过库存周转率和现金周转率,以及净资产收益率来反映资产管理的效果。现金周转率指从原材料的现金投入之后到客户端的现金收回的平均时间。

SCOR的影响大、应用面广,它还提供了通用的供应链结构、标准的术语定义、通用标准,并把业务流程重组、标杆、最佳实践分析等理念融合其中。

SCOR把绩效评价和标杆管理结合起来,确定供应链绩效改进的目标。供应链绩效评价体系可通过记分卡的形式,分别给出当前的指标与目标水平、行业一般水平、同行最好水平的差距,找出亟须改进的指标和改进的方向。不过,参照同行业的水平,采用外部标杆管理在执行上会遇到资料收集的困难,因为无法得到同行企业的资料。目前,美国供应链协会对供应链管理绩效记分卡标杆进行了调查,到目前为止有5000多家国际知名企业加入。

表2-6 SCOR模型绩效评价项及评价指标

| 绩效评价项 | 含 义 | 评价指标 |
|---|---|---|
| 配送绩效 | 供应链配送绩效的特征:正确的产品,到达正确的地点,恰当的时间,恰当的包装,恰当的质量和正确的文件资料,送达正确的客户 | 发货期、订单完成率、订单差错率、订货响应速度 |
| 柔性与响应性 | 在变化的市场环境下,供应链获得或维持竞争优势的灵活性<br>企业将产品交付顾客的速度 | 供应链总体响应时间<br>生产柔性<br>订单履行提前期 |
| 物流成本 | 供应链运营的总体成本,包括运输、库存、业务合作及协调等成本 | 供应链运营总成本 |
| 资产管理效果 | 组织为满足需求,资产利用的有效性,包括各项资产的利用:固定资产和运营中的可变资产 | 存货周转期<br>现金周转期<br>净资产收益率 |

SCOR同时被许多重要的信息技术平台所支持。SAP公司的MY SAP供应链管理解决方案就支持美国供应链协会的SCOR模型,并且包含300多个预先配置的供应链关键绩效指标,如交货情况、预测准确性和投资回报率等。

SCOR提供的绩效评价指标是一个标准化参考模型,对一般的供应链通用。具体供应链的绩效评价指标可以参考该模型。不过,这一模型缺少对供应链可持续发展能力的评价,也缺少供应链产品质量(产品或零部件的质量:合格率、废品率、退货率、破损率、破损物价值等)及客户服务质量的评价。

在实际中,具体供应链的绩效评价指标也可以参考平衡计分卡模型来设计。卡普兰和诺顿提出的平衡计分卡是个很好的指南,它通过将财务指标、客户满意度、内部流程与组织学习和成长结合起来,提供了对于业务绩效的总体平衡描述。平衡计分卡关注的焦点是对赢得客户满意度影响最大的核心竞争力、流程、决策和行为,以学习和成长的观念来评估员工、业务系统和流程的持续完善程度。该框架的最高层是财务评价指标。从根本上来说,平衡计分卡在保持输出绩效(如财务状况、客户服务)和绩效驱动(如价值、流程、学习与成长程度等)之间获得平衡。

案例

### 供应链管理系统再造

弘大集团是一家总部位于我国南方的家电生产企业,其产品种类达几百种。公司共有几千名员工服务于分布在华南、华东、西北、东北4个不同的生产场区和销售公司、技术研发机构。但是,面对竞争日益复杂的家电市场,该公司越来越感觉到家电市场的快速变化,特别是家电产品的生命周期越来越短,家电产品的市场普及率越来越接近饱和状态,企业的经营风险加大。与此同时,客户对家电产品个性化的需求越来越高。因此,如何在竞争激烈和快速变化的市场中运用先进的供应链管理系统就显得尤为重要;特别是要通过提高对商品的预测准确率来降低企业的库存,减少交货期的延误,以保证大量的、有价值的客户。

弘大集团供应链管理的发展历程可以分为3个阶段:10年前,成立采购部,其主要职能是采购,没有区分配套与采购,且对采购价格不是非常敏感;7年前,成立资材部,开始考虑降低成本,主要包括采购降成本及技术降成本,同时将核价提高到一个较高的程度,并逐步在行业取得成本领先的优势;4年前,成立供应链管理部,开始将物料分为集中采购和分散采购,供应链主要负责集中采购,工厂负责及时供应的物料及拉式物料,人员分为配套与采购。

集团总经理认为目前整个供应链管理存在一些问题。在一次周例会上,供应链管理部的黄总提出:"目前公司部门人员间配合不够,老员工存在固定思维,而新员工能力却跟不上,互相缺乏主动沟通,团队意识差,凝聚力不足,这些都是导致供应链管理出现问题的因素。"

事业部的王总提出:"生产方面、品质管理、供应商管理等各方面都存在异常问题,引起'失火',现在部门人员基本都在充当'消防员',大量的工作是在'救火',模块负责人因为受到降成本压力而忽视了对配套主管的管理。"

其他经理们的意见就更多了。

"采购职能与配套职能分离,引起大量的内耗,工作方向不明,工作重点不清,浪费了大量的时间与精力。"

"这几年连续要求低成本高品质,再加上管理方面存在问题,对供应商的利益管控根本不到位,供应商的利益都得不到保障,处罚过多,直接打击了供应商的积极性,现在他们的合作意愿都比较低,这是个大问题。"

"目前供应商是很多,可是供应的质量却不到位,无论从经营规模还是资金实力各方面都不能满足我们精益制造的需要,目前工厂生产运作受物料影响比较严重。我认为应该进行供应商分析,整合供应商,剔除那些小的、零散的、供应量不多、供应质量不到位的供应商,保留质量高的或是新挖掘的、高质量的供应商,以保证供货质量。"

……

李总要求供应链部门对来自公司内部、供应商、客户等的数据资料进行分析和调查研究。对弘大集团供应链进行全面的分析后,部门得出的结论如下。

(1) 人力资源及管理沉淀的不足与超大规模供应链管理挑战的矛盾:超大规模供应链管理对人员的专业知识结构、工作经验有较高的要求;目前部门人员的知识结构较好,但经验欠缺,专业度不够;目前的人员流动率为26.47%,较高的人员流动率必然导致管理沉淀的不足,而且工作交接缺乏管理,比较随意;新员工的能力需要提高,老员工的固定思维需要打破,部门人员间的融合度不够,相互间缺乏主动沟通,团队凝聚力不足。

(2) 疲于救火而导致的系统管理的流失与应赋予供应链管理职能定位的矛盾:供应链管理职能的定位应该为对供应链进行系统规划,优化供应布局,降低供应链综合成本,提高供应链整体效率;生产、品质、供应商等各模块的负责人因为降成本压力而忽视了对配套主管的管理;采购职能与配套职能的分离引起了大量的内耗,工作方向不明、工作重点不清导致大量的时间与精力被浪费;供应链管理部需要在一个比较理想的环境下构建精益供应链。

(3) 供方合作意愿协同度的缺失与打造精益制造体系的挑战的矛盾:供方协同度的初步调查为30.56%,仅有少量供应商有可能满足精益供应链柔性的要求;以"丰田汽车"为标杆的精益供应链,需要供应商在各方面与核心企业完全协调同步;由于连续的低成本高品质的要求,供应商的积极性受到打击,合作意愿较低。

(4) 供方结构臃肿及实力的低下与低成本高效率供应链挑战的矛盾:从目前的统计数据来看,供方数量过多但实力低下导致供应的核心资源无法真正得到保障;大多数供方的管理还是处于初级的阶段,工厂生产运作受物料的影响相对严重;关键原材料的价格仍将在一个相对的高位徘徊,这要求供应链在高成本压力中持续降低成本,以保证产品市场的价格优势,这将会继续导致物料供应进一步不稳定,增加物料准时交货的压力,影响生产的高效运作。

李总读着这份报告,除了担忧出现了这么多的问题,但更多的是欣喜。毕竟能够把问题找出来,就能想办法解决。他在沉思,似乎看到了公司未来发展的美好景象。

### 讨论题

1. 请补充一下报告中对供应链部门问题的认识。
2. 弘大企业下一步需要做的是什么?应该从哪方面着手呢?

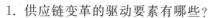

习题

即测即练

1. 供应链变革的驱动要素有哪些?
2. 供应链面临的不确定性主要来自哪些方面?
3. 效率型供应链与响应型供应链有哪些不同?
4. 供应链战略规划包括哪些内容?
5. 供应链战略规划中必须权衡哪些因素?
6. 请简述供应链管理面临的挑战。
7. 请简述效率型供应链和响应型供应链的区别。
8. 你如何理解敏捷型供应链?
9. 请简述供应链合作成功的核心要素。

10. 为什么供应链中的合作策略能够克服供应链牛鞭效应？
11. 供应链信息系统应包括哪些核心业务？
12. 请简述供应链网络设计的步骤及主要决策内容。
13. 供应链中的延迟意味着什么？若延迟了,顾客还满意吗？
14. 一般来讲,供应链集成分为几个阶段？
15. 请简述全面的供应链集成的含义。
16. 供应链集成管理对供应链战略规划有何重要性？
17. 供应链绩效评价有哪些常用指标？
18. 供应链绩效评价与供应链战略规划有何联系？

# 第 3 章

# 采购与库存

## 3.1 采购与供应

### 3.1.1 采购管理概述

#### 1. 采购职能的演进

以前企业高层管理者的兴趣往往集中在市场营销、研发、财务和生产运作上,而采购往往只是企业工厂或部门的附属部门。很多人认为,从事采购职业的人员既不需要专业技能,也不需要才能,企业不会让高级人才去做采购员,采购的事儿似乎人人可做。但具有讽刺意味的是,采购要为产品成本负责,很多的产品质量问题都来源于采购物料。采购对生产运营的影响比其他部门要大。

20世纪60—70年代间,采购者的注意力主要集中在采购价格和防止生产停工上,接下来,还有库存的管理。采购部门通常有一位采购经理、几名高级和初级的采购员、办事员,或者还有驻外人员。

20世纪70年代末,全球化市场及全球化采购的势头开始出现,库存管理应用了计算机,生产过程的自动化程度提高了,物料成本控制成为管理者的重要内容。高级经理意识到,降低成本要靠外部供应商,而不是内部做个项目就能实现的,因此迫切需要提高供应商的专业化水平,并通过大规模、标准化生产来降低产品的单位成本。这就要求企业的采购职责发生改变,以适应企业对供应商要求的变化。与此同时,采购和物料管理开始在企业中发挥更重要的作用,企业对库存控制更加关注。

20世纪80年代早期,企业运用计算机生成物料需求计划(material requirements planning,MRP),来确定生产需要的零部件及原材料的采购数量,加上对供应商的改善,准时化生产与准时化采购的运用,企业有效地减少了库存数量,而且保证了生产的顺利进行。企业采购部门增加了物料、物流和计算机方面的人才,当供应商要求技术支持时,技术专家随时可以出现。采购和物料管理的高效率随时保障企业生产所需,采购对组织的贡献已不可小视。

## 2. 采购

美国供应管理协会给出了采购的定义：组织为了追求和实现自己的战略目标，识别、采办、选择、获取与管理组织所需要的（或潜在需要）所有资源。采购的基本活动包括以下内容。

(1) 定"货"：确定组织需要采购哪些物资。

- 需求的确定或重新估计
- 定义和评估用户的需求
- 自制与外购决策
- 确定采购的物资

(2) 定"源"：确定从哪些供货商处采购。

- 进行市场分析
- 确定所有可能的供应商
- 对所有可能的供应商进行初步评估（或者招投标，或者比价）
- 剩余供应商的再评估
- 谈判、协商，选择供应商，确定购买合同

(3) 获取：下订单、收货、验货并支付。

- 到货检验
- 购买后的评价

可见，采购的一般过程包括采购需求、选定供应商、谈判价格、确定交货及相关合同条款、签订合同并按要求收货、付款结算等。采购从供应商那里购买原材料、零部件和产成品存货，并安排运往制造工厂或装配工厂、仓库、零售店的内向运输。采购活动促进和改善了运营系统与供应商间的互动。

在日常经济生活中，经常发生各种不同类型的采购：根据采购主体不同，有个人采购、家庭采购、团体采购、企业采购和政府采购；根据采购客体不同，有农产品采购、工业品采购、工程采购、项目采购、服务采购；根据采购频率和数量的多少，有定期采购和日常采购；从交易方式看，有现款采购、租赁采购、交换采购、委托采购、协议采购、招标等竞争性采购等。

## 3. 采购管理活动

采购管理作为一般的管理活动、有目标、有组织、有计划、有执行、有控制。采购的主要目标是以最低的物流总成本提供及时的购买活动，从而支持制造或销售活动的顺利进行；采购需要建立采购组织与相关制度、划分职责与权限、设计作业流程等；采购需要考虑企业生产计划的需要，制订相应的采购计划与预算；采购执行包括为达到采购目标而采取的各种行动方案，包括供应商的评选、采购合同的签订、交货验收管理等内容；采购控制指为达

到企业要求而对采购行为进行评价、调控等,包括采购行为规范、拟订采购绩效评价指标、供应商考核与调整,以及内部、外部关系的协调等内容。

采购关系到企业产品的质量和成本,并且采购资金在总成本中占很大比重,使得采购在企业经营活动中也占有重要地位。据统计,在制造业中,多数企业的采购资金占最终产品销售额的40%~60%,这意味着采购成本的降低将对企业利润的增加产生重要的影响。采购自然成为企业降低成本、增加利润的重要环节。采购成本有可见的部分,如购买成本、运输成本、仓储成本、检验成本等,也包括隐性成本,如时间成本、缺货成本、库存积压成本、人工成本、不良品成本、更换成本、保修成本,以及各类风险隐藏的成本等。

供应链全球化的进程越来越快,企业面临着更多的采购选择。采购成本和效率的高低影响着企业的经济效益。有效的物料和服务采购管理会给企业带来竞争优势,所购入的物料和服务的质量也会影响产成品的质量,进而影响客户的满意度和企业的长远发展。供应链管理者需要考虑选择具有响应能力的供应商还是具有低成本、高效率的供应商;需要考虑有些生产是自己做还是外包;需要考虑有些活动是自己做还是外包给第三方完成。

## 3.1.2 采购组织的集中与分散

采购组织在企业机构中的地位越来越重要,看看采购部汇报对象的行政级别就可知道。20世纪60年代,很多采购部是以二级部门的身份向部门经理汇报,并且是向生产部或业务部汇报。到20世纪80年代,汇报级别有了变化,有些企业采购部的汇报级别是最高行政执行官、高级副总裁,还有同级别的人员。

在大型的企业组织中,通常会在采购部设立不同功能的部门,以支持专业化的采购活动。例如,设立采购与谈判专业小组,由其负责特定种类的产品与服务的采购,以及供应商的识别与谈判,如机械采购组、电器采购组、工程采购组等;设立采购计划部,由其预测物料需求,进行价值分析,评估供应商能力,分析供应商成本结构等;设立运营支持部门,由其支持日常业务,如订单催货、跟单、调度等。

采购部的权力划分是要确定如何组织其采购活动的决策权。如果必须由公司总部高层来审核相关的决策,那么这个企业就是一个决策集权化的结构。如果采购部对分支部门、业务单元或地区性部门具有一定的决策权,那么该企业就具有各种不同的分散决策权。完全集权化采购的企业、完全分权化采购的企业都是少见的,大多数企业属于稍微倾向于某一端的混合型。对于诸如评估和选择供应商这类会影响企业全局决策与任务的决策,通常需要集中管理,而对于下订单之类的决策则属于当地采购者的决策范围。一些企业可能会对超过某资金限额的资本支出进行集权化管理,而对低额采购的决策可由二级部门做出。

### 1. 集中化采购

20世纪70年代的采购集权化观点在一定程度上导致了公司层级人员过多。显然,这一集中的决策程序不能满足敏捷竞争环境下的快速决策要求。更糟糕的是,臃肿的组织结构成为供应链灵活响应的最大障碍。集中化管理理念应该强调运营中不同任务的相互支持、整合和协调,而不意味着对采购流程的所有活动都"管死"。管理者需要确定哪些流程活动需要进行集中控制或协调,哪些则需要相关运营部门来落实。

集中化采购可以带来一些明显的优势,特别是当企业拥有多个采购中心时。集中化采购并不意味着把多个采购中心合并为一个采购中心,并且由这一个采购中心执行所有采购任务。这纯粹是一个大大的误解。就像有的公司把分、子公司的采购权集中起来,由总公司统一采购,这样分、子公司就变成了内部顾客;分、子公司在不断提要求,总公司的采购中心在不断提高服务意识,但这并不是集中采购的本意。集中采购需要在系统、流程和战略等影响全局的问题上有所作为,而不是陷于具体事务。例如,集中采购中心可以选择供应商,并就采购合同进行谈判,以获得充分的谈判筹码与规模采购批量的优惠;分、子公司熟悉业务、熟悉当地市场,操作性采购工作仍然由它们来做。企业决定采取集中采购方式时,看中的是集中采购带来的好处,而不是集中采购的形式。下面列出集中化采购带来的一些主要好处。

(1) 协调采购量。集中化采购的一个主要优势是累积采购数量来获得优惠价格。有些企业运用集中化采购时,不仅集中管理了对供应商的采购,而且统管了采购订单流程,将操作性采购工作也纳入了集中采购中。这是应该被坚决反对的,因为这样做会使很多人误以为集中化采购是一种费时的僵化管理方式。当然,随着信息技术的发展,公司完全可以识别出不同部门或业务单元所需采购的共同商品;地区或部门采购人员可以直接向供应商下订单(这就属于"操作性采购");企业可以通过总计采购量来获得物料成本的降低,同时仍然保留部门或工厂采购者的操作性订购权。同理,企业也可以累积服务需求。

(2) 减少重复性的采购工作。考虑一家各部门分布在10个地区的公司,并且该公司采用的是完全分散式的采购体制。该公司可能会发现在企业内存在各种各样的采购合同样本,如10套采购订单,10套询价单,10套物料入出库单,10种供应商质量评价标准,10种采购培训手册及10种与供应商进行电子数据交换的标准。重复性工作无疑会大幅度增加企业的运作成本。这种分散式的采购体制成本高、效率低,且各业务部门间缺乏协调与一致性。

(3) 协调采购计划和战略,避免内部竞争。采购部越来越具有战略性趋势,企业集团正将公司战略、业务战略与采购战略结合起来,并将公司计划、业务计划与采购计划融合为整体计划方案。这就需要集中化采购管理委员会从企业最高层出发,制定采购战略、协调采购战略。

(4) 建设全公司物资信息系统。从公司战略出发,建设先进的、精准的电子采购系统及信息系统已经变得越来越重要。这类系统的设计和协调不应该是公司个别业务部门的责任,更不能从各自视角来建设孤岛式电子采购系统。例如,某跨国集团公司依赖集中化采购管理小组为公司建立和管理全公司物资采购系统及数据库,公司可以清楚地掌握其众多分支机构或部门需共同采购的产品,同时也能从整个公司的角度出发来评估供应商绩效表现。同时,该系统还能为全公司的物料预测提供支持和帮助。

(5) 拓展特定采购领域的专业技能。随着采购部门工作内容的复杂化,工作的技术含量也越来越高,采购人员不可能在所有领域都成为专家。采用集中化采购管理专业采购小组可以开拓专业采购知识,支持具体的采购业务。例如,采购谈判、国际采购、采购的法律相关问题、供应商质量项目、采购预算、采购调查及宏观经济趋势分析、物资储运管理技术、持续改进技术、总体拥有成本分析、团队建设技能、全面质量管理、计算机和信息系统技术知识等专业技能是需要重点发展的,需要对采购人员进行必要的培训,以进一步支持专业化的采购业务。

(6) 实施公司变革。实行集中化采购管理的企业在实施一些变革的新举措时会比较容易进行。伴随着集中采购模式的出现,自负盈亏的集中采购中心开始在一些跨国公司出现,当然国内有些企业集团对自有采购中心的内部管理也类似于自负盈亏,只不过是内部结算。自负盈亏的集中采购中心整合公司自己的供应商的采购量,拿到更好的价格,加价再卖出去,这样的价格仍旧有竞争力。这种集中采购中心的主要优势在于全面整合供应资源,不仅为自己公司采购,而且为行业内的其他公司采购,它的生命力在于更大范围内的集成,使供应公司可掌控供应渠道,从而更具有价值。

## 2. 分散式采购

既然,集中化采购具有许多优势,那为什么还有企业会采用分散式采购呢?企业采用分散式采购可赋予采购人员直接的采购权,企业由此获得益处。分散式采购具有如下优势。

(1) 速度和响应。分散式采购的一个主要优势是其能够对顾客需求做出快速响应。有些企业担心集中式采购的集权制可能会导致更慢的反应速度。

(2) 理解顾客的定制化需求。分散式采购人员对当地的运营要求具有更深刻的认识和理解。采购人员熟悉产品、流程、商业惯例及部门或工厂所拥有的客户,便于与当地供应商建立稳定的合作关系。这对于诸如像高露洁这样在世界各地都有公司的全球公司来说尤为重要,因为各国家、各地区的公司运营都有其特殊性。

(3) 产品开发支持。大多数新产品都是由部门或业务单元依据市场需求而开发的,因此分散式采购结构将有利于在早期就对新产品的开发提供支持。采购部可以以多种方式支持新产品开发,可以让供应商在新产品设计时期就参与进来,还可以评估长期物料的需求,制订战略性采购计划,判定相关替代性物料的可能性。

(4) 项目所有权问题。当地部门或人员拥有项目的所有权,自然会对所采购的物料或服务的成本负责,他们想实现项目目标,并降低采购成本、提高物料质量。如果集中采购能为他们带来便利与成本的节省,他们自然赞成,但是如果集中采购不能为他们带来便利,而是需要他们申请、上报、审批,不仅手续烦琐,而且还会让他们花费更多,他们自然会抵制这种集中化采购制度。此时公司采用分散式采购结构对公司、对部门、对项目都更有利。

#### 3. 混合式采购

很多企业可能更倾向于集中采购,但仍然需要从实际出发,具体问题具体分析。绝不能采用了集中采购的结构,却不能获得集中采购的优势。企业要确保在日益激烈的全球竞争中,采购组织机构既具有集中采购的优势,又具有分散式采购的优势。因此,大多数公司将会选择混合式采购组织:某些任务的决策权由集中化采购管理小组掌控,有些权力则分布在各运作层。混合式采购组织既不是完全的集权化,又不是完全的分散化。只有那些"冤大头"的官僚组织才会采取"一刀切"的、单一的采购模式。

值得关注的是,新兴技术的出现和发展促进了集中化电子采购的应用。电子采购将新一代信息技术应用于战略采购过程,利用互联网采购工具,从电子目录到电子报价请求、电子化招投标,使买方和卖方在网络空间中完成商品交易,构建了阳光下的采购平台,减少了多余的采购,提高了采购的速度和灵活性,并使企业收益最大化,缩短了采购周期,从而提高了整体采购的时效性。

### 3.1.3 战略采购管理

采购部门的活动必须都围绕提高公司能力展开,并为实现公司战略作出贡献。企业需要计划、实施、控制战略性采购及操作性采购的决策过程(Carr,Smeltzer)。Carr(1996)指出了战略性采购(战略采购)与采购战略的区别。战略采购从属于组织的战略管理范畴,而采购战略属于职能战略,两者发生在不同的层面。战略采购是根据组织的竞争战略来确定供应管理目标,确定供应商管理与关系开发,并在供应商、采购部门、其他职能部门间进行战略目标和活动的整合;而采购战略是在战略采购指导下制定具体的采购目标和行动。

传统的采购职能在组织中的角色定位是服务内部顾客,其目标是"在适当的时间、适当的地点以适当的价格获得适当质量、适当数量的适当商品和服务"。采购部门根据企业内部顾客的预算和要求购买所需投入的物品,企业内部顾客往往给予采购部门充分的采购权,内部顾客仅发出购买请求信息。采购部门并不能把握企业未来的购买需求,企业也缺乏对供应商资源的充分利用与挖掘。

20世纪80—90年代,采购管理中出现了一些战略性的决策,如设计供应源结构、自制/外购决策、发展长期合作关系/交易关系、企业-供应商流程整合等。这预示着战略采购的出现。

(1) 设计供应源结构。具有战略意义的供应源结构的变化包括供应商数量的减少,以及供应商结构的优化。许多企业都在大幅度裁减供应商的数量,例如,克莱斯勒公司将其供应商数量从原有的 3000 个减少到 1000 个(Raia),而施乐公司则从 1981 年的 5000 个供应商降低到 1987 年的 300 多个供应商(Morgan)。对于某一物料是向单一供应商购买还是多个供应商购买,理论界和实业界的观点也发生了转变。传统观点认为,保留多个供应商,保持供应商之间的竞争可以令买方企业渔翁得利。而新的观点推崇合作型采购理念,由多源变成单源,大大削减企业供应商的数量,对生产工艺复杂、采购品种多的制造企业来说尤其明显。削减供应商数量,能够为买方和供方发展长期合作交易关系奠定基础。日本汽车企业丰田公司和尼桑公司,缩减和优化供应商,开发供应商合作关系,将其供应商分层次管理。第一层次的供应商为企业实时提供装配子系统,供方进行子系统的产品设计和工艺设计,并负责管理低层次的供应商。这种做法减少了企业与供应商网络的节点,从而支持准时化生产,使对供应商的管理更高效。

(2) 自制、外包决策。对企业来说,某一原材料、零部件或服务是在企业内自制还是从供应商那里购买不仅仅是一个关乎成本的决策问题,而且是一个关乎外包与核心能力培育的战略问题。许多研究者坚持认为,企业应专注于核心业务,即把对企业知识、技术等依赖性强的高增值部分掌握在自己手中,而将自己不擅长、实力不够或没有优势的非核心业务外包出去,在此基础上通过与供应商联盟,从而达到整合外部资源、弥补自身劣势的目的。任何企业都不是万能的,都有一定的能力缺陷,都有一些不擅长的业务。企业需要寻找与其能力互补的供应商,将该业务外包给他们做,他们会做得更出色。

而最近一些优秀企业业务外包的范围不仅仅限于非核心业务,而且还包括一部分核心业务。当前企业要从竞争中胜出,不能只凭借已有的核心能力,还要依赖其控制和创造关键能力的能力。在动态能力要求下,企业需要运用外包来保持价值链的弹性和灵活性。

(3) 发展长期合作关系还是交易关系。削减供应商数量和外包都使买方和供方发展长期合作关系成为可能。削减成本和利用供应商资源是买方企业和供应商发展紧密关系的原动力。克莱斯勒公司生产一辆汽车,其中有 70% 的成本用来向外部供应商采购,而与供应商建立合作关系将为其带来可观的成本节约。仅 1994 年,克莱斯勒公司就通过供应商节约成本近亿美元。

(4) 企业-供应商流程整合。随着竞争压力的增大,敏捷制造、按单定制等多种经营模式的出现,制造企业纷纷转向供应商资源整合。通过整合供应商的资源和知识,可以建立供应链更稳固的竞争地位。战略采购强调买方职能部门与供方采购、生产流程的整合。

在供应链管理中,战略采购从交易管理向关系管理模式转变。价格不再是采购所考虑的唯一因素,采购的决策影响着后续的原料运输、调配、维护、调换,乃至长期产品的更新换代,因此必须有总体成本考虑的远见,必须对整个采购流程中所设计的关键成本环节和其他相关的长期潜在成本进行评估。例如,由于特定采购原料或设备带来的配套原料和设备的获取、安装、维护、运作和清理成本等。质量成为重要标准。当然,质量不限于产品质量,也包含了工作质量、交货质量、技术质量等方面的全面质量。供需双方共同开展质量改进和质量管理活动,需求方不需要对采购产品进行烦琐的检验手续。供需双方依靠协调合作,防止内耗。双方可以签订长期战略合作协议,供方根据需方要求进行计划调整,保持整个供应链的统一协调,可以有效消除供应链"牛鞭效应",提高供应链效率;需方甚至可以邀请供方参与新产品的改进与开发,需方也可以参与供方生产过程的质量控制。

战略采购是以最低总成本建立业务供给渠道的过程,不是以最低采购价格获得当前所需原料的简单交易。战略采购充分平衡企业内部和外部的优势,以降低整体供应链成本为宗旨。注重长期供应商关系管理,如从关注谈判向建立战略伙伴关系转变,从一味压价向建立互赢和激励机制转变;把采购管理上升到战略性高度考虑,如采购策略和合作伙伴的选择评估标准应作为企业整体战略中的一部分,新产品的开发和改善应与战略供应商保持自始至终的合作;运用集中式采购方式,因为分散采购忽略了货源的整体布局与配送、供应网络的最优化配置等整体利益;分散采购也缺乏有效的工具和信息平台进行采购跟踪、评估、分析和智能化决策。

随着信息技术的深入运用,电子采购的出现解决了采购业务管理中长期存在的难题,包括合规性、交易欺诈、采购风险、人力投入等问题,并实现了有效的成本控制、采购业务智能化,以及供应链优化。

战略合作伙伴关系可以有效解决供应链管理中的库存问题、风险问题、成本问题、组织协调与流程整合问题,有效提升顾客响应能力。供应链关系管理将在第 5 章专门介绍。

如果说,传统采购消极地引进能力,战略采购则具有能力引进和能力创造的双重功能。能力引进基于企业与供应商之间的沟通机制和信息整合;能力创造基于企业与供应商之间的流程创新和知识整合。战略采购是企业与供应商双赢的解决方案。

### 3.1.4 供应战略

#### 1. 供应管理职责的转变

前面提到,20 世纪 80 年代末期,采购和物料管理对公司影响重大。采购和供应经理开始意识到企业不仅需要跨部门的团队来进行采购和物料管理的具体策略的制定与执行,而且需要供应经理来负责企业供应的长远战略规划及其开发。团队中的物料采办员依据供应合同下达订单,维持生产运行,确保库存最小化。供应经理则要参与新产品的开发、供应商的选择、供应伙伴关系和战略联盟的开发与培训,并做好成本管理、长期合作协议及合同管理等工作。也可以理解为,前者做操作性采购的工作,后者做战略性采购的工作。这也是采购职能的一种变化——从采购迈向供应。

供应管理侧重于企业对实现其战略目标需要和潜在需要的资源和能力的识别、采购、检查、定位,以及管理。供应管理控制着物料、产品/服务、设备、间接物料等的战略采购。供应经理是企业战略规划的积极参与者。企业供应策略逐渐成为战略武器,并与企业的市场营销、生产运营和财务战略一样重要。企业战略经营计划就需要全面整合这些战略。

从采购迈向供应,从采购经理转变为供应经理,管理职责由关注物料采购价格、维持生产运行、控制部门管理成本等,转向以下7个方面。

(1) 供应战略与计划。供应经理必须认清企业的供应环境,制定与企业的业务战略,以及市场营销战略、生产运营战略与财务战略相匹配的企业供应战略。供应战略也要与供应物料及企业生产流程相匹配。在供应战略的基础上做好供应计划,以满足企业经营计划的需要。

(2) 源头供应商质量。确保所采购的物料及服务的质量。考虑到供应商质量需要供应链集成团队共同管理,这一部分将放在供应链关系管理部分专门介绍。

(3) 总成本。供应管理部门注重总体成本管理,从整个供应链上降低成本。

(4) 时间。供应管理部门必须建立和完善供应管理系统,缩短新产品的上市时间,缩短产品交付提前期。

(5) 综合供应信息系统与大数据分析。搞好供应数据库,做好数据收集、处理与分析,运用商务智能工具做好大数据分析,为供应决策提供支持。应用数据分析技术优化采购策略与物流管理体系,分析客户的偏好和购买行为,确保按质按量准时交货。智能优化已经被应用到订单履行、库存管理、采购物流等各个环节。

(6) 技术。供应管理部门需要解决好技术使用和控制问题,需要拥有技术专长的供应工程师,由其提供技术支持,在与供应商合作时更要注意保护企业核心技术,做到不流失、不泄密。

(7) 保持供应连续性。供应管理部门必须掌握行业信息,了解物料的供应趋势,与供应商建立合适的关系,做好战略供应商关系管理,以减少供应风险。

最新的趋势是供应战略与供应链战略相融合,做好供应链整合,根据产品及物料的不同特点,采取不同的供应策略及方式,如面向订单的供应、面向仓库供应、应急供应、供方管理库存策略、准时化供应策略等。下面主要对产品特征、供应定位模型,以及核心技术的管控做简单介绍。

### 2. 产品特征

产品特征是产品本身构造所固有的属性,一般指产品的外形、质量、功能、包装、价值、可替代性、易腐性、易燃性等物理、化学特点等。产品特征不仅是影响消费者认知、情感和行为的主要刺激物,也对物流战略有重要影响。产品的重量、体积、价值、易腐性、易燃性等物理、化学特点会对供应、仓储、运输、搬运和订单处理提出一定特殊要求,这些要求最终会在物流成本上得到显现。重点分以下几方面介绍。

(1) 重量与体积之比。这是一个具有特殊意义的衡量指标。随着产品密度的增加(即产品与体积比高的产品,如轧制钢托梁、印刷品和罐头制品),仓库和运输的成本就会降低。密度小的产品,如棉花、羊绒制品、薯片、灯罩等,占据空间大,达不到载重限制要求。由此可见,产品特征的改变可能会使某些物流成本发生改变。

(2) 价值与重量之比。价值与重量之比低的产品,如煤炭、铁矿石、沙子等存储成本低,单位运输成本占销售价格的比例比较高。价值与重量之比高的产品,如高精密数控机床、电子设备、珠宝、乐器等,存储成本较高,运输成本相对低。这些都对企业的供应战略、物流战略有影响。

(3) 可替代性。多家企业生产同一种产品,这些不同品牌的相同产品就具有了可替代性。当某家供应商的产品出现了质量问题,企业自然可以选择另外一家质量好的产品。当某家供应商的产品频繁出现缺货时,企业也要考虑可替代性产品。标准化产品往往具有可替代性。

(4) 风险特征。风险特征指产品的易腐性、易燃性、易贬值、易爆、易盗等特征。当产品表现出上述某一方面的高风险特征时,产品的单位运输成本和存储成本占销售价格的比值就会很高。例如,运钞车、黄金运输、疫苗运输、保鲜食品、高级香烟、高级手表、危险化学品等在运输、搬运、储存过程中都要特别小心,需要专业车辆(防盗车、高危品车辆、恒温保鲜车等)来运输,且需要特殊区域来保管,这些特殊处理都会增加物流成本,因而也会影响供应战略。

### 3. 供应定位模型

供应定位模型是供应链管理者普遍使用的工具,它根据要采购的物料的性质,视采购方的具体需求来确定物料的种类。在矩阵式关系结构中,根据物料本身的重要程度和获取的难易程度分为杠杆品类、战略品类、瓶颈品类和非关键品类,如图 3-1 所示。

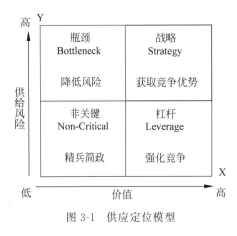

图 3-1 供应定位模型

在组织的采购需求中,了解并能够应用这个模型对于理解组织在管理和开发采购供应关系中的需求具有根本意义。表 3-1 进一步给出了不同物料类别的管理策略和手段。

表 3-1 不同物料类别的管理策略和手段

| 物料类别 | 战略品类 | 瓶颈品类 | 非关键品类 | 杠杆品类 |
| --- | --- | --- | --- | --- |
| 管理策略 | 战略供应商管理:建立长期的合作关系 | 关键供应商管理:保证供应、维持生产的连续性 | 一般供应商管理:削减供应商、提高工作效率、提高标准化程度 | 重要供应商管理:获取最低价格 |

续表

| 物料类别 | 战略品类 | 瓶颈品类 | 非关键品类 | 杠杆品类 |
|---|---|---|---|---|
| 手段 | 1. 准确预测需求<br>2. 供应风险分析<br>3. 慎选供应商<br>4. 分析综合成本<br>5. 滚动采购订单<br>6. 有效控制订单<br>7. 对供应商实施 | 1. 准确预测未来需求<br>2. 进行供应风险分析<br>3. 供应商优先次序<br>4. 应急措施与方案<br>5. 寻求备选产品或供应商<br>6. 建立适当库存 | 1. 联合集中采购<br>2. 按产品大类或产品线采购<br>3. 产品标准化<br>4. 制定作业程序<br>5. 电子化采购<br>6. 网络采购 | 1. 提高对产品、市场的认识<br>2. 寻找备选产品或供应商<br>3. 在供应商之间调整订购份额<br>4. 优化订单数量<br>5. 设定目标价格<br>6. 联合集中采购 |
| 举例 | 产品主要用料或用材 | 非标的设备工程、信息化项目 | 非主营业务采购,如办公用品 | 如产品包装,物流服务 |

当然,对应不同物料就有不同类别的供应商:战略供应商、关键供应商、一般供应商与重要供应商。

图 3-2 表示了供应定位的多个分析领域,同时也说明了与供应关系相关的一系列领域对供应物料定位的影响。使用供应定位模型进行分析,采购组织可以得到如下的很多重要结果。

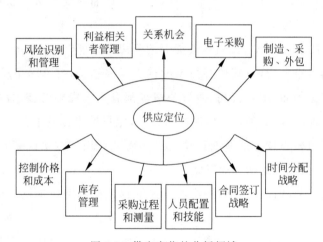

图 3-2 供应定位的分析领域

(1) 清晰理解采购产品的相对重要性,从重要性角度进行关系管理。
(2) 识别采购的风险,以及对内部客户和供应市场的影响。
(3) 理解指定产品对不同利益相关者的重要性及产生的影响。
(4) 自制或外包的决策,以及不同的内部和外部利益相关者的关系管理模式。
(5) 制定供应战略,引入不同的电子工具,以管理供应商关系。
(6) 库存管理、采购过程、特定产品组采购团队的资源配置,以影响内、外部的关系。

### 4．核心技术的管控

在供应管理职责的第6条，提到了核心技术的保护问题，这在供应管理中尤为重要，这里简单介绍一下。

核心技术一般是企业经过较长时期的积累，具有很大价值、关乎企业核心能力的技术。核心技术具有延展性、核心价值性、先进性、复杂性及难以模仿的特性。

企业应该如何有效地对核心技术进行管理呢？一般可从以下4个方面来进行。

（1）对技术进行分类整理，界定核心技术。在企业成长的过程中，各种新产品的开发势必带来很多新技术的开发，这就需要在这一过程中进行不断汇总与界定，从而形成有效完善的核心技术控制清单。同时可逐渐形成企业的技术模块与基础资源库，在产品设计时可以直接引用而提高效率。

（2）鼓励技术应用与创新。鼓励对技术模块的应用及技术创新，将公司智力资产（技术模块、专利等）分析作为产品开发流程中的重要活动，及时进行知识产权的保护与明确所有权归属。

（3）基于产品开发的核心技术研发策略。核心技术往往需要较长时间来进行开发，这需要企业在制定长期战略时进行新产品规划，围绕新产品规划来进行新技术研发，从而保证核心技术的升级与发展。

（4）控制核心技术的推出。拥有核心能力的公司在制定市场战略时注重在客户需求和核心技术保护方面寻求平衡，对其核心技术的推出是谨慎的，并非一下子把核心技术都拿出来到市场上推广。例如，IBM公司、微软公司等都有一套完整的技术战略。它们以雄厚的人力、财力、研发能力等，储备几个档次的新技术，但只推出比其他公司先进半步的技术，以保持技术领先和对核心技术的垄断地位。对于尚未利用的技术或一时很难转化为商品的技术，则让技术保持原有的状态加以储存。

在与供应商合作的过程中，企业往往需要提供相关技术资料给供应商，特别是由供应商来承担部分设计任务时。这些技术一般来说是比较新的，这就存在如何对这些技术进行管控的问题。另外，在产品设计过程中，也有可能会产生新的技术资产，那么其所有权的归属等也要进行事先约定。针对以上两个方面，技术管控需要考虑以下4个方面的内容。

（1）与供应商签订保密协议与相关合约，并确保企业的律师对所有约定的条款进行检查与确认。这应包括对产品本身及所有设计的技术进行保密。

（2）将核心技术相关的设计部分由本企业的核心部门完成。

（3）在合同中约定合作过程开发的技术资产的归属权问题，如双方共同所有或客户方所有。

（4）对设计所用到的工具、软件及专利等在合同中进行明确的约定。

## 3.1.5 供应商管理

供应商管理就是对供应商的寻源、评估、选择、开发、使用和控制等综合性管理工作的总称。其中,考察了解是基础,选择、评估、开发、控制是手段,使用是目的。供应商管理的目的就是要建立起一个稳定可靠的供应商队伍,为企业生产提供可靠的物资供应。

供应商对企业竞争力的影响主要表现在以下几个方面。

(1) 客户满意度取决于供应商的表现

供应商所提供的原材料的质量对最终成品的质量影响很大。供应商产品质量对最终产品及客户满意度都有重要的影响。

(2) 零部件和原材料的购买是成本控制和企业竞争力的重要来源

采购费用通常占产品销售额的很大比重。供应商产品的价格在很大程度上决定了企业的生产成本,从而决定了成品的价格。供应商产品的价格对企业的利润水平影响显著。

(3) 供应商的反应速度决定了企业的响应能力

供应商的交货时间、订货提前期、生产柔性会影响企业的反应速度。企业为适应市场的快速变化,对原材料的需求变化也很大,这时就要求供应商能够有快速的反应能力,才能有助于企业产品快速投入市场,把握商机。

(4) 供应商生产的稳定性

企业的生产稳定性受到供应商的连带影响。在很多情况下,由于供应商不能够及时交货,使企业不能够按照生产计划进行生产,最终导致缺货或承担不能按时交货的损失。

总之,供应商管理的目的在于获得符合企业质量和数量要求的产品或服务;以最低的成本获得产品或服务;确保供应商提供最优的服务和及时的送货;发展和维持良好的供应商关系;开发潜在供应商等。供应商的绩效考核也要围绕为企业竞争力做增值的角度进行设计。

特别需要关注,商务智能数据分析给供应商管理的智能决策提供了方案,其分析更接近于实时分析,这种实时收集来自实体的数据的能力意味着采购团队能够实时管理供应商的业务合作。供应商分析可以对战略供应商做出更好的合作决策;评估现有的、新加入的供应商;预测供应商流失的风险;了解供应商信任度及智能识别欺诈;细分品类目录;分析供应商的潜在成本。合同分析可进一步优化公司的合规性、成本、交货期与数量组合,改进合同管理,优化供应商付款和信用期;并基于市场需求、生产计划、原材料需求,以及外部环境因素,优化产品的供应商网络等。

### 1. 供应商选择与管理流程

图 3-3 形成了完整的供应商选择及管理的流程,图 3-4 显示了整个供应商管理流程。理解这个流程,有助于采购组织设计一个整体的供应商管理构架,以及为每一个职能配备相应的资源。

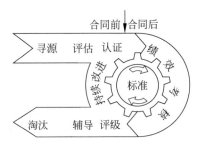

图 3-3 完整的供应商选择及管理的流程

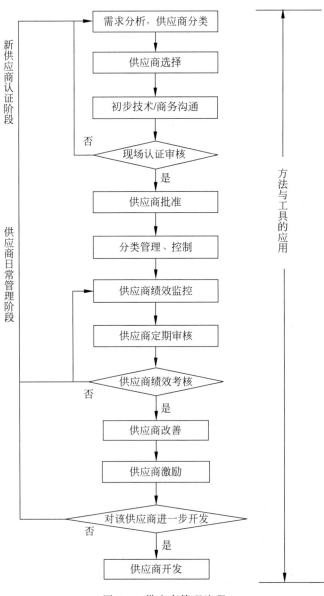

图 3-4 供应商管理流程

## 2. 寻源

寻源是"识别能够为采购组织提供所需产品和服务的供应来源的过程"。这一过程包括了若干步骤,其最终目的是发现和确定能为采购组织提供产品和服务的供应来源。

一般来说,在下面 3 种情况下,采购组织需要展开寻源活动。

(1) 内部因素。当采购组织对产品或服务的质量、技术、成本、交付等要求发生变化,而现有供应商无法满足这些变化的要求时,或者采购需要加强对供应来源的控制力时。

(2) 外部因素。当现有供应市场发生剧烈变化,导致采购组织无法从现有供应商那里获得持续稳定的连续供应时。

(3) 产品因素。当采购组织开发新产品和服务,从而对组织没有采购过的原材料、零部件或其他供应品产生需求时。

寻源既是一个活动过程,也是一个对供应来源做出识别和选择的决策过程。决策一般可以从 3 个不同的层次做出,即战略层、战术层和运作层。寻源决策从其基本属性上来看,既具有战略层决策属性,同时也具有战术层决策属性。战略层面的寻源决策体现在采购组织与被选定的供应来源之间的、长期的相互承诺和资源投入。因此,寻源决策的制定必须与组织中更高层次的战略保持一致,如集团战略、业务战略;还必须建立在充分的商业环境和数据分析基础之上,并辅以切实可行的战略实施计划和执行控制系统。而战术层面的寻源决策,则更多地从效率角度加以考虑。例如,一个寻源决策下获得供应的直接与间接成本,产能的可得性,直接控制质量的能力,机密信息保密的需要,供应商的灵活性与可靠性,采购批量和最小订购量的约束,劳动力的稳定性,劳工关系性质等。

供应来源既可以是来自采购组织外部的供应商,也可以来自组织内部,包括关联公司、姐妹公司、合资公司、全资子公司、分支机构等。因此,在进行供应来源识别和选择的过程中,往往首先需要解决的问题,就是内部来源或外部来源的问题,也就是说,自制或外购的问题。

总体而言,采购组织的寻源决策是一个具有战略意义的管理活动,必须具有前瞻性和指导性,而不是仅仅被动地去响应内部用户对产品和服务的需求。采购组织要想做出一个有效的、高效的寻源决策,就必须与组织的 5 个主要领域的战略、战术和运作层面的需求保持一致性。这 5 个主要领域如下。

(1) 运作管理。对于任何组织,最重要的一个目标就是保持运作的平稳与持续性,无疑这需要有供应的保障。因此,寻源决策必须要关注、预期和满足运作管理的需求。

(2) 财务管理。资金的有效投入与合理分配是组织另外一个重要的关注点。因此,寻源必须在权衡组织的总体目标及投入回报的经济性的基础上做出决策。例如,提前购买的采购政策需要在采购成本的节约与库存持有成本的上升之间做出综合评估后进行抉择。

(3) 市场营销。寻源决策与采购计划必与市场营销策略保持一致性。因为采购的需求与采购计划从根本上是要满足客户的需求,而市场营销通常是组织内部反映和诠释客户需求的第一责任部门。

（4）供应管理。作为供应管理领域的一个重要组成部分，寻源决策必须充分理解和满足采购组织整体供应管理战略与规划的需要。

（5）技术管理。技术发展日新月异，新产品和服务中的技术革新或升级不仅仅反映了采购组织自身的技术发展水平和能力，同时也需要外部供应来源的技术支持。因此，寻源决策必须要充分考虑组织产品和服务技术发展对供应来源的技术能力和水平的要求。

3．供应商选择的评估

在供应商选择评估时，每一个步骤对企业来说都是动态的，都是一次业务改善的过程。学习型的组织通过不断学习和改进，对于供应商的选择评估的指标、标杆对比的对象，以及评估的工具与技术都不断地进行更新。供应商选择的流程的发展与采购组织的整体管理架构、管理阶段有关系。需要根据组织的整体战略的调整而不断地调整供应商选择的要求和策略。供应商的选择不仅仅是入围资格的选择，而且是一个连续的、可累计的选择过程。阶段性评价体系的特点是流程透明化和操作公开化。所有流程的建立、修订和发布都通过一定的控制程序进行，以保证相对的稳定性。图3-5是一个典型的供应商选择评估流程。

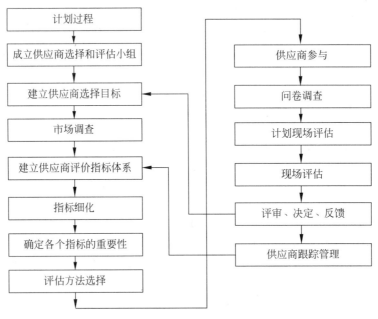

图3-5　供应商选择评估流程

（1）计划过程

供应商选择评估作为项目管理，对重要的过程进行计划至关重要。在评估之前需要回答下列的一些问题。

- 此次供应商评估的目标是什么？每一次评估可能都是不同于其他评估的项目管理。
- 有多少供应商需要评估？范围有多大？评估的供应商越多，所花费的时间和成本越多。
- 评估的规模如何？规模与所花费的时间和成本也是相关联的。
- 现在有哪些资源？是否充分？是否拥有足够的人员来有效地完成该评估过程？如果没有，或许需要改变评估规模或供应商人数。
- 管理层是否了解并支持？如果得不到高层管理的支持，资金和人员难以到位，过程就可能失败。
- 以往过去的供应商评估经验是否有帮助？经验越少，则需要更多更充分的准备。
- 需要多少时间？还剩下多少时间？如果没有足够的时间完成工作，应缩小规模或争取其他资源。
- 是否有现有合作的供应商？与供应商目前的关系如何？如果关系密切，了解和信任对方组织和人员，评估过程就更容易推动，不需要大规模的调查。如果情况相反，则需要更多的时间与供应商建立关系。
- 供应商的地理位置在何处？这对成本、时间和风险有着明确的影响。评估海外供应商的成本要远高于评估本地供应商。再者，供应商距离如此遥远，风险会更高，也意味着评估应更加小心、仔细。
- 获得供应商的供货的收益是否大于成本？这是对投资收益回报的检验。如果回报是负数，那么这个项目就此停止。

（2）成立供应商选择和评估小组

采购组织需要建立一个专门的小组来控制和实施供应商评价，而成员则以来自采购、质量、生产、工程等与供应链合作关系密切的部门为主。这些组员必须有团队合作精神，而且还应具有一定的专业技能。另外，这个评选小组必须同时得到采购组织和供应商企业最高领导人的支持，同时评价小组必须得到评估项目其他各利益相关方的支持。这不是一个必需的步骤，有些组织由专职的供应商评选团队负责供应商的评选。

（3）建立供应商选择目标

典型的供应商选择评估目标如下。
- 为新产品选择供应商
- 获得符合企业总体质量和数量要求的产品和服务
- 确保供应商能够提供最优质的服务、产品及最及时的供应
- 力争以最低的成本获得最优的产品和服务
- 淘汰不合格的供应商，开发有潜力的供应商，不断推陈出新
- 后备供应商或防止单一源的风险
- 供应本地化要求
- 建立新的市场
- 供应商长期供货中断而重新启用
- 供应商的重大变更（人员、设备、场地、工艺等）

- 新材料、新技术的应用
- 老供应商赋予新的产品
- 供应商参与产品开发
- 初步的技术分析
- 制订技术及工艺开发计划
- 产品的工业化
- 设计变更
- 工艺认可、更改
- 扩大供应源
- 建立、维护和发展良好的、长期稳定的供应商合作伙伴关系
- 为未来需求储备供应源
- 供应商库整合

不同的目的导致了随后的方法、评估指标及最终目标的不同。采购组织必须确定供应商评估如何实施,信息流程如何,谁负责,还必须建立实质性的、具体的目标。供应商的质量、价格、可靠性、风险、能力和财务状况都是应考虑的、通用的重要因素。质量通常是最重要的供应商选择标准。价格直接影响采购企业的成本结构和盈利能力。可靠性指供应商准时交货并且使产品的性能保持一致的能力。供应风险及交货时间和价格的变化都可能给买方企业的运营带来威胁或产生额外的成本。供应商能力指生产设施和产能、技术能力、管理和组织能力,以及运营控制的能力,并直接决定了供应商是否能够按时、保质、保量供应。供应商财务状况不佳可能会导致原材料供应中断的风险。供应商的选择还可能会考虑供应商的地理位置、供应商的态度、供应商的印象、供应商的技术支持等各个方面,但降低成本、准时配送和高质量是供应商选择的主要目标。不同的评估项目则有一些具体的、量化的指标。

(4) 市场调查

分析市场竞争环境,识别用户需求,确认供应商的合作伙伴类型,寻找目标供应商。有必要应用一些市场分析工具,如市场形态(完全垄断、寡头、垄断竞争及完全竞争)的分析。对供应市场的分析来说,非常有用的工具是供应定位和供应商偏好模型。许多组织在评估时急切希望找到供应源而忽略了这一步骤。

(5) 建立供应商评价指标体系

不同的行业、企业,不同的供应商关系类型,不同的产品需求和环境下的供应商评价指标应是一样的,大多涉及以下几个可能影响供应链合作关系的方面:供应商业绩、设备管理、人力资源开发、质量控制、成本控制、技术开发、客户满意度、交货协议等,其中供应商的经营范围也是至关重要的。因为供应商评价的指标有所差别,所以应以指定的条件、目标为基础,建立供应商综合评价指标体系。典型范围包括供应商的以下指标。

- 基础数据

- 业务体系和程序
- 技术/过程能力
- 成本结构
- 质量体系
- 提供服务的能力
- 客户支持/营销
- 交付绩效
- 财务状况
- 物流
- 管理能力
- 运作/制造
- 未来共同发展的机会和潜力
- 供应链能力
- 在商界的地位

可根据需求进行其他领域的评估,每个被评估领域的范围取决于所采购的商品、对该供应商的了解和其他合理的假设。例如,可以合理地假设世界 500 强中的一些巨人型公司的财务状况良好,因此,没有必要设立专门的指标来对其账目进行详细的评估。选择评估领域是一个复杂的、需要智慧的、具有挑战性的工作。

图 3-6 表示某电脑制造商对设计型供应商的评估项目与权重标准。评估项目包括设计开发、制造技术服务、供应链交货能力及成本控制等。

(6) 指标细化

供应商评价指标体系是企业对供应商进行综合评价的依据和标准,是反映企业本身和环境所构成的复杂系统的不同属性的指标,是按隶属关系、层次结构有序组成的集合。在进行较复杂的评估时,可能需要确定主要指标里的下一级分指标。例如,在检验中,可能会包括来料检验、过程检验及最终检验,还要考察检验设备和人员等项目,可能需要评估多少人有经验,以及评估人员的资质、设备可用性和状况等。最好用每一个评估成员和供应商团队的人员都明白的语言对该标准进行表述。表述越是具体,越能有助于提升可操作性。例如,在评估供应商的设备情况时,所使用的条款可简单表述为"设备能力和水平",但若具体表述为"拥有生产 $2.5\mu m$ 芯片的设备及制造经验"则更可评估。

(7) 确定各个指标的重要性

分领域权衡主要的指标,然后决定评分机制。设计评分机制要尽可能地保持客观性和一致性。一般来说,在这一步骤的操作过程中,首要的,也是最关键的一点,就是将评价的绩效指标分成不同类型,并赋予其不同的权重值,且要求这一权重值能反映各类型的重要程度。如果质量绩效是重要的,则可能给该类型分派一个比较大的权重。分派的权重反映了每一个大绩效类型下的相对重要性,其次则要确认每一个大绩效类型下的绩效子类型。

| | 评估项目 | 分值 |
|---|---|---|
| **研发设计** | **设计开发** | |
| | 主板设计能力 | 15.6 |
| | 产品测试能力 | 19.4 |
| | 总分 | **35** |
| **采购工程** | **制造技术服务** | |
| | 新项目管理 | 5.0 |
| | 供应链管理资源与经验 | 3.0 |
| | 制造工厂所在地区与能力 | 3.0 |
| | 供应商认证与管理 | 4.0 |
| | 产品功能测试能力 | 5.0 |
| | 制造工艺设计与认证能力 | 5.0 |
| | 历史品质表现 | 5.0 |
| | 总分 | **30** |
| | **设计与制造技术能力总分** | **65** |
| **采购商务** | **供应链** | |
| | 交货能力 | 5 |
| | 供应链总分 | **5** |
| | **成本** | |
| | 产品设计 | 7 |
| | 产品符合性测试 | 7 |
| | 制造服务 | 7 |
| | 量产价格模型(MVA、运费、人力成本等) | 7 |
| | 过去成本管理表现 | 2 |
| | **产品设计与制造工艺开发成本** | **30** |

图 3-6 某公司的设计供应商评估标准

例如,在对供应商质量体系的评价中,需要确认一些独立的子项目。同等重要的是,必须决定如何为大绩效评价类型下的每个子项目分配权重。第三点是要确定每个绩效的分值。最后评选人员就可以用这些定量的分值,来表达自己的评选意愿,这是较为客观的、科学的企业必须确定供应商评价程序如何实施,而且必须建立实质性的目标。供应商评价和选择不仅仅是一个简单的过程,它本身也是企业自身的一次业务流程重构过程。如果实施得好,就可以带来一系列的利益。

显然,在对特定供应商进行评估时,各项指标的重要性是不同的。具备多专业知识的评估团队需要讨论哪些领域最为重要,如按百分比给出其权重。在确定权重时,大多数企业还是用集体智慧的方法共同确定。实际上,有许多数学和统计工具可以使用并可用来检验权重的合理性。

近年来,供应商评估的重点转移到了供应商的供应能力,以及对企业运营、营销战略支持的角度。例如,关注供应商的持续供应能力,避免原材料、零部件的短缺导致的供应链中断。关注供应商的质量改进能力,评估供应商是否承诺持续地改进产品质量。评估供应商的即时供货能力,并要求供应商在需要的时候交付。评估供应商的信息共享、履行承诺的能力,等等。在评估供应商管理中与主要的供应商发展并维持良好合作关系具有重要性。可见,各个评估指标的重要性与企业的供应商管理战略相关。

(8)评估方法选择

对于简单的供应商来说,定性方法是可以评价和确定的,但随着采购额及重要程度的提高,组织对评价的要求也在提高,这时候可以应用一些定量的、全面的评估工具。再者,评估的手段还受到团队能力的限制及利益相关方的诉求。

苏建茹、李晓林对供应商的多种定性与定量评估选择方法进行了归类比较,并归纳出了各种方法的局限性,如表3-2所示。企业也必须从自身的战略角度出发,明确哪些供应商是需要建立合作伙伴关系,以及建立哪个层次的供应商合作关系。因为不同类型的供应商对于企业的意义是不同的,企业与其合作的深度与广度也不同,不能用同一个评价的标准与方法来评价不同的供应商,而是需要有针对性地选用恰当的方法。

表3-2 供应商评估及选择方法的比较

| 供应商选择方法 | 定量/定性 | 适用范围 | 优点 | 缺点 |
| --- | --- | --- | --- | --- |
| 直观判断法 | 定性 | 非重要或短期合作的供应商 | 简单快捷,可以实现即时采购 | 受采购人员个人的经验和知识水平的限制 |
| 招标法 | 定性 | 重要供应商或竞争性供应商 | 通过竞争可以获得最有利的采购价格,保证招标过程的公正性 | 手续复杂,时间长 |
| 协商法 | 定性 | 所有供应商 | 通过协商可以充分了解供应商及供货情况 | 不一定得到价格最合理和供应条件最有利 |
| 采购成本法 | 定量 | 非重要或短期合作的供应商 | 实现有效的采购成本控制 | 只适用于质量和交货期差别不大的供应商 |
| ABC成本法 | 定量 | 战略型供应商 | 帮助企业识别成本类型,促使企业有针对性地降低成本 | 对供应商的类型要求十分严格,适用范围有限 |
| 神经网络法 | 定性与定量 | 战略型供应商 | 是一种主观与客观、定性与定量相结合的、有效的供应商选择方法 | 操作过程比较复杂,对供应商的历史数据要求比较严格 |
| 数据包络分析法 | 定性与定量 | 战略型供应商 | 适用范围广,可以评价供应商的发展潜力 | 只能对供应商进行分类,不能对有效单元进一步排序 |
| 层次分析法 | 定性与定量 | 所有供应商 | 需定量数据少,易于计算,操作简便 | 判断矩阵不一定满足一致性检定 |
| 模糊综合分析法 | 定性与定量 | 战略型供应商 | 考虑到现实世界中亦此亦彼的中介过渡现象,便于把定性指标转化为定量指标 | 没有考虑到待评供应商的指标值变动的可能性和样本选取的科学性,只是在待选供应商已经确定、评价指标已经给定的情况下的评价方法 |

续表

| 供应商选择方法 | 定量/定性 | 适用范围 | 优 点 | 缺 点 |
|---|---|---|---|---|
| 灰色关联选择模型 | 定性与定量 | 所有供应商 | 操作简单、效率高,易于推广 | 只能用有限的主要指标来进行分析,具有信息不完全的"灰色"的特征 |
| 模糊层次分析法 | 定性与定量 | 所有供应商 | 克服了层次分析法检验判断矩阵的缺陷,对定性因素、模糊因素进行定量化 | 模糊因素以统一的模糊数方式表示可能不会十分准确,即决策者的主观判断直接给出的权重很难与实际情况相符合 |

(9) 供应商参与

一旦组织决定实施供应商评价,评价小组必须与初步选定的供应商取得联系,以及确认他们是否愿意与组织建立供应链合作关系,且是否有获得最高业绩水平的愿望。组织应尽可能地让供应商参与到评价的设计过程中来。然而,投入评估的力量和资源毕竟是有限的,因为只能与少数关键的供应商保持紧密的合作关系,所以参与的供应商应是经过精挑细选后确定的。

(10) 问卷调查

作为跨部门、多专业的评估团队应充分了解采购需求,以及哪些需求更加重要。许多采购组织尚未做好准备工作,就匆忙地进行评估,而这些准备工作对于评估过程的成功是必要的。在对供应商进行实地考察之前,要求对方提交问卷是了解供应商业务的重要方面的有效途径。做出一份优秀的问卷是挑战性极高、难度极大的工作。制作问卷有如下 7 个主要的环节。

① 目标明确。确定调查问卷所需要获得的内容。

② 使用标准模板设计问卷,并根据需要和前几个步骤所确定的重点做出改动。供应商调查问卷不可以一成不变。

③ 对照评估标准及条款做出检查表。

④ 模拟调查和修正。对自己的企业或类似部门做模拟测试,按照示例完成问卷,参考他们的意见修正问卷。

⑤ 发出问卷。处理供应商提出的问题,接收和处理答复。

⑥ 根据预先确定的标准评价做出评价报告。

⑦ 与内部利益相关者进行沟通,很可能召开有多专业团队和供应商参加的会议,以确定初审报告。

感谢供应商的参与并充分通报有关情况是至关重要的。

评选供应商的一个主要工作是调查、收集有关供应商生产运作等全方位的信息。在收集供应商信息的基础上,就可以利用一定的工具和技术方法进行供应商的评选。

(11) 计划现场评估

根据问卷反馈及初审报告的结果，摘选出入围的供应商名单，该阶段要减少供应商的数量，需要考虑以下问题。

- 是否需要对供应商进行现场评估访问
- 考察团队成员的组成
- 希望详细调查供应商的运营领域

把决定和要求通知供应商的联系人，安排合适的时间进行访问，并应该与供应商的主要联系人进行各种形式的沟通，包括邮件、网络工具（QQ、微信等）、电话、电视会议，且在整个评估过程中与此人保持联系。

现场评估的计划工作来自调查问卷，不能将这两项工作割裂。现场评估是对调查问卷的核实及进一步延伸，并需要准备更加详细的资料，如价值流分析、成本分析等。

这个步骤的输出是现场评估的检查表，以及现场评审的行程表，而行程表需要得到供应商的确认。许多企业的行程表非常具体，包括每一段行程的区域、生产过程和设备、主要审核对象、审核员、陪同人员、审核时间、所需设备、保密要求等。

(12) 现场评估

现场评估的目标如下。

- 澄清、核实调查表内容
- 验证初审报告
- 收集有关供应商的信息、战略实施、组织人员配置和满足所购产品/服务的所需能力
- 评估供应商的具体的能力，包括人机料法环测等领域
- 评估供应商的合作意愿
- 了解双方组织在过程和方法上潜在的问题领域
- 调查改进和发展的机会
- 对各个供应商进行比较
- 学习
- 与供应商一起制定绩效测量指标
- 开始建立关系的过程

审核应该有首次会议、审核阶段会议及沟通、末次会议等环节。多专业团队一抵达现场，首先应要求会见供应商在场的最高领导，就对方花时间满足采购组织的要求表示感谢，并且让供应商了解将要使用的方法和过程。

在评估中，应对所观察的情况作出书面记录，以备最终的报告。记录应包括时间、地点、人物。所观察的事实描述及所记录的事实应当和陪同人员或当事人进行确认。

在访问结束时，应再次约见该最高领导并一定要再次表示感谢，可与对方讨论调查结果的临时性总结，以后再向供应商的有关人员递送更为正式的报告。

严肃、专业化、规范的现场审核体现了采购方的职业素养和专业精神，也是对供应商的

尊重。审核技巧和沟通技巧是每一位审核人员必备的能力。常常在现场审核中需要面对解决冲突的情况，审核组长对于审核的成功更是起到了关键的作用。没有经过培训、没有经验的审核团队有可能导致不可预期的结果。

(13) 评审、决定、反馈

评审团队回到采购组织后尽快举行信息反馈会议是很重要的。在访问过所有的供应商后，应依据预先决定的标准进行评分，做出决定并通知供应商。主要评估结束后应与每个供应商进行会谈，做出决定后，还可能会与所选择的供应商进行进一步的磋商和谈判，并就供应商需要改善的领域做详细的沟通。

许多成功企业的实践经验表明，做好目标明确、深入细致的调查研究，全面了解每个候选供应商的情况，综合平衡、择优选用是开发新供应商的基本要点。一般来说，选择新供应商应遵循以下几方面的原则。

① 目标定位。这个原则要求新供应商评审人员应注重对供应商进行考察的广度和深度。应依据所采购商品的质量特性、采购数量和质量保证要求去选择供应商，使建立的采购渠道能够保证质量要求，减少采购风险，并有利于自己的产品打入目标市场，让客户对采购组织的产品充满信心。

② 优势互补。即开发的供应商应当在经营方向和技术能力方面符合企业预期的要求水平，供应商在某些领域应具有比采购方更强的优势，在日后的配合中能在一定程度上优势互补。尤其在建立关键、重要零部件的采购渠道时，更需要对供应商的生产能力、技术水平、优势所在、长期供货能力等方面有一个清楚的把握。只有那些在经营理念和技术水平符合或达到规定要求的供应商才能成为企业生产经营和日后发展的忠实和坚强的合作伙伴。

③ 择优录用。在相同的报价及相同的交货承诺下，毫无疑问要选择那些企业信誉好、有卓越的客户口碑、供货稳定可靠的厂家作为供应商。诚信度高的企业更有可能兑现所承诺的事情。

④ 共同发展。如今市场竞争越来越激烈，如果供应商不以全力配合企业的发展规划，企业在实际运作中必然会受到影响。若供应商能以荣辱与共的精神来支持企业的发展，把双方的利益捆绑在一起，这样就能对市场的风云变幻做出快速、有效的反应，并能以更具竞争力的价位争夺更大的市场份额。

(14) 供应商跟踪管理

将供应商选择过程中的有用信息——评价指标和被选供应商的指标值转变为供应商管理过程的关键信息。通常供应商的评价指标很多，而关键指标所占的比例并不高，因此，选择关键指标进行管理，有助于供应商的持续改进。而许多企业，包括世界著名的大公司，更愿意用一套标准化的指标体系，来评价所有的供应商，从而使评估过程更加标准化；同时可以简化流程，又因为各个供应商具有可比性，也可以减少人为因素。

采购组织应根据产品类型和自身能力及资源状况制定相应的评估流程。项目的复杂程度不同,流程也有所不同。应用大数据分析方法可以优化供应商组合,从而降低风险、降低成本。还可以在采购环节与供应商协作形成补货策略,以优化供应链订单管理、库存管理、采购与物流管理等活动。

## 3.2 供应链库存管理

### 3.2.1 供应链库存管理思想

供应链库存管理可用于管理供应链中不同企业内的库存水平,其目的是尽可能地降低库存成本,同时保持需要的客户服务水平。库存管理的依据主要来自产品需求的预测和产品的定价。企业利用这些信息,通过持续的库存管理来平衡库存水平,以满足客户需要,同时利用规模经济来实现最佳定价。大家知道,库存有周期库存、季节性库存、安全库存等不同类型的库存。周期库存和季节性库存都是考虑到规模经济、降低成本而设立的。周期库存是在两次订货之间需要满足的产品平均需求量,季节性库存是为满足未来预期的需求而生产和存储的库存量。安全库存受产品需求的意外波动的影响,是为缓冲需求量及提前期的不确定性所需要的库存量。产品需求越难以预测,企业就需要越高的安全库存。

在企业管理中存在两种基本的库存管理思想:拉动式与推动式。下面以图3-7予以说明。

拉动式库存管理:供应链中的需求方存储点(或仓库)独立于渠道中其他用户企业的仓库,根据本地情况自行预测需求,确定补货策略;并不直接考虑不同用户企业仓库的不同的补货量和补货时间对供方库存管理的影响,该方法可以实现存储点库存的精确控制。这一拉动式库存管理思想在供应渠道的企业采购环节相当普遍。用户企业可以借助于拉动式库存管理实现准时化生产,达到零库存要求。拉动式库存管理要求供方在需要的时间,按指定的批量交付生产车间存储点。

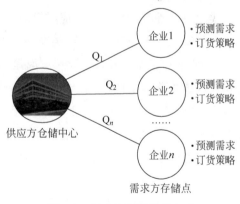

图 3-7 供应链库存管理方式

推动式库存管理:如果分布在各地的用户企业单独进行库存决策,那么补货批量和补货时间可能都不会相同,供应方可能随时会收到来自各个用户企业的不同批量的订单。有读者可能会说,那不很好吗,供应方就忙起来了。对于供应方而言,有那么多的用户固然不错,但是发货、供货成了问题,其需要严密的计划,可确保需求方不缺货似乎有些难度,供应方的库存管理与补货也成了问题,因为用户企业的需求是随机的。有时用户企业也会出现多余的库存。如果各个用户企业再考虑当地的需求波动加大安全库存量,订货量会增加更多。这就是推动式库存管理带来的弊端,会出现供应链牛鞭效应。

因此,如果供应方综合考虑每个用户企业的需求、可用存储空间或其他一些标准来分配补货数量,就可以避免供应链牛鞭效应的出现。这就是推动式库存管理的思想,库存水平的设定需要根据整个仓库系统的情况统一进行。一般地说,当需求方的采购数量超过一定规模,且需求时间具有连续性时可以考虑采用推动式库存管理。推动式库存管理需要供需双方共同协作,以及共同协商确定相关问题,如在每一个存储点需要保持多少库存?库存成本算在谁的头上?每次采购的送货如何以最低成本送达各个存储点?超过用户企业需求的供给量如何送达需要的存储点?通过合作实现推动式库存管理,既能够满足用户企业的要求,又能够降低供方的物流成本。

推动式库存管理也可以实现用户企业的零库存,而将库存集中在供应方的仓库,这一集中库存管理模式需要借助于"牛奶式"配送及库存信息系统。

在推动式库存管理中,分配到各个用户的库存为该用户所用,但是随着"供应链可视化管理"的应用及库存信息系统的发展,这种情况发生了改变。供应方企业能够监控物流网络中各个库存点的产品库存水平,从而可以生成各种产品的虚拟库存量(即该产品在整个网络上各个存储点的库存之和)。这样,缺货产品可以由其他存储点的库存来进行交叉补货。交叉执行订单成为满足用户企业需求的一种备选方式。虚拟库存将实物存储的物流和信息流分开,实现了库存的动态管理,这种供应链上的库存协调可以使整体库存水平下降,并使供应链整体成本降低,同时提高产品订单的履约率。

供应链管理鼓励对多个供应层级的库存水平进行统一计划,这样比单独计划带来的总体库存量要低很多,对降低供应链总成本有利。当然,多层级库存计划是一个极难解决的问题,需要在库存水平和订货频率方面做出取舍。一方面,要实现高水平的客户服务,同时将供应链成本降到最低,包括与库存和运输相关的资金成本、库存持有成本、损耗成本、缺货成本、物流成本等;另一方面,制造业要保持原材料、部件、装配和成品的存储空间、资金、库存水平、补货数量与频率、库存短缺等的平衡。供应链管理者们为了共同利益已经开始了在某些方法上的改善。下面就对实践中的库存管理方法做一些介绍。

## 3.2.2 JIT 拉动式库存管理

准时生产制(just-in-time,JIT)生产是一种拉动式的零库存生产方式,其从客户端向上游逐级拉动制造过程,并从生产端拉动上游供应商准时送货。这一生产方式诞生于丰田公司。丰田公司借此方式将产品的交货期和产品质量提高到了全球领先的地位,充分展示了 JIT 的力量。美国人开始学习丰田公司的准时化生产方式,而有趣的是,这一生产方式出自丰田公司大野耐一在美国参观超市时萌生的想法。美国超市除了商店货架上的货物外,是不另外设库存的。商场则需要根据每天晚上预测的第二天的销售量,向供货商发出订货。

第二天清早,供货商按指定的数量送货到商场,有的供货商一天还分两次送货,基本上按用户需要的品种、数量在需要的时间送达。大野耐一从中受到启发,就产生了准时化生产丰田模式。

传统的生产系统是由前向后推动的生产方式,即由原材料仓库向第一道生产工序供应原材料,进行生产加工,由此向后推,直到产品转入成品仓库。在这种生产系统中,有大量的原材料、在制品、产成品库存的存在,必然导致大量生产费用的占用和浪费。而JIT生产的基本思想正好与传统生产系统相反,它以顾客为中心,根据市场需求来组织生产。它的整个生产是动态的,逐个向前拉动的。上道工序提供的正好是下道工序所需的,并且在数量上、时间上都正好。JIT要求企业的供、产、销各环节紧密配合,因此大大降低了库存和库存成本,从而提高了生产效率和经济效益。

JIT认为,企业中的所有活动只有在需要的时候进行,才不会造成浪费。它认为库存是"万恶之源",库存将许多矛盾掩盖了起来,使问题不被发现而得不到及时的解决。JIT杜绝了浪费,只在需要的时候,按需要的量,生产所需要的产品,供应所需要的产品。

不管是生产企业,还是服务企业,都可以借助于这一思想,运用前面讲过的补货策略,设计企业JIT拉动式库存管理系统。JIT库存管理具有如下特点。

(1) 降低全过程的库存。
(2) 高频率、小批量的订货交付。
(3) 紧密的供应商伙伴关系。
(4) 利用看板交付,降低复杂性。
(5) 增加供应链的脆弱性,难以应对供应链上的扰动。

### 3.2.3 快速响应

快速响应(quick response, QR)最早于20世纪80年代应用在美国的服装纺织行业。1988年美国纺织服装联合会(Textile apparel linkage council)给QR下了一个较为明确的定义:快速响应是一种响应状态,即能够在合适的时间向客户提供合适的数量、合适价格和高质量的产品,而且在这一过程中能充分利用各种资源并减少库存,重点在增强企业生产的灵活性。QR的目的是缩短原材料供应时间,降低产品到销售点的时间和整个供应链的库存,最大限度地提高供应链的运作效率。QR将JIT方法与实时监控库存技术相结合,充分利用销售点的电子付款机(point of sale, POS)终端收集数据,利用EDI技术传递给供货商(即服装生产商),以对消费者的需求做出快速反应。

QR随着供应链管理技术的发展而发展,下面列出一些比较有代表性的定义。

(1) 一种制造或服务行业竭力按照顾客的要求,以准确的数量、种类和在规定的时间范围内为顾客提供产品和服务的运作方式。

(2) 一种制造商所追求的,能够提供给客户准确的数量、质量和所要求时间的产品的响应状态。做到快速响应,使交货期和劳动力成本、原材料和库存成本最小化,专注于灵活性以便适应在充满竞争的市场中不断变化的需求。

(3) 快速响应是公司范围内确定恰当的订货数量,使客户服务水平不断提高。快速响应需要灵活而强有力的团队做出决策。

(4) 供应链成员组织之间建立战略合作伙伴关系,利用 EDI 等信息技术进行信息交换与信息共享,用高频率、小数量配送方式补充商品,以实现缩短交货周期,减少库存,提高客户服务水平和组织竞争力为目的的一种供应链管理策略。

供应链快速响应能力指建立在供应链基础之上,以更快更好的顾客需求响应为核心理念、以资源整合和协调运作为基础、以时间压缩为主要手段的市场竞争能力。

快速响应的 JIT 补货方案降低库存了吗?在实践中,零售商的库存降低了,但其供方(即生产商)的库存却增加了,如供应沃尔玛超市服装的服装厂,因而有人说 JIT 将库存推向了上游。不过也有人说,JIT 将库存推向了下游,汽车行业是最好的例证。按照 JIT 框架设计的汽车装配厂,仅保持了几个小时的库存,但是经销商处的小汽车或卡车库存则高达几个月。这也是供应链缺乏效率的标志。对于这部分内容,将在下一章讨论。不过,JIT 将库存推向上游还是推向下游的这些说法,是 JIT 的罪吗?若不是的话,责任应该由供应链运营经理来承担吗?这也告诉读者在供应链中双赢关系的建立并不容易。

## 3.2.4 VMI 持续补货

20 世纪 80 年代后期,服装行业在 QR 基础上全面应用了持续补货(continuous replenishment,CR)。持续补货引入了联合预测方法,使服装生产商与零售商能够共享客户信息。持续补货通过持续补货协议,实现了 VMI。VMI 指由供方按照预期需求及事先达成的框架合作协议,管理客户方(即零售商/批发商)处的库存,以及进行有效的监督、规划和管理。供方在客户方的允许下设立库存并拥有库存控制权,同时掌握供应链上的商品库存动向,由供方依据客户方提供的每日商品销售信息和库存情况来统一管理库存,实现连续补货,从而实现对顾客需求变化的快速反应。

VMI 策略实施应遵循如下的 4 项基本原则。

(1) 合作精神(合作性原则)。在实施 VMI 策略时,相互信任和信息透明是很重要的。供应商和用户(零售商)都要有较好的合作精神,才能保持较好的相互合作,同时使 VMI 策略顺利实施。

(2) 使双方成本最小(互惠原则)。VMI 关注的不是成本如何分配或由谁来支付,而是如何减少成本的问题。通过坚持互惠原则可以使双方的成本都获得减少。

(3) 框架协议(目标一致性原则)。双方都明白各自的责任,在观念上达成一致。如库存放在哪里,何时支付,是否有管理费等问题都要明确回答并体现在框架协议中。

(4) 连续改进原则。此项原则使供需双方能共享利益和消除浪费。

在 VMI 实施过程中,并非所有的 VMI 项目都是成功的,现阶段 VMI 的实施仍然在运营方面主要有以下 3 个问题。

(1) 供方运作成本较高。

(2) 供方运输成本高,运输质量不便控制。在供方向仓库补充库存这一环节中,供方可以选择自行完成或委托物流公司完成运输。

(3) VMI 仓库分散,配送效率不高,缺乏整合效应。

VMI 持续补货的实施应遵循下列 4 个步骤。

(1) 收集数据——供应商集中来自配送中心的数据及零售商店销售点的数据。还有零售促销计划的补充数据等都是 VMI 系统的主要输入信息。建立客户的信息库,供应商能够掌握需求变化的有关情况,把由批发商/分销商进行的需求预测和分析功能集成到供应商的系统中来。

(2) 建立供应商与分销商/批发商的合作框架协议。供应商与销售商/批发商一起通过协商,确定处理订单的业务流程,以及控制库存的有关参数(如再订货点、最低库存水平等)、库存信息的传递方式(如 EDI 和互联网)等。

(3) 销售网络的设计。在 VMI 策略下决定仓库的地点设置需要考虑综合成本。因为在供应商、分销商、零售商联合的情况下,不需考虑各自的成本分担,而只需考虑总成本。所以,决定仓库地点,就是对仓库离分销商、零售商的距离远近,运输成本及其可能的延误导致的成本的综合运算。能带来最大效益或最低成本的设置方式就是最佳的。

(4) 订单生成与履行——引入 VMI 策略后,在订货部门负责客户库存的控制、库存补给和服务水平,进而控制采购订单的生成。这是由配送中心库存补充机制来驱动的,并按订单安排配送。

### 3.2.5 高效客户响应

高效客户响应(efficient customer response,ECR)是 1993 年从美国日用百货业发展起来的一种持续补货方案。它是供应商与零售商为消除系统中不必要的成本和费用,并给客户带来更大效益而进行密切合作的一种供应链实践方法。按照国家标准 GB/T 18354—2021《物流术语》中的定义,ECR 的定义是"以满足客户要求,最大限度降低物流过程费用为原则,能及时做出迅速、准确的反映,使提供的物品供应或服务流程最佳化而组成的协作系统。"与快速响应战略 QR 不同的是,ECR 强调运用作业成本分析方法来降低供应链的运营成本,追求高效率。ECR 还强调了商品的分类管理机制,要求按照具有类似需求特征的商品组来组织补货,并确定上架的最佳商品组合。其优点在于即使有商品临时缺货,顾客也能找到替代商品。

可以说,高效客户响应 ECR 利用了 VMI 持续补货方案的优势,同时又有了新的发展。它不仅对于供方管理库存有用,而且对于企业自己管理库存或第三方管理库存都有很大的帮助。

## 3.3 供应链协同计划、预测与补货

志愿性跨行业商务标准协会(Voluntary inter-industry commerce standards association,VICSA)下属的CPFR委员会(参见http://www.cpfr.org),开发了一系列商业流程以使供应链参与者间的协作更加便利。CPFR提供了一个框架,这个框架通过协同管理的方法和共享的信息使得零售商、生产者和供应商之间的协作关系成为可能。一般的CPFR方法模型包括9个步骤,分为计划部分、预测部分与补充部分。VICSA总结的CPFR的功能如下。

计划部分:1. 达成各方协调一致的合同

    2. 创建联合商务计划

    3. 进行销售预测

    4. 确认销售预测的例外

    5. 合作处理例外事件

预测部分:6. 进行订单预测

    7. 确定订单预测的例外

    8. 合作处理例外事件

补货部分:9. 补货订单生成

CPFR系统是如何工作的呢?它是在贸易伙伴之间协商一致后,在合理的分类管理原则基础上,形成一个特定市场的计划作为起始。它成功的关键是合作双方都认同这个方法及计划。这个计划从根本上描述了在哪一期间,哪个市场,什么产品将被销售,以及如何交易和进行促销。这个计划通过每个公司既有的系统而变得更具操作性,但是它也可以被符合VICSA认可的通讯标准的任一部门访问。这些部门可以在已制订的参数之内调整这个计划。既定参数之外的改变则需要得到其他部门的同意,这可能需要协商才能达到。计划阶段是预测阶段的关键信息输入源。CPFR的计划部分是逐渐累积起来的,预测部分的平衡(为了非CPFR参与者)要通过预测的一些方法来达成。

通过CPFR预测能够提前完成,并且可以自动转换生成运输计划。CPFR系统还能提供一些具有战略意义的信息,如促销的时间安排和供应的约束,这些信息能够从整个供应链上减少库存的天数。

CPFR实施的合理扩展将是观念的扩展,即沿着供应链上溯到供应商,并把整个供应链有机结合起来。

CPFR模型希望供应链上的企业致力于促进供应链协作,提高供应链效率,削弱牛鞭效应,实现双赢。

VMI和CPFR有什么联系呢?任何参与CPFR计划的客户,如果还没有参与VMI计

划,那么都会被强烈建议参与 VMI 计划。某供应链上的核心企业接受了 CPFR,认为"CPFR 生成的预测数据更加准确。当预测的准确性提高后,随之而来的效益将变得更好。更准确的预测需求意味着需要更好的周转效率和更优质的服务。它意味着更便利的输出。CPFR 将提供更好的 VMI 信息输入。"

## 3.4 多级库存管理及可视化

一个多级供应链上有多个环节,每个环节上有多个参与者。可以看这个供应链:有一个供应商为一个零售商供货,零售商再销售给最终消费者。零售商需要了解需求的不确定性以确定安全库存。供给不确定性受供应商持有库存的影响。如果来自零售商的采购订单在供应商有足够库存时到达,那么供货提前期就很短;如果订单到达时供应商正好缺货,那么零售商的补货提前期就会拉长。如果供应商提高安全库存,那么零售商就可以减少其持有库存。这说明在多级供应链上所有环节的库存是相互关联的。

供应链中的某一环节至最终顾客之间的所有库存称为层级库存。零售商的层级库存即零售商持有或零售商供应渠道中的库存,而分销商的层级库存则包括分销商自己持有的库存,以及其所服务的全部零售商的库存。在多层级的情况下,供应链上任何一个环节的再订货点、周期服务水平及其订货策略的确定都应基于层级库存而非本地的库存。

如果供应链的所有环节都试图管理它们的层级库存,那么明确分配各个环节的库存就变得非常重要。在供应链上游持有库存能获得库存集中管理策略带来的优势,从而减少供应链上的库存。然而,在上游设置库存会延长最终顾客的等待时间,因为产品没有安排在距离顾客最近的环节进行储存。因此,多级供应链中的库存决策必须考虑不同环节的库存水平。库存决策需要在集中还是分散之间平衡,如果持有库存的成本很高而且顾客可以容忍较长的供货期,那么最好在供应链上游设置更多的库存。如果持有库存成本很低,且顾客很看重交货期限,那么最好在接近顾客的下游端点设置存货。当然,这与及时送达的平价物流配送有很大关系。快速的第三方物流服务对供应链层级库存配置决策影响很大。

制造商主导的供应链及其层级库存配置管理需要制定正确的策略。

(1) 产品的层级库存的配置。成品库存为什么可以集中管理?地区分销中心是否可以持有库存,如何确定这一库存水平?

(2) 原材料库存的配置。为什么有些原材料可以有库存,而有些原材料可以实施零库存呢?

(3) 需要要求供应商处设置库存吗?将有些原材料的库存管理权转移给供应商如何?

(4) 包括半成品、原材料的相关需求物料的库存水平如何配置?

似乎不同的企业、不同的产品有不同的答案,即使同一行业内的企业也有不同的库存层级配置管理策略。哪些是最好的、最有效的呢?这取决于企业的供应链战略,与供应链战略匹配的库存配置策略是恰当的。库存管理策略必须警惕供应链系统中的牛鞭效应现象,减少不必要的库存;整合供应链流程,优化供应链整体运作绩效;强调层级各方同时参与,共同制订库存计划,避免各自为政的独立运作;在供应链共同愿景下确定层级库存的协调方案,加强渠道合作;加强供应链层级参与者(包括第三方物流服务商)的信息系统集成,大数据交换共享,实现供应链上信息的有效流通与信息共享。

包括半成品、原材料的相关需求物料的库存水平配置应充分利用制造业资源计划管理系统,通过 ERP 的 MRPII 模块进行配置,并以此拉动原材料的采购。不管是面向库存生产的企业还是面向订单生产的企业,对成品库的库存集中化管理,都会拉动生产计划。

### 3.4.1　库存集中与分散管理策略

多级库存管理与控制的核心是集中还是分散的问题。分散策略是各个库存点独立地采取各自的库存策略,这种策略在管理上简单易行,但不要忘记——牛鞭效应就是这么产生的。这不能保证整体供应链的整合与优化。如果信息共享度低,多数情况下得到的是局部优化的结果,因此,分散策略特别要注意供应链信息的共享。有些企业集团设置多成本中心,如制造成本中心、分销成本中心、地区成本中心等,发挥各个部门机构的积极性,实施分散库存管理,但应避免局部优化,注意发挥信息共享与企业整体计划的控制作用。

分散库存管理策略中订货策略的确定,可根据企业竞争战略及供应链战略,参照重复或单次订货策略进行,这样能使企业及部门根据各自的实际情况对市场变化快速反应,有利于发挥独立自主性和灵活机动性。

在集中库存管理策略中,相关仓库的库存控制参数是共同决定的。在考虑了各仓库的关联后,利用总体协调方式来取得库存配置的优化。这样能够对整个供应链系统的运行有一个较为全面的掌握,能够协调各个节点的库存。当然,当供应链层级比较多、管理规则多元化时,协调难度会很大。集中策略往往将控制中心放在核心企业,由核心企业对整个供应链的库存进行控制,并由其协调上下游的库存配置。

在供应链多层级库存控制中,应注意以下几个关键问题。

(1) 关注产品的价值、体积、可替代性、风险特征。

(2) 库存配置优化目标。库存配置优化的目标一般有两种:一是在精益供应链中强调的效率及成本,二是在敏捷供应链中强调的准时可信及速度。

(3) 明确库存配置优化的边界,即层级的范围。全局的供应链,还是局部的供应链?企业上游的供应链,还是企业下游的需求链、服务链?企业上游的供应链需要考虑供应商选择及关系问题,企业下游的需求链需要考虑分销渠道、直销问题、客户服务及关系、物流配送方式等。

(4) 多层级库存配置结构问题。在实际运营中,多层级库存配置优化的效率往往是系统性的,由网络的结构模式所决定。因此,供应链管理者不能陷入战术陷阱,而忽略战略及结构模式的调整。

(5) 库存控制策略的确定。在单库存点,单一产品采用的周期性检查或连续性检查策略仍然适用于多层级库存控制。在多层级库存控制中,应充分考虑组合产品的库存控制策略,考虑物流能力,特别是车辆运输组合,还要考虑整个供应链物流网络的能力配置与资源部署。

### 3.4.2 成本降低及风险聚集

假设某商品在 $k$ 个地区销售,每个地区的需求都服从正态分布,已知变量如下。

$d_i$:地区 $i$ 的每期的平均需求量,$i=1,2,\cdots,k$;

$\sigma_i$:地区 $i$ 的每期需求的标准差,$i=1,2,\cdots,k$;

$\rho_{ij}$:地区 $i$ 和地区 $j$ 之间需求的相关系数,$1 \leqslant i \neq j \leqslant k$。

现在有两种方案来满足 $k$ 个地区的需求:一种是在每个地区设置仓库;另一种是将所有库存都存放在一个仓库,设置一个集中仓库。假设提前期为 $L$,期望的周期服务水平为 CSL,分别计算两种方案下的平均库存。

(1) 库存分散情况

假设地区 $i$ 按经济订货批量订货,总期数为 $N$,各地区订货成本与单位库存持有成本相同,则库存该地区的平均周转库存为 $Q^*/2$。

$$Q^* = \sqrt{\frac{2Nd_iS}{hC}}$$

$k$ 个地区的总周转库存总量为

$$\sum_{i=1}^{k} \sqrt{\frac{Nd_iS}{2hC}}$$

各地区仓库的安全库存为

$$F_s^{-1}(\text{CSL}) \sqrt{L} \times \sigma_i$$

$k$ 个地区的安全库存总量为

$$\sum_{i=1}^{k} F_s^{-1}(\text{CSL}) \sqrt{L} \sigma_i$$

因此 $k$ 个地区的平均库存总量 $s_1$ 为

$$s_1 = \sum_{i=1}^{k} \sqrt{\frac{Nd_iS}{2hC}} + \sum_{i=1}^{k} F_s^{-1}(\text{CSL}) \sqrt{L} \sigma_i$$

(2) 库存集中情况

将所有库存存放在一个中央仓库,各地区不设立库存。根据正态分布性质,集中的需求也服从正态分布,均值为 $D^C$,标准差为 $\sigma_D^C$。

$$D^C = \sum_{i=1}^{k} d_i$$

$$\sigma_D^C = \sqrt{\sum_{i=1}^{k}\sigma_i^2 + 2\sum_{i\neq j}\rho_{ij}\sigma_i\sigma_j}$$

若所有 $k$ 个地区的需求相互独立(即 $\rho_{ij}=0$)且同分布,需求的均值为 $d$,标准差为 $\sigma$,则库存集中策略下总需求的均值和标准差为

$$D^C = \sum_{i=1}^{k} d = k \cdot d$$

$$\sigma_D^C = \sqrt{\sum_{i=1}^{k}\sigma_i^2 + 2\sum_{i\neq j}\rho_{ij}\sigma_i\sigma_j} = \sqrt{k} \cdot \sigma$$

此时,库存分散情况下平均库存总量 $s_1$ 简化为

$$s_1 = \sum_{i=1}^{k}\sqrt{\frac{Nd_iS}{2hC}} + \sum_{i=1}^{k}F_s^{-1}(\mathrm{CSL})\sqrt{L}\sigma_i = k\sqrt{\frac{NdS}{2hC}} + kF_s^{-1}(\mathrm{CSL})\sqrt{L}\sigma$$

中央仓库的平均周转库存总量为

$$\sqrt{\frac{NkdS}{2hC}}$$

中央仓库的安全库存总量为

$$F_s^{-1}(\mathrm{CSL}) \cdot \sqrt{L} \cdot \sigma_D^C = F_s^{-1}(\mathrm{CSL}) \times \sqrt{L}\sqrt{k}\sigma$$

中央仓库的平均周转库存总量 $s_2$ 为

$$s_2 = \sqrt{\frac{NkdS}{2hC}} + F_s^{-1}(\mathrm{CSL}) \cdot \sqrt{L}\sqrt{k}\sigma = \sqrt{k}\sqrt{\frac{NdS}{2hC}} + \sqrt{k}F_s^{-1}(\mathrm{CSL})\sqrt{L}\sigma$$

比较一下 $s_1$ 与 $s_2$,就会看到著名的平方根法则的特殊情形。

分散库存情况下系统平均库存 $s_1=\sqrt{k}s_2$。

分散库存情况下系统平均库存是集中库存情况下平均库存的 $\sqrt{k}$ 倍,周转库存是 $\sqrt{k}$ 倍,安全库存也是 $\sqrt{k}$ 倍。可见分散库存情况下系统的库存水平大大增加了。集中库存,减少存储点数量,可以有效降低系统总的库存水平,但是风险也会聚集,这就是常说的风险聚集(risk pooling)。库存集中本身就有风险,当面对突发灾害、突发事故等小概率事件时,集中库存往往会承担巨大的风险。特别地,对于风险特征高的高危化学品运用集中库存策略时风险又会急剧增加,因为产品本身有毒性、易燃、易爆。当发生小失误时,可能会给社会与环境造成不可挽回的损失。

实行库存集中策略,库存水平降低了,风险却加大了,因而在实际中运营管理者需要用于平衡仓库数量、库存水平,以及客户服务间的关系。

假设原有系统的总库存为 $s_1$,仓库数目为 $N_1$,缩减仓库数量后的新系统总库存为 $s_2$,新系统的仓库数目为 $N_2$。假设各地需求相同,不难得到

$$s_1 = \frac{\sqrt{N_1}}{\sqrt{N_2}}s_2$$

【例】 某汽车经销商有 4 个分散的零售店(各自负责独立的区域),周需求量服从正态

分布,均值为 $d=25$ 辆,标准差为 $\sigma_d=5$ 辆;制造商的补货提前期 $L=2$ 周;经销商期望的周期服务水平为 $CSL=90\%$。经销商考虑将 4 家零售店合为 1 家,那么安全库存将会降低吗?

【解】 安全库存会降低,仅仅是原来的 1/2。为什么?

利用平方根公式,可得到新系统库存 $s_2=1/\sqrt{4}=1/2$

原有的安全库存是多少?不妨算一下。

库存分散情况下,安全库存为

$$s_s = \sum_{i=1}^{4} F_s^{-1}(0.9) \times \sqrt{2} \times 5 = 4 \times \text{NORMSINV}(0.9) \times \sqrt{2} \times 5 \approx 36.24$$

库存集中情况下由于各自负责独立的区域,所以需求相互独立。

$$D^C = 4 \times 25 = 100$$

$$\sigma_D^C = \sqrt{4} \times 5 = 10$$

那么安全库存为

$$s_s = F_s^{-1}(\text{CSL}) \times \sqrt{L} \times \sigma_D^C$$

$$= F_s^{-1}(0.9) \times \sqrt{2} \times 10$$

$$= \text{NORMSINV}(0.9) \times \sqrt{2} \times 10 \approx 18.12$$

库存集中策略使平均库存降低,从而降低了库存持有成本,加快了资金周转。但是,管理者应注意运用库存集中策略时,不要使顾客响应度降低,不要增加额外的运输成本。对于高价值物品、需求变异系数(coefficient of variation,CV)大的商品,都可以从库存集中策略中受益。当然,在成本降低及风险聚集的平衡中,很多企业还关注不同商品在各地区的不同的需求特性。

### 3.4.3 供应链可视化

供应链的可视化有利于降低供应链网络的复杂度。供应链可视化的总目标是能够向用户提供及时、准确的关于供应链人员、设备、物料和供应品的位置、移动、状态和身份等信息。它还包括能够根据这些信息采取相应的措施,以提升供应链物流的整体绩效。经理们始终掌握着供应链上所有资产的位置、数量和状态的有用信息,以便优化库存状况,并尽量减少不必要的采购。

资产项目编码序列化管理要求确定所选资产项目组,包括产品部件、组件和最终产品。使用唯一产品标识符(uniform item identification,UII)标记每个产品组的所有产品项目,生成、收集和分析每个具体产品及其组件的维修、供应和使用数据,实现供应链上所有产品组产品的有序管理。UII 是赋予产品生命周期内该产品的明确标识,是完全唯一且永久的。

通过它可以掌握整个产品生命周期内和各信息系统中的各个产品项,从而使供应链能够一致地定位、控制资产并评估其价值,以改进供应链数据和资产管理。

条形码是实现可视化技术状态管理的重要工具。条形码是一种光学的机器可读的数据表示,用于显示其所在对象的数据。最初,条形码通过不同宽度和间距的平行线来表示数据,可以被称为线性或一维的。后来演变成二维的矩形、点、六边形和其他几何形式。尽管二维系统使用各种不同的符号,也被统称为条形码。

RFID技术用于解决供应链节点之间缺乏资产可视性和运输流程低效的问题。RFID有助于在一体化的端到端的供应链内实现准确、自动的数据采集。在产品生产中,与产品相连的射频识别标签能够在流水线上追踪产品,而且也能在配货和仓库中追踪产品。在产品零售店应用射频识别标签,可以实现门店智能化,实现智能仓储和智能补货,应用"协同计划、预测和补货",还可与主要供应商合作,实现信息交换,进行数据分析,分享预测和库存信息等。

供应链可视化的任务是分享提供所有类别供应品的全球可视化,以优化供应链体系的有效性和效率。可视化应用程序按供应链资产类别编排,每个预定的查询都可归入相应部分:在处理、在存、在运、全资产可视、引用数据和快速查询等。

 案例

避重就轻的汇报

奥斯拉公司是世界领先的研发、生产和销售智能卡的公司,十几年前就进入了我国,建立了智能卡生产制造基地,并且该基地已发展为公司最大的一个工厂。随着智能卡的市场销售价格越来越低,公司面临巨大的成本压力。

在公司管理年度总结会上,采购经理就本年度采购成本控制做了汇报。包装材料和维护、维修与运营(maintenance, repair and operations, MRO)物料成本都降低了10%以上,但是主材塑胶卡由于市场价格已经相当透明且已经低于供应商盈利底线,成本降低不到5%,这使整体成本没有达到下降10%的目标。采购部门的成本降低,可按今年价格与去年底价格(考虑利息)之差乘以今年的采购量估算。但是采购经理在汇报中指出了今年完成的几个重要的成本控制的工作。

(1) 开发了两个新的塑胶卡生产厂的原材料供应商。一直以来,塑胶卡生产厂的原材料本地供应商只有一家,其在原材料供应价格谈判中处于强势地位。通过开发新的原料供应商,限制了塑胶卡成本的进一步涨价。

(2) 将常用MRO物料的采购集中于一家代理供应商,简化了采购流程,在降低了采购成本的同时也降低了管理和运作成本。

(3) 在所有的塑胶卡供应商中实施了新的价值控制管理流程。通过改善流程,提高了工作效率,降低了管理和运营成本;通过控制各个环节的质量和报废,提高了塑胶卡的生产成品率。

（4）改善内部供应链管理流程，简化物料和供应商管理流程，加快新物料和新供应商的开发速度。

（5）由于国际石油价格上涨，导致塑胶卡和包装材料供应商原来的材料价格上涨。供应商多次提出要求上涨价格，采购部通过艰苦和强硬的谈判，抵制住了供应商的要求。

对于每年的成本降低，采购经理的展望是价格将不可避免地要上升，但有机会可以做一些工作。

（1）奥斯拉公司目前正在与爱克伦公司进行合并，爱克伦公司现在有3家制造基地在我国，其中有一家在本地。可以进行供应商的重新整合，以获得成本的节约。

（2）奥斯拉公司的后勤和营运都相当分散。采购部门希望通过集中采购及非生产性物料采购将行政采购纳入采购部门进行管理，以求得服务和行政费用的降低。

采购经理的汇报话音刚落，财务经理就站起来批评道："一切要以数据说话，但你所有成功的事例都没有数据的支持，而所有的数据都指向负面，但成本降低是你采购经理应放在第一位的最重要的指标。"总经理对采购经理的汇报也不是特别满意："首先没有达到年度成本降低的目标；其次，上述的成本控制的工作无法做出正确评估，没有相关数据的支持，结果不可预测；再有，抵制供应商价格上涨是理所当然的；最后，对明年工作计划不具体；而成本降低的目标不可讨价还价。"

这份汇报显然没有过关。

### 讨论题

1. 奥斯拉公司应该实施集中采购还是分散采购？
2. 采购经理的做法包含了哪些管理思想？采购经理在工作中存在哪些不足？
3. 采购经理应该如何应对总经理的不满和质疑？
4. 请您对奥斯拉公司明年的采购成本降低方法提出建议。

## 习题

即测即练

1. 如何理解周转库存与安全库存？并说明库存的作用。
2. 补货策略有哪些？它们分别适应哪些情况？有何优缺点？
3. 如何理解战略采购？
4. 如何理解供应战略？现在供应经理的职责有哪些？
5. 供应商管理有哪些内容？
6. 如何理解供应链中的多层级库存管理？
7. 解释 QR、VMI、ECR、CPFR 的含义，并说明它们之间的联系。
8. 库存集中与分散各有哪些优势？如何平衡库存集中与分散？请结合实际调查加以说明。

# 第 4 章

# 综合物流

## 4.1 仓储管理

### 4.1.1 仓储及仓储功能

#### 1. 仓储概念

仓储指为满足市场和顾客的需要、生产的需要,协调供求活动,确保社会生产、生活的连续性,而设立的用来储存存货或转运的设施。仓储管理是为了充分利用仓储资源,提供高效的仓储服务所进行的计划、组合、控制和协调的过程;仓储管理对物资进行储存、保管、搬运、加工等一系列作业活动,需要保持物资完好,防止物资损耗、变质和丢失。

传统上仓储的作用是为物资提供储存空间,负责物资的运入与运出。现在,仓储越来越多地成为提供多种存货组合以满足顾客需求的场所。仓储的目标之一是要加快物资周转,减少物资的长时间囤积,因此仓储成为一个在交付顾客前对物资进行储存和管理的控制中心。仓储在供应链中意义重大。例如,在实行准时化生产的制造企业中,仓储设在工厂附近,为生产及时提供原材料;电商的前端仓库可以用来设计商品的组合,为顾客"一站式"运送货物;中央仓库还具有战略性特点,可以充分考虑顾客需求的特点,利用整合的运输,将产品经过加工整理后提供给特定的顾客。

#### 2. 仓储功能

仓储系统的主要功能是储存、并装(拼装)、分装(拆装)、混装、装卸(包括装货与卸货、入库与出库、按订单拣货并包装)。

储存就是要有序地储藏并保护好货物。因为货物往往对存储时间、存储条件有要求,所以存储设施及其结构、布局需要达到所需的存储条件。

对于供应来源较多的货物,可以设立货运站点或仓库设施,将零散的货物集中成较大的批量,实现并装、拼装;与并装相反的是分装、拆装,当以低费率大批量运输的货物进入仓库后,需要根据顾客需要换装成小批量的顾客订单包装;混装既有并,又有分。

有些情况下,卸货-搬运至库位、搬运至运输工具-装货可看作一次性作业;但有些情况下,它们属于不同的工序,分别需要不同的装卸设备与工具。搬运活动需要利用多种搬运设备来完成,如手推车、托盘、叉车及自动化的堆垛、分拣系统。

仓储系统的储存支持了企业的生产制造,支持了企业的营销活动,满足了顾客需求。可以说,规划、设立仓储设施及其软硬件系统,对于满足企业需求、平衡服务质量与运营成本具有重要意义。

仓储环节的信息收集与反馈不仅利于企业的管理决策,而且利于供应链系统范围的管理决策。政府机构的仓库监管也需要实时的仓储信息,如保税仓库的监管、危险品仓库的监管。

仓储是物流增值服务功能的重要实现环节。例如,流通加工可提高产品质量,配置产品功能,实现产品差别化;通过仓储的时间控制可以实现物流管理的时间效用价值;通过仓储产品整合,能够满足顾客的多样化需求等。

仓储不仅可以实现保值、增值,而且还能够实现过季消费、预防突发事件。在物品短缺时增大供货或物品富余时存储,能够利用供求关系调控物价,以稳定经济社会。

**3. 仓储类别**

可以按照仓储对象的不同、经营主体的不同、经营方式的不同、仓储功能的不同等来进行分类。按照仓储对象的不同,仓储类别可分为以下两类。

(1)普通物品仓储。普通物品仓储为不需要特殊保管条件的物品仓储。对于一般的生产物资、生活用品、普通工具等杂货类物品,不需要针对货物设置特殊的保管条件,故采取无特殊装备的通用仓库或货场存放货物。

(2)特殊物品仓储。特殊物品仓储为在保管中有特殊要求和需要满足特殊条件的物品的仓储,如危险物品仓储、冷库仓储、恒温仓储等。特殊物品仓储一般为专用仓储,需要按照物品的物理、化学、生物特性,以及法规规定进行仓库建设和管理。

制造工厂的存储仓库可分为原料仓库、半成品仓库、成品仓库及物品仓库 4 类。

(1)原料仓库。原料仓库储存从外部购买的、直接用于产品生产使用的各种原材料、零配件等物料,如纸箱、塑胶袋等。

(2)半成品仓库。半成品仓库储存内部作业过程中的各类半成品、零组件等物料,同时也储存委外加工的半成品、零散组件等物料,如塑胶制品、电镀品、涂装品等。

(3)成品仓库。成品仓库储存已经全部加工完成、正等待出货的成品。

(4)物品仓库。物品仓库储存各种非直接用于产品生产使用的辅助物品,如工具、劳保用品、办公用品、擦拭剂等。

企业仓库分类不仅要考虑产品的形态,还要考虑产品的储存特性。例如,某企业设有常用物料仓(包括上述前 3 类)、毒品仓、易燃易爆品仓、工具仓、办公用品仓等;该企业的原材料仓又可分成电子元器件仓、五金仓、塑胶原料仓、塑胶仓、包装材料仓等。

按照仓储经营主体的不同,仓储类别可分为以下 4 类。

(1) 企业自用仓储。企业自用仓储包括生产企业和流通企业的自用仓储。生产企业自用仓储为生产企业使用自有的仓库设施对生产使用的原材料、生产的中间产品、最终产品实施储存保管的行为,其储存的对象较为单一,以满足生产为原则。流通企业自用仓储则为流通企业以其拥有的仓储设施对其经营的商品进行仓储保管的行为,其仓储的对象种类较多,目的是支持销售。企业自用仓储仅仅为企业的产品生产或商品经营活动服务,相对来说规模小,数量众多,专用性强,但仓储专业化程度低,设施较为简单。

(2) 商业营业仓储。商业营业仓储指仓储经营人以其拥有的仓储设施,向社会提供商业性仓储服务。仓储经营人与存货人通过订立仓储合同的方式建立仓储关系,并且依据合同约定提供服务和收取仓储费。商业营业仓储的目的是在仓储活动中获得经济回报,实现经营利润最大化。商业营业仓储包括提供货物仓储服务和提供仓储场地服务两种。

(3) 公用仓储或公共仓储。公用仓储或公共仓储指公用事业的配套服务设施,主要为车站、码头提供仓储配套服务。其运作的主要目的是保证车站、码头的货物作业,具有内部服务的性质,处于从属地位。但对于存货人而言,公共仓储也适用营业仓储的关系,只是不独立订立仓储合同,而是将仓储关系列在作业合同之中。

(4) 战略储备仓储。战略储备仓储指国家根据国防安全、社会稳定的需要,对战略物资实行储备而产生的仓储。战略储备由国家政府进行控制,通过立法、行政命令的方式进行。战略储备特别重视储备品的安全性,且储备时间较长。战略储备的物资主要有粮食、油料、能源、有色金属、淡水等。

按照仓储功能的不同,仓储类别可分为以下 4 类。

(1) 储存仓储。储存仓储为物资较长时期存放的仓储。由于物资的存放时间长,因此存储费用低廉,并且储存仓储一般在较为偏远的地区进行。储存仓储的物资较为单一,品种少,但存量较大。由于物资的存期长,因此储存仓储特别注重对物资的质量保管。

(2) 物流中心仓储。物流中心仓储是以物流管理为目的的仓储活动,是为了实现有效的物流管理,对物流的过程、数量、方向进行控制的环节,也是实现物流时间价值的环节。物流中心仓储一般在城市或经济地区的中心且交通较为便利、储存成本较低的地区进行。物流中心仓储以较大批量进库,一定批量分批出库,整体上吞吐能力强,如京东在我国大城市建立的"亚洲一号"电商物流中心。

(3) 配送中心仓储。配送中心仓储是商品在配送交付消费者之前所进行的短期仓储,是商品在销售或供生产使用前的最后储存,并在该环节需要进行销售或使用的前期处理。配送仓储一般在商品的消费经济区间内进行,能迅速地送达消费和销售。配送仓储的物品品种繁多,批量少,需要一定量进库、分批少量出库操作,往往需要进行拆包、分拣、组配等作业,主要目的是支持销售,注重对物品存量的控制。

(4) 运输中转仓储。运输中转仓储指衔接不同运输方式的转换的仓储。在不同运输方式的相接处进行。例如,港口、车站库场所进行的仓储,是为了保证不同运输方式的高效衔接，减少运输工具的装卸和停留时间。由于运输中转仓储的货物存期短，因此更注重货物的周转作业效率和周转率。

在后面介绍分销网络时，会给出具体的物流中心与配送中心的定义。

### 4. 仓储系统自动化

仓库管理系统以产品信息和订单业务作为数据流动的基础，并且对仓库进行智能分析与监控，以实现可视化管理。智能物流分拣系统主要针对大仓储多月台，小批量、高吞吐量平台，主要集中体现在快递运输等行业。门店播种、多渠道配送、多层包装检验则体现在医药行业。无线射频技术更多被超市、仓储、便利店所广泛使用，以跟踪货盘、订单，甚至单件产品在供应链中的流动。自动存取系统集中应用在电商/物流等吞吐量大的行业。机械电子制造业仓储的特点是多渠道多仓库、调拨频繁、产品批次多，并且客户需求多样，需要结合供应链管理，制定仓储管理框架；前端与 ERP 等进行数据互通，通过 ERP 下达单据，传递供应商计划送货单；供应商发货确认，仓储进行接收、检验，退库等业务并及时上传 ERP 系统，与制造制系统(MES)相关联，配合 MES 系统融合包装；对领料、退料、接收成品数据进行追踪，与其他生产系统数据互通，保证数据完整性，适用多架构、多地仓库使用，可对收货、发货、库存、盘点等进行数据信息分析。

京东电商"亚洲一号"物流中心利用自动存取系统，实现了自动化高密度的储存和高速拣货能力；多层拣货区采用了各种现代化设备，实现了多策略混合的自动补货、快速拣货、多重复核手段、多层自动输送能力；生产作业区采用京东自主开发的任务分配系统和自动化输送设备，实现了每一个生产工位任务的自动分配，采取分区混编作业，减少人员的跑动距离；出货分拣区采用了自动化的输送系统和分拣系统，注重容器、托盘的流向管理，分拣处理能力强。

## 4.1.2 仓储管理决策

### 1. 基本原则

仓储管理涉及许多重要决策，包括选址、空间布局、数量、规模，另外仓库地址、类型、仓库设置数量、仓库内部规模、仓库储存规划等都要确定。

这些基本的仓储决策是在成本、服务效益与安全性的均衡框架内做出的。例如，前面提及的拥有大量仓库会因为仓库距离顾客近而使客户服务水平提升，但同时设施成本及库存成本就比较高。仓库设计还包括设备能耗、能源效率、节能、污水回收、绿色建筑等。

因此，在物流系统中设立仓库，进行仓储管理的各项决策，均应符合经济性、服务效益与安全并重的基本原则。

(1) 经济性。仓储成本是物流成本的重要组成部分，因而仓储效率会影响到整个物流系统的效率和成本。所以要在仓储过程中充分发挥设施设备的作用,提高设施设备的利用率;缩短物资在库时间,提高库存周转率;充分调动员工的积极性,提高劳动生产率。

(2)服务效益。仓储活动本身就是提供服务的,从仓储的定位、操作、货物控制都围绕着服务效益进行,同时围绕着提供服务、改善服务、提高服务质量的原则进行。

(3)安全性。在仓储活动中不安全的因素有很多。有部分因素是产品特性决定的,如有的物资具有腐蚀性、毒性、辐射性、易燃、易爆性等;有的部分则来自仓储管理过程中的操作不当。因此在仓储管理活动中要绝对保证人员、产品和设施的安全性。

### 2. 仓储战略

仓储战略应该聚焦于提升供应链的竞争优势。时间是有效仓储最重要的因素,仓储战略规划应考虑缩短交货周期、缩短供应链物流每一环节的时间,做好客户服务;提高服务质量,增强快速响应能力;降低物流总成本;发展绿色低碳物流;提高资产利用率。

做好供应链仓储战略,应充分考虑以下多种因素。

(1)供应链未来业务增长或下降的预测。

(2)需要进出仓库的商品数量增长或下降的预测。

(3)仓库存货的增加或减少。

(4)仓储商品类别的改变、商品特征。

(5)房地产市场趋势、仓库租赁价格。

(6)互联网信息技术的影响。

(7)仓储空间、人力及设备系统的获取。

(8)仓储设备及信息系统的保养与更新。

供应链在不同阶段、不同时期要进行仓储系统方案的调整,以满足不同时期供应链成员企业所预期的仓储需求。

仓库选址、数量及规模的决策可以连同整个物流网络一起来进行优化,本书会在网络优化模型中做进一步介绍。下面介绍一下自用仓库、公用仓库、契约仓库的策略。

### 3. 自用仓库还是公用仓库

在获取仓储空间时,企业有两种基本方案:建设自用仓库还是租用公用仓库。两者之间的选择会影响企业的资产负债表和损益表。很多公司将公用仓库和自用仓库结合起来使用,这是因为各地区的市场情况不同,还有一些其他的原因,如供给或需求的季节性的变动等。

如果企业使用公用仓库,那么就具有存储柔性,因为可以租用公用仓库在不同时间段的空间。对于使用自用仓库的企业来说,规模决策显得很重要,因为仓储设备的存储规模一旦设计好就相对固定。企业使用自用仓库还需要解决仓库内部如何布局的问题。企业做决策时必须考虑到存储的产品特性、通道空间、货架、物料处理设备,以及仓库内部空间等。存储产品的特性、类型和数量对于仓库类型的决策尤为重要,企业需要决定拥有的仓库是否都要保管所有的产品,或者每一类仓库只存储特定类型的产品,即如何将仓库的专业化和通用性结合起来。

使用自用仓库还是公用仓库?这两种方式各有利弊。

(1) 自用仓库。

多数企业都拥有自己的仓库。从劳保用品仓库到生产用原材料库,自用仓库的形式多种多样。自用仓库有下列优点。

① 控制权:企业对自用仓库的各项作业有绝对的控制权,有利于与其他内部流程进行整合。

② 灵活性:企业可灵活调整各项作业与流程,以满足顾客的个性化需要。

③ 成本:当仓库物品数量达到一定规模时,自用仓库的成本有时可能会更低。

④ 更好地利用人力资源。

⑤ 无形效益:增强客户的信任感;产生营销优势。

(2) 公用仓库。

对于没有大规模的存货或存货需求季节性非常强的企业来说,它们不能持续有效地使用好自用仓库。对于远距离、小批量送货的企业来说,使用公用仓库也会更为经济。对于那些销售水平和稳定性都不确定的新企业来说更是如此。公用仓库有下列好处。

① 专业的仓储管理与显著的规模经济。

② 企业无须支付仓库的投资,从而会增加企业的投资回报率。

③ 满足需求高峰期对仓库空间需求增加的能力。

④ 减少风险,避免由于自身兴建自用仓库而导致的资产投资和财务风险。

⑤ 灵活性:可根据客户需求、市场变化、服务质量,自行选择、改变仓库的地点/数目等,能够快速做出反应。

⑥ 专业的仓储、包装、配送、流通加工、信息传输服务。

⑦ 可详细了解存储成本和搬运成本。

下面比较一下公用仓库和自用仓库的总成本。

公用仓库全是变动成本。当企业不存储时成本为零;当企业的仓储量增加时,企业要租用更多的仓储空间,那么成本也随之上升。如果企业在公用仓库使用的空间多,那么成本就会按比例增加。从这个角度看,成本是线性变化的,随存储量的变化而变化。但在实际情况中,公用仓库对大量的空间租用费用会有一定的折扣优惠,这样就使成本曲线不完全呈线性变化。

自用仓库除了仓储过程中的作业成本、行政费用等,还包括建设仓库的投资成本,这部分成本是固定成本。由于公用仓库包含利润和营销成本,所以通常自用仓库运营变动成本的变化率要比公用仓库的小。这样在某一点上,这两种成本曲线会有一个交点,这个点对应的是吞吐量。因此当企业吞吐量小于这一特定点时,租用仓库是比较好的选择;随着吞吐量的增加,自建自用仓库是比较好的决策。

这种分析方法相对于公司实际来说可能过于简单,尤其是对于大型的、具有复杂产品线的企业。但是这种分析思路是可以实现的。首先,企业可能会不时地增加一个仓库,而且由于市场和成本状况的差异,每当要增加仓储空间时,就需要在自用和公用两者之间进行选择。其次,即使企业有时需要增加多个仓库,但是由于地区环境差异,企业仍然需要对每一个仓库逐一进行分析。

由于自用仓库存在固定成本,因此自用仓库需要相对较高的吞吐量来实现仓库的经济性。只要建造了自用仓库,不管其是否投入使用,都会产生固定成本,那么企业就必须有足够的仓储量来分摊固定成本,使自用仓库的平均成本低于公用仓库的成本。这种分析包含两个假设:第一个是自用仓库的单位变动成本低于公用仓库,否则自用仓库的总成本就永远不会比公用仓库的总成本低;另一个假设是仓库的使用率或吞吐量在一年的大部分时间是稳定的,否则企业就会在规模决策上遇到麻烦,从而不可能有效地利用仓储空间。

仓库需求的稳定性需要通过多条产品线来实现。很多大型企业和一些小型企业拥有多个产品线,这样有助于仓库吞吐量的稳定,由此来达到经济型自用仓库所需要的仓储量。自用仓库可以设立在市场需求密集区,这样既有利于提高服务水平,又可以降低运费。建立自用仓库另一个有利的因素是可以获得更多的控制权,这样可以使企业实现对客户和工厂的安全、冷藏及服务的控制。此外选择自用仓库可以将仓库的使用和企业其他地区的需求结合起来。

就某一区域的仓储战略而言,最具成本效益的做法,应是将正常的仓储需求以自用仓库应付,而将非正常(尖峰期的多余)的需求利用公用仓库解决。

### 4. 契约仓库

公用仓库的发展趋势是开始使用契约仓库或第三方仓库。契约仓库是以顾客为导向的公用仓库或商业营业仓储,其由外部公司或机构提供物流服务。契约仓库以提供高效、经济和准确的配送服务而见长。

物流业主必须将契约仓库和一般的公用仓储区分开。一方面,期望高服务质量的企业应该使用契约仓库。这些仓库是为了满足高标准和专业处理要求而设计的。另一方面,需要一般产品处理服务的企业则应该选择一般的公用仓库。从根本上讲,契约仓库是制造商和仓储公司之间的一种合作关系。因为这种合作关系,契约仓库服务的客户比传统的一般公用仓库要少。为满足客户特殊的要求,契约仓库会提供定制化的存储空间、劳力和设备。

契约仓库为有限的仓库使用者实现了定制化的物流服务,这些服务包括储存、拆包、组合、订单履行等,以及在途混装、库存控制、运输安排、物流信息系统和其他一些附加的物流服务。契约仓库不仅提供储存服务,为了支持客户企业的物流渠道,它还会提供物流服务包。

契约仓库具有比自用仓库和传统的公用仓库更大的战略、财务和经营优势,其主要优势在于降低了物流总成本,并将精力集中在连接生产制造和营销流程方面。

## 4.1.3 仓库空间布局设计

为了理解仓库的布局和设计,需要了解一些典型仓库所必需的基本空间。关于仓库空间的讨论与仓库的运营密切相关。

决定仓库必需空间的第一步是做好储存规划,考虑产品特性,对存储物品按类别进行存储数量预测。最高存量、最低存量都会影响到仓位的大小。若仓位大小取决于最低存量,则显然仓位太小,会经常出现为腾出仓位而辗转搬运或无仓位的现象;若仓位大小取决于最高存量,则经常会造成仓位过大的现象。通常以正常周转存量来决定仓储空间。

下一步是将物品数量换算成需要的存储空间,这需要把托盘也包括在内,而且通常包含在相应区间内的10%~15%的增长许可度。另外,必须加上过道占用的空间和其他设施操作时所需要的空间。仓库一般将1/3用于非存储功能。

仓库需要为物流系统中的运输部分提供一个附加空间,即接收进货和出货区。尽管这可以是一个区域,但是为了有效运作,通常需要两个区域。考虑这种空间需求时,需要选择是利用仓库外的装卸平台,还是将货物直接卸下来运进仓库。需要留有一个转车场,用于储存一些设备和托盘。发货前的备货空间和进行货物组装的空间也有必要。另外还必须有核对、计量和检验的空间。吞吐量的大小和频率是决定所需收发货区域大小的关键因素。

实物配送仓库的另外一个必需的空间是订单拣货区。这些功能所需空间的大小取决于订单的数量和产品的属性,以及搬运物料的设备。这个区域的布局对有效运营和客户服务存在至关重要的影响。

第三类空间是实际的存储空间。需要企业有效地使用仓库里的全部存储空间。注意区分保管型货物与通过型货物。通过型货物只是对货物进行分拣、包装、流通加工,但并不进入存储区。

最后,仓库区域还需要考虑另外3类空间。第一,许多实物配送仓库有补救空间。这是为了挽救损坏的货箱中没有被损坏的产品而设立的空间。第二,行政人员和职员的办公室。第三,休息室、员工餐厅、便利设施和储物柜等需要的混合区。

如图4-1所示,显示了某公司一个仓库的平面布置示意图。

仓库的平面布置需要做到以下3个原则。

(1) 作业流程合理。仓储空间要与储存物品的数量和保管要求相适应,要保证库内物料流动方向合理、运输距离最短、作业环节经济、仓库利用率高,并能做到运输通畅、方便保管。

(2) 提高仓库的经济性与效率。平面布置要因地制宜,使其既能满足物料运输和存放的要求,又能避免无谓的大面积浪费,应合理地利用库内设备,发挥设备效能,合理利用

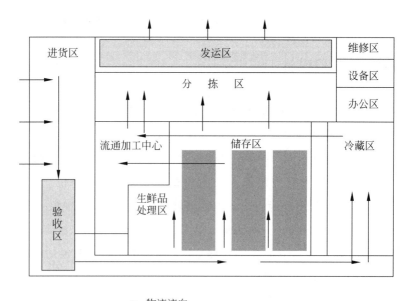

图 4-1　某仓库的平面布置示意图

空间。

(3) 符合安全、卫生要求。库内各区域间、各类仓库间应该留有一定的防火间距，同时要设有各种防火、防盗、防水等安全保护设施。此外，库内布置要符合卫生要求，综合考虑通风、照明、绿化等情况。

在仓库空间布置中，需要考虑仓库中的仓储设备与工具、辅助设施等在地面标高线上的相对位置，充分利用库仓高度。堆垛高度、货架高度、架上平台和空中悬挂等因素也都应考虑在内。

仓库区位规划应满足以下要求。

(1) 区位标识，做好现场可视化，保证通道顺畅。

(2) 明确进仓门和出仓门，并贴有标牌。

(3) 测定存储定额，并有明确的标牌。

(4) 明确规定消防器材放置的位置、消防通道和消防门的设置方式和救生措施等。

(5) 区位内货位布置应明显，可用漆画线固定，堆放物品时以漆线为界。

(6) 进仓门处，须张贴货仓平面图，图中标明该仓所在的地理位置、周边环境、仓区仓位、仓门各类通道、门、窗、电梯等内容。

规划了仓库区位后，还要规划货位。

货位，即货物储存的位置。货位规划需要将库内物品进行合理分类、编号（库房号、货架号、层次号和货位号），使库内物品的货位排列系统化、规范化。

考虑物品分类目录、物品周转率、物品储备定额，以及物品本身的物理、化学等自然属性，货位规划应满足如下要求。

（1）明确标识物品分类与编码，使仓库管理适应计划管理、业务管理需要，与供应管理相衔接，如采用供应渠道的物品分类目录。

（2）在货位排列上，需要考虑产品相关性原则与周转率对应原则。对不同类的物品在货架和层次安排上，应独立存放，但要节省存储空间。

（3）及时登记货位变动，以避免呆料、废料被弃置在货位内。

（4）物品储备定额。要按储备定额中的规定规划货位。如果无储备定额，可根据常备物品目录进行安排，并在货架上留有适当空位，这应与补货策略相一致。

（5）物品本身的自然属性。当物品本身的物理、化学性质相抵触，并且温、湿度要求不同，以及灭火方法相抵触时，不能存放在一起。应该做到危险品、化学品的隔离。

（6）充分考虑物品的重量、形状特征，以与货位相对应。

### 4.1.4 越库作业

**定义**

越库作业中的货物流经仓库或配送中心，而不是被储存起来。这一新的策略方式越来越受到重视，因而专门进行介绍。越库策略可大幅降低库存水平，降低库存成本，降低仓库搬运成本，减少货物损失率、丢失率及加快资金周转等。采用越库作业后，仓库成为一个编组场所，而非一个保管场所。货物到达仓库经过简短的交叉分装后，省去了仓储等其他内部操作，而直接将货物发送至供应链下一节点。我国国家标准对越库作业的定义是：产品在物流环节中，不经过中间仓库或站点，直接从一个运输工具换载到另一个运输工具的物流衔接方式。

越库作业盛行的主要原因有以下4点。

（1）对较大、较稳定的需求，零售商运用越库方式来减少其中间渠道的库存。

（2）对稳定而小批量的需求，采用越库技术来取代原来的零担运输，从而大幅度降低运输成本。

（3）避免昂贵的库存费用。

（4）商品本身对时间的要求，如快递、保鲜食品等。

**1．类型**

按照不同的企业类型，可以将越库作业分为4种类型。

（1）制造型越库。接收及整合入货供应是为了实现准时制造。例如，制造商可能会将仓库建立在工厂附近，以作为准备零件或整合配套元件的集中地。由于采购计划订单可以直接来自MRP系统，因此零件到达仓库后，可以按照要求进行简单处理后直接运到车间，无须存储。

（2）销售型越库。整合不同供货商送往同一客户的货物，进行分拣、打包后直接运至各零售商处。

（3）运输型越库。许多物流公司为将不同客户的货物集中装在一起，以获得规模经济的效益，会对到达仓库的各类零担运输货物进行拼装，拼成一个集装箱装运以节约运输费用。

（4）零售型越库。从多个供应商处获得商品后，在仓库按照各零售店预先送到的订单将货物分拣装车，直接运至各零售店。货物在配送车辆上的摆放顺序和方法会对配送服务的质量、作业效率产生影响。

上述4种越库作业类型的共同特点是货物整合及短暂的交接时间。越库作业需要周密的时间、地点的安排。可以依据信息将越库作业分为前配送与后配送两种类型。

（1）前配送越库。供应商为分销商的越库作业准备直接配送的产品，并按照不同目的地将货物进行分类，同时对货物进行标记或贴条形码或无线射频标签等操作。由于对入货的托盘进行标记，越库区的操作工人可以直接将货物装入出货车辆，而不需要临时堆码。同时由于不需要接触货物，因此可以降低操作成本。前配送类型有利于分销商，但较难妥善安排，因为分销商的上级供应商们必须知道每种货物需要多少及送到哪个客户手中，以便贴上相应的标签。因此，前配送类型要求在各环节中有完善的信息共享。

（2）后配送越库。分销商从所有供应商处订购货物后运至越库中心，再进行分拣整合，在接收货物时贴上标签。但这种模式会为分销商增加成本。

这两种方式的区别主要在于承担货物分拣的主体不同。前者的主体是供货商，后者的主体是分销商配送中心。

越库中心采用何种类型的越库作业模式要依据整体供应链的实际情况而定。

### 2. 优势

越库作业与传统的仓库相比，具有如下优势。

（1）越库作业能减少不必要的仓储，节省库存空间，降低库存成本及人力成本。因为在越库作业物流系统中，配送中心不存储货物，只是一个中转站，只需将接收到的货物按照需求进行分拣装配，直接配送到各个销售门店，从而减少了货物的仓储和库存，节约了成本。

（2）越库作业减少了配送中心的上架存储等物流活动，加快了货物的转运效率，能够实现对客户的快速响应，能够获得更高的客户满意度。

（3）越库作业采用统一配送并对货物进行配载运输，能够整合车辆运输，提高车辆装载率从而降低运输成本，节约运力资源。

（4）越库作业物流运作能够整合供应链上的资源，实现供应链上节点企业的信息共享，降低整个供应链的运作效率。

### 3. 实施条件

能否顺利实施越库作业需要考虑以下几个方面。

(1) 市场需求的平稳及需求量规模。

在需求预测稳定,市场波动不大时,通常一种产品如果符合下述两个标准就可以选择实施越库作业:较低的变异及较高的市场容量。越库作业与准时化生产很相似。有学者认为,越库作业是准时制在分销领域的应用。只有当货物的需求确定并且仓库能够安排随时到达的订单时,越库作业的实施才有保证。如果需求量太低,则频繁运送小批量货物会增加运输费用,这时选择仓库存储作业也许更具有经济效益。

(2) 供应链协调能力。

从管理角度来看,越库作业是一个复杂的运作过程,需要分销商、供应商及客户之间广泛的协调与合作。在实施越库作业的最初阶段是最艰难的时期,供应链的各成员都会经历设备投入、设施完善等带来的成本增加。另外,哪一方负责订单商品标记,哪一方负责信息管理系统软件的提供等,也需要供应链各成员进行充分的协调与合作。

(3) 供应链信息流通。

越库作业最大的优势是减少了产品流通时间,以及降低了库存。为达到这样的目标,就要求在供应链各成员间必须建立强大的信息共享系统来实现整个供应链的资源共享,以达到订单的事先分配和物流的及时链接。另外,还要求整个供应链使用通用条形码或无线射频标签和标准化的包装,以此简化产品流动过程中的处理程序,减少劳动力成本。

(4) 强大的第三方物流。

越库作业对运输环节有相当高的要求,如物联网设备、自动化分拣与信息化管理。第三方物流公司往往需要具有专业化的设施、设备与工具,还需要具有先进的管理技术和充足的运输设备,以实现物流系统的越库运作。

除此之外,对产品的质量也有较高要求。在越库作业中,产品到达仓库后,只会进行简单的分装与组配,而不可能对产品的质量进行仔细检查,这就要求供应商一定要严把质量关,确保产品的顺利流通。

## 4.2 运输管理

### 4.2.1 运输与运输方式

#### 1. 运输的含义

运输指人或物借助运力在空间上产生的位置移动。所谓运力,是由运输设施、路线、设备、工具和人力组成的,具有从事运输活动能力的系统。国家标准 GB/T 18354—2021《物流术语》中对运输的定义是:"用设备和工具,将物品从一地点向另一地点运送的物流活动。其中包括集货、分配、搬运、中转、装入、卸下、分散等一系列操作。"运输的主要功能是实现物品远距离的位置移动,创造物品的"空间效用"。

运输系统是物流系统中最重要的组成部分之一。运输通过运输工具和方法使货物在生产地与消费地之间或是在物流据点之间流动。运输解决了物资生产与消费在地域上不同步的矛盾,具有扩大市场、扩大流通范围、稳定价格、促进社会生产分工等经济功能;对拉动现代生产与消费、发展经济、提高国民生活水平起到了积极的作用。

路权(航权)、运输工具及运输组织机构共同构成了运输系统的基础结构。

### 2. 运输与配送的关系

运输与配送同属于物流系统中的线路活动,运输以远距离、大批量货物的位置转移为主,配送则主要从事近距离、小批量货物的高频率的位置转移。二者相辅相成,互为补充,共同创造物品的空间效用。可以从以下几方面来认识运输和配送的关系。

(1) 运输和配送都是线路活动。

物流活动根据物品是否产生位置移动可分为两大类,即线路活动和节点活动。产生位置移动的物流活动称为线路活动,否则为节点活动。节点活动是在一个组织内部的场所中进行,并且不以创造空间效用为目的的活动,如在工厂、仓库、物流中心或配送中心内进行的装卸、搬运、包装、存储、流通加工等。

运输是一种线路活动,它必须通过运输工具在运输线路上移动才能实现物品的位置转移。配送以送为主,属于运输范畴,同时也是线路活动。

(2) 运输和配送的差别。

运输和配送虽然都是线路活动,但是也有区别,主要表现在以下几个方面。

① 活动范围不同。运输是在大范围内进行的,如国家之间、地区之间、城市之间等;配送一般仅局限在一个地区或一个城市范围之内。

② 存在功能差异。运输以实现大批量、远距离的物品位置转移为主,并且运输途中还承担一定的存储功能。配送则以实现小批量、多品种物品的近距离位置转移为主,同时还满足用户的多种要求,如多个到货点、小分量包装、直接到生产线、包装物回收等,有时还需增加加工、分割、包装、存储等功能。不难看出,配送具有多功能性。

③ 运输方式和运输工具不同。运输可采用各种运输工具,只需根据货物特点、时间要求、到货地点,以及经济合理性进行选择即可。配送则由于其运输批量小、频率高,功能多样化的特点,多数采用装载量不大的短途运输工具。

(3) 运输和配送的互补关系。

由于运输和配送功能上的差异,它们并不能互相代替,而是形成了相互依存、互为补充的关系。物流系统创造物品空间效用的功能是要使生产企业制造出来的产品最终到达消费者手中,否则生产者的目的就无法达成。从运输和配送的概念及它们的区别可以看出,仅有运输或仅有配送是不可能达到上述要求的,大批量、远距离的运输才是合理的,但它不能满足分散消费者的要求;配送虽具有小批量、多批次的特点,但不适合远距离输送。因此只有两者互相配合,取长补短,才能达到理想的目标。一般来说,在运输和配送同时存在的物流系统中,运输处在配送的前面,先通过运输实现物品长距离的位置转移,然后交由配送来完成短距离的输送。

### 3. 运输方式

铁路、公路、水路、航空和管道这5种交通运输方式,各具运营特性和优势,在一定的地理环境和经济条件下有其各自的合理使用范围。每一种方式都可以直接向用户提供服务,也可以联合提供服务。

(1) 铁路运输。

铁路是我国国民经济的大动脉,铁路运输是我国货物运输的主要方式之一。同时,铁路运输与水路干线运输、各种短途运输衔接,就可以形成以铁路运输为主要方式的运输网络。

铁路运输的最大特点是其适合长距离的大宗货物的集中运输,并且以集中整列为最佳,整车运输次之。铁路运输与其他各种现代化运输方式相比,具有运输能力强、能够负担大量客货运输的特点。速度快是铁路运输的另一特点,常规铁路的列车运行速度一般为每小时80km左右,而高速铁路列车的时速目前可达300km。铁路的货运速度虽比客运慢些,但是每昼夜的平均货物送达速度也比水路运输快。此外,铁路的运输成本也比公路、航空运输低,运距越长,运量越大,单位成本就越低。铁路运输一般可全天候运营,受气候条件限制较小,同时具有安全可靠性、环境污染小和单位能源消耗较少等优点。由于铁路运输具有上述的技术经济特点,因此铁路运输适合国土幅员辽阔的大陆国家,适合运送经常的、稳定的大宗货物和中长距离的货物。铁路运输的主要缺点是灵活性差,只能在固定线路上实现运输,需要与其他运输手段配合和衔接。

铁路货物运输,按照货物的数量、性质、形状、运输条件可区分为整列运输、整车运输、集装箱运输、混装运输(零担货物运输)和行李货物运输等。按照铁路的属性,还可分为中央铁路运输和地方铁路运输;另外还有营业性线路运输和专用线路运输等。

(2) 公路运输。

这主要指使用汽车,也指使用其他车辆(如人、畜力车)在公路上进行货物运输的一种方式。公路运输主要承担近距离、小批量的货运和水运、铁路运输难以到达地区的长途、大批量货运,以及铁路、水运优势难以发挥的运输。由于公路运输有很强的灵活性,近年来在有铁路、水运的地区,较长途的大批量运输也开始使用公路运输。

公路运输是现代运输的主要方式之一,它的主要优点是机动、灵活性强,而且对货运量大小具有很强的适应性。由于汽车运输灵活方便,可实现门到门的直达运输,并且不需要中途倒装,因此既加速了中短途运输的送达速度,又加速了货物资金周转,有利于保持货物的质量和提高货物的时间价值。公路运输还可负担铁路、水路运输无法到达的区域内的运输,它能够补充和衔接其他运输方式。在短距离运输时,汽车的速度明显高于铁路,但在长途运输业务方面,公路运输有着难以弥补的缺陷:一是耗用燃料多,造成途中费用过高;二是机器磨损大,因此折旧费和维修费用高;三是公路运输所耗用的人力多,如一列火车车组人员只需几个人,但若运送同样重量的货物,公路则需配备几百名司机。因此汽车运费率高于铁路和水路。此外,公路运输对环境污染较大。总之,公路运输(高速公路除外)与其他运输方式相比,具有投资少、资金周转快、投资回收期短,对收到站设施要求不高,且技术改造较容易的特点。汽车运输出现的时间不过百年左右,但在载货吨位、品种、技术性能、专用车种类等方面都有了很大的改进与提高,能较好地满足社会经济发展对运输的需要。

(3) 水路运输。

这是使用船舶运送货物的一种运输方式。水运主要承担大批量、长距离的运输,是在干线运输中起主力作用的运输形式。在内河及沿海,水运也常担任补充及衔接大批量干线运输的任务。

在水路运输中,除运河以外,内河航道均是利用天然江河加以整治,修建必要的导航设备和港口码头等即可通航;海运航道一般不需要人工整治,且海运航线往往可以取两港口间的最短距离。因此,一般说来,河运的平均运输成本比铁路略低,而海运成本则远低于铁路,这是水路运输的一个突出优点。

水路运输的输送能力相当大。在条件允许的情况下,可将海上运输改造为最有利的航线。由于水路运输具有占地少、运量大、投资省、运输成本低等特点,在运输长、大、重件的货物时,与铁路、公路相比,水上运输具有更突出的优点。对于过重、过长的大件货物,铁路、公路无法承运,而水上运输都可以完成。对于大宗货物的长距离运输,水路运输则是一种最经济的运输方式。但水路运输的速度通常比铁路运输等运输方式慢,而且受自然条件的限制较大,在冬季河道或港口冰冻时就必须停航,海上风暴也会影响船舶的正常航行。

水路运输有以下4种形式。

① 沿海运输。沿海运输是使用船舶通过大陆附近沿海航道运送货物的一种方式,一般使用中、小型船舶。

② 近海运输。近海运输是使用船舶通过大陆邻近国家海上航道运送货物的一种运输形式,视航程可使用中型船舶,也可使用小型船舶。

③ 远洋运输。远洋运输是使用船舶跨大洋的长途运输形式,主要依靠运量大的大型船舶。

④ 内河运输。内河运输是使用船舶在陆地内的江、河、湖、川等水道进行运输的一种方式,主要使用中、小型船舶。

(4) 航空运输。

这是使用飞机进行运输的一种形式。航空运输的单位成本很高,因此主要适合运载的货物有两类:一类是价值高、运费承担能力很强的货物,如贵重设备的零部件、高档产品等;另一类是紧急需要的物资,如救灾抢险物资等。

航空运输在20世纪迅速崛起,是运输行业中发展最快的行业。与其他运输方式相比,航空运输最大的特点是速度快,并且具有一定的机动性。在当今的时代,高速性具有无可比拟的特殊价值。现代的喷气运输机,时速一般在 900km 左右,比火车快 510 倍,比海轮快 2025 倍。航空运输不受地形地貌、山川河流的阻碍,只要有机场并有航路设施保证,即可开辟航线,如果用直升机运输,则机动性更大。其缺点是载运能力小、重量受限制,能源消耗大、费用高,运输成本高。

(5) 管道运输。

管道运输是使用管道输送流体货物的一种运输方式。它随着石油工业的发展而兴起,并随着石油、天然气等流体燃料需求的增加而发展,逐渐成为沟通石油、天然气资源与石油加工场地及消费者之间的输送工具。管道不仅修建在一国之内,还连接国与国之间,甚至能够连接洲与洲之间,成为国际能源调剂的大动脉。

管道运输在最近几十年得到了迅速的发展。主要的流体能源以石油、天然气、成品油为输送对象,之后发展到输送煤和矿石等固体物质。将这些固体物质制成浆体,通过管道输往目的地,再经脱水处理转入使用。管道运输具有输送能力强(管径为 1200mm 的原油管道年输送量可达 1 亿 t)、效率高、成本低及能耗小等优点。由于管道埋于地下,除泵站、首末站占用一些土地外,管道运输占用土地少,且不受地形与坡度的限制,易取捷径,可缩短运输里程,而且基本不受气候影响,可以长期稳定运行。管道输送流体能源,主要依靠每隔一段距离设置的增压站提供压力能,因此设备运行比较简单,易于实现自动化和进行集中控制。由于管道运输具有节能和高度自动化的特点,且用人力较少,运输费用较低,因此管道运输是一种很有发展前景的现代化运输方式。当然,管道运输也存在一些缺点,它适合长期定向、定点、定品种输送,合理运输量范围较窄,若运输量变化幅度过大,则管道的优越性就难以发挥,更不能输送不同品种的货物。

### 4. 多式联运

多式联运指使用多种运输工具,利用各种运输方式各自的内在经济,在最低的成本条件下提供综合性的服务。近年来,越来越多的运输使用两种以上的运输方式。除了显著的经济效益外,国际航运的发展是其主要动力。多式联运的主要特点是在不同的运输方式间自由变化运输工具。例如,将拖车上的集装箱装上飞机,或者铁路车厢被拖上船等。这种转换运载工具的服务是使用单一运输方式办不到的。

多式联运服务的组合方法可以有十几种,主要包括铁路运输和公路运输;铁路运输和水路运输;铁路运输和航空运输;铁路运输和管道运输;公路运输和航空运输;公路运输和水上运输;公路运输和管道运输;水路运输和管道运输;水路运输和航空运输;航空运输和管道运输。这些组合并不是都十分实用,而且其中可行的有些组合也未被客户采用过。只有铁路运输和公路运输的组合,以及公路运输与水路运输的组合得到了广泛使用。在较小的范围内,公路运输和航空运输,以及铁路运输和水路运输的组合也是可行的,但是使用很有限。下面对我国目前采用比较多的几种多式联运进行简单介绍。

(1) 公铁联运。使用最广泛的多式联运系统是将货车拖车装在铁路平板车上的公铁联运,它又被称为平板车载运拖车(trailer on flatcar)或驮背运输。它综合了货车运输的方便、灵活与铁路长距离的特点,运输经济。由于公铁联运的运费通常比单纯的货车运输低,因此,货车运输公司可以延伸其服务范围。同样,铁路部门也能分享到某些一般只有货车公司单独运输的业务。这种运输方式非常适合城市间物品的配送,对于配送中心或供应商在另一个城市的情况非常适合。

(2)陆海联运。陆海联运指由陆路(铁路、公路)联运与海上运输一起组成的一种新的联合运输方式。这也是我国近年来采用的新的运输方式。先从内地起运地把货物用火车或汽车装运至海港,然后由海港代理机构联系第二程的船舶,将货物转运到外国的目的地。发运后内地有关公司可凭借联运单据就地办理结汇。

(3)陆空联运。这是一种陆路与航空两种运输方式相结合的联合运输方式。运输的商品已从单一的生丝发展到了服装、药品、裘皮等多种商品。通常的做法是先从内地的起运地把货物用汽车装运至空港,然后由空港运至国外中转地,再把货物用汽车陆运至目的地。采用陆空联运的方法具有手续简便、速度快、费用少、收汇迅速等优点。

## 4.2.2 运输决策

从事运输管理与营运,进行运输决策时有两项基本的原则。

(1)规模经济性指当货件量增加到一定程度时,单位重量的运输成本会降低的一种特性。

(2)距离经济性指单位距离运输成本会随距离增加而减少的一种特性。

影响运输成本的直接因素是载重量、距离,另外与产品相关的产品密度、装填性、搬运难易程度、产品责任大小对成本也会有影响;与市场相关的因素,如竞争程度、地理位置、政府运输管制、货运市场的不对称性、季节性、国内运输与国际运输等对运输成本也有影响。

在运输管理中主要有以下决策问题。

(1)运输方式/运输承运人的选择。运用什么组合的运输方式,选择哪些运输承运人或第三方物流服务提供商是运输管理的首要决策问题。

(2)运输路线选择。这是承运人需要做出的决策。运输路线的选择会影响到运输设备和人员的利用,正确地确定运输路线可以降低运输成本。

(3)行车路线和时刻表的制定。行车路线和时刻表的制定问题是运输路径问题的扩展形式。当然,这也是承运人在运输或配送时需要做出的决策。

成本问题对于运输决策无疑是重要的,但也要考虑服务,这是关系到顾客、竞争的关键问题,运输决策往往需要在成本与服务之间权衡。

### 1. 运输方式选择

在达到服务要求的前提下,可以以成本最低作为目标。不过此时的成本不仅仅是运输成本,而是物流总成本。运输服务的一些指标,如运输速度、到货可信度等对库存成本可能会有影响,即选择运输速度快、可信度高的运输服务,运输成本也会高,但物流渠道中的库存会低,库存持有成本也会降低,这就可能会抵消运输成本高的情况。下面通过一个例子来说明。

【例 4-1】 假设某公司欲将产品从工厂运往另一地区的公司自有仓库,年运量 D 为 1 200 000 件,单位产品出厂价格 C 为 25 元,每年的库存持有成本 I 为产品价格的 30%,3 种不同运输方式的运输费率、运达时间及运输批量如表 4-1 所示。该公司应该选择哪一种运输方式?

表 4-1 不同运输方式的运输费率、运达时间及运输批量

| 运输方式 | 运输费率 R/(元/单位) | 运达时间 T/天 | 运输批量 Q/单位 |
| --- | --- | --- | --- |
| 铁路 | 0.11 | 25 | 100 000 |
| 公路 | 0.20 | 13 | 40 000 |
| 航空 | 0.88 | 1 | 16 000 |

如果选择铁路运输,运输成本肯定最低,但运输批量大,仓库库存成本及工厂库存成本都会增加,在途天数达 25 天,在途库存成本也会加大。

如果选择航空运输,运输成本肯定最高,但运输批量小,仓库库存成本及工厂库存成本都会降低,在途天数仅 1 天,在途库存成本也会降低很多。

如果选择公路运输,运输费率比铁路稍高,但运输批量小,仓库库存成本及工厂库存成本都会降低,在途天数少,在途库存成本也会降低。

注意到这种产品的单位库存成本过高,能够达到产品价格的 30%。估计选择公路运输是比较适合的。通过总成本的计算,公路运输的总成本也是最低的,因此,应选择公路运输方式。

【例 4-2】 某制造商分别从两个供应商购买了共 3000 个配件,每个配件单价 100 元。目前这 3000 个配件是由两个供应商共同提供的,各占 50%。如果供应商缩短运达时间,则可以多得到供应配额,每缩短一天,可从总交易量中多得 5% 的配额,即 150 个配件。供应商可从每个配件销售额中获得 20% 的利润。

该供应商考虑,是否要将运输方式从铁路运输转到卡车运输或航空运输。各种运输方式的运费率和运达时间如表 4-2 所示。

表 4-2 不同运输方式下的费率和运达时间

| 运输方式 | 运费率 R/(元/件) | 运达时间 T/天 |
| --- | --- | --- |
| 铁路 | 2.50 | 7 |
| 公路 | 6.00 | 4 |
| 航空 | 10.35 | 2 |

要做出这一决策,该供应商需要分析每种运输方式下可能获得的利润大小。

当前采用铁路运输方式下的利润是多少?转向公路运输后,运达时间缩短 3 天,能多获

得 450 件的供应量,毛利显然增加了,运输成本也增加了,不过供应商库存成本肯定降低了。那么转向航空运输呢?

分别对 3 种情况进行分析,从而得到该供应商使用不同的运输方式可能获得的预期利润,如表 4-3 所示。这里没有考虑库存成本。转向公路运输的利润已经高于铁路了,再加上供应商库存成本的节省,更坚定了选择公路运输。

表 4-3　某供应商采用不同运输方式的利润比较　　　　　　(单位:元)

| 运输方式 | 配件销售量/件 S | 毛利/元 (S×20) | 运输成本/元 (S×R) | 净利润 (毛利－成本) |
|---|---|---|---|---|
| 铁路 | 1500 | 30 000.00 | 3750.00 | 26 250.00 |
| 公路 | 1950 | 39 000.00 | 11 700.00 | 27 300.00 |
| 航空 | 2250 | 45 000.00 | 23 287.50 | 21 712.50 |

因此,如果制造商对能提供更快运输服务的供应商给予更多供应配额的承诺,那么该供应商应当选择公路运输。当然,该供应商也要密切注意另一供应商可能做出的竞争反应。

当制造企业有若干个供应商时,供应商所提供的物流服务和价格就会影响到制造商对供应商的选择。当然,供应商也可以选择合乎要求的物流服务提供商。

从这个案例可以看出,制造商需要快速的运输服务(较短的运达时间),因为这意味着较低的存货水平和较少的不确定性。制造商希望给予运输服务优异的供应商更多的采购订单,以此来降低自己的成本。相应地,供应商由此带来的业务的扩大也将为自己带来更多的利润。

运输服务方式的选择已成为供应商和制造商共同的决策问题。供应商在做决策时,除了需要考虑运输服务的直接成本,还要考虑运输方式对库存成本的影响,更要考虑运输绩效对制造商选择供方的影响,这将直接关系到供应商的合作关系的持续性。

因此,看似是一个简单的运输方式决策问题,但决策者应综合考虑,尽量把握住关键因素,尽管其中有些因素是决策者不能控制的。决策者应该懂得以下几点。

(1) 合作的影响。如果供应商和制造商对彼此的成本有一定了解,将会促进双方的有效合作。但如果供应商和制造商之间没有某种形式的信息交流与合作,双方就很难获得完全的成本信息。在任何情况下,合作应更加关注对方对运输服务选择的反应及对方购买量的变化。

(2) 竞争的影响。供应渠道竞争激烈,供应商应在保持自身竞争力的同时,与制造商一起采取合理的行动来平衡运输成本和运输服务,以使双方获得最佳收益。

(3) 价格的影响。假如供应商提供的运输服务优于竞争对方,可能会提高产品价格。因此,制造商在决定是否购买时应同时考虑产品价格和运输成本。

(4) 运输费率、产品种类、库存成本的变化,以及竞争对手可能采取的对策都增加了运输方式选择的不确定性与复杂性。

(5) 运输服务的选择对供应商库存的影响。供应商也会和制造商一样由于运输方式的变化而改变运输批量,进而导致库存水平的变化。同时,供应商调整价格又会影响运输服务的选择。

**2. 运输路线选择**

据统计,运输成本占整个物流成本的 1/3～2/3,因而最大化地利用运输设备和人员,提高运作效率是物流管理者关注的首要问题。

运输路线的选择会影响运输设备和人员的利用。正确地确定运输路线可以降低运输成本,因此,运输路线的选择,在运输决策中是一个重要领域。

将运输路线决策分为单一不同起讫点问题、起讫点重合(巡回)问题、多起讫点问题 3 个类型。

(1) 单一不同起讫点问题决策

对分离的、单个始发点和终点的网络运输路线选择问题,最简单和直观的方法是最短路线法。单起讫点的网络由节点和线组成,点与点之间由线连接。线代表点与点之间运行的成本(距离、时间或时间和距离加权的组合)。将始发点作为已解的点,从原点开始计算,并利用最短路线法求解,从而确定最佳运输路线的节点。

(2) 起讫点重合的问题(流动推销员问题)决策

物流管理人员经常遇到的一个路线选择问题是起始点就是终点的路线选择,即起点和终点重合。在企业自己拥有运输工具时,该问题是相当普遍的。例如,配送车辆从仓库送货至周边各个零售点,然后返回仓库;当地的配送车辆从零售店送货至周边多个顾客,再返回;还有接送孩子上学的校车的运行路线;送报车辆的运行路线;垃圾收集车辆的运行路线等。

这类问题求解的目标是寻求访问各点的最佳次序,以求运行时间或距离最小化。始发点和终点相重合的路线选择问题在运筹学中通常被称为"流动推销员"问题,对这类问题应用经验试探法比较有效。

确定方案时,运行路线尽量不要交叉,尽量形成泪珠形多边形。当然,也要考虑到路障、单行道路、交通拥挤等实际情况。

(3) 多起讫点问题的决策

有多个货源地服务于多个目的地的问题就是典型的多起讫点问题。例如,多个供应商服务于多个仓库,或者多个仓库服务于多个零售点的问题。要解决这类问题需要预先确定各目的地的供货地,然后找到供货地、目的地之间的最佳路径,确定最佳运量。解决这类问题常常可以运用特定的线性规划算法,该算法被称为线性规划运输方法。这在运筹学与运营管理课程中都有详细求解,这里不做介绍。

基于大数据分析的运输路线的优化基于地图和实时交通信息,包括交通状况、路面状况、交通拥堵等,这项应用加载了全球导航系统与远程信息处理系统,还可以优化燃料消耗、车辆预防维修、优化司机行为与行车路线等。

### 4.2.3 行车路线和时刻表

行车路线和时刻表的制定问题是运输路径问题的扩展形式。其中车辆运行路线选择问题，受到以下条件的约束：①每个站点规定的提货数量和送货数量；②所使用的各种类型的车辆的载重量和载货容积；③驾驶员在路线上允许的最大行驶时间（休息前）；④站点规定的每天可提货时间；⑤可能只允许送货后再提货的时间；⑥驾驶员在一天的特定时间进行的短时间休息或进餐。

上述约束条件使问题的决策复杂化，甚至难以寻求最优化的解决方案。在实际中，这些约束条件常常发生。例如，站点的工作时间约束；不同载重量和容积的多种类型车辆；一条路线上允许的最大运行时间；不同区段的车速限制；运行途中的障碍物；甚至道路上的车辆堵塞等。为此，需要确定一些原则来帮助我们确定较满意的方案。

#### 1. 八项原则

可以运用以下 8 项基本原则制定出合理的行车路线和时刻表。

（1）仓库最远站点群优先的原则。从离仓库最远的站点处开始设计运输路线，分派车辆的负载需要与站点群总货量相匹配。先确定最远的站点群，运行路线从离仓库最远的站点开始，将该集聚区的站点串起来，送货车辆应满载相邻站点的货物，然后返回仓库。再选择另一个最远的站点，确定站点群，用另一辆运货车装载站点群的货物。按此程序进行下去，直至所有站点都分配完毕。

（2）大载重量车辆优先的原则。最理想的情况是使用一辆载重量大到能将路线上所有站点的货物都装载的送货车，这样可将服务区站点的总运行距离或时间最小化。因此，在多种规格车型的车队中，应优先使用载重量最大的送货车。

（3）靠近的相邻站点(站点群)的货物最好装在一辆车上。将相邻站点的货物装在一辆车上，且车辆的运行路线应能将各站点串起来，使站点之间的运行距离最小化，从而确保整体路线上的运行时间最小化。

车辆送货路线图如图 4-2 所示，其中图 4-2(a)的车辆路线不符合集聚原则，要尽量避免，而图 4-2(b)是合理的路线图。

（4）隔日运送的站点应避免地域重叠。将同一站点群安排在一天送货。避免不是同一天送货的站点在运行路线上出现重叠现象。要使车辆数目最小化，要使一轮送货周期内车辆运行时间和距离最小化。

（5）"不交叉线路"优先于送货时间段要求。同一站点群的派货顺序安排采用不交叉的泪珠形多边形路线，各站点的"时间窗口"设置应考虑车辆路线安排。避免站点工作时间的约束造成的路线交叉，避免某些站点在送货后再提出取货要求而导致路线交叉。

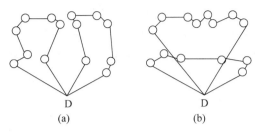

图 4-2　车辆路线示意图

(a) 不合理路线；(b) 较合理的路线

(6) 送货时顺便取回退货的原则。退货应提前告知，以便送货车辆做好准备，避免取货对车辆后续送货产生影响。尽可能在送货过程中安排取货，以减少线路交叉。

(7) 对于孤立于站点群的站点单独对待原则。对偏离运行路线的单独站点或一些应急例外的送货要求可选用其他运输方式，如更经济的微型车或运用公共运输服务，或者租用其他物流公司的车辆为这些站点送货。

(8) 站点的时间窗口限制应宽松的原则。加强站点间的协调，应避免站点的"时间窗口"限制过紧，从而影响预定的运输路线安排。如果站点的工作时间安排确实影响到了合理的送货路线，那么应通过协商途径调整其工作时间或放宽工作时间约束。

物流人员很容易理解并掌握上述原则，从而制定出满意的（不一定是最优的）、可行的合理路线和时间安排。当然上述的原则也仅是合理路线设计的一般规则，管理人员面对的车辆运作的许多复杂情况并不是上述原则所能全部包容的。

### 2. 全扫法

随着限制条件的增加，寻找最优的行车路线和时刻表工作变得越来越困难。时间窗口、载重量和容积各不相同的车辆、司机途中总驾驶时间的上限要求、不同地区不同路段对速度的不同要求、途中的障碍（修路施工、交通事故、限行等）等都是实际路线设计中需要考虑的因素。有许多方法可以处理这类复杂的问题，这里主要介绍简单实用的全扫法。

(1) 全扫法简述。

用全扫法确定车辆行车路径十分简单，可用手工计算。一般来说，所得方案的误差率在 10% 左右，这样水平的误差率通常是可以接受的，因为运输调度员往往在接到最后一份订单后一小时内就要制定出车辆运行路线。

全扫法由两个阶段组成，第一个阶段是将站点的货运量分配给送货车，第二个阶段是安排各站点的顺序。由于全扫法是分阶段操作的，因此有些时间方面的问题，如行程总时间和站点工作时间约束等难以妥善处理。

(2) 全扫法求解步骤。

① 将仓库和所有站点的位置标注在地图或坐标图上。

② 通过仓库位置放置一直尺，直尺指向任何方向均可，然后顺时针或逆时针方向转动

直尺,直到直尺碰到一个站点。检查此时累积的装货量是否超过送货车的载重量或载货容积(首先要使用最大的送货车辆)。如果是,将最后的站点排除后,可将当前车辆的路线确定下来。再从这个被排除的站点开始,继续扫描,从而开始一条新的车辆行驶路线。这样扫描下去直至全部的站点都被分配到路线上,使所有站点被全扫、全覆盖。

③ 对每辆车安排经过送货站点的行车路线,得到站点顺序。可用前面阐述过的起讫点重合问题的决策方法。

如果每个站点的货量很小,只占送货车辆额定负荷的很小比重,送货车辆有相同运力,路上行驶没有时间限制,那么全扫法得到的方案应该是令人满意的。如果这些条件不能很好地满足,也可以利用全扫法得到多个方案,再从这多个方案中选择一个总成本较低的方案。至少,全扫法是帮助车辆调度员快速获得初始方案的有效方法。

(3) 全扫法举例。

【例 4-3】 某公司从其所属的仓库用送货车辆到各客户点提货,然后将客户的货物运回仓库,拼车后以更大的批量进行长途运输,全天的提货量见图 4-3(a),提货量以件为单位。送货车每次可运载 1 万件。完成一次运行路线一般需一天的时间。该公司要求确定需多少辆送货车;每辆车应该经过哪些站点和经停的顺序。

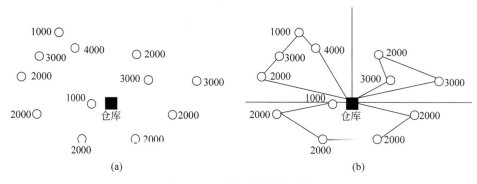

图 4-3 全扫法确定派车方案

(a) 各站点分布及提货量;(b) 全扫法解决方案

【解】 首先,用全扫法获得车辆安排方案。

如图 4-3(b)所示,通过仓库放置一直尺,直尺指北向,然后逆时针方向转动直尺进行扫描,在直尺碰到的站点提货,直到装满送货车辆的载重量 1 万件(不能超载),一旦站点被分配给某辆送货车后,即被覆盖。接着进入下一辆车,覆盖完成这辆车的载重。直到所有站点被覆盖。

然后,确定每一辆车辆所覆盖站点的行车路线,形成不交叉的泪珠形多边形。每辆车的路线将各站点串起来,确定了站点的服务顺序,如图 4-3(b)所示。

这是唯一的方案吗?这是最好的方案吗?

通过仓库放置一直尺,直尺指北向,然后顺时针方向转动直尺进行扫描,运用全扫法,会得到什么方案?你会发现会得到另外一个方案。如果将其与前面得到的方案进行比较,哪个方案会更好呢？无疑,这需要更多的数据才能够判断。

解决方案的目标应该是投入使用的车辆数目最少,而且所有车辆的行驶里程最短。所以在使用全扫法确定方案时要适当考虑"八项原则",同时考虑实际情况的复杂性和是否可能将邻近站点合并到同一辆车,以便缩短路程、节省车辆。

### 3. 车辆时刻表

车辆行驶路线的设计是假定一辆送货车服务一条路线,如果路线短,送货车辆就会很快返回。这些车辆在剩余的时间里还可以进入其他路线的安排,才能得到充分的利用。如果第二条路线能在第一条路线任务完成后开始,则完成第一条路线的送货车辆可用于第二条路线的送货。因此,送货车辆的需求量取决于送货路线之间的衔接,车辆调度要使车辆的空闲时间最小。

以下是某送货公司的一个车辆送货时刻表,公司的货车都是相同规格的。各条路线的出发时间和返达时间如表4-4所示。

表4-4 某公司送货路线的时刻表

| 路线号 | 出发时间 | 返达时间 | 路线号 | 出发时间 | 返达时间 |
| --- | --- | --- | --- | --- | --- |
| 1 | 8:00 | 10:30 | 6 | 15:00 | 17:10 |
| 2 | 9:30 | 11:45 | 7 | 12:20 | 14:20 |
| 3 | 14:00 | 17:00 | 8 | 13:30 | 16:45 |
| 4 | 11:30 | 15:20 | 9 | 8:00 | 10:30 |
| 5 | 8:10 | 10:00 | 10 | 11:00 | 14:30 |

表4-4表示了某日车辆的送货时刻表,将车辆的行驶时间合理地安排在各条线路上,可以用最少的车辆完成规定的任务。图4-4中使用了5辆货车。如果调整一下各路线的时刻表,就可以减少车辆的投入。

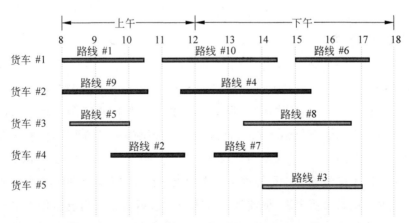

图4-4 车辆送货时刻表

### 4.2.4 国际货运

国际贸易、全球物流的发展需要国际货运业务,国际货运主要是集装箱运输、空运、铁路运输。国际货运的中介机构主要有国际货运代理、报关行、进出口贸易公司、承运人、无船承运人、全球物流服务提供商等。

(1) 国际货运代理。国际货运代理指接受货主的委托,将货物从工厂运往国外目的地,代表货主办理有关货物报关、交接、仓储、检验、包装、转运、订舱等业务的代理机构,包括订舱揽货代理、货物装卸代理、货物报关代理、转运代理、理货代理、储存代理、集装箱代理等。

(2) 报关行。报关行是指经海关准予注册登记,接受进出口货物收发货人的委托,向海关办理运输货物代理报关业务及处理相关文件。

(3) 进出口贸易公司。进出口贸易公司可以连接买家和卖家,代理处理所有的进出口业务。

(4) 承运人。承运人指专门经营水路、海路、铁路、公路、航空等客货运输业务的轮船公司、铁路/公路运输公司、航空公司等,它们向社会提供运输服务。

(5) 无船承运人(non-vessel-operating common carriers,NVOCC)像货运代理那样运作,但是它们使用预订的远洋班轮。

(6) 全球物流服务提供商。全球物流服务提供商指提供全球物流解决方案的公司。

全球物流服务受益于国际合作的日益紧密,世界各国政府都正在积极推进区域贸易自由化与互联互通。

## 4.3 第三方物流

### 4.3.1 兴起与概念

西方发达国家现代第三方物流的发展起源于 20 世纪 80 年代的物流外包。在美国,简单地把仓储、运输、配送等同于"物流"的观念早已过时,人们的思考角度转变为以供应链管理视角为企业带来附加经济价值来权衡物流绩效。美国的第三方物流水平在世界处于领先地位,第三方物流公司的发展速度与规模逐年攀升。有公司调查发现,美国财富 500 强的制造企业有一半以上已经连续 5 年使用第三方物流。在客户要求不断提高服务水平和市场竞争环境日益激烈的双重压力下,促使第三方物流公司不断提高物流运作水平。第三方物流公司开始在信息技术方面加大投资,以构造可追溯的实时物流跟踪系统。供应链中的各个节点或商业合作对象,通过共享网络物流信息来实现物品的实时跟踪、处理,这避免了之前用电话或邮件传递信息带来的信息反馈延迟问题,提高了信息传递的速度和质量,以及能够保证客户服务的及时性、准确度和透视性。

在欧洲的物流服务市场上，欧洲的第三方物流公司根据客户不同的需求，提供相应的物流服务，基本可以分为4大类。第一类是服务范围覆盖广的大型物流企业，如邮政物流、京东物流、顺丰快递等物流服务商。它们大多为大型制造商、大型零售企业提供服务，在业内处于领先地位。第二类是从事传统物流的企业。这些企业拥有自己的资产，可提供货运、仓储、报关、包装等服务。但其技术不高，受到资源的限制，发展前景不大。第三类是新兴的第三方物流公司。例如，欧罗凯集团是德国汉堡港主要的集装箱经营者，运营点遍布法国、意大利、葡萄牙、奥地利多地；通过其业务与站点的优势，成立了物流配送公司，为从亚洲进口大宗货物的商贸公司提供物流加速服务；其能够增加物流周转速度，被加速运输的货物可用于紧急订货的订单。第四类是有大型国有机构加入的第三方物流，如国家铁路公司和港务局。

我国第三方物流的概念起始于20世纪90年代。近几年来，随着市场经济体制的发展和物流外包需求的增长，我国的第三方物流企业有了一定程度的发展。但是从总体上来讲，我国的物流企业所能提供的服务主要集中于运输、仓储方面，功能还不够完善和全面；并且大部分物流公司规模较小、物流设施设备落后、机械化程度不高，一定程度上影响了运输工具的装载率；再加上物流信息技术水平较低，在增值服务方面处于较为落后的阶段，尚未形成较为全面且成熟的模式，这些方面都已经成为制约我国第三方物流企业提高市场竞争力的因素。

我国第三方物流的发展需要信息技术、供应链和物流一体化服务。中小型物流企业可以通过兼并与整合发挥运营优势，做大做强。政府和行业协会需要推动行业发展，不断完善外部发展环境。企业需要依托国家对物流产业的扶植，进一步壮大发展规模，根据不同服务对象的需求，不断丰富和完善物流服务的内容，建设有特色的、有竞争力的、差异化的服务。

在物流组织中，物流服务可以由制造企业自营、外包或外购服务等。物流外包指制造企业将以前由内部自营的物流服务以合同的方式委托给外部物流服务提供商[即第三方物流企业(3PL)]。而与外包所不同的是，外购是制造企业从外部获取所需服务的行为，该活动并不限于是否属于企业内部所有，而是在外包基础上的进一步扩展，是一种战略上的决策，制造企业所需的物流服务也可以向第三方物流企业(3PL)购买。物流外包本质上仍然是一种购买行为。物流服务的外购或外包不仅是为了降低制造企业的成本，更重要的是出于提升制造企业的核心能力等长期战略考虑，如制造企业价值链分析、标杆分析，以及供应商分析等。制造企业在内部资源有限的前提下，在保留自身核心优势的同时，可以有选择地将物流活动转交给其他拥有专业化资源的企业来执行。

## 4.3.2 物流外包的范围

有大量不同的运作和服务可以被外包，包括内部和外部的流程。事实上，在分销和物流中几乎每个不同的功能都可以外包。最终的外包决策,包括是将整个运作系统外包,还是仅保留那些被视为公司核心业务的非物流功能,如零售公司的零售店。如果将物流外包视为一个连续的服务,外包的范围自然涵盖了从完全内部化的物流到完全外部化的物流,如图4-5 所示。

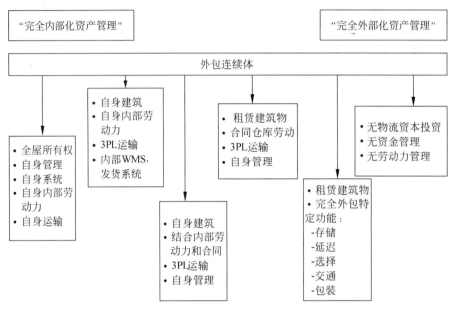

图 4-5 物流外包的连续体

从图4-5 中可以看出,在整个外包实体物流运作的范围中存在许多可供选择的机会。较为普遍的渠道就是外包派送的运输运作,但是可以在公司内部保留仓库和仓储运作。这些多种组合中的任意一个选项都可能适合某个特定的公司。

这个连续体的两端分别是:①完全内部化的资产管理,表示一个公司将整个物流运作保留在自身内部并且不做任何的外包活动;②完全外部化的资产管理,表示公司将整个实体物流运作外包给第三方物流,但是重要的是它仍承担服务提供方的行为责任。

所以,外包连续体的方案可以帮助公司确定外包的主要优势,同时可以使合作合同和责任边界改变清晰明了,还可以帮助定义合同中的期望收益等。

### 4.3.3 包装、装卸、仓储和运输

第三方物流公司可以提供许多不同的运作或活动。包装、装卸、仓储和运输(packaging,handing,storage and transportation,PHS&T)是3PL提供的最主要活动,如配送中心运营都包括了这些活动。对于逆向物流、越库等活动,领先型物流提供商(LLP)/第四方物流(the 4th party logistics,4PL)服务和服务型物流也可以向外委托。特别注意,一些公司可能在一些特定的运作方式上很专业,而其他有的公司则可以提供多种可行方案。这些公司

所提供的基本运作方式在风格和程度上都不同。

按照职能,(PHS&T)分别定义如下。

包装:作为生产者与使用者的媒介,利用增加的工具提供产品的安全性、运输性和可储存性。产品的特性决定了需要防止其退化的保护类型和程度。运输和装卸,以及储存考虑的时限与类型,决定了保存和包装材料的选择。

装卸:指物品在有限的范围内从一处移到另一处,通常局限于某个单一区域,如基地之间、储存区之间、工位之间,或者从储存转到运输模式。

仓储:指物品的短期或长期储存。储存可以通过临时或永久性设施来完成。

运输:利用标准的运输模式通过陆运、空运和海运实现设备和供应品的移动。运输工具包括货车、汽车、铁路、船舶和飞机。

PHS&T是资源、流程、程序、设计、计划与方法的综合体,这些活动需要确保所有系统、设备和保障产品得到恰当的保护、包装、装卸和运输,包括环境的考虑、商品在短期及长期储存中的保护和运输性。关注与包装、装卸、储存和运输相关的独特要求,不仅涉及装备或系统中的物品,也涉及备件、其他供给品类、基础设施产品项目,甚至包括人员。有些在维修途中或维修返回时需要特殊的环境控制的特殊物品、防震动的容器运输和储存设施,可运用组合的运输方式(陆运、铁运、空运和海运)。

PHS&T活动的结果会带来多方面的后勤延误,会直接影响装备或系统的关键性能参数——可用性。运输问题容易造成物品延误,或者更严重的是,由于监管限制而无法发货;仓储的物品已过有效期或储存不当都会造成产品退化;包装不良会造成运输过程中物品损坏或丢失;不适当的装卸会造成物品在运送途中损坏。所有物品,甚至软件,都受PHS&T的要求和注意事项的约束。必须确保系统对PHS&T进行过周密的考虑,由可信任的公司或部门承担这些关键的活动。

做物流外包相关的决策,需要考虑很多因素。决定物流外包之后,还需要决定与哪种类型的物流公司签订合同,是第三方物流提供商还是第四方物流提供商?

第四方物流是一个集成商,它把本公司和其他公司所有的资源、能力、技术集成起来,以设计、建立和运行一系列综合性物流供应方案。第四方物流并非是资产拥有型公司,它具有复杂的信息系统和能够代表公司管理所有物流运作的决策者,而且能够给客户提供成本有效的物流体系。第四方物流有能力选择最佳的第三方物流商。

物流集成商的优势在于其能统一协调供应链的各个环节,实时监控,共同协作,确保货运和周转按计划完成,将货物在规定的时间运送到指定的地点。协调包括管理整个配送网络、仓库地点、配送中心及工厂,还包括协调其运输方式,以及设计并管理网络中的各项运营活动,以确保高效仓储和运输。运用大数据分析方法能够提高物流的实时评估能力,优化供应链绩效,协调整个供应链,有效管理顾客需求与产品库存量。还需要将顾客需求、产品库存量这些物流数据与供应商进行整合,从而为整个供应链提供准确的信息。物流数据分析广泛应用于库存优化、订货量决策、选址优化、运输优化、车载重量与运输成本优化等。

很多第三方物流商已经在其业务中使用了分析模型进行运输优化、路线分析、车辆维修预测与日程设定。

## 4.4 分销网络

### 4.4.1 分销网络概述

#### 1. 分销及分销网络

分销指在供应链中将产品和服务从制造商环节交付给最终消费者所采取的运输及储存过程的一系列活动。分销是将产品和服务从供应链的一个环节分送到另一个环节，一直到顾客手中才最终完成。分销渠道能够促进产品和服务从制造商流向最终顾客/消费者。分销网络就是产品从生产环节到消费环节，从制造商到最终消费者的整个过程中所涉及的组织和设施节点及其链接的集合。这些组织和设施通过有效的分工和协作，形成物流网络，使产品和服务能够有效、迅速地移送到消费者手中。不难看出，分销物流网络由制造商、分销商、仓储或配送中心、顾客需求点或提货点和分销通道组成。不同层次的网络节点承担不同的任务，网络节点的链接形成了不同的物流网络结构。有些节点需要更加靠近交通运输枢纽，有些需要靠近城市社区，不同类型的节点通常需要不同类型的运输模式，在整个分销物流中发挥着不同的缓冲作用。

分销网络的设计直接影响整个企业盈利能力。分销网络的设计意味着对分销网络的配置及分销网络基础设施的合理决策。网络设计涉及的问题与制造商、仓储或配送中心、顾客需求点，即零售店、提货点等的地理位置分布、数量、规模等都有关系，也与产品供货与配送等密切相关。

分销网络作为供应链的一个重要部分，无疑会直接影响供应链运营的总体成本。通过分销网络将产品交付最终顾客，分销网络会直接影响顾客满意度和顾客价值。任何成功的企业都需要认真设计企业的分销网络。企业的分销网络可以有多种模式及策略选择，如图 4-6 表示了某制造企业可能面临的多种分销策略。这里考虑了企业的不同的生产方式：面向库存生产、面向订单装配、面向订单生产。不同的分销策略，意味着不同类型的分销网络；不同的分销网络模式意味着不同的分销成本与不同的顾客响应能力。举例如下。

制造商可以采用工厂集中存货的方式，直接送货给最终顾客，这种集中库存方式降低了库存持有成本。但是由于和最终顾客的平均距离增加，运输成本就比较高，交货期也会比较长。

制造商也可以采用各地区分销商存货的方式，由分销商直接发货，这种分散的库存方式增加了总体库存量，从而增加了库存成本，但是其运输的平均距离缩短，所以运输成本要低，交货期也会缩短。

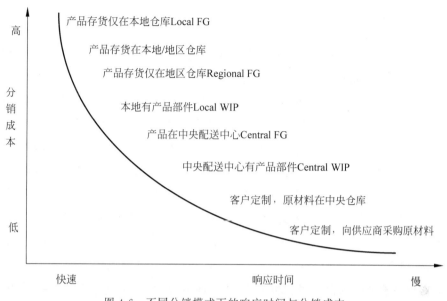

图 4-6　不同分销模式下的响应时间与分销成本

还可以考虑其他具体情况。例如,考虑产品装配、客户定制等,按顾客订单装配能够降低产品库存成本,保持适度的部件库存;客户定制降低了产品及部件的库存成本,响应时间肯定要长。

不同的分销网络有不同的特点。企业选择分销网络时应该根据企业特点、产品属性,在库存及运输成本、交货期等多种因素之间进行权衡。企业完全可以利用适合自身的分销方式来实现低成本或快速响应能力的目标,从而产生成本或时间方面的竞争优势。

在企业越来越重视全球分销的背景下,是选择全球供应链还是本地供应链?这需要考虑运输成本、仓储成本、劳动力成本及供应商关系和客户服务,可以运用大数据分析方法来进行全球化与本地化供应链的优化。

如今,互联网电子商务蓬勃发展。互联网作为当前的主要销售平台之一,正在迫使制造商和零售商在其供应链中开发具有创新性及灵活性的"全渠道"功能,以满足来自商店、分销中心和生产地的需求。网络分销成为企业重要的"互联网+"策略,企业通过自有网站或电商平台向更多用户传递产品和服务。网络零售的快速发展,线上线下"全渠道"零售的出现,都极大地改变了传统的分销渠道和分销模式。

借助于互联网,企业可以搭建在线销售渠道,实现分销商(经销商/代理商)与下级零售商,或者生产厂家与下级分销商之间的实时高效的订货、收货、发货管理,实现渠道实体及数据的实时监控,建立强有力的电子分销系统,有效集成与优化供应链体系,实现高效的跨区域运输、多渠道协同的分销战略,极大地降低分销成本,提高周转效率,确保企业盈利能力。

当然,影响分销网络的因素不仅仅是互联网,而是从外部到内部,全球供应链与国内供应链所面临的全方位的影响因素。

## 2. 网络设计影响因素

企业的分销网络设计应考虑许多战略因素,包括宏观经济、政治、技术、基础设施、竞争要素等,还要考虑供应链内部因素,主要是物流及设施成本。分销网络设计要满足顾客所要求的客户服务水平,还要降低总体分销成本,现在还要考虑网络对环境的影响与可持续性。分销网络设计及分销方式的选择需要在以上各个方面做出权衡。

客户服务方面的影响要素,包括响应时间、产品品种(单一的品质似乎不能满足顾客个性化需求,虽然多样化品种满足了顾客多样化的需求,但也增加了管理的复杂度,从而使客户服务大打折扣)、产品可获得性、顾客体验(让顾客感受到下订单和收货的便利性程度等)、订单跟踪的可视化(让顾客等待也要明白地等待)、可退货难易程度(反映了分销网络处理退货的能力)等。供应链成本方面的影响因素,包括库存成本、运输成本、设施和搬运成本,信息处理及传输成本。

各个影响因素之间也存在着关联关系。例如,随着供应链中仓储设施数量的增加,离最终顾客近了,会缩短响应时间;但同时,设施数量的增加,会使总库存水平提高,进而增加库存成本。通常为了降低库存成本,企业会尽量合并或限制供应链中的仓储设施数量;运输成本涉及进仓的运输成本和出仓的运输成本。一般来说,单位进仓运输成本要低于出仓运输成本,因为前者的运输批量大,可能是整个集装箱过来的,具有规模效应。那么,增加仓储设施数量可以缩短出仓运输的平均距离,进而降低运输总成本。但如果设施数量增加到一定数量时,使得进仓运输的批量变小、失去运输规模效应时,增加仓储设施数量就会带来运输总成本的增加。增加仓储设施数量必然会导致仓储设施成本的增加。

分销网络的物流总成本是库存成本、运输成本和仓储设施成本之和。随着仓储设施数量的增加,库存成本和运输成本是逐渐降低的,但是设施成本却随之增加。物流总成本的趋势是先降低并达到一个临界值,然后再上升,如图4-7所示。所以应至少拥有使总物流成本最小的仓储设施数量。还要考虑响应时间,响应时间是随着设施数量的增加而缩短,快速的响应能力能够吸引顾客并留住顾客,有的企业宁愿增加物流总成本也要提高响应能力。那么,进一步就需要权衡由响应能力增强所带来的经济收益或竞争优势与设施数量进一步增加带来的成本上升。

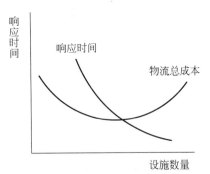

图 4-7 仓储设施数量与物流总成本和响应时间的关系

### 4.4.2 分销网络方案

从制造商到最终消费者,分销网络可以存在以下可选方案。

(1) 工厂存货并直接发运。
(2) 制造商库存加直接送货和在途合并。
(3) 分销商库存加承运商送货。
(4) 分销商库存加送货上门。
(5) 制造商/分销商库存加顾客自提。
(6) 零售商库存加顾客自提。

在设计分销网络时考虑了顾客提货点与本地仓。可通过本地仓送货上门,或者送到提货点,由顾客自提。

### 1. 工厂存货并直接发运

工厂存货并直接发运指产品直接由工厂发运给最终顾客,无须经过零售商,零售商只负责接收订单并启动交货请求。这种方式又叫作代发货,这种方式里零售商不持有库存。如图 4-8 所示,订货信息从顾客经过零售商传送给工厂(制造商),而产品则直接由制造商发运给顾客。大多数网络在线零售商及电商平台就是采用代发货的方式将产品送到终端顾客手中的。在电商平台模式下,制造商可直接建立网上商店。

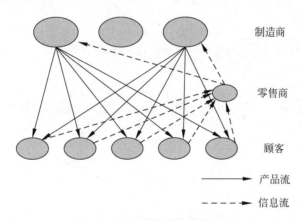

图 4-8 制造商存货并直接发运

这一方式的最大优势是可以将库存集中存放到制造商处,而制造商可以将其所供应的所有零售商的需求汇总起来。因此,可以做到用较低的库存水平提供较高的产品可获得率。代网商发货的一个关键问题是制造商库存的所有权结构。

这一方式还为制造商提供了将定制化推迟到顾客下单以后再进行的机会。实施延迟策略可以通过部件、组件层面的整合进一步降低库存。

由于制造商到最终顾客的分销物流运输距离比较远,所以运输成本比较高。当顾客订单包括来自多个制造商的产品时,就需要将订单拆开,但这会造成顾客多次收货,给顾客带来不便。分销物流运输无法集中也会使成本增加,不过随着第三方物流快递的飞速发展,这个问题将迎刃而解。

采用这一方式,可以节约仓储设施的固定成本,因为所有库存都集中在制造商那里。此外还可以节省运输费用,因为无须将产品从制造商运送给零售商。不过这种方式的响应时间通常比较长,因为订单必须由零售商传递给制造商,而且需要从制造商的中央仓库发货。

零售商和制造商可通过互联网互通信息,制造商持有库存,零售商就可以发布产品供货信息。订单下达后,顾客可以查询订单执行过程。订单可见性变得十分容易。

这种方式在处理退货方面可能会有困难,从而会降低顾客满意度,特别是对于有多个制造商供货的订单。退货可以采取两种方式处理:①顾客直接将产品退回到制造商;②零售商专门设立负责处理退货的部门,由其协调制造商与顾客。

### 2. 工厂存货并直接发运和在途并货

在途并货是将订单中来自不同地点的产品合并起来,一次性发给顾客。图 4-9 给出了在途合并网络中的信息流和产品流。

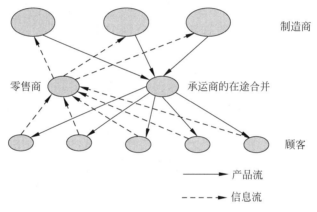

图 4-9 在途合并网络

在途合并的明显优势是集中库存和延迟产品定制化的能力。这种方式对那些难以预测需求的高价值产品效益最高,特别是在产品的客户定制化可以延迟的情况下。

实施在途合并是需要具备合并能力的,其仓储设施成本较高。为了实现在途合并,需要建立一套复杂的信息基础设施。除了信息之外,零售商、制造商和承运商的运作也必须协同。

由于需要实施合并,响应时间可能稍长一些。顾客体验则要优于代发货方式,因为即使一个订单包括多个供应商的产品,但是承运商在途合并后,顾客对一笔订单只需一次收货。订单可见性是一个非常重要的要求,订单中的产品在承运商的中转站合并之后,订单跟踪可轻易实现。在途合并方式下,可退货性与代发货方式类似,处理退货问题也很类似,逆向供应链仍然费用高昂且难以实施。

在途合并的不足之处在于其需要额外的付出。这种方式最适合零售商从有限的制造商那里采购中低等需求的高价值产品。

### 3. 分销商存货加快递送货

在这种方式下,制造商的工厂并不会保留库存,而是将库存存放在地区分销商/零售商的仓库,将其作为工厂与顾客之间的中间仓库,然后由物流快递将产品从中间仓库运送给最终顾客。图 4-10 给出了使用分销商存货加快递送货的信息流和产品流。

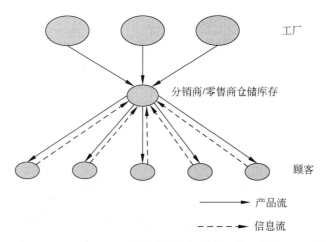

图 4-10　分销商库存加快递送货

与制造商存货相比,地区分销商仓库所需的库存量较高。从库存的角度看,分销商库存适用于高需求的产品,不适用于严重滞销的产品。在某些情况下,产品差异化延迟至地区分销商仓库是可以实现的,只不过要求地区分销仓库具备一定的装配加工能力,成为地区配送中心。

与制造商存货相比,分销商存货的运输成本相对较低,这是因为运到仓库的主干线运输可以采用整车装运的经济运输方式。仓库距离顾客又比较近,响应能力增强,而且完全可以将发往同一顾客的来自多制造商的产品包装在一起一次性发运,使顾客享受"一站式"购物体验,也进一步降低了运输成本。不过,这种方式下,地区分销仓库的设施成本相对较高。

分销商存货充当着顾客与制造商之间的缓冲器,便于协调管理。在顾客与分销仓库之间的实时订单跟踪容易实现。可退货流程容易确定,退货仅单个包裹,并且所有退货都可以在分销仓库完成。

### 4. 分销商存货加循环送货

循环送货指分销商/零售商不依靠物流快递而将产品按预先确定的数量在预定的时间段内送到顾客的手中。在汽车零部件业,分销商存货加循环送货是比较常见的方式,因为仅靠各个经销商独立持有库存的成本过高,经销商不易接受。因此原始设备制造商通常会设立分销中心储备大部分库存,这类分销中心一般由第三方管理。地区分销中心负责为一批经销商运送其所需的零部件,每天可能运送数次。与包裹快递不同,循环送货要求分销仓库更靠近其顾客,因而分销商可能需要设立更多的仓库。图4-11是分销商库存加循环送货网络。

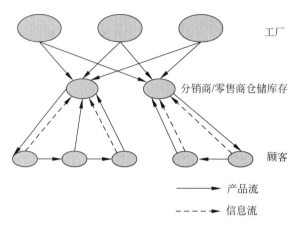

图4-11 分销商库存加循环送货

分销商库存加循环送货可采用"牛奶配送"的循环方式,运用卡车绕行一圈定期送达顾客,起点是分销仓库,终点也是分销仓库。这种方式适用于需求较为紧迫的且比较畅销的产品。汽车经销商所需的汽车零部件可以通过这一方式完成。

循环送货的响应能力比包裹快递要强,且能够保证产品可获得率。对于那些体积大、难以携带的产品,或者需要专业运输的产品而言,优势明显,顾客可放心收货。循环送货的退货便于实施,送货车到达收货时就可退货。

### 5. 工厂或分销商存货加顾客自提

在这种方式下,库存放在工厂或分销商的仓库中,而顾客通过网络下订单,然后自行到指定的提货点提货。订单中的物品会根据需要,从仓储地发送到提货点,然后通知顾客自行取货。

利用这种方式,通过工厂或分销商的库存集中可以降低库存成本。零售商可以在提货点存放畅销品,而将滞销品存放在中央仓库或制造商工厂的仓库里。这种方式下的运输成本低,因为订单中的产品运送到提货点可以实现一定的规模效应,而且可以通过整车或零担承运商将货物运送到提货点。

如果要建新的提货点,那么设施成本就会增加。对于顾客自提来说,订单可见性非常重要,其需要完善的信息系统及设施。

退货可以在提货点来完成,从而为顾客提供方便。顾客自提网络的主要优势在于它可以降低送货成本,不必要将每件产品送货上门,降低了工作复杂度。

#### 6. 零售商存货加顾客自提

这种方式被看作是最为传统的零售形式。由于缺乏集中效应,零售商存货会增加库存成本。由于可以采用比较低廉的运输方式为零售店补货,运输成本自然会降低。这一方式需要很多的当地零售点及仓储设施,因此设施成本高。如果顾客在店内体验、网上订货、店内自提,则会形成线上、线下相互配合的零售模式。零售店可提升顾客的购物信心,增强顾客的信任感;网上下单,则会提供功课网购体验,提高订单的可见性,提升响应能力,便于顾客网上支付,便于顾客参与网上的金融活动。接受网上下单还可帮助零售店提前获知顾客需求,节省零售店的库存空间。这种方式下的产品退货方便,可以在提货点也可以在零售店处理。

亚马逊采用的是混合网络,畅销品在大多数仓库都有存放,销售量一般的产品在少数仓库中存放,滞销品则可能由供货商代发货。

### 4.4.3 分销策略模式

从上面介绍的分销网络可选方案中,不难发现有下面几种典型的分销策略模式,它们直接影响着分销网络结构。

#### 1. 直送型

直送型可直接从工厂或仓储中心直接送至某一个目的地。直送型的特点如下。
(1) 从供货处直接运达需求地。
(2) 每一次配送的运输路线都是确定的,管理者只需要决定每次配送的数量和要选择的运输方式。
(3) 管理者需要在运输成本和库存成本之间进行权衡。

直送模式的主要优势如下。
(1) 不需要中转仓库。
(2) 货运决策完全本地化,而且针对某一批次货运的决策不会影响其他批次的货运。
(3) 顾客可快速获得产品,易退货,质量问题易追溯,因为没有中间环节。

这种方式的局限性也很明显,既需要考虑需求的批量大小,又需要考虑运输成本。如果小批量配送导致成本高,就要格外注意。

#### 2. 并货型

并货型指将小运输批量合并成大批量,拼货或合并运输,实现配送的规模经济性。例如,可将运送给某一需求地的订单合并,等到满车时再发运。在实践中,并货型配送可以是供货商用一辆卡车给多个需求地送货,把多个需求地的订单合并;或者是一辆卡车从多个供货商处取货然后送至同一个需求地,抑或在合并仓储中心配送同一目的地的订单。在前两种情况下,管理者每次都要确定并货配送路线。

并货配送的优势是无须中间仓库,可以将多个地方的货物聚集到一辆卡车上,从而降低运输成本。

当要运往每一个目的地的货物量很少且不足以装满一辆卡车,而多个目的地的距离较近时,可以将货物合在一起,以提高车辆的装载率。

如果需要定期进行小批量频繁送货,且若干供货商或零售商在地理位置上非常接近,那么并货配送可以极大地降低运输成本。

### 3. 集中型

在这种方式下,供货商将产品运送到中央配送中心进行存储,等需求地需要时,再通过中央配送中心进行并货运送到各个需求地。这是一种集中存储方式,中央配送中心相当于货物集散场所。集中型分销的特点如下。

(1) 产品以大批量运送到配送中心作为库存,在需要时可以以较小的补货量运送到需求地,也可以并货运送给各个需求地。

(2) 配送中心的作用是让供应链可以在靠近需求地的一个点实现运输的规模经济性。供货商向配送中心送货可以获得规模经济性,配送中心负责本地区范围送货,配送成本不会太高。

集中型分销的主要优势如下。

(1) 库存集中有利于库存水平的降低。

(2) 进场干线运输可以获得规模经济性。

(3) 地区配送可以实现并货,从而在支线及最后一公里配送上获得运输成本的降低。

集中型分销需要建设地区配送中心及其相关设施,必然会增加设施成本。

### 4. 中转型

在这种方式下,供货商将产品运送到一个中转站(也可以是配送中心),在中转站进行越库交叉转运(不进入存储区域),然后直接运送到需求地。此时的产品流与集中型分销相似,只不过中转中心没有存货。货物到达后,接着就被装到另外的车上发运了。

中转型分销的主要特点是依靠中间设施进行中转,而不是存储;进场运输和出场运输都可以实现规模效应。

这一方式的主要优势是能够降低库存水平,加快供应链中产品的流动速度,相比集中型分销减少了库存、节省了装卸搬运成本。

### 5. 混合型

上述单一的分销策略虽然对某些产品、某些订单获得规模经济性有益,但是在实践中往往要根据企业的具体情况,考虑产品特性、需求特点、订单批量、销售规模、客户服务水平的要求等采用混合型分销策略。混合型分销策略可使企业根据具体情况分别确立具体的差异化分销策略,这样往往会获得全局物流总成本的降低。

### 4.4.4 配送与配送需求计划

#### 1. 配送

一般而言,配送指根据客户的要求,在物流场站内进行分拣、配货等工作,并将配好的货物及时交给收货人的一个过程。我国国家质量技术监督局在 2021 年颁布的《中华人民共和国国家标准—物流术语》中,对配送的定义是:在经济合理区域范围内,根据客户要求,对物品进行分拣、加工、包装、分割、组配等作业,并按时送达指定地点的物流活动。

配送是从发送、送货等业务活动中发展而来的。原始的送货是作为一种促销手段出现的。随着商品经济的发展和客户多品种小批量需求的变化,原来那种有什么送什么和生产什么送什么的发送业务已不能满足市场的要求,从而出现了"配送"这种发送方式。配送的产生和发展既是社会化分工进一步细化的结果,也是社会化大生产发展的要求。配送最接近顾客,是连接物流系统和消费者的纽带和桥梁,配送功能完成的质量及其达到的服务水平反映了物流系统对需求的满足程度。配送是"配"和"送"的有机结合。配送与一般送货的重要区别在于,配送利用有效的分拣、配货等工作,使送货达到一定的规模,以便利用规模优势取得较低的送货成本。

#### 2. 配送中心

以往商品经由制造、批发、仓储、零售各环节间的多层供应链途径,最终到消费者手里。而现代物流业的一个重要特点就是对渠道的简化,并设立配送中心。它使未来的产业分工更加精细,产销分工日趋专业化,大大提高了社会的整体生产力和经济效益。配送中心指从事货物配送(集货、加工、分货、拣选、配货)和组织对用户的送货,以高水平实现销售或供应的现代流通设施。配送中心是一种末端物流的连接制造与销售点的节点设施,通过有效地组织配货和送货,使资源的最终端配置得以完成。下面主要介绍配送中心的几个方面。

(1) 配送中心的作用。

在现代物流活动中,配送中心的作用包括使供货适应市场需求变化——各种商品的需求在季节、时间、需求量上都存在很大的随机性,需要依靠配送中心来调节,以适应生产与消费之间的矛盾与变化;经济高效地组织储运,建立配送中心,能够批量进发货物,能组织集中储运和成批直达运输,有利于降低物流系统成本,提高物流系统效率;提供优质的保管、包装、加工、配送、信息服务,由于物资物理、化学性质的复杂多样性,地理与气候的多样性,交通运输的多起终点、多方式,地区或专门配送中心的建立有助于提供更加专业化、优质的服务;促进地区经济的快速增长。配送中心是经济发展的保障,是吸引投资的环境条件之一,同时也可以拉动经济增长。配送中心的建设可从多方面带动经济的健康发展。

(2) 配送中心的功能。

配送中心是集货中心、分货中心、加工中心功能的总和。配送中心具有如下功能。

① 存货功能,存储一定的商品,形成对配送的资源保证。

② 分拣功能,采用适当的方式对组织来的货物进行分拣,然后按配送计划组织配送和分装,实现按客户要求组织送货。

③ 集散功能,把各个用户所需要的多种货物有效地组织或装配在一起,形成合理的批量,实现低成本、高效率的商品流通。

④ 衔接功能,配送中心如同一个"蓄水池",不断进货、送货,快速的周转有效地解决了产销不平衡,缓解了供需矛盾,在产、销之间建立了一个缓冲平台,同时通过发挥存储和发散货物功能,使供需双方实现了无缝连接。

⑤ 流通加工功能,通过按客户的要求开展配送加工可使配送的满意度和效率提高。

⑥ 信息处理功能,配送中心不仅是实物的连接,更重要的是信息的传递和处理。

(3) 配送中心的类型。

配送中心是专门从事货物配送活动的经济实体。随着市场经济的不断发展,商品流通规模的日益扩大,配送中心的数量在不断增加。在众多的配送组织中,由于各自的服务对象、组织形式和服务功能的不尽一致,配送中心经过适当划分,分成了很多类型,主要归纳为 9 类:专业配送中心、柔性配送中心、供应配送中心、销售配送中心、城市配送中心、区域配送中心、储存型配送中心、流通型配送中心及加工型配送中心。

现在电商的快速崛起和行业的需求,对于配送中心这一重要环节的需求和要求也在不断提高,越来越多的电商建立了区域型仓储物流配送中心,这就能够很好地协助商家在终端和渠道端提供广泛的服务。在电子商务与互联网时代,物流发展到集约化阶段,一体化的配送中心的服务必将越来越广泛,但最终必将会按客户的需要提供定制服务。

### 3. 配送需求计划

配送需求计划(distribution requirement planning,DRP)是一种既保证有效地满足市场需要,又使得分销物流资源配置费用最低的计划方法。这一计划需要确定是否需要为分支仓库补货、确定补货策略、补货时间与数量。在多级分销网络中更为复杂,它要考虑多个配送层次及其特点。从库存管理角度来考虑,制造和装配完成之前的库存管理靠 MRP、主生产计划(master production schedule,MPS),而一旦制成品到了仓库,由成品库通过分销渠道到顾客手中就由 DRP 来制订计划了。DRP 在逻辑上与 MPS 相似,只不过 MPS 安排的是生产计划,而 DRP 则是补货及送货计划。

DRP 最基本的工具就是一个类似 MPS 的明细表,它用于协调整个计划期内的需求。涉及每一个库存存储单元 SKU 和每一个配送设施。同一个 SKU 的明细表被汇总后,就可用于确定仓库的需求。DRP 明细表的信息不断更新,并在中央仓库和地区仓库之间实现周期性传递或即时传递。

### 4. 配送需求计划的逻辑方法

下面举例说明两个地区仓库与其中央仓库配送需求计划的制订过程。

表 4-5 是某地区仓库 1 的 DRP 明细表,表 4-6 是某地区仓库 2 的 DRP 明细表(空)。

表 4-5　某地区仓库 1 的 DRP 明细表

| 期初库存 45 | | 安全库存 20 | | 订货批量 60 | | 订货提前期 2 天 | | |
|---|---|---|---|---|---|---|---|---|
| 周期/天 | | 1 | 2 | 3 | 4 | 5 | 6 | 7 |
| 预测需求/个 | | 20 | 20 | 20 | 10 | 30 | 30 | 20 |
| 预期存货/个 | 45 | 25 | 65 | 45 | 35 | 65 | 35 | 75 |
| 计划收到量/个 | | | 60 | | | 60 | | 60 |
| 计划订货/个 | | | | 60 | | 60 | | |

表 4-6　某地区仓库 2 的 DRP 明细表(空)

| 期初库存 32 | | 安全库存 10 | | 订货批量 40 | | 订货提前期 1 天 | | |
|---|---|---|---|---|---|---|---|---|
| 周期/天 | | 1 | 2 | 3 | 4 | 5 | 6 | 7 |
| 预测需求/个 | | 15 | 15 | 15 | 20 | 15 | 15 | 15 |
| 预期存货/个 | 32 | | | | | | | |
| 计划收到量/个 | | | | | | | | |
| 计划订货/个 | | | | | | | | |

从表 4-5 中可以看出 DRP 明细表的一般结构。

"计划收到量"栏目是否填数,取决于"预计期初库存量-需求量"是否大于安全库存。如果"是",则期初库存量(即上期期末库存量)不仅满足本期需求量,而且满足安全库存的设置要求,因而此时无须收到货。如果"否",则需要此时到货,才能满足要求。计划到货量要考虑订货批量要求。

预期存货量(本期期末库存量)按照下面公式得到。

$$预期存货量(本期期末库存量)=期初存货+本期收到货物数量-本期需求量$$

计划订货数量由计划收到量,考虑提前期前置得到。提前期是发出订单到收到货之间所需的时间。

以仓库 1 的明细表为例,其期初库存量为 45,周期 1 的预计需求为 20,那么周期 1 的预计库存为 25,大于安全库存 20 的要求,所以不需要补货。周期 2 的预测需求数量为 20,而周期 2 的期初库存量 25 减去周期 2 的预计需求量 20,可得到周期 2 的预计库存仅剩 5,低于安全库存 20,所以周期 2 需要收到货,又考虑到订货的批量要求,收到货 60 可以满足要求。本期收到 60,加上期初 25,减去需求 20,得到本期期末库存 65。利用同样的方法,可以得到周期 3 无须到货。因为扣除需求量的本期期末库存 45 已经达到了安全库存的要求。

同理,可搞定周期 4、5、6、7 的预期存货量与计划到货量。

因为订货提前期为 2 周,即订货订单下达到货物收到的时间需要 2 周,所以计划订货量需要达到到货数量要求,在时间上还要提前 2 周。在表 4-5 中,周期 2 的到货肯定已经在 1 期前下达了,所以表 4-5 中没有出现。周期 5、周期 7 的到货分别需要周期 3、周期 5 的计划订货订单来保证。

那么,现在你可以独立完成仓库 2 的 DRP 表格吗?请试一试。

完成表 4-6 后可以与表 4-7 比较下是否相同。

表 4-7  某地区仓库 2 的 DRP 明细表

| 期初库存 32 | | 安全库存 10 | | 订货批量 40 | | 订货提前期 1 天 | | |
|---|---|---|---|---|---|---|---|---|
| 周期/天 | | 1 | 2 | 3 | 4 | 5 | 6 | 7 |
| 预测需求/个 | | 15 | 15 | 15 | 20 | 15 | 15 | 15 |
| 预期存货/个 | 32 | 17 | 42 | 27 | 47 | 32 | 17 | 42 |
| 计划收到量/个 | | | 40 | | 40 | | | 40 |
| 计划订货/个 | | 40 | | 40 | | 40 | | |

比较后相同吗?若相同,恭喜你答对了。若不完全相同,请返回到表 4-6 那里,再看一遍。

所有的地区仓库的 DRP 明细表出来之后,就可以将其中的计划订货数传送到中央仓库,从而得到中央仓库的 DRP 明细表(空)。中央仓库的库存及订货要求已经列在了表 4-8 的第一行。现在中央仓库如何安排向其上游供货商订货呢?同样,可以按照表 4-6 的方法来完成填写。

表 4-8  中央仓库的 DRP 明细表(空)

| 中央仓库:期初库存 100 | | 安全库存 50 | | 订货批量 150 | | 订货提前期 1 天 | | |
|---|---|---|---|---|---|---|---|---|
| 周期/天 | | 1 | 2 | 3 | 4 | 5 | 6 | 7 |
| 地区仓库 1 计划订货/个 | | | | 60 | | 60 | | |
| 地区仓库 2 计划订货/个 | | 40 | | 40 | | | 40 | |
| 总需求数/个 | | 40 | 0 | 100 | 0 | 60 | 40 | 0 |
| 预期存货 | 100 | | | | | | | |
| 计划收到量/个 | | | | | | | | |
| 计划订货/个 | | | | | | | | |

完成表 4-8 后,不妨与表 4-9 进行比较,以检验自己是否掌握了这个方法。

表 4-9  中央仓库的 DRP 明细表

| 中央仓库:期初库存 100 | | 安全库存 50 | | 订货批量 150 | | 订货提前期 1 天 | | |
|---|---|---|---|---|---|---|---|---|
| 周期/天 | | 1 | 2 | 3 | 4 | 5 | 6 | 7 |
| 地区仓库 1 计划订货/个 | | | | 60 | | 60 | | |
| 地区仓库 2 计划订货/个 | | 40 | | 40 | | | 40 | |
| 总需求数/个 | | 40 | 0 | 100 | 0 | 60 | 40 | 0 |

续表

| 中央仓库：期初库存 100 | | 安全库存 50 | | 订货批量 150 | | 订货提前期 1 天 | | |
|---|---|---|---|---|---|---|---|---|
| 预期存货 | 100 | 60 | 60 | 110 | 110 | 50 | 160 | 160 |
| 计划收到量/个 | | | | 150 | | | 150 | |
| 计划订货/个 | | 150 | | | 150 | | | |

由中央仓库的 DRP 明细表可以得到中央仓库的计划订货数量。如果中央仓库是向工厂订货，那么，所有中央仓库的计划订货数据就可作为工厂制订主生产计划的依据。也就是说，主生产计划必须保证所有中央仓库的订货要求得到及时满足。

**5. DRP 明细表的调整**

在以上 DRP 明细表中，每期的需求量是根据历史数据通过预测方法得到的。每一期的实际需求量与预测量可能存在差异，实际量往往也在变化中（新的订单要不要接受，接受了能不能完成，在计划中采用了需求时界与计划时界的做法来解决这一问题，这里不做讨论，有需要的读者可参考作者所编的《企业资源计划——ERP 原理应用与案例》），所以在以上的 DRP 明细表中需要在预测需求行后加一行"确认的配送量"。

当实际需求与预测需求有差异时，对 DRP 明细表的调整如表 4-10 所示。调整后表格的填写与上述方法相同，不过需求量应该采用 max{"预测需求量"，"确认的配送量"}，这是因为原有预测量已经证明是小了，需求量就要采用确认的配送量，否则无法满足已经确认的顾客订单。预测量比确认的配送量大应该在情理之中，因为顾客订单在增加之中，越往后增加得越多。

**表 4-10 某地区仓库 2 的 DRP 明细表**

| 期初库存 32 | | 安全库存 10 | | 订货批量 40 | | 订货提前期 1 天 | | |
|---|---|---|---|---|---|---|---|---|
| 期/天 | | 1 | 2 | 3 | 4 | 5 | 6 | 7 |
| 预测需求量/个 | | 15 | 15 | 15 | 20 | 15 | 15 | 15 |
| 确认的配送量/个 | | 16 | 15 | 15 | 16 | 12 | 13 | 12 |
| 预期存货 | 32 | 16 | 41 | 26 | 46 | 31 | 16 | 41 |
| 计划收到量 | | | | 40 | | 40 | | 40 |
| 计划订货量 | | 40 | | 40 | | 40 | | |

读者可以看一下表 4-6 与表 4-3 的区别。

DRP 对存货的有效管理使存货水平得到了降低，同时也减小了库存成本。DRP 对订单执行情况能进行有效的跟踪，协调了产品物流环节，降低了物流成本，降低了配送过程中的运输费用，提高了预算能力；同时也改善了服务水平，能保证顾客的需求得到满足；还提高了对市场不确定性的灵活响应能力。

当然，DRP 对订货周期的确定性有很大的依赖，而订货周期受到很多不确定因素的影响，这在实际中需要做出调整。

### 6. 配送资源计划

当配送系统有多个运行单位(如多个仓库)时,需要从系统整体的角度,对现有的各配送资源进行有效的整合,确定运作单位的经营方向和经营内容。配送资源计划(distribution resource planning,DRPⅡ)就是为了提高配送环节的物流能力,达到系统优化运行的目的,而对配送需求计划的内容进行扩展,考虑全部配送资源设立的计划。

DRPⅡ能有效解决以下问题。

(1) 当配送系统设立多个仓库/储运中心/转运站时,设置多少仓储据点是合理的。

(2) 仓库位置的选择和配送区域的确定,以满足配送系统的需求。

(3) 仓库存放的商品种类、数量,以及供应该区域的商品需求,仓库空间的规划。

(4) 仓库据点的设施资源和人力资源的确定。

## 4.5 基于网络的选址

### 4.5.1 网络结构

物流网络是由多个网络节点、多条运输路线、多种运输方式,以及交通运输设施等交叉而组成的、复杂的网络结构。将各种运输系统的共同结构特点抽象出来,以网络图论的符号进行描述,给物流运输网络作如下定义:

$$G = \{N, V, W\}$$

其中,$G$:物流运输网络;

$N$:物流运输网络节点;

$V$:物流运输网络的边;

$W$:物流运输网络边的权重,即区间路线的距离、运输费用、运输时间等。

网络中的节点即为物流中心、配送中心、仓储中心、顾客,以及各种物流运输方式中的中转结合部;网络中的边就是上述节点之间的可行区间路线;网络中节点之间的边长或是与边相关的数量指标就是区间路线的距离、运输费用或运输时间等。

在进行网络设计时就要考虑物流运输网络中网点的合理布局。那么物流网络节点的布局是一项具有战略意义的投资决策问题。因为网络布局的合理性将对企业能否经济有效、快速便捷地将产品和服务运送到顾客手中产生重大影响。因此,在进行网络布局时就要以低成本、高经济效益、运输便捷、高服务质量为目标。重点要考虑以下问题。

(1) 选择网络结构。

(2) 计划区域内要设置的物流网点的数量。

(3) 物流网点的选址。

（4）各物流网点的规模和吞吐能力。

（5）明确各物流中心和配送中心的服务对象。

### 1. 基本结构

物流网络是物流过程中相互联系的组织与设施的集合。一个完整的物流网络是由各种不同运输方式的运输线路和物流节点共同组成的。配送网络则是物流配送过程中相互联系的组织与设施的集合。从个体的角度看，以配送中心为主的各种物流网络节点是独立运作和独自完成配送任务的，但是从供应链的角度来看，各种不同类型、不同规模的物流节点并非不相关、完全独立的。配送网络是一个由若干个星形拓扑结构构成的网络，其中各星形结构的中心节点相互通过运输线路配送货物，从而形成多层次网络。

物流配送网络的规划，主要包括物流配送网络的设计、配送中心的选址、配送路径的合理安排等。对配送网络的优化主要是针对网络中的节点和链的改进，以使网络的结构更加合理，效率更高，功能更强。

配送网络的基本结构是二阶结构，即由一个层次的物流中心或配送中心构成，如图4-12所示。

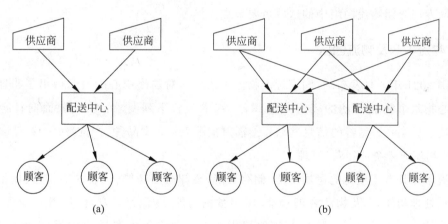

图4-12 二阶运输网络结构

（a）集中型二阶结构；（b）分散型二阶结构

这种网络结构的中转环节少。由于运输和配送均属于物流活动中的线活动，配送是线活动的末端，末端线活动直接面对客户服务，因此配送中心靠近顾客，并采取多批次、小批量的方式进行配送，以提高对顾客需求的响应速度。但是这样供应商离配送中心就可能比较远。

在二阶网络结构中，供应商也可以在顾客较聚集的地方建设物流中心，以便在接到顾客订单时能够快速及时地将货物运送到距离顾客较近的配送中心，这样可以有效地提高对顾客的响应速度。于是就形成了由供应商、供应商的物流中心、分销商的配送中心，以及顾客组成的一个三阶运输网络结构，如图4-13所示。

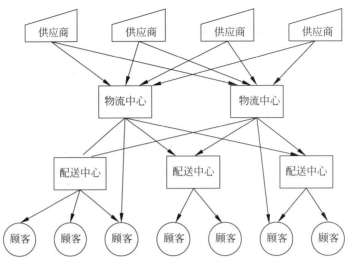

图 4-13 三阶运输网络结构

在物流网络结构中,物流中心、配送中心模式对物流网络结构产生了深远的影响。物流中心、配送中心的设立直接推动了集中化库存管理、统一配送的集约化、规模化经济模式。下面专门介绍物流网络中的这些重要节点。

**2. 物流中心及物流园区**

我国 2021 年 8 月发布的《国家标准物流术语》中,对物流中心的概念做出了明确定义。物流中心指从事物流活动的场所或组织,应基本符合下列要求:①主要面向社会服务;②物流功能健全;③完善的信息网络;④辐射范围大;⑤少品种、大批量;⑥存储、吞吐能力强;⑦物流业务统一经营、管理。

物流中心具有规模化的运输功能、储存功能、装卸搬运功能、包装功能、流通加工功能、物流信息处理功能,以及物流咨询功能、需求预测功能、物流培训功能、结算功能和其他后勤服务等功能。它可以是一家或多家物流中心在空间上集中布局的场所,也可以是集约化、大规模的物流设施集中地和多种物流线路的交会地。

根据国家质量监督检验检疫总局、中国国家标准化管理委员会发布的《物流园区分类与基本要求》的相关术语界定,物流园区(logistics park)是由多种物流设施和不同类型物流企业在空间上集中布局形成的产业集聚场地,是具有一定规模和综合物流服务功能且具有经济开发性质的特定区域,也是依托相关物流服务设施来实现降低物流成本、提高物流效率等目标的、具有产业集约功能的经济功能区。物流园区可分类为交通枢纽型物流园区、生产服务型物流园区、商贸流通型物流园区和综合型物流园区。其中,交通型物流园区应符合以下要求:①具备一定规模的空港或海港或河港或陆港之一;②以实现不同的运输方式转换为主;③具备信息化服务平台。

通常,物流园区也是一个城市的物流功能区,往往选址在大城市周边、靠近交通枢纽及公路干线,且具有一定规模和综合服务功能的特定地区。从事国内、国外物流、运输货物分发、转运业务的各类企业集聚在一起,为客户提供各种相关服务。物流园区内可以包括物流中心、配送中心、运输枢纽设施、运输组织及管理中心和物流信息中心,以及适应城市物流管理与运作需要的物流基础设施;作为经济功能区,其主要作用是开展满足城市居民消费、就近生产、区域生产组织所需要的企业生产和经营活动。

日本的物流园区以城市配送为主。由于日本人口多、空间小,因此城市的高人口密度是城市配送型物流园区产生的直接原因。德国的物流园区更多带有交通运输枢纽的性质。由于德国制造业发达、物流量大,因此整合交通资源是建立物流园区的重要原因。而西班牙、荷兰和新加坡的物流园区依赖港口开展国际贸易和国际中转业务,这主要归功于天然的港口资源和大量的国际贸易需求。

我国的物流园区有多种类型,可以根据物流园区依托的干线运输和支线运输模式,综合其货物量规模、集结形式、运输交会的方式和功能的组合形式等来进行分类。

(1) 空港物流园区。空港物流园区一般建于机场附近,主要是依托机场的空运业务及由此延伸的相关物流需求建立的集空运、陆运、海运于一体的物流信息多式联运交易中心,主要吸引从事国际、国内航空货物分拨、配送、整理、加工、仓储、展示、展销等业务的企业入区发展,为该物流园区所在区域的进出口货物集散和中外客商国内外采购、分销提供物流运作平台。例如,北京空港物流园区依托的是北京首都国际机场的空运业务,以及由此延伸的相关物流需求所建立的物流园区。航空运输的单位成本很高,因此,空港物流园区服务的对象主要有两类:一类是价值高、运费承担能力很强的货物,如贵重设备的零部件、高档产品等;另一类是紧急需要的物资,如救灾抢险物资等。

(2) 口岸物流园区。口岸物流园区一般建于河海或沿海地区靠近港口、码头的地段,采用以港口为主体的集约化经营模式,主要吸纳大货主、大客户、国内外贸易公司、仓储运输公司、战略物资生产和供销单位的广泛参与。口岸物流园区一般实行松散型管理、集约型经营,以使仓储、运输、加工、交易在物流园区内进行,并逐步规范市场,以期实现物流园区所在区域的矿、油、路、港、航一条龙,存、储、运、供、产、销、贸一体化的管理与经营模式。口岸物流园区的业务对象通常有集装箱包装、散货、包裹等相对低值物品,这就要求口岸物流园区充分发挥成本低的优点,从而应对低成本、大批量、远距离的物流业务。同时,由于水运显而易见的缺点——运输速度慢,因此口岸物流园区受港口、水位、季节、气候的影响较大。

(3) 内陆物流园区。内陆物流园区一般都是依托公路、铁路集装箱运输为主,提供多式联运一体化的物流运输方式,形成面向周边地区、辐射全国的内陆口岸型综合物流园区。内陆物流园区主要提供一体化物流服务,形成面向所在地区、辐射全国的内陆集散型物流基地。

(4) 保税区或自由贸易区的物流园区。保税区属于海关监管下的保管地点,对进入保税区的国外货物不征关税和进口环节增值税、消费税。货物进入该地点经存储、制造、装配、包装、测试、维修服务后可再出口。以工业园区或港口保税区为依托，发挥保税区优势，建立物流园区，对货物储存实行保税，储运结合，这样的做法手续简单，仓储费用低廉，可使货品与消费者直接见面。对于卖主来讲，可以一次储存、多次分拨；对于买主来讲，可以一次订购、多次提货。把原来由生产国或输出地储存的货品搬到保税区储存，更加有利于看样、订货、成交和分拨调运，缩短了国际市场和我国市场的距离，节省了流动资金占有，加快了流动资金周转，提高了成交率。保税区已成为国际商品的重要集散地，并形成了集货物仓储、分拨、配送功能为一体的现代物流模式，极大地提高了贸易效率，降低了贸易成本。例如，上海外高桥物流园区主要是上海外高桥保税区、上海港的海运业务，以及由此延伸的包装、生产、搬运、装卸运输和配送、信息处理等物流需求所建立的物流园区。

（5）物资集散基地。越来越多的物资集散基地也被称为物流园区，它们是依托于各类物资、商品交易市场，进行集货、储存、包装、装卸、配货、送货、信息咨询、货运代理等服务的物资商品集散场所。一些集团企业的物流中心，就是依托于这类物资交易市场而形成的；全国一些有影响力的小商品市场、南北干货市场、时装市场、布匹市场等也初步形成了为用户提供代购、代储、代销、代运及其他一条龙相关服务的场所和组织，并且有的已经成为全国性的小商品、布匹、时装等的专业性物流园区。这样的物流园区通常多分布在小企业群、农业区、果业区、牧业区等地域。

### 3. 公路港

公路港是新出现的一种物流集散基地。公路港指依托于公路运输主干网形成的一个城市间货运集散的节点，它是一个物流的集聚区。公路港物流能够充当"物流平台整合运营商"，改变物流服务"散、小、乱、差"、资源浪费高的状况，致力于把众多的第三方物流服务提供商集聚到一起，形成物流资源集聚区，为其提供一个包括"基础性的物流设施""信息交易服务"和"商务配套服务"的一个综合性运营平台。公路港平台由基础设施平台和电子商务平台构成（双网络平台），以聚集物流资源提供"一站式"服务为基础；以提高车货信息匹配效率，降低物流成本为核心；以网络化、信息化整合提升供应链效率为方向。从而有效整合社会物流资源，培育集约化专业物流企业联盟，实现对松散的、无序物流资源（社会车辆、第三方物流企业、平台配套服务资源）的整合管理，使各物流资源价值最大化。

中财宁国公路港是安徽中财物流有限公司运营的公路港物流平台，位于宁国市国家级经济技术开发区南山园区内，占地223亩（1亩≈666.67$m^2$），2010年始建，2012年8月正式营业。按照"物流平台运营商"的定位，"公路港"通过九大中心：公路港物流信息交易中心、汽配汽修中心、货运班车中心、智能车源中心、企业发展中心、加油（汽）站中心、三产配套中心、仓储配送中心、物流设备展示展销中心，以及完善的配套服务功能模块，快速形成了物流服务、物流载体、物流需求三大资源的集聚。目前，已有100多家来自省内外的专业运输、仓储、零担、货代等物流企业入驻；整合了10 000多辆的社会车源运输网络，日整合车辆达

400~500辆,日承运货物量达4000~5000吨。通过各种集聚资源的协调运作,中财宁国公路港服务宁国市及周边地区具有一定规模的制造企业和商贸企业达1000多家,为其降低物流成本近20%。辐射范围已达宣城、广德、郎溪、芜湖、长兴、绩溪、旌德等周边地区,真正成为服务于皖东南地区的综合型现代物流平台。中财公路港建立了物流企业资源聚集区,赋予了公路运输板块高效低耗、集成化、信息化管理的时代特征,创造了"一个平台——几百家物流企业——几十万辆社会车辆——几万家货主企业"的创新产业链运作模式,从而在海港、航空港之后,以全新的"公路港"物流模式,拉伸了公路物流短板,有效推动了现代物流业与制造业、零售业的联动。

传化物流集团在杭州、成都、石家庄等城市建设、运营公路港。苏州传化公路港在集聚资源的基础上,深入推进信息超市、城际货运班车总站等项目,实现苏州、杭州、成都三地的信息共享及业务联动。公路港平台网络效应带来了服务品种和服务量呈现爆炸式增长的效应。车辆会员服务、联合保险服务、融资服务等依托于规模效应的资源经营和价值链经营的新服务也会出现,基地的集聚资源价值将得到进一步挖掘。石家庄"智能公路港"项目将建设河北省公路港网络指挥中心,打造以物流交易中心、企业总部经济、城市物流中心、电子商务、生活配套、专业市场为一体的现代物流综合体。

## 4.5.2 选址目标、原则与影响因素

**1. 选址目标**

物流网点选址的目标主要是总成本最低与服务最好,当然还涉及发展潜力等重大考虑。选址优化需要提高覆盖率,还要减少距离、降低成本、降低能耗及减少总体碳排放。这里主要提出以下3点。

(1) 成本最小化

网络布局要遵循总成本最小的原则。在以物流网络总成本最小为目标函数建立数学模型时要主要考虑以下几项成本费用。

① 运输成本。运输是物流运输过程中所发生的,是与运输距离和运输单价相关的。若配送中心的位置选址合理,则总的运输距离就小;而运输单价又取决于运输方式,并与配送中心所在地点的交通运输条件及顾客所在地的交通运输条件直接相关。

② 建设投资费用。像建立物流中心、配送中心、仓库等的资金投入,以及机器设施设备与工具、土地征用费等都属于建设投资费用。它们与网点的位置和规模有关。

③ 网点的固定费用。固定费用像固定资产的折旧、行政支出、人员工资等与经营状态无关的费用都属于网点的固定费用。

④ 网点经营费用。网点经营费用指在网点运营过程中发生的费用,包括库存费用、保管维护费用等与经营状况有关的费用。

(2) 服务最优化

对物流园区、物流中心、配送中心的服务评价有所差异。例如，与物流中心、配送中心选址相关的服务指标主要是配送速度和准时率。一般来说，配送中心与顾客距离较近，则送货速度较快，订货周期短；订货周期越短，送货的准时率也就越高。

(3) 发展潜力及前景好

物流中心、配送中心的投资是具有战略性的，是一项长期的投资，因此物流中心、配送中心的选址不仅要考虑成本最小化、服务最优化，还要考虑将来的发展潜力与前景，包括物流配送扩展的可能性及顾客需求增长的潜力等。

#### 2. 选址原则

物流配送中心在选址过程中，应当遵循以下几个原则。

(1) 经济性原则。选址应以总费用最低作为选址的经济型原则，有关费用主要包括投资建设费用和物流运输费用两部分。

(2) 战略性原则。选址要具有战略性，要考虑到全局，从而使配送中心的覆盖面最大、总体运输距离最短；同时又要考虑长远，物流配送中心的投资金额不小，因此投资建设配送中心时既要考虑当前的实际需求，又要考虑日后发展的可能性。

(3) 协调性原则。选址应当将全局物流网络作为一个大系统考虑，使配送中心的设施设备在地域布局、物流作业生产率、技术水平、管理人员等方面相互协调。

(4) 适应性原则。选址需要考虑国家、地区文化的差异和影响，以及考虑地方特色发展策略，使物流资源分配与人口及需求特点相适应，与当地经济社会的可持续发展相适应。

#### 3. 影响因素

物流配送中心选址是一个涉及诸多影响因素的综合决策问题，在选址过程中各种因素都有不同程度的影响，只有统筹考虑，才能使选址决策更合理、更科学。

将影响选址规划的因素按属性分为两个层次来建立多因素评价指标体系。第一个层次是决定物流中心选址方案优劣的主要因素，包括自然环境、物流环境、经济费用、适应能力；第二个层次是对上述指标进一步评价而细分的因素集。物流配送中心的选址规划如图 4-14 所示。

各影响因素的具体内容如下。

(1) 自然环境：①气候条件，需考虑所选地区的平均温度、降雨量、风力风向等气候因素对物流中心的影响；②地形条件，园区所处的位置要有利于交通工具的作业，要有利于提高货物运送的便捷性和安全性；③地质条件，要求所选位置有良好的地质状况，有一定的承载力和稳定性。

(2) 物流环境：①服务能力，在所选位置建立的物流园区要能够最大限度地满足用户的物流需求，能够提供高质量的物流服务；②管理人员及工人供给，需考虑所需位置的劳动

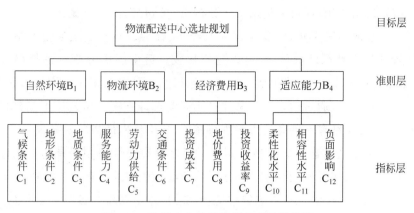

图 4-14 物流中心选址规划考虑因素举例

力条件,包括数量是否充足、人员素质能否满足要求;③交通条件等基础设施及政策优惠,物流中心的位置应尽可能靠近港口、机场、铁路编组站、公路运货站场、交通主干道出入口等交通便利区。物流运输费用和服务水平都是选址要考虑的重要因素。所在地区的优惠物流产业政策对物流企业的经济效益会产生重要的影响。所在地的城市道路、通信设施、网络状况、水电、废弃物处理地等都属于基础设施。

(3) 经济费用:①投资成本,选址决策的不同会产生投资成本的差异,要综合考虑不同的选址对建设成本、运营成本和园区规模等方面的影响,要考虑地区税收减免政策;②地价费用,不同地段的地价一般差别较大,要将所选位置的优劣条件与其地价费用结合起来考虑;③投资收益率,物流中心建成后在正常运营状态下应具备一定的获利能力。

(4) 适应能力:①柔性化水平,物流中心要具备对各种环境变化的适应能力,包括随着物流中心规模的扩大、服务能力的提高、对周围环境的改变等;②相容性水平,选址时要考虑城市或地区的总体规划、资源空间的集散特性、产业结构与布局、消费区域特点与消费规模、文化影响等,选址也要响应国家政策,如保护自然环境和人文环境、节约用地等,尽量降低对城市生活的干扰;③负面影响,园区在长期运营的情况下要考虑车辆人员的密集所带来的噪声、尾气对周围环境的影响。

## 4.5.3 选址的数学规划法

最简单、应用最广泛的物流网点选址方法是因素综合评估法,这种方法通常借助于资深管理人员或专家做出判断。因素评估法将每一个备选地点都按因素计分,在允许的范围内给出一个分值,然后将每一个地点各因素的得分相加,求出总分后加以比较,选择得分最多的地点。这种方法的优点就是以简单易懂的模式将各种不同的因素综合起来。在运营管理课程中还讲过盈亏平衡分析法,即在各选址方案的固定成本与可变成本可确认的情况下,可选择设施成本最低的设施规模范围。

由于多因素的层次化，还可以运用层次分析法帮助我们做出方案选择。配送网络布局问题要考虑物流总成本最小化，还要考虑涉及经济、社会、环境、货运通道网络等多个层面的因素。尽管有些因素不易量化，但可以进行比较。运用层次分析法进行综合分析和评估，筛选出若干备选方案，再做出最优方案选择。当然也可以对多个方案进行仿真分析，通过改变或组合各种参数，通过仿真运行来评价不同的选址方案。仿真法不能自行给出初始方案，只能通过对各个已存在的备选方案进行评价，从中找出最初的方案。

数学规划法主要是混合整数线性规划法。混合整数线性规划法是商业选址模型中最受欢迎的方法，是利用线性规划在整个网络需求分配过程中的优势演变而来的。

混合整数线性规划法的优点是它能够把物流总成本最低作为目标考虑进去。

### 1. 模型的问题描述

如图 4-15 所示，配送中心选址的问题可以描述为在确定供货点 $m$ 个，零售商个数 $q$ 个的前提下，从 $n$ 个区域配送中心及 $p$ 个城市配送中心的备选地点中选择一定数量的地点作为配送中心，且满足一家零售商门店只由一个城市配送中心提供配送服务，并使其在一定时期内总费用最低。在配送中心选址的过程中主要考虑的问题是：选择哪些点作为配送中心；如何合理地安排配送计划，才能使其在满足顾客需求的情况下实现总费用最小。

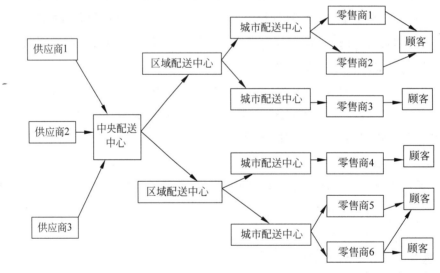

图 4-15　多阶物流配送网络示意图

### 2. 模型的假设

所研究的配送中心选址问题是在给定供应商地址、供应量和确定零售商的个数及需求量的前提下，先在某一城市内所有被选中的点的地址集合中选出一定数目的点建立配送中心，之后在确定城市配送中心的前提下，选出一定数目的地址点作为区域配送中心。考虑到产品配送的特点，建立多级多商品多物流中心的配送网络，以实现配送网络的优化。此配送网络主要考虑产品经过配送中心的总配送处理费用、总运输费用及配送中心经营的固定费用等,在分析影响这些费用的主要因素的基础上得出目标函数表达式,使得各项费用总和最小。

为了便于模型的求解,同时使模型具有实用价值,做如下假设。

(1) 零售商需要的配送物品一次运输完成。

(2) 一个区域配送可由多个供货商供货;一个城市配送中心只能由一个区域配送中心配送,且一个零售商也只能由一个城市配送中心提供配送服务。

(3) 在给定的一定的配送地点范围内选出新的配送中心。

(4) 运输费用与运输量成正比。

(5) 各零售商对产品的需求是已知的常量。

(6) 已知建立配送中心的固定成本费用。

(7) 供应商到配送中心,配送中心到各零售商的单位运输成本是常量。

(8) 配送中心的容量及个数在一定范围内。

### 3. 模型的建立

(1) 模型参数

$m$——供应商个数;

$n$——备选区域配送中心个数;

$p$——备选城市配送中心个数;

$q$——零售商个数;

$E$——总费用;

$F_i$——区域配送中心 $i$ 的固定成本;

$W_j$——城市配送中心 $j$ 的固定成本;

$H_i$——区域配送中心 $i$ 的管理费用;

$E_j$——城市配送中心 $j$ 的管理费用;

$A_k$——第 $k$ 个供货点到区域配送中心的总供货能力;

$D_l$——第 $l$ 个零售商的需求量;

$M_i$——第 $i$ 个区域配送中心的最大容量;

$M_j$——第 $j$ 个城市配送中心的最大容量;

$S$——区域配送中心被选的最大个数;

$T$——城市配送中心被选的最大个数;

$a_{ki}$——从供应商 $k$ 到区域配送中心 $i$ 的运输量;

$b_{ij}$——从区域配送中心 $i$ 到城市配送中心 $j$ 的运输量;

$c_{jl}$——从城市配送中心 $j$ 到零售商 $l$ 的运输量,t;

$X_{ki}$——从供应商 $k$ 到区域配送中心 $i$ 的单位运价,元/(t·km);

$Y_{ij}$——从区域配送中心 $i$ 到城市配送中心 $j$ 的单位运价,元/(t·km);

$Z_{jl}$——从城市配送中心 $j$ 到零售商 $l$ 的单位运价,元/(t·km);

$A_{ki}$——从供应商 $k$ 到区域配送中心 $i$ 的距离,km;

$B_{ij}$——从区域配送中心 $i$ 到城市配送中心 $j$ 的距离,km;

$C_{jl}$——从城市配送中心 $j$ 到零售商 $l$ 的距离,km;

$X_i=(0,1)$,0 为不建立区域配送中心,1 为建立区域配送中心;

$Y_j=(0,1)$,0 为不建立城市配送中心,1 为建立城市配送中心。

(2) 目标函数

规划期内的总费用由五部分组成:从供货方到区域配送中心的总运输费用、从区域配送中心到城市配送中心的总运输费用、从城市配送中心到零售商的总运输费用、区域配送中心的管理费用及固定费用的总和、城市配送中心的管理费用及固定费用的总和。总费用 TC 为上述五项的和。

$$\text{Min TC} = \sum_{k=1}^{m}\sum_{i=1}^{n}a_{ki}X_{ki}A_{ki} + \sum_{i=1}^{n}\sum_{j=1}^{p}b_{ij}Y_{ij}B_{ij} + \sum_{j=1}^{p}\sum_{l=1}^{q}c_{jl}Z_{jl}C_{jl} + \sum_{i=1}^{n}X_i(F_i+H_i) + \sum_{j=1}^{p}Y_j(W_j+E_j)$$

(3) 约束条件

① 供应约束

$\sum_{i=1}^{n}a_{ki} \leqslant A_k$,表示供应商到配送中心的供货量不超过总供货能力。

② 需求约束

$\sum_{j=1}^{p}b_{ij} \leqslant \sum_{i=1}^{n}a_{ki}$,表示城市配送中心的需求量不能超过区域配送中心的供货量;

$\sum_{l=1}^{q}c_{jl} \leqslant \sum_{j=1}^{p}b_{ij}$,表示零售商配送中心的需求量不能超过城市配送中心的供货量;

$\sum_{j=1}^{p}b_{ij} \geqslant D_l$,表示城市配送中心的配送量满足零售商的需求。

③ 容量约束

$\sum_{i=1}^{n}a_{ki} \leqslant X_iM_i, i=1,2,\cdots,n$,表示供应商供应给任一区域配送中心的货物总和不能超过该中心的最大容量。

$\sum_{j=1}^{p}b_{ij} \leqslant Y_jM_j, j=1,2,\cdots,p$,表示区域配送中心供应给任一城市配送中心的货物总和不能超过该中心的最大容量。

④ 个数约束

$\sum_{i=1}^{n}X_i \leqslant S, \sum_{j=1}^{p}Y_j \leqslant T$。

⑤ 非负约束

$A_k \geqslant 0, a_{ki} \geqslant 0, b_{ij} \geqslant 0, c_{jl} \geqslant 0$,其中 $i,j,l$ 都为整数。

⑥ 整数约束

$$X_i = \begin{cases} 0 & \text{区域配送中心未选用;} \\ 1 & \text{区域配送中心选用。} \end{cases}$$

$$Y_j = \begin{cases} 0 & \text{城市配送中心未选用;} \\ 1 & \text{城市配送中心选用。} \end{cases}$$

求解上述模型可采取基于聚类的蚁群算法。将城市配送中心作为聚类中心,将零售商看作是等待分类的目标,以总成本最低为依据,利用蚁群搜索过程,构建各配送中心和零售商之间的物流关系,将各个零售商点分配到城市配送中心,形成多个胞腔。假若以城市配送中心为聚类中心的胞腔不为空,即城市配送中心分配到零售商点,则保留该城市配送中心;若胞腔是空的,则该城市配送中心将被剔除,从而确定了城市配送中心的位置及个数。在确定了城市配送中心的位置后,则可以以同样的方式确定候选区域配送中心的位置及个数。

虽然混合整数线性规划模型是解决网络网点布局的有效方法,但也可以采用启发式算法求解。因为当系统规模较大时,混合整数规划模型的建立和计算求解都比较复杂。启发式算法是一种主次逼近最优解的方法。用启发式算法进行配送中心选址及网络网点布局时,首先要定义计算总费用的方法,拟定判定准则,规定改进途径,然后给出初始方案,迭代求解。启发式算法不是精确式算法,不能保证给出的解决方案是最优的,但是只要迭代次数足够多,获得的可行解与最优解是非常接近的。

### 4.5.4 选址及能力分配

在物流网络中,不仅设施的选址问题可以运用数学规划方法,而且选址与能力分配问题同样可运用数学规划方法。解决选址与能力分配问题需要同时考虑,如何将顾客需求量分配给服务设施,以及如何由指定的服务设施提供服务。此时考虑的关键成本有设施固定成本、运输成本、生产成本、库存成本、协调成本。下面先通过单阶供需网络问题来说明如何将顾客需求量分配给服务设施,最后用一个多阶供应链网络问题来说明如何由指定的服务设施提供服务。

#### 1. 运输量决策

在有多个工厂/仓库、多个销售点的单层多对多物流网络中,如图4-16所示,存在如何做好网络配置,以及由哪个工厂/仓库服务于哪个销售点的问题。在这个问题里,决策变量 $x_{ij}$ 为从工厂/仓库 $i$ 到销售 $j$ 的运输数量。

需要获取如下数据:

| 供应能力 | 需求量 |
|---|---|
| □ 工厂/仓库$K_1$ | □ 销售点$D_1$ |
| □ 工厂/仓库$K_2$ | □ 销售点$D_2$ |
| □ …… | □ …… |
| □ 工厂/仓库$K_i$ | □ 销售点$D_j$ |
| □ …… | □ …… |
| □ 工厂/仓库$K_n$ | □ 销售点$D_m$ |

图4-16 单层多对多物流网络

工厂/仓库总数量 $n$，
$i$ 工厂/仓库产能 $K_i$，
销售点数量 $m$，
销售点 $j$ 的需求量为 $D_j$，
从工厂 $i$ 生产，到销售点 $j$ 的成本 $C_{ij}$（包括生产、库存、运输、关税等）。
数学规划模型如下：

$$\text{Min} \sum_{i=1}^{n} \sum_{j=1}^{m} C_{ij} X_{ij}$$

$$\text{s.t.} \sum_{i=1}^{n} X_{ij} = D_j, \quad j=1,\cdots,m$$

$$\sum_{j=1}^{m} \leqslant K_i, \quad i=1,\cdots,n$$

$$X_{ij} \geqslant 0$$

目标函数为总成本最低，约束为满足销售点需求，工厂/仓库实际运出量不超过自身能力。当然这个问题也可以变成工厂该启用哪个供应商的问题。

### 2. 考虑设施成本的选址与运输量决策

如果在上述问题中增加工厂/仓库的选址问题，即需要做出选择哪个工厂/仓库的决策，那么就需要设立决策变量 $y_i$：

$$y_i = \begin{cases} 1 & \text{工厂/仓库选址在 } i; \\ 0 & \text{工厂/仓库选址不在 } i. \end{cases}$$

同时考虑工厂/仓库的固定成本，设
$f_i$——维持工厂/仓库 $i$ 运行的年度固定成本；
$k$——工厂/仓库的最大数量。
不难得到如下的数学规划模型：

$$\text{Min} \sum_{i=1}^{n} f_i y_i + \sum_{i=1}^{n} \sum_{j=1}^{m} C_{ij} X_{ij}$$

$$\text{s.t.} \sum_{i=1}^{n} X_{ij} = D_j, \quad j=1,\cdots,m$$

$$\sum_{j=1}^{n} X_{ij} \leqslant K_i y_i, \quad i=1,\cdots,n$$

$$\sum_{i=1}^{m} y_i \leqslant K; \quad y_i \in \{0,1\}$$

### 3. 能力匹配决策

如果要求每个销售点的服务只由一个工厂/仓库供应，且一个工厂/仓库只能供应一个销售点,那么如何实现销售点与供应点的能力匹配?那么在保证需求的前提下应该保留哪些工厂/仓库的产能?每个销售点由哪个工厂/仓库供应?

把上述问题的决策变量 $x_{ij}$ 由从工厂/仓库 $i$ 到销售 $j$ 的运输数量,变更为

$$x_{ij} = \begin{cases} 1 & 销售点 j 由工厂/仓库 i 供应; \\ 0 & 销售点 j 不由工厂/仓库 i 供应。 \end{cases}$$

决策变量还有 $y_i$(工厂/仓库选址是否在 $i$)。

目标函数为选定设施的固定成本与供需匹配网络的物流成本最低。约束条件有每个销售点由一个工厂/仓库供应的限制,工厂/仓库的产能应该能够满足销售点的需求。

那么,数学规划模型就变为

$$\text{Min} \sum_{i=1}^{n} f_i y_i + \sum_{i=1}^{n} \sum_{j=1}^{m} D_j C_{ij} X_{ij}$$

$$\text{s.t.} \sum_{i=1}^{n} X_{ij} = 1, \quad j=1,\cdots,m$$

$$\sum_{j=1}^{n} D_j X_{ij} \leqslant K_i y_i, \quad i=1,\cdots,n$$

$$X_{ij}, y_i \in \{0,1\}$$

**4. 多阶供应链网络选址与运输量决策**

下面考虑一个包含供应商、制造商、仓库、销售点的供应链整体网络节点的选址与产能分配决策问题,如图 4-17 所示。

| 供应商 | 制造商 | 仓库 | 销售点 |
|---|---|---|---|
| □ 供应商$S_1$ | □ 工厂$K_1$ | □ 仓库$W_1$ | □ 销售点$D_1$ |
| □ 供应商$S_2$ | □ 工厂$K_2$ | □ 仓库$W_2$ | □ 销售点$D_2$ |
| □ …… | □ …… | □ …… | □ …… |
| □ 供应商$S_h$ | □ 工厂$K_i$ | □ 仓库$W_e$ | □ 销售点$D_j$ |
| □ …… | □ …… | □ …… | □ …… |
| □ 供应商$S_l$ | □ 工厂$K_n$ | □ 仓库$W_t$ | □ 销售点$D_m$ |

图 4-17 多阶多对多物流网络

假设:

销售点需求为 $D_j, j=1,2,\cdots,m$, $m$ 为销售点数量;

仓库能力为 $W_e, e=1,2,\cdots,t$, $t$ 为仓库数量;在地点 $e$ 设立仓库的固定成本为 $f_e$;

工厂产能为 $K_i, i=1,2,\cdots,n$, $n$ 为工厂数量;在地点 $i$ 设立工厂的固定成本为 $F_i$;

供应商供应能力为 $S_h, h=1,2,\cdots,l$, $l$ 为供应商数量;

从供应商 $h$ 到工厂 $i$ 的单位运输成本为 $c_{hi}$;

从工厂 $i$ 到仓库 $e$ 的单位运输成本为 $c_{ie}$;

从仓库 $e$ 到销售点 $j$ 的单位运输成本为 $c_{ej}$。

这里需要做出的决策是确定工厂和仓库的选址,以及供应链节点间三级运输的运送数量。设立以下决策变量:

$$\begin{cases} y_i:\text{工厂选址在地点 }i\text{,则 }y_i=1\text{,否则为 }0; \\ y_e:\text{如果合仓库选址在地点 }e\text{,则 }y_e=1\text{,否则为 }0; \\ x_{ej}:\text{从仓库 }e\text{ 运送到市场 }j\text{ 的数量}; \\ x_{ie}:\text{从工厂 }i\text{ 运送到仓库 }e\text{ 的数量}; \\ x_{hi}:\text{从供应商 }i\text{ 运送到工厂 }i\text{ 的数量}。\end{cases}$$

目标是总的固定成本与可变成本最小化。因此,该决策问题的目标函数可表示为

$$\text{Min} \sum_{i=1}^{n} F_i y_i + \sum_{e=1}^{t} f_e y_e + \sum_{e=1}^{t}\sum_{j=1}^{m} C_{ej} X_{ej} + \sum_{e=1}^{t}\sum_{i=1}^{n} C_{ie} X_{ie} + \sum_{h=1}^{l}\sum_{i=1}^{n} C_{hi} X_{hi}$$

约束条件首先要满足每一个销售点的顾客需求:

$$\sum_{e=1}^{t} X_{ej} = D_j, \quad j=1,\cdots,m$$

然后是仓库、工厂、供应商的产能约束:

$$\sum_{e=1}^{t} X_{ej} \leqslant W_e y_e, \quad e=1,\cdots,t$$

$$\sum_{e=1}^{t} X_{ie} \leqslant K_i y_i, \quad i=1,\cdots,n$$

$$\sum_{i=1}^{n} X_{hi} \leqslant S_h, \quad h=1,\cdots,l$$

再次是每个仓库、每个工厂的流量约束,流入量要超过流出量:

$$\sum_{i=1}^{n} X_{ie} - \sum_{j=1}^{m} X_{ej} \geqslant 0, \quad e=1,\cdots,t$$

$$\sum_{h=1}^{l} X_{hi} - \sum_{e=1}^{t} X_{ie} \geqslant 0, \quad i=1,\cdots,n$$

最后是变量自身取值的约束:

$$y_i, \quad y_e \in \{0,1\}$$

$$X_{ej}, X_{ie}, X_{hi} \geqslant 0$$

上述模型假定供应链上下游节点间采取点对点的运输,并没有考虑工厂直销(工厂直接送达销售点),这可以对模型做适当的修正。

现代企业不仅要管理传统的分销渠道,还要管理电商、分销商、自助售货机、无人店等新兴渠道。多分销渠道发展策略可以满足分散多样化的市场需求,但仍需要对整体分销网络进行优化,选择新的网点或撤销旧的网点。企业应考虑线上、线下全渠道的协同整合,通过分销渠道的整合优化来实现企业供应链可持续运营的目标。科技发展促进供应链物流

产业优化升级,利用大数据、人工智能技术,构建优化成本、时间窗口、低碳排放等多维度的运筹优化模型;协同仓储、运输、配送等各个环节,在全局范围内优化网络布局;探索多仓融合的解决方案,调配库存补货,提高库存周转率,从而实现供应链的响应度和效率目标。

 案例

### 节节攀升的呆料

旭际集团的财务总监每到年底都有一项非常棘手的任务:呆料报告及呆料的处理。旭际集团今年的销售额为90多亿人民币,库存水平为35多亿人民币。这个数据显得不是非常漂亮,与同行业年库存周转平均6次、优者12次的水平相比,相差甚远。而其中,库存报表中的呆料为8.2亿人民币。每年财务总监都要为呆料问题召开一系列的会议,试图通过讨论、分析解决呆料问题。而不幸的是,旭际集团的呆料水平就像美国当今的国债一样越积越多,而且只升不降。年年讲,年年涨。

每年的开会分析几乎是浪费时间:呆料的实物在仓库,但仓库只管进出货;而采购是根据计划下的订单;计划部门的计划则依照销售的订单;销售的订单则来自与客户的合同。产生呆料的原因往往是最终客户将合同取消了,而这个产品又是定制品,无法再出售给别的客户,时间长了则成为呆料。客户取消合同,谁又能承担责任呢?毕竟无法将客户找来兴师动众地开会责问。最终,往往是一场无果的会议。

在与高层讨论呆料的问题时,则更为艰难;没有原因,更拿不出结果;如何处理这些呆料,如果没有领导出面签字,则总是要再讨论讨论,放一放,寄希望于寻找到能接手这些呆料的客户,或者放到下一年再处理。年复一年,呆料越涨越高。而旭际集团的整体库存周转率无论如何也不能继续提高,否则会影响集团的资金周转率。然而高比例的库存,并不能减少生产部门缺料断货的抱怨,而计划部门则不断提出要求,希望库存水平不断提升。但财务非常头疼的是,目前的状况表明库存水平已经占到总流动资产的70%,集团的总流动负债几乎与库存水平相当。很显然,这个数字无法应对股东的质疑。当然,旭际集团的其他财务指标都还非常漂亮,如销售额、利润、增长率等主要数据都能让投资者满意。

今年,财务总监下决心要把呆料问题彻底解决。恰巧的是,集团新近入职一位刚刚毕业的管理学硕士。财务总监将任务分派给这位年轻人,让他下基层、做调查、拿方案。今天这位年轻人正坐在财务总监的办公室作汇报。

"旭际集团的竞争对手都是一些国际巨头,像ABB、施耐德之类的大公司,旭际集团的主要客户则是如发电厂一类的与国家或地方政府有政策性相关的企业。客户就是上帝,旭际集团的客户则是'上帝中的战斗机'。这类客户的要求都非常高,钟爱提出有自己特点的特殊要求和定制产品,似乎认为只有这样才能体会到做上帝的快感。

例如,发电厂往往会对供应商的标准化产品提出自己的修改要求:控制柜上所安装的设备应按照客户的要求增减,由于不同地区操作工身高的差异,故要求改变控制台高低以达到人体工效学的要求;由于机房的装修不同故要求控制柜的大小尺寸也要按照装修的要求改变,而这些要求都被 ABB 和施耐德一一驳回——控制柜多余的设备仪器可以不用,少的再另加控制柜;控制台不够高可以自己加脚垫;装修前就应该考虑控制台的大小。而客户选择旭际集团的重要原因除了价格因素之外,就是因为旭际集团愿意按照客户的各种具体要求定制产品。然而,天有不测风云,发电厂的建设改造项目常常因为国际国内的经济大环境变化而改变,或者由于地方政府的政策变动、人事变动而被搁置,还会由于环保评估不通过而被搁浅。社会舆论压力也会改变建设计划。结果就是合同被取消或进行设计变更,订制的产品也被取消。由于是非标产品,别的客户又会提出不同的要求,从而使产品不能通用,被长期存放于仓库。随着时间的推移,定制品上的一些图纸都找不到了,控制柜上的设备和仪器也过时了;新的仪器的价格又比老机器的价格便宜,功能还更多;设计人员也不愿意花时间和精力对呆滞产品进行改造再销售;而且也没有激励制度鼓励设计工程师利用呆滞产品。虽然销售由于客户取消合同影响到了自己的奖金,但是也不会进一步对呆滞的产品负责。

再说旭际集团的管理层,对于每年的呆料报告的态度是退避三舍。财务总监过去曾提出将部分时间过久的呆料报废处理,但遭到了强烈的阻力。因为这将直接冲减集团当年的利润,影响业绩,故每年都不了了之。"

尽管他分析得相当漂亮,但财务总监更想听到的是,这位管理学硕士是否能拿出一个切实可行的解决方案。要求该方案不但能从实物和财务上处置现有的呆料,还能进一步避免呆料的生成。

### 讨论题

1. 你会拿出什么样的解决方案?如何预防呆料的形成?
2. 如何处理呆料?
3. 呆料报废对盈利有什么影响?

## 习题

即测即练

1. 仓储有哪些主要功能?在我国有哪些类别的仓储中心?
2. 仓储管理决策的基本原则是什么?
3. 请描述几种不同类型的仓库,并说明它们的优势。
4. 如何制定公司的仓储战略?
5. 仓储中心的内部布局如何设计?需要考虑哪些因素?
6. 什么叫作越库?越库有哪些类型?
7. 配送中心与仓库有何区别?
8. 我国货运常采用哪些运输方式?运输费率大概是多少?

9. 在我国哪种货运运输方式增长最快？

10. 你见过哪些多式联运？

11. 运输管理有哪些决策问题？这也是第三方物流服务商的决策问题吗？

12. 分销网络设计的影响因素有哪些？

13. 分销网络有哪些方案？分别采用了哪些分销策略模式？

14. 请说明配送需求计划的原理。

15. 你认为物流网络优化的关键是什么？

16. 物流园区、物流中心、配送中心、仓库的选址原则都一样吗？

17. 如何对多阶物流网络的资源部署优化进行数学建模？

18. 一家空调设备制造商，面对地区市场需求量迅速增长的态势，预测下一年该地区需求量如下：南部为 180 000 台；中西部为 120 000 台；东部为 110 000 台；西部为 100 000 台。该公司的管理者正在设计物流分销网络，仓储中心看好四地：N、A、C、D 地。仓库容量可以有两种方案，即 200 000 台或 400 000 台。4 个场址的年固定成本，以及运送单位空调设备到各个市场的成本如下表所示。该公司的仓库应该选在哪里？仓储能力多大是合适的？

|  | N 地 | A 地 | C 地 | D 地 |  |
| --- | --- | --- | --- | --- | --- |
| 不同能力下的固定成本 |  |  |  |  |  |
| 20 万 | 6 000 000 | 5 500 000 | 5 600 000 | 6 100 000 |  |
| 40 万 | 10 000 000 | 9 200 000 | 9 300 000 | 10 200 000 |  |
|  | 可变成本 |  |  |  | 需求量 |
| 东部 | 211 | 232 | 238 | 299 | 110 000 |
| 南部 | 232 | 212 | 230 | 280 | 180 000 |
| 中西部 | 240 | 230 | 215 | 270 | 120 000 |
| 西部 | 300 | 280 | 270 | 225 | 100 000 |

# 第 5 章 供应链关系管理

智能优化技术、信息技术的发展为企业改善供应链中进厂物流与出厂物流的管理提供了广泛的技术支持,不断增长的顾客需求和全球竞争也推动着企业去提高供应链进厂及出厂物流的整体绩效。但是这些还远远不够,没有与其他企业的良好协作,任何改善供应链物流绩效的计划都可能是不合理的。因此,供应链管理的一个关键问题应该是供应链关系管控。

在所有供应链物流人员看来,做好关系管理很困难,似乎无章可循,但关系管理做不好就容易出问题。无论其管理规章制度是否健全,只要供应链中任何一环的关系处理不好,都会给其他成员带来严重的,甚至是灾难性的后果。例如,一个不可靠的供应商会使它的下游企业因为原材料不足而停产,因为原材料瑕疵而导致产品报废。这样就给整个供应链,甚至最终消费者都带来很多问题。

为了避免这样的问题发生,企业必须管控好自身与上游供应商、下游顾客的关系。对于任何企业来说,不管其全局供应链是全球的还是区域的,是分布分散、距离远,还是分布相对紧凑、距离近,也不管它是高科技企业,还是传统制造企业,也不管它是零售连锁,还是电商、网商,想发展牢固可靠的供应链关系都不容易。企业必须考虑自身实际,考虑各方利益,选择好合作伙伴,开发并构建和谐的关系,形成良性循环的供应链"生态"。

## 5.1 需求管理与客户关系

### 5.1.1 需求管理

市场上经常会出现某种产品供大于求或供不应求的现象,这种现象的产生通常是对市场需求的盲目乐观或过于悲观,不仅使企业遭受经济损失,还会造成社会资源的浪费。供应链企业更应做好需求管理,以提高企业供应链乃至社会整体的效益。

根据布莱克威尔(Blackwell)的观点,需求管理被认为是"集中精力来估计和管理客户需求,并试图利用该信息来制定经营决策"。传统的供应链管理的核心是制造商或零售商处于主导地位,如通用、沃尔玛等,消费者处于被动接受的地位。大部分关注的焦点是产品渠道上的变化,如信息共享、存货周转期、节点企业的产销率、成本、库存、配送等。但是远离最终用户和消费市场的生产商决定销售什么,以及何时、何地销售和销售多少,这反映了生产和需求之间存在"隔阂"。随着现在市场竞争日趋激烈、互联网及信息技术的不断发展、消费者服务需求的不断提高,消费者的地位开始逐渐提升,消费者的需求在供应链中占据了主导地位,左右着供应链的运营模式。因此,对需求管理的任何关注都将为整个供应链创造效益。

需求管理的本质是提高企业在整个供应链管理中的能力,尤其是通过消费者需求获得生产信息,以协调与产品流、服务流、信息流和资金流的相关活动的能力,为最终用户和消费者创造更多的价值。所有的供应链的活动都应当为最终消费者而进行,因为没有消费就没有生产。那么,企业在供应链管理中应如何做好需求管理呢?在此给出以下3项原则建议。

(1)只要把握住最终消费者,就掌握了主动权。真正理解顾客需求,知道顾客是怎么想的,了解顾客是如何评价产品和服务的;通过收集、分析产品和服务未能满足顾客需求的信息来理解顾客;确保需求信息的正确性、充分性。

(2)做好供应链关系管理。寻找实施需求管理活动所需的合作伙伴;将需要的职能交给最有效的渠道成员;与供应链中其他成员共享关于顾客及其需求、可获技术、物流业务的挑战与机遇等的信息。

(3)将产品/服务开发设计与物流分销结合起来。开发并设计能够解决顾客问题的产品/服务及其物流分销方式;开发和实施最佳物流方法,并以最适宜的分销方式为顾客提供产品/服务。

管理是一门艺术,在需求管理的过程中,企业还应学会如何促进部门之间的协调性,以避免"功能孤岛"的存在,使各部门对需求信息做出相应的响应;合理而不是片面强调需求预测,注重供应链的合作和根据预测产生的战略与经营计划;需求信息不仅要应用于策略和运营,还要用于战略目的。总之,需求管理是供应链管理中第一个要考虑的关键步骤,它不仅是满足消费者需要的一种过程,也是实现供应链中各部分、各环节最佳衔接及定位的过程。它改变了企业与消费者间的互动方式,由传统供应链中企业主导型的推动管理方式转变为消费者主导型的拉动式管理方式。实现"将特定数量、合适质量的恰当产品以合适的成本,在规定的时间,送到指定的地点,交给特定的消费者"的物流特征,树立时效观念和互联互通意识,以保证供应链运转过程的顺畅和时效,从而实现企业资本的循环和增值。

## 5.1.2 客户关系管理及其发展

客户关系管理自 20 世纪 90 年代末以来得到了广泛的关注。客户关系是现代企业商务活动的巨大信息资源,企业的商务活动所需要的信息几乎都来自客户关系管理。客户资源已经成为企业最宝贵的财富。客户关系管理可以使企业全面了解客户,全面利用所有客户的信息,从而成为推动企业腾飞的基本动力。

随着互联网的迅速发展,整个世界经济进入了一个高速增长期,电子商务正在造就一个全球范围内的新经济时代。这种新经济就是利用信息技术,使企业获得新的价值、新的增长、新的商机、新的管理。电子商务热潮在推动新经济发展的同时,不仅对传统企业提出了严峻的挑战,也在悄然地改变市场的主导力量。市场已由卖方主导转变为买方主导,市场竞争加剧。企业越来越意识到了解自己的服务对象——顾客对企业的重要性。大量的统计数据表明,一个企业80%的利润来自20%的顾客,且吸引一个新顾客的成本是保留一个老顾客成本的5倍。因此,无论是传统企业还是互联网企业都越来越重视客户关系,客户关系管理成为供应链管理的灵魂所在,也成为企业信息技术和管理技术的核心。

### 1. 何为客户关系管理

客户关系管理(customer relationship management,CRM)是一种以客户为中心的企业发展战略,它借助于信息技术等建立并维护、改善企业与客户之间的长期的、可获利的客户关系,提升客户满意度与忠诚度,并最终达到企业利润最大化的目的。CRM 主要包含以下内容。

(1) 客户概况分析:包括客户的基本信息、信用、偏好、习惯等。

(2) 客户忠诚度分析:指客户对产品或商家的信任程度、持久性、变动情况等。

(3) 获利能力分析:指不同客户所消费的产品的边际利润、总利润额、净利润等。

(4) 绩效评价及分析:如不同客户所消费的产品按种类、渠道、销售地点等指标划分的销售额。

(5) 客户潜力分析:包括客户数量、类别等情况的未来发展趋势、争取客户的手段等。

(6) 客户产品分析:包括产品设计、关联性、供应链等。

(7) 客户促销分析:包括广告、宣传等促销活动的管理。

### 2. 发展历史

早在1980年美国便有所谓的"接触管理"(contact management)业务,其专门收集客户与公司联系的所有信息;到1990年,"接触管理"演变成电话服务,并对客户资料进行分析以支持"客户关怀"。

从20世纪80年代中期开始,为了降低成本,提高效率,增强企业竞争力,许多公司进行了业务流程的重新设计。为了对业务流程的重组提供技术支持,很多企业采用了ERP系统,它一方面提高了企业内部业务流程的自动化程度,使员工从日常事务中解放出来,另一方面对原有的流程进行了优化。由此,企业完成了提高内部运作效率和质量的任务,可以有更多的精力关注企业与外部相关利益者的互动,以便抓住更多的商业机会。在企业的诸多相关利益者中,客户的重要性日益突出,在服务的及时性和质量等方面都提出了更高的要求。企业在处理与客户的关系时,越来越感觉到信息技术支持在与客户建立良好的关系中的作用，CRM 系统应运而生。

最初的 CRM 应用是在 20 世纪 90 年代初，主要是基于部门的解决方案，如销售队伍自动化(sales force automation, SFA)和客户服务支持(customer service and support, CSS)。它们虽然增强了特定的功能，但却未能为公司提供完整的加强与客户间关系的手段。于是，20 世纪 90 年代中期推出了整合交叉功能的 CRM 解决方案。它把内部数据处理、销售跟踪、国外市场和客户服务请求融为一体，不仅包括软件，还包括硬件、专业服务和培训，为公司的员工提供全面的、及时的数据，让他们清晰地了解每位客户的需求和购买历史，从而为客户提供相应的服务。

但 CRM 这一概念直到 20 世纪 90 年代末才在一些公司开始深入。IBM 调查显示：大多数企业，尤其是中小型商业企业，仅对 CRM 应用有一定的了解，但对特定的解决方案一无所知；并且虽然在这些公司中有大多数都在收集客户信息，但这些信息通常还是分别存储在不同的部门，并没有很好地在全公司内整合与共享。

20 世纪 90 年代后期，互联网技术的迅猛发展加速了 CRM 的应用和发展。Web 站点、在线客户自助服务和基于销售自动化的电子邮件使每一个 CRM 解决方案的采纳者进一步拓展了服务能力。CRM 真正进入了推广时期。

3. 发展动力

CRM 产生的根源在于社会生产力的发展。从人类社会的产生到当今发达的信息社会时代，生产力的每一次发展都促使社会的各个方面发生深层次的变革。

在生产力发展的较低阶段，消费者需求层次较低，消费者所需要的产品或服务也较为简单；企业面临的市场竞争压力也比较少，简单的生产即可满足消费者的需求。这时企业的经营与管理理念也处于相应的较低层次；或者也可以说在生产力发展的较低阶段，消费者还处于市场的被动地位，仍然只是企业产品或劳务的被动接受者。

19 世纪开始的工业革命，使社会生产力得到了前所未有的解放，整个世界的经济水平及结构都发生了天翻地覆的变化。尤其是近年来，在世界范围内兴起了一次又一次的信息技术革命，其影响之广泛、意义之深远，是以往任何一次技术革命所不可比拟的。

在社会生产力的深刻变革下，消费者的需求层次、内容及具体要求也都发生着相应的深刻变化。企业作为产品及服务的提供者，无论是从主动还是被动的角度出发，都必须迎合社会生产力的发展，不断地更新管理理念与经营模式，及时采取最新的技术成果，在满足消费者日益提高的消费需求的同时，赢得企业的生存与发展。

社会生产力的发展是 CRM 产生的根源。具体来说，CRM 的产生也是消费者需求拉动、企业管理理念更新、技术推动这 3 个方面合力的结果。

4. 消费者需求拉动

消费观念是消费者对自己的可支配收入如何支配的指导思想和态度，以及消费者对商品价值追求的取向。也可以说,消费观念是消费者主体在进行或准备进行消费活动时,对消费对象、消费行为方式、消费过程及消费趋势的总体认识评价与价值判断。

随着社会生产力的迅速发展,尤其是近些年信息技术的飞跃式爆发,社会经济水平与结构都发生了巨大的变化,消费者的价值观念也随之发生了深刻的改变。由于消费者在社会生产中已不仅仅是企业产品或服务的被动接受者,而已是决定企业生存与发展的主宰力量,这时,企业就不仅仅需要按照消费者的价值观来决定应该生产什么样的产品、提供什么样的服务,企业的经营理念及具体的经营方式也必须以消费者价值观为核心来建立或运行。

纵观消费者价值观的变迁,可以划分为理性消费时代、感觉消费时代及感性消费时代3个阶段。

第一阶段:理性消费时代。在这个阶段,生产力水平较低,社会经济处于较低的发展水平,市场还处于卖方市场。企业面对供不应求的市场,不需要考虑消费者的需求。而消费者受经济条件的约束,对产品的要求也较低,还停留在产品价格低廉且经久耐用的层次。简单地说,"好"与"差"是这个阶段消费者价值选择的基本标准。

第二阶段:感觉消费时代。在这个阶段,社会经济已经有了长足的进步,人们的生活水平有了极大的改善与提高。经济进步使得消费者的价值观发生了很大的变化。消费观念从理性消费时代"物美价廉"的需求层次上升到了"重品牌、重样式、重使用"的消费需求层次。消费者开始注意同类产品在质量上的差异,并对创新的产品表现出极大的兴趣。消费者宁愿花高一点的价钱去购买质量较高和比较新型的产品。"喜欢"与"不喜欢"成为这个阶段的购买标准。

第三阶段:感性消费时代。在这个阶段,社会经济已经发展到了一个较高的水平,人们的需求已不仅仅停留在物质层面,在文化、精神等非物质方面也有了较高的追求。消费者的需求已经跳出了产品与质量的层面,越来越重视在消费过程中心灵上的满足感。消费者购买商品所看重的已不是商品数量的多少、质量的好坏,以及价钱的高低,而是为了一种感性上的满足,一种心理上的认同。"满意"与"不满意"成为这个时代的消费价值选择标准。

消费价值观的变迁促进了 CRM 的产生与发展。消费者的需求不仅呈现出高水平、多样化与个性化的特性,更是涉及文化、意识及精神领域层次。这种消费价值观的变迁决定了企业必须以客户需求为核心,并将 CRM 作为企业经营管理的主要理念与模式。

### 5. 企业管理观念更新

企业管理观念大致经历了生产观念、产品观念、推销观念、市场营销观念和社会市场营销观念5个阶段。其中,前3种观念统称为传统的营销观念,后两种则统称为现代营销观念。

(1) 生产观念

生产观念产生于19世纪末20世纪初,它的主要思想是:以产定销、以量取胜。在这种观念的指导下，企业的主要任务就是如何提高生产效率，增加产量，降低成本，生产出让消费者买得起、买得到的产品。生产观念的具体表现是：企业生产什么，就卖什么。生产观念产生的社会背景是生产力水平较低、商品市场呈供不应求的状态、市场为卖方市场。

当时美国福特公司只是利用流水线加大黑色汽车的批量生产，而不考虑其他款式或颜色的汽车。面对人们的提问，亨利·福特回答说："汽车就是黑色的，我们只生产黑色的汽车！"这就是当时企业生产观念的典型事例。

（2）产品观念

产品观念认为，消费者最喜欢高质量、多功能和具有某种特色的产品，企业应致力于生产增值产品，并不断加以改进。"酒香不怕巷子深""皇帝的女儿不愁嫁"等就是产品观念的典型表现。产品观念同生产观念一样，均是产生于市场供不应求的卖方市场下。产品观念导致了企业在营销管理中缺乏远见，只看到了自己的产品质量好，而没有看到市场存在的变化。

（3）推销观念

推销观念指以推销现有产品为中心的企业经营思想。推销观念认为，消费者通常具有购买惰性，即消费者一般都会购买熟悉厂家的产品，而不会转而购买其他厂家的产品；消费者也对新产品存在抗拒心理。推销观念还认为，有效的推销方式会改变消费者的购买惰性，并说服消费者购买本企业的产品。因此，推销观念认为企业必须积极推销和大力促销，以刺激消费者大量购买本企业的产品。推销观念具体表现为：企业卖什么，人们就得买什么。

由生产观念、产品观念转变为推销观念，是企业经营指导思想上的一大变化。但这种变化没有摆脱"以生产为中心""以产定销"的观念范畴。生产观念与产品观念强调生产产品，推销观念强调推销产品。所不同的是生产观念是等顾客上门，而推销观念是加强对产品的宣传。

（4）市场营销观念

市场营销观念产生于20世纪50年代。市场营销观念是一种以消费者需求为中心、以市场为出发点的企业经营指导思想。市场营销观念认为，实现企业目标的关键在于正确地确定目标市场的需要与欲望，并要采取比市场中其他竞争者更有效、更有利的方式来满足目标市场的需求。"顾客就是上帝"等口号就是市场营销观念的典型体现。市场营销观念的产生背景是市场已由卖方市场转为了买方市场。

市场营销观念的产生，是市场营销哲学的一次质的飞跃和革命，它把推销观念原有的逻辑彻底地纠正了过来。在市场营销观念的指导下，企业已不再是以产定销，而是根据消费者的需求决定生产什么，并按照消费者愿意接受的方式去销售。消费者需求在整个市场营销中始终处于最中心的地位。

（5）社会营销观念

社会营销观念是对市场营销观念的重要补充和完善。它的基本思想是：企业提供的产品不仅要符合消费者的需要与欲望，而且要符合消费者和社会的长远利益。社会营销观念强调企业在自身发展的同时要关心与增进社会福利，强调要将企业利润、消费需要、社会利益3个方面统一起来。

社会营销观念出现于20世纪70年代。当时，生态环境全球化的破坏已日趋显著，资源短缺、人口爆炸、通货膨胀和忽视社会服务等问题也日益严重，整个社会要求企业顾及消费者整体利益与长远利益的呼声也越来越高。面对这种呼声，西方市场营销学界在人类观念、理智消费观念、生态准则观念等方面提出了一系列新的理论。正是在这种社会背景下，基于市场营销观念的拓展，人们提出了社会营销观念。

企业管理理念的演变，也正是企业管理经营的核心由生产或产品导向转向消费者需求的过程。现阶段，企业已经清醒地认识到，为了更好地满足消费者的需求，就必须采取有效的信息技术手段，将市场细分至每个消费者的具体层面。只有这样才能够充分地了解消费者的个性化需求，并以满足这种个性化的需求的理念去经营企业，最终才能真正地赢得消费者。将市场细分至每个消费者层面，消费者也就有了客户这样的新称谓。正是基于这种以客户为核心的理念，企业凭借信息技术的不断更新，才能在实践层面实现对每一个客户需求一对一的服务，CRM得以产生。

### 6．技术推动

信息技术对CRM的产生与发展起到了巨大的推动作用。信息技术使整个市场性质发生了重大变化，企业与消费者的市场行为更趋自由化。信息技术不仅促使全球化市场的形成，使市场范围突破了原有的地理与空间的约束而且深刻地改变了消费者行为，使消费者完全可以根据个性化的需求对企业产品或服务发出有针对性的信息，摆脱了以往受生产厂商或零售商信息控制的地位。信息技术也使企业的经营运作方式发生了根本变化。在信息技术的推动下，企业由内部协调转向外部社会化，企业经营结构更趋直接化与高效化。具体到企业层面，信息技术对CRM的推动作用也可以总结为以下几个方面。

（1）信息技术有效地解决了CRM中的信息瓶颈。

在传统模式下，企业对客户信息的收集、处理及交换是非常困难的，而且成本非常高。信息技术的不断革新使得企业在采集、加工、分类、存储与应用客户的资料信息方面越来越便捷。企业可以及时准确地分析客户的消费行为及市场需求的变化趋势。CRM作为一种以客户为中心的管理理念，正是凭借信息技术，才得以在实践中有效地体现。

（2）信息技术极大地促进了企业与客户间的沟通与交流。

企业同客户之间建立并维持有效的沟通是CRM实施的重要环节。信息技术在传统的信息沟通渠道基础上，创新出了种类繁多的新型信息沟通方式与方法，如服务中心、呼叫中心、E-mail、虚拟社区、移动通信等。而且，信息技术还改变了传统的单向信息传播模式。现有的信息技术可使企业同客户之间实现"一对一"的双向信息沟通，极大地便利了企业和客户之间的信息沟通与交流。

(3) 信息技术使企业大规模定制生产方式得以实现。

CRM 以充分满足客户的个性化需求为目的。在传统的技术条件下，企业是无法真正地实现这一理念的。一是企业缺乏了解客户个性化需求的有力工具；二是量身定制对当时的企业来说只是个案，如果规模化生产则意味着很高的成本和风险。信息技术的不断发展给企业提供了解决这方面问题的有力工具。企业可借助先进的信息技术，及时有效地了解客户的个性化需求，在生产各部门及各环节间实现信息共享，并利用信息技术对原有生产流程实现以客户为核心的流程再造。信息技术不仅使企业规模化的量身定制方式得以实现，充分满足了客户的个性化需求，而且这种高效的规模化生产也极大地降低了生产、运输及销售等方面的成本。

### 7. CRM 的三个层次

从 CRM 的定义及其发展历程来看，CRM 具有以下 3 个层面的含义。

(1) 关系管理理念。这种管理理念主要来源于市场营销学，可以说是市场营销思想在信息技术时代的新发展。以客户为中心是关系管理理念的核心所在，其目的就是要实现客户价值最大化与企业价值最大化之间的平衡。企业越能提升客户价值，客户的满意度与忠诚度也就越高，客户也就越能为企业创造更多的价值，从而实现企业利润的增长。

(2) 关系管理机制。对客户个性化信息进行全面的分析，并将各种信息在市场销售人员、客户服务人员、生产人员及其他人员之间进行共享，指导各部门及人员的具体工作促使各部门及全体人员始终以客户需求为中心，从产品、服务及其他各方面提升客户服务质量；而且在满足客户需求的同时，同客户建立一种亲密信任的关系，并进一步维持这种亲密信任关系。从这个过程来看，这是一种旨在改善企业与客户之间关系的新型管理机制，不仅涉及了市场营销、销售、服务与支持等与客户相关的领域，而且也应用于生产流程再造等与客户间接相关的领域。

(3) 关系管理技术。关系管理技术的核心思想在于以客户为中心，但是这种核心思想最终是以产品或服务的形式具体体现出来的。在传统的市场营销阶段，为了能更有效地了解并满足消费者的需求，市场营销借助了市场细分这一主要的手段，相应地采取 4P(产品、价格、渠道及促销)来实现以消费者需求为中心的思想。信息技术的飞速发展，为企业实现以客户为中心的思想提供了强有力的技术支持。关系管理技术集合了当今最新的信息技术，包括互联网和电子商务、多媒体技术、数据仓库和数据挖掘、专家系统和人工智能、呼叫中心等。凭借先进的信息技术，传统的市场营销已进入了一对一营销的时代，也即企业与每一个客户逐一建立关系进行营销活动。

客户关系管理使企业的客户资源得以合理利用，其目标在于通过提供快速、周到、优质的服务来吸引和保持更多的客户，通过优化面对客户的工作流程来减少获取客户和保留客户的成本。客户是企业发展最重要的资源之一，应对企业与客户发生的各种关系进行全面管理，并进一步延伸至企业供应链管理。

## 5.1.3 客户服务及评价指标

### 1. 客户服务要素

任何企业的产出,在客户看来都是价格、质量和服务的组合,客户根据这种组合判断是否购买产品/服务。客户服务的含义很广,产品的性能、可获得性、售后服务、用户体验等因素与其直接相关。从供应链的角度来看,客户服务是一切供应链流程的产物。因此,供应链系统的设计与实施决定了企业所能够提供的客户服务水平。客户服务水平的高低会影响企业销售的业绩,也是决定企业能否实现利润目标的关键。

客户服务所扮演的角色是在销售者与购买者之间传递货物及服务的过程中,实现"时间与地点效应"。换句话说,只有当产品或服务到达客户或消费者手中时,才能体现出自身的价值。因此,从本质上讲,使产品和服务"可得",才是企业物流最关心的。"可获得性"本身就是一个很复杂的概念,构成客户服务的一系列因素都对其有影响。这些因素可能包括交货频率、可信度、库存水平和订单周期等。实际上,客户服务最终是由这些因素的相互作用决定的,它们会影响到生产产品的过程和购买者可获得的服务。

在实际中,客户服务的要素可以通过客户服务的广泛调查得到,LaLonde 与 Zinszer 的调查表明客户服务要素在供方与需方交易前、交易中、交易后都存在。图 5-1 列举了这 3 类客户服务要素。

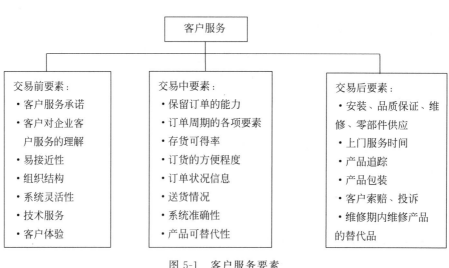

图 5-1 客户服务要素

客户服务的"交易前要素"涉及企业的客户服务政策和方案,如关于服务政策的书面文件(是在外部交流还是内部传达?是否被充分了解?是否具体、量化?)、易接近性(是否与客户容易联系?联系渠道是否单一?)、组织结构的性能(是否设置了客户服务管理体系?对服务过程的控制水平如何?)、客户体验(是否接受客户试用的请求?)等。

"交易中要素"指那些直接行使物流功能的、变动的要素,如订单周期时间(从收到订单到投递耗时多久?)、订单状况信息(在固定的前置时间内,订单的完成率是多少?对于包含特定信息要求的询问,做出回复的时间为多长?)、送货情况(送货时间?是否需要转运?)等。

"交易后要素"大体上指产品付诸使用后的支持性措施,如零配件和维修服务(维修配件的库存水平多高?维修人员到户所花费的时间多长?)、顾客投诉程序(投诉程序是否复杂?对客户投诉和退换做出迅速反应的程度如何?)、产品追踪(是否可以按照客户期待的服务水平维持/延长保质期限?)等。

在任何特定的产品/市场环境中,都会存在某些因素,它们的作用明显超过其他要素。而且,在某个具体的市场上,很可能出现上述要素之外的因素发挥重要作用。因此,不同市场中的客户服务应该因地制宜,不可能找到一个既通用又合理的要素清单。在每个市场上,企业的客户服务要素都会有不同程度的差异。

正因为客户服务的多样性,以及具体市场上宽泛并且变化多端的需求,拥有一套明确的客户服务策略对每个企业的意义不言而喻。每家企业的市场营销手段都是多种多样的。当越来越多的公司重视服务时,可以惊讶地发现:竟然只有少之又少的公司拥有明确的客户服务策略,更不用说它们能够灵活多变地管理和控制这些服务策略了。大量的证据表明:如果企业无法在客户需要时提供相应的产品和服务,而且没有替代品,那么生意就会流向竞争者,从而导致企业客户流失。

### 2. 客户服务需求

世上没有完全一样的树叶,更没有服务需求完全一样的客户。不过,客户的服务需求在一定程度上具有相似性。依照这种相似性,可将客户分门别类,这就是"服务细分"。供应链战略的制定者需要了解哪些服务指标可用于划分客户群。要想更好地进行服务细分,市场调查能够助一臂之力,然而为实施服务细分进行的正式调查活动,却寥寥无几。

怎样才能很好地实施这些调查活动呢?

前提条件是要理解客户服务具有可感知性。要想真实地反映出服务绩效,需要抛开那些硬性的内部指标,因为只有客户的感受能够说明真相。在实施调查活动时也许会误用一些指标,尽管这些指标在衡量生产率时有用,却不能真实地反映客户价值。例如,"库存可获得性"是一个广泛应用的内部指标,从客户角度出发,与之相对应且更为确切的指标是"准时交货"。所以,划分服务细分的关键,是要制定对客户具有实际意义的一系列服务标准。在具体实施时,可按以下3个步骤进行。

(1) 找出在客户眼中关键的客户服务要素。
(2) 设定客户服务要素的相对重要性。
(3) 根据服务需求相似性,划分客户群。

### 3. 客户服务目标

供应链物流管理的目标是在降低供应链总成本的同时，按客户需求提供优质服务。这就要求供应链物流管理需要制定以市场为导向的供应链战略，并且能够运用效益高的可持续方式提供完美服务。

引进"完美订单"(perfect order)的概念，能帮助理解服务目标。完美订单意味着企业完美满足了客户的服务需求。虽然这一概念只是以客户个体为标准，不过在实际应用该概念时，更常见的做法是将客户分类，再识别每类客户的核心服务需要。这样，当每项服务需求都能令客户满意时，便可以说，企业实现了完美订单。

因此，"完美订单率"作为服务质量的衡量标准，可以用顾客需求满足程度百分比来计算。通常，该百分比应根据企业某时期对所有客户的服务水平计算而得。不过，在应用时，可以用它来衡量企业对单个客户甚至任何客户规模的服务水平，如客户群、地区或配送中心。

计算完美订单率常用的指标有"准时率""完全完成率"，可以将它们扩展成 3 项要素：准时率、完全完成率和无错率。最后一个要素涉及文件管理、标签粘贴及产品包装的损坏程度。运用"完美订单"来衡量实际服务水平，要求计算出上述每个要素数值，再把这些值相乘。

举例说明，如果某企业最近一年来所有订单的完成情况如下所示：

准时率　　　　　90%；

完全完成率　　　80%；

无错率　　　　　70%。

那么实际的完美订单率应为：$90\% \times 80\% \times 70\% = 50.4\%$。

也就是说，这一年里，该企业完成的完美订单数仅占总数的 50.4%。

### 4. 客户服务标准

只有事先确定好标准，才可能有效地控制服务绩效。

从根本上讲，服务标准只有一个，即 100% 满足客户期望。为此，供应商需要清楚，自身应客观理解客户需求，同时要承担起责任使客户期望的服务形象化。也就是说，供应商所愿提供、所能提供的服务应与客户期望完全匹配。为此，买卖双方需要坐下来，就服务标准问题好好谈判。毕竟，任何一方都不愿意看到服务不当导致利润率下降的情形。

针对某种特定服务要素，应设定何种标准呢？

由客户指定的标准最为有效。因此，需要进行客户调查和竞争性标杆企业的研究，以便客观地设计出每一种市场细分的客户服务标准。

这里，列出一些供应链物流领域的客户服务标准：

- 订单周期
- 存货可获得率
- 订单批量限制
- 下订单的便捷性
- 送货频率
- 交付可信度
- 文档质量
- 索赔程序
- 订单完整性
- 技术支持
- 订单状态信息

接下来，逐一讨论各项标准。

(1) 订单周期。订单周期指从客户下订单到送货的这段时间。它的标准要根据客户的具体要求制定。

(2) 存货可获得率。与此相关的内容是产品现有存货量(以库存单元计)能满足需求量的百分比。有现货可供客户使用，势必会缩短交货期。

(3) 订单批量限制。越来越多的客户希望供应商能对小批量订货及时发运，那么配送系统是否有足够的弹性来应对客户多种多样的需求规模？

(4) 下订单的便捷性。客户能很方便地购买吗？他们怎样看待这个问题？系统具有交互性吗？

(5) 送货频率。客户对"及时制"更加重视，还体现在客户对送货频率的要求上。客户希望送货频率更高，送货间隔的时间更短。这就要以配送系统响应的弹性作为基础，制定服务绩效标准。

(6) 交货可信度。在全部订单中，有多少实现了准时送货？这一百分比既能说明送货的执行情况，又能反映出存货可得率和订单处理程序的优劣。

(7) 文档质量。发货单、提货单、同客户的通信记录的错误率有多高？文档界面做到用户友好了吗？这些会引起很多服务问题。

(8) 索赔程序。索赔的原因是什么？处理客户投诉和索赔的速度快吗？有"补救服务"机制吗？

(9) 订单完整性。完全执行的订单比例是多少？即未退回或部分送货的订单率为多少？

(10) 技术支持。货物售出后，还需要为客户提供哪些技术支持？关于外出修理响应时间和首次修复率的标准恰当吗？

(11) 订单状态信息。是否有"订单在线跟踪"等帮助解决客户查询订单进度的功能？是否有一定的程序，能够收集客户在收货方面遇到的潜在问题信息？

以上每一项都可定量衡量客户需求。不仅如此，它们也都可用于与竞争对手的绩效比较。

对客户来说，服务水平有两种：不是100%，就是0。客户要么是在正确的时间、地点收到了自己预定的货物，要么就不是。100%完成订单是难以实现的——任何事情都存在偶然性！如果一份订单有10件货物，且每一件货物库存供货的可能性为95%，那么该订单能够被完全执行的概率仅为$(0.95)^{10}$,即 0.559。这也就意味着,企业只有一半的机会令客户满意。

表 5-1 的数字可以显示出随着订单货物品种的增多,完成订单的概率逐步减小的速度。

表 5-1 完成订单的概率

| 一份订单上的产品种类数 | 各类产品可得率 | | | |
|---|---|---|---|---|
| | 90% | 92% | 94% | 95% |
| 1 | 0.900 | 0.920 | 0.940 | 0.950 |
| 2 | 0.810 | 0.846 | 0.884 | 0.903 |
| 3 | 0.729 | 0.779 | 0.831 | 0.857 |
| 4 | 0.656 | 0.716 | 0.781 | 0.815 |
| 5 | 0.590 | 0.659 | 0.734 | 0.774 |
| 6 | 0.531 | 0.606 | 0.690 | 0.735 |
| 7 | 0.478 | 0.558 | 0.648 | 0.698 |
| 8 | 0.430 | 0.513 | 0.610 | 0.663 |
| 9 | 0.387 | 0.472 | 0.573 | 0.630 |
| 10 | 0.348 | 0.434 | 0.538 | 0.599 |
| 11 | 0.314 | 0.399 | 0.506 | 0.569 |
| 12 | 0.282 | 0.368 | 0.476 | 0.540 |
| 13 | 0.254 | 0.338 | 0.447 | 0.513 |
| 14 | 0.225 | 0.311 | 0.400 | 0.488 |
| 15 | 0.206 | 0.286 | 0.395 | 0.463 |
| 16 | 0.195 | 0.263 | 0.372 | 0.440 |
| 17 | 0.167 | 0.243 | 0.349 | 0.418 |
| 18 | 0.150 | 0.223 | 0.328 | 0.397 |
| 19 | 0.135 | 0.205 | 0.309 | 0.377 |
| 20 | 0.122 | 0.185 | 0.290 | 0.358 |

由此可以发现,你无须抱怨从网上购买的 20 本不同的书的订单一个月才能到。

**5. 客户服务评价指标**

企业在建立服务标准后,应利用这些标准衡量各项客户服务措施是否合理。考虑到客户服务的不同侧面,有效评价客户服务不是一件简单的事。订单交货期可能是衡量物流服务企业客户服务的最好的单项指标,因为它是客户非常看重的且是多项客户服务要素指标集成的结果。不难理解一些网商做出客户订单 24h 内送达的承诺,它们就是采用了这项指标。大众也会用这项指标来衡量网商服务的优劣。

综合多项服务标准,可以建立一个综合服务指数。这个指数是十分有用的管理工具,尤其可用来综合内部服务标准。表 5-2 给出了一个综合服务指数的例子。这个指数综合了客户认为重要的多项服务要素,并将各要素的重要性作为权重。

表 5-2　某企业的综合服务指数指标

| 服务要素指标 | 重要度权重($w$) | 服务要素指标值($c$) | 分值＝$w \times c$ |
| --- | --- | --- | --- |
| 订单满足率 | 30% | 70% | 0.210 |
| 及时送货率 | 25% | 60% | 0.150 |
| 送货准确率 | 25% | 80% | 0.200 |
| 单据准确率 | 10% | 90% | 0.090 |
| 退货率 | 10% | 95% | 0.095 |
|  |  |  | 指数＝0.745 |

客户服务是客户关系的重要体现,也是企业获得竞争优势的重要因素之一,同时又是管理比较薄弱的环节。所有供应链活动的输出构成了客户服务。鉴于此,客户服务指标不仅可以按照交易前、交易中、交易后的指标来评价,也可以按照不同的物流活动分别评价。例如,可以用准时交付率、货物损坏率、客户投诉率等指标对运输活动进行评价。

## 5.1.4　客户关系管理发展趋势

### 1. 理念变化

随着时代的发展,CRM 的理念也在不断地更新。从 CRM 的发展现状来看,在未来一段时期,CRM 在理念上将呈现出两种发展趋势。

(1) CRM 中的客户范围得以扩展。在 CRM 中,"C"代表客户,指与企业发生各种业务来往的对象,包括个人或组织。随着企业对客户含义的进一步认识,企业意识到,客户不仅仅是与企业发生了各种业务关系的对象,而且包括还未与企业发生业务关系的潜在对象,甚至还包括没有与企业发生业务关系,但却与企业的经营发展有直接或间接影响关系的个人或组织。另外,企业也已经认识到,在社会经济中客户的角色常常处于变化之中,企业必须以动态的观念来理解客户的含义。例如,企业员工在购买企业产品或服务时,就从企业员工转变成了企业客户。潜在客户一经购买就成了企业的现实客户。竞争对手有时因缔结战略联盟而成为企业的伙伴,这种伙伴其实也是客户的一种类型。

随着企业对客户含义的进一步认识,CRM 中的"C"的范围将得到极大的扩展,客户的含义也不再是传统市场营销中的客户概念。可以概括地说,不管是何种类型或性质的组织或个人,只要对企业的发展有贡献,无论是直接的还是间接的,都是企业的客户。

(2) CRM 向 CMR 转变。Newell 与 Seth Godin(2003)较早地提出了管理客户的关系(customer managed relationship,CMR)。他们认为 CRM 是流程、人和技术的融合,并且技术只是其中最后的一项,要真正体现以客户为中心的理念,CRM 就必须向 CMR 发展。对于这种想法,一些机构与专家也认为,现有的 CRM 是以企业利益为中心的,即在企业和客户的关系中,企业基本上主导着关系的发展和维持,而这种不平等的关系是难以持久化的。要实现以客户为中心的理念,提升客户的满意度,只凭企业的单方面的努力是无济于事的,应该将客户纳入管理主体,实行更为人性化的客户管理模式。也可以说,CMR 是让客户自己来管理这种企业与客户之间的关系。

CMR 的核心思想是企业与客户在平等互利的关系基础之上,实行关系持久化,以达到企业与客户双赢的目的。实施 CMR 就必须通过多种渠道吸纳客户参与企业的经营活动,通过企业同客户的协同合作,共同来管理客户与企业之间的这种新型关系,充分地调动客户与企业双方的积极性,从而真正实现以客户为中心的理念。

### 2. 技术发展趋势

CRM 不仅是一种以客户为中心的企业管理理念,同时也是一种利用信息技术来实现客户个性化需求的有效手段。近些年,在信息技术更新的不断推动下,CRM 的相关技术更是得到了长足发展。未来几年,CRM 的相关技术的发展趋势在以下方面。

(1) 与企业信息系统的整合。CRM 系统、工作流管理系统、电子商务系统、SCM 系统、ERP 系统,以及商业智能等,都是企业信息系统的有机组成部分。企业信息系统进行企业的信息管理,必须从企业总体出发,全面考虑,保证各职能部门共享信息数据,减少信息数据的冗余度,同时保证信息数据的兼容性与一致性。而目前,各类信息系统存在较明显的"孤岛效应",各系统间的兼容性与一致性还存在着较显著的问题。在未来的一段时期,CRM 与 ERP、SCM、BI、电子商务等系统的有效整合将成为 CRM 技术的一个重要发展方向。

(2) 云计算。CRM 系统中信息的头号重要来源已经逐渐开始游离于企业之外,当下社交网络、社区网络及其他外部来源才是信息的真正集散地。传统的 CRM 其实就是大家在自己的企业内部讨论客户的相关信息。基于云的应用在捕捉这类信息方面可谓得心应手,并能够方便地将其转化为具备操作性的实用情报。在云计算技术下,企业已经不必再花费大价钱打造基础设施。企业可以连接云平台并挖掘客户资料,而基于云的 CRM 软件能够更加高效地完成这一工作。互联网数据中心(internet data center,IDC)的市场调研报告指出,在 2010 年,亚太地区(不含日本)各个国家的云计算实施部署均大幅上升。已有 45% 的企业目前已经使用或正在计划部署云计算。CRM 在亚太地区所有云计算应用中的比例也在持续增加。

(3) 移动性。移动 CRM 是利用现代移动终端技术、移动通信技术、计算机技术等现代科技,帮助人们在移动的过程中完成相关的 CRM 任务。移动 CRM 系统具有传统 CRM 系统无法比拟的优越性。移动 CRM 系统使业务摆脱了时间和场所的限制,能够随时随地与公司业务平台沟通,有效地提高了管理效率,并推动了企业效益增长。

由于智能手机时代的来临,新型移动设备不断出现,移动 CRM 将会成为一个真正火爆的 CRM 领域。有分析认为,移动 CRM 会通过以下几个方面表现出来:首先,销售和服务团队通过移动设备访问 CRM 系统将会普及,功能会更丰富;其次,通过移动设备使用 CRM 系统来促进企业对外联系;最后,利用移动 CRM 系统与客户进行互动会越来越流行。

(4) 平台化。应用程序的易用性当下正逐渐成为企业内部极为重要的一大问题,CRM 技术也面临着同样的问题。除了传统的台式机和笔记本电脑、智能手机等电子设备也都已经成为 CRM 的工作设备。CRM 用户在选择或使用 CRM 软件时,应当确保该软件能够同时为传统及移动平台所访问和理解,同时量身打造的友善用户界面也不可或缺。这将促使 CRM 应用程序在设计上更易于实现集成化,用户也可以方便地通过定制进行有针对性的升级。

另外,CRM 软件提供给用户的不只是一个业务功能固化的软件,而应该是一整套可配置的 CRM 平台。在这个平台上,可以为每一个行业、每一个企业配置特定的功能模块和特定的业务流程。一个企业的营销模式是企业最重要的核心能力之一。每个企业的这种能力都不一样,CRM 软件必须能够适应这种不同。因此,CRM 系统必须平台化,服务必须专业化。

## 5.2 供应商关系管理

### 5.2.1 关系管理的挑战

供应链管理中的组织都要做出关系管理的决策,都需要确定与本组织目标及战略相一致的关系类型。在特定的环境下,有多种因素能决定企业与供应商的关系。这些因素是双向的,买方和卖方的行为都会对它产生影响。所寻求的关系会影响这些因素;而这些因素本身也会影响关系各方的行为。在关系的进程中,双方的行为也会影响这些因素。图 5-2 列出了供应商关系路线图及其要素。

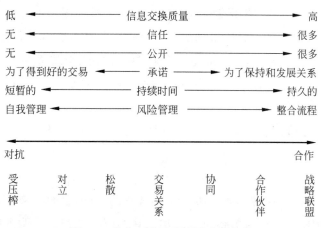

图 5-2 供应商关系路线图及其要素

1. 受压榨

在双方的关系中,买方处于绝对的劣势,不得不接受卖方的苛刻条件,而卖方则寻求其最大利益。买方受压榨往往是因为对方的技术、资源、市场地位或品牌的影响力等因素处于垄断地位,而买方可能处在供应定位中的"战略"或"瓶颈"的象限:风险高,供应市场可选择的机会比较稀少,卖方无须关注客户关系的管理和建设;反之,买方关系投入显得更加重要,借此以找到发展长期合作与共赢的可能性;开发新供应商也是买方长期的任务。

2. 对立

买卖双方都在谋求自身利益最大化,即使损害对方利益也在所不惜。对立关系通常出现在供应定位中的"杠杆"象限:风险低,供应市场有许多潜在供应商;需求标准化,采购组织在此领域花费较大,因而试图使用竞争性选择方法,如用招标或电子反向拍卖来平衡对于供应商的花费和实力;采购组织不会寻求长期的关系。在对立关系中,交易比关系更加重要。

从自我利益和短期关系出发,采购组织的挑战是确保所购产品和服务的最低总拥有成本。采购组织并不追求长期交易,而是希望在变化的市场中能够自由更换供应商以确保更好的交易,从而不被长期合同束缚。供应商将积极寻求每次交易的收入和利润最大化,避免劳而无获。

3. 松散

采购组织从供应商那里采购的次数不多,采购量不大,或者没有必要建立更紧密的关系。松散型关系通常出现在供应定位中的"杠杆"或"非关键"象限;供应市场有大量的标准化产品可供购买,风险较低;采购组织在这个领域有重大或不经常的花费,且对不经常购买的产品不熟悉,因而更倾向于使用竞争性选择方法而非长期固定的合同,招标或电子反拍卖都是采购组织常用的工具。保持市场的竞争态势以降低价格或获得最低的总拥有成本是采购的主要目标之一。同样,在松散型关系中,特定的交易比关系更重要。

产品和服务的标准化可以降低更换供应商的风险。买方将关注价格、交付、指定质量和所需数量等基本要素。而如果采购的产品和服务是非标准化的,或者同时需要供应商的参与或设计开发,关系管理会更加显现其重要性。

4. 交易关系

这是采购方最常用的一种形式。买方关注合格的、有能力的供应商,要求其交付低价值、低风险的产品和服务。交易关系更多地出现在"杠杆"象限。采购组织寻求能够"交付产品"和符合要求的供应商。在这里是交易和关系几乎同等重要。

做好平衡是处理这种关系的挑战:维持供应市场的竞争性,使得自身利益最大化;同时还要确保产品和服务的持续供应,避免供应商由于各种因素的退出及供应的中断。而风险之一是供应商会竭力在采购组织内部确立其供应地位,提升采购方对其的依赖程度。

交易关系中的另一类供应商需要协调下级供应商以保障供应,其常常为低风险的产品和服务,如 MRO 采购。这种关系通常出现在供应定位模型的中心区域。采购组织需要的关系不是伙伴关系或战略联盟;如果用对立关系来看待这种交易关系,显然存在太大的负面影响,但其关系的紧密程度会有所提升;如果对二级供应商的协调作用进一步增强,这种关系就转化为协同关系。

### 5. 协同

这种形式需要采购方有一种战略的视角。采购方和供应商通过对供应链各个环节竞争优势的整合,共同创造和获取最大的商业价值,并以此提升各自的获利能力。例如,双方将具有共同商业利益的供应链的各个环节整合起来,通过将整个供应链中的信息进行共享,以满足不断增长的客户的需求,同时也保持自身的竞争性。协同关系更可能放在"战略"象限,但采购组织还想利用供应商的专业特长来从市场中获取最大优势,那么这种关系可能用于供应定位的其他象限。在这里,关系处理和信息沟通尤为重要。

### 6. 合作伙伴关系

合作伙伴关系显然是战略性的关系管理。合作伙伴关系需要双方对长期关系的一种承诺。双方需要以信任和明确的双方约定目标为基础,共同努力,共担风险,共享回报。伙伴关系是具备高信任等级、长期合作的关系。这种关系比双方的一次性交易更有价值。

### 7. 战略联盟

战略联盟已经上升到了组织战略的层面。双方协作提供产品或服务,寻求长期共同利益的最大化。出于共同的利益,组织之间可能就部分或全部服务/产品组合在指定的地理领域、指定的市场结成联盟,双方的关系处于"战略"象限。战略联盟是比合作伙伴更高一个层次的关系,这种关系基于完全的信任和双方组织完全的相互依赖。双方组织为了共同的长期利益而伸出援助之手,或者牺牲自己的当前利益。采购组织的挑战是要实现这种关系的理念,保持新意和创新,以及维护双方的战略利益。

在众多供应商中选择某个供应商,就某一系列特定部件签订排他性协议,会加强双方的信任和承诺。这种关系通常位于供应定位模型的多个象限。例如,有些高风险"杠杆"项目也可用单一供应源。当需要与供应商建立更强的合作关系时,可以选择单一供应源方式,以获得更低的成本优势,在交付方面获得更优惠的待遇及卓越的服务,从而获得整个供应链的持续改进。双方需要长期战略考虑才能带来这一关系的收益。需要注意到单一供应源本身是一种风险。单一供应源是合作伙伴及战略联盟关系中常采用的方法之一。企业首先需要选择一个合适的合作伙伴,再对关系进行投资,使其合作高效,并不断改进和发展。

## 5.2.2 SRM 定义及模式

### 1. SRM 定义

对于供应商关系管理(supplier relationship management,SRM),咨询公司高德纳(Gartner)是这样定义的:供应商关系管理是指企业为了实现盈利,有必要与产品/服务供应商进行沟通,针对其不同的重要性建立相应的商业规则的行为。

供应商关系管理能在以下几个方面帮助企业提高竞争优势。

企业根据供应商的特点及其对企业的战略价值,采取以下不同的对待方式,使供应商关系得到优化。

(1) 通过对更新更好、以顾客为中心的解决方案的快速引入,建立竞争优势和合作管理,更快速、更灵活的反映市场的需求,以增加营业额。

(2) 把供应商集成到企业流程中,扩展、加强与重要供应商的关系。

(3) 在以维持产品质量为前提下,降低供应链与运营成本。

(4) 信息与资源得以更快地循环。

在解决企业的库存、产品质量控制、风险等问题时,供应商关系管理是有效措施之一。企业参与竞争并确保获得竞争优势是供应商关系提供的强有力武器和宝贵资源,供应商的关系管理也促成了企业的成本和风险控制。

对于供应商来说,建立良好的供应商关系也有着积极意义,供应商需要能够对市场需求的变化做出快速反应,这提高了供应商的应变能力和对未来需求的可预见性、可控能力,并使库存成本大大降低;合作伙伴关系稳定了供应计划,也在技术上、质量上、管理上和资金上得到了制造商的支持,提高了市场竞争力。

### 2. 供应商关系模式

在供应商控制模式方面,存在两种截然不同的模式:竞争与合作。这两种方式各有其优缺点,在实践中都有广泛应用。

(1) 竞争模式。

供应商控制主要是通过完全竞争控制来实现的,其激励方式以竞争淘汰为主。美国的企业多信奉正常交易的模式,这种模式主要是源于迈克尔·波特企业竞争战略的观点——"在采购中相应的目的就是寻找某种能够抵消或超越供应商权力源的机制,通过这种方式,采购行为可以扩展到所有可供选择的供应商,以提高企业讨价还价的能力"(波特五力模型)。采用这种模式进行供应商管理的企业在采购时有意同供应商保持正常交易关系,避免任何形式的相互承诺。这种管理模式的好处是企业在采购过程中不会被任何供应商企业所牵制,企业具有较高的讨价还价的能力,能够获得一定的价格优势。但是这种模式要求企业管理大量的供应商,相应的管理费用或交易成本很高,企业在谈判和处理订单上可能花费更多。同时,采购额在多个供应商之间的细分也降低了供应商取得规模效益的能力。

(2) 合作模式。

日本和韩国的供应商控制包括合约控制、股权控制和管理输出控制,并以激励扶持为主。日本的企业多与其供应商建立非常紧密的关系,这和正常交易模式完全不同,因为结成伙伴关系的企业能够共享更多的信息,能够充分信任,协调相互依赖的任务,并且能够投资创造具有关系特定性的资产,从而降低成本改进质量,加速产品开发。但是建立与维持这种关系的协调成本很高,也可能会降低企业脱离低效益供应商的能力。

(3) 差异化的管理模式。

这是一种折中的选择方式。这类企业在进行采购时对供应商群体进行了战略性细分,以明确各供应商在多大程度上对企业的核心能力与竞争优势作出贡献,并且在这些基础上,采用两种模式有针对性地对供应商进行差异化管理。这不仅能实现正常交易模式的优点,也能实现伙伴关系模式的优点。

## 5.2.3 供应商开发

### 1. 定义

供应商开发是买方为了满足自身长期或短期的采购需求,开展的帮助供方提高其绩效或能力的任何活动。采购方通过对供应商的选择评估,从中筛选并确认良好的供应商,而且采购方希望与其合作得更紧密,使这种关系向着"合作伙伴"或"战略合作"关系的类型发展。供应商开发的一些表现如下。

- 买方积极帮助供应商提升绩效水平。
- 供应商将表现出接受帮助,而且对买方发展有贡献。
- 评价仍然很重要,但是评价正从基本的业务评价转向流程、设计和管理的综合评价。

买方给供应商提供的财务支持、技术支持或其他形式的帮助,使供应商能够按照买方要求提供产品或服务,或者是以合适的方式与采购组织接口。

### 2. 供应商协作与供应商开发

供应商协作是供应商开发的先决条件和步骤。供应商协作通过规范供应商的日常工作来提高供应商的竞争力,减少供应商内部的浪费。供应商开发则是帮助提高供应商的战略、工具和技术,从而来提高其竞争力;供应商开发通过对供应商提供帮助,如工厂规划、减少装配时间、帮助实施工艺及管理等手段来提高供应商的能力,其关注点是能力。供应商协作注重企业和供应商的有效联系,而供应商开发的目的是提高供应商的能力。

### 3. 目标

供应商开发具有前瞻性。供应商开发不仅包括帮助供应商迅速解决问题,而且更着眼于在开发过程中帮助供应商掌握学习能力。掌握学习能力对供应商来说很关键,因为他们可以借此持续改进其内在系统。具有学习能力的供应商还可以帮助其下一级供应商提高能力,最终形成一个更有能力、更具有竞争性的供应链,其目标如下。

(1) 长期合作战略。

传统情况下,当供应商不能达到要求时,企业通常有如下 3 种选择。

① 把外包项目改成自制。

② 寻找更有能力的供应商。

③ 帮助提高现有供应商的能力。

在实践中,企业经常采取多供应商策略来分担供应中可能出现的风险,但事实上,多家供应商与单个供应商相比在提升质量、降低成本、缩短供货时间等方面并无明显改善。在供应链管理模式下,采购方和供应商的关系不再是独立的竞争关系而是合作伙伴关系,拥有稳定精良的供应商库,是企业在全球化竞争中的一大优势。因此,发现供应商存在问题,明智的做法不是简单地抛弃或淘汰供应商,而是在衡量成本和收益后,基于长期发展的目标,和供应商一起寻求解决问题的方法,一旦企业做出选择,那些最优秀的供应商就不会频繁地从一家客户转向另外一家,明智的供应商也将同采购方一起努力,建立一个能够带来最大利润的企业组合,共同占据全球化竞争中的优势地位。

(2) 总成本最低战略。

通过对供应商进行压价来降低采购成本已经被证明对买卖双方的长远发展都是不利的。第一,这种过分注重价格的做法使采购人员将压价作为完成采购任务的首要目标,从而忽视该价格的合理性,甚至忽略采购环节其他方面的因素。第二,供应商为了得到订单在价格上不得不向采购方做出让步,但是供应商的对策通常只有两种:从内部挖掘潜力、提高效率来弥补这一损失,或者是将该损失再以其他形式追加给采购方。第一种对策在短期内难以实现,第二种则是供应商比较常用的手段。过多的利润榨取最终将供应商推到了采购方的对立面,最终结果可能包括质量与交付上频繁出现问题、重要部件不能按期交货、收到劣质部件,甚至在供给短缺时稀缺货源会流向竞争对手。第三,由于供应商长期被压榨,导致其利润低下,缺乏应有的积累,无法进行设备更新和技术提升,渐渐失去竞争优势甚至破产。总之,这种凭借自己目前的优势压迫供应链上其他成员放弃利益的做法,只是暂时改变了利润的分配方式,并不能增加整个供应链的价值。从长远来看,这对买卖双方都没有好处。

越来越多的组织将目光从自己放眼到了供应链上,并提出了"共创利益,共同分享利益"的双赢做法,致力于实现与供应商建立和维持长久、紧密伙伴关系的管理思想和解决方案,以双方的共同目标为基础,扶持供应商,使供应链总成本达到最小,从而创造更多的经济效益。

供应商在成本控制、质量绩效等方面所能达到的目前的水平和期望的水平存在着绩效差距,采购方被认为有责任消除供应商的这种绩效差距。其目的不是要压缩供应商的利润,而是要确保供应商的利润额度是合理的。有效的供应商开发不仅能为某一方节约成本,还意味着采购方要帮助供应商消减他们工艺流程中的成本。有效的供应商开发人员将对供应商生产的整个流程予以关注,从而在质量、配送、周期和成本方面都达到消除浪费并取得改进的目的。

对于供应商来说,都面临着一个共同的问题,那就是如何尽力缩短自身与那些高业绩企业之间的差距,以及如何最大限度地开发自身的潜力资源以满足生产需要。供应商或许已经是某个领域的专家,但大多数中小型的供应商还是无法独自承担大规模的技术革新活动或改进提升项目,其需要一定的帮助才能发展壮大。作为核心企业的采购方知道某些能使买卖双方受益而供应商不了解的信息,这种互惠可能限于特定的订单,或者是一些影响深远的方面,如技术、财务、管理制度、技能或质量水平。供应商需要企业的帮助来获悉先进的技术或有效的管理方法,以及如何更有效地缩短绩效差距,提升业绩。

(3) 高回报。

良好的供应链管理将给企业带来巨大的利润,开展了供应商开发的赢家们都在继续关注着其所蕴含的巨大利润机遇。调查显示,每名专业的供应商开发工程师带给企业的成本节约通常是其薪酬的3～5倍。从供应商开发中获得成本节约的最好案例是21世纪戴夫·纳尔逊在迪尔企业进行的供应管理运作。戴尔和他的开发团队在供应商开发投资中获得了500%～1000%的回报,过程中涉及的每一个供应管理者都获得了5～10倍的报偿。

4. 步骤

供应商开发步骤包括工作流程、开发方法、影响因素和开发实施。

供应商开发计划应集中于提升供应商未来的能力、技术和产品,而不应仅在于产品质量和成本。一个清楚的长期战略将会是供应商开发流程的关键成功点,供应商员工、供应商评估、开发目标、投入水平、开发团队、开发流程等因素也会直接影响开发过程。不同的组织机构,以及开发的关键是注重结果还是注重过程,实施的步骤都会有所不同,没有两家企业的供应商开发采用完全相同的方法。一些企业已经使用并证明有效的供应商开发一般化模式遵循以下9个步骤。

(1) 确定需要开发的关键产品。
(2) 确定关键供应商。
(3) 评估供应商的执行情况。
(4) 确定供应商当前绩效与期望绩效的差距。
(5) 为供应商的开发组成跨功能团队。

(6) 与供应商的高层管理小组会面。

(7) 弥合察觉到的差距。

(8) 为实现改进设定最后期限。

(9) 监测改进情况。

供应商开发应该由企业跨部门团队进行,包括采购人员、关键用户、产品设计师、生产方面的人员在内都要参加。评估供应商的执行情况离不开现场审查,这需要实地到供应商的工厂考察,了解供应商的质量与绩效情况,由跨职能团队来确定供应商的过程能力、物料管理及监控方法。

### 5.2.4　供应商认证

供应商认证(supplier certification)指"买方取消来料检验的计划,评价关键供应商质量系统的过程"。供应商认证,确定供应商的等级,对企业来说很重要。供应商认证项目也是企业确定战略联盟候选人的一种方式。企业往往要求供应商已经开展了一些国际标准的正式认证项目,如 ISO 9000 等,类似的认证审核过程可以作为供应商认证的一部分。这可以节省时间,但不能代替企业跨部门团队进行的供应商认证。因为企业要寻找最好的和最可靠的供应商,并确定与供应商的关系模式。这么慎重的决策当然应基于事实,而不能仅仅依据感觉,需要对供应商的质量体系与供应绩效进行全面又要有针对性的客观评价。

进行供应商开发也是获得合作谈判的一个筹码,需要的是双赢。如果供应商提供的是业界第一的产品,技术也是一流的,那么根本无须进行供应商开发,供应商也不需要买方的帮助。

如果某个供应商对企业很重要,可以作为企业的战略供应商,那么就可以了吗?到这一步还未结束,还要问问供应商是否愿意,如果供应商认为不重要呢?所以企业还要了解供应商的偏好,了解当前的供应市场状况,才能达成与供应商合作谈判的成功。

### 5.2.5　供应商偏好及供应市场管理

#### 1. 供应商偏好

供应定位模型并没有考虑供应商对特定情况的看法。所以,即使某种需求对于组织非常关键,供应商也可能认为这个需求或该组织并不重要。另外一个普遍使用的模型是供应商偏好模型,如图 5-3 所示,它有助于组织理解供应商如何看待他们以及他们的需求。该模型分为 4 个象限,$Y$ 轴代表业务对供应商的吸引度的评估,$X$ 轴代表相对供应商的价值的业务规模。

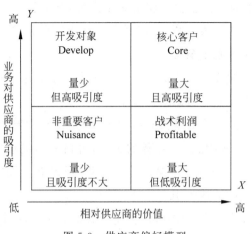

图 5-3 供应商偏好模型

买方当然希望做一个对供应商有吸引力的客户,表 5-3 列举了对应销售方吸引力和非吸引力的典型方面。

表 5-3 买方具有及不具有吸引力的因素

| 买方具有吸引力的因素 | 买方不具有吸引力的因素 |
| --- | --- |
| 拥有最新的技术 | 傲慢 |
| 客户相关利益 | 官僚 |
| 业务扩展可能性 | 无理要求 |
| 信息/需求模式的持久性 | 频繁改变交付时间表 |
| 道德行为 | 政策的变化影响供应商 |
| 财务完善 | 决策单元不清晰或复杂 |
| 良好的公众推广 | 无力决策 |
| 良好的安全习惯 | 延迟支付 |
| 确保支付 | 长的支付期 |
| 订货量大 | 从不让供应商把事情办好 |
| 缺少商业机敏性/判断力 | 不展示"全景" |
| 长期合同 | 不遵守诺言 |
| 按时支付 | 烦琐的责任条款和条件 |
| 准备倾听 | 计划不周 |
| 有威望的组织 | 频繁二次投标请求 |
| 专业态度 | 短期合同 |
| 赢利性合同 | 不遵纪守法 |
| 很少起诉 | 没有社会责任 |
| 将卖方推荐给其他人 | 产品或关系生命周期末期 |

供应商偏好的 4 个象限如下。

(1) 核心客户。销售组织的现有业务很重要的客户,属于赖以供应的组织类型。核心客户并不等于一定得到最好的价格和服务,但如果出现威胁,销售组织要努力保持与这些客户的业务关系,寻求与采购组织及其人员非常紧密的关系。

（2）开发对象。开发对象是销售组织的未来潜力，基本目标是将采购组织推入核心领域。销售团队已经做了深入调查分析，意识到采购方的强烈需求，希望从中获取利润，成功地转换到核心客户被视为成功的象征。

但一些客户虽然采购量不多，但吸引力足以成为开发对象。例如，著名企业的名字出现在销售组织客户名单上就是一种珍贵的荣誉。

（3）战术利润。这些客户并不是很有吸引力，但是仍然拥有大的交易量。卖方没有失去业务的风险，所以仅限于赢得、保持业务的努力，价格成为最重要的因素，采购方任何附加需求都被视为额外工作。采购方过激的进攻态势，或没有长期关系的承诺，对待供应商的个人关系处理不当也可能造成吸引力下降。

（4）非重要客户。与其他业务相比较，低价值且低吸引力，维持提供产品或服务是出力不讨好。对于成本的计算和产生的业务规模的考虑都会促使卖方结束业务。

买方需要站在卖方角度，了解销售方将自己置于哪个象限。

### 2. 供应市场管理矩阵

将供应定位与供应商偏好结合到一个模型中，就形成了供应市场管理矩阵（market management matrix）（图5-4）。

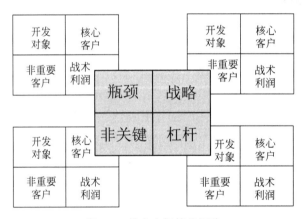

图 5-4 供应市场管理矩阵

供应市场管理矩阵帮助买方检验并管理供应市场及其风险，其指导作用在于：创建战略联盟；识别新的供应商和额外的业务来源；对未来业务风险的预警；说明何时必须变更供应商；说明何时必须改变关系而不是变更供应商。

买方通常希望供应商将自己放置于供应商偏好模型的上半部。图5-5中的箭头表明了买方希望关系在理想情况下移动的方向。

例如，买方拥有"杠杆"这一象限需求，而供应商将他们视为"非重要"象限的情况，这就必须迅速处理，因为在此种情形下供应商会存在将产品和服务提供给别的客户的风险。可采取的行动有提高企业吸引力或更换供应商，因为在此领域有许多供应商。

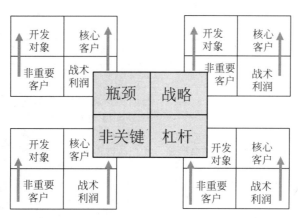

图 5-5 关系矩阵的变动

拥有"杠杆"这一象限需求的买方和将买方也视作为"战术利润"的供应商可能面临一种对立关系。其次,需要考察供应定位中与"战略"及"瓶颈"象限相关联的"非重要客户"和"战术利润"象限的优先次序。这 3 种情况都是"高风险"。为了避免产生灾难性结果,必须马上采取行动。

买方必须了解矩阵的变化,从而才能找到自己属于 16 种局势中的哪一种(表 5-4)。

表 5-4 关系矩阵描述

| 定位 | 偏好 | 状态 | 描 述 | 短 期 行 动 | 长 期 战 略 |
|---|---|---|---|---|---|
| (a) | | | | | |
| 瓶颈 | 开发对象 | 非稳态,风险 | 买方需求不旺盛的产品还是被卖方所青睐。可能是被采购方的品牌吸引要加以利用;或者是对相关产品有兴趣,希望借此开发自己的其他产品;或者是借这个产品作为跳板,以获得买方的其他业务,或者借机开拓其市场,还有可能是供应商判断错误。 | 了解买方需求不旺盛的产品还会被卖方青睐的原因。短期没有风险,但买方需提升吸引力。 | 要考虑卖方的长期策略,若是供应商判断错误,或者是作为跳板,或者是吸引力不可持续,需要考虑转移,或者是找到与供应商长期合作的产品和项目,或者寻找新的供应商。 |
| 瓶颈 | 非重要客户 | 危险 | 买方重要的产品而又不足以吸引供应商,供应商供货热情不高,随时可以放弃。而采购不得不依赖于卖家,开发新供应商难度大。 | 做好关系维护,保障供货安全,做一个受欢迎的好客户。 | 找出吸引供应商的要素,或者转化产品使其更加标准化,或者开发新供应商。 |
| 瓶颈 | 战术利润 | 受盘剥,稳定 | 对于供应商来说,这是一块肥肉,可供长期享用,且无忧无虑。可能的原因是没有竞争对手,或者是这个微量元素不足以引起其他大供应商的关注。 | 如果采购方手中还有更重要的工作,则可暂时搁置,因为处理的结果不会带来丰厚的回报。 | 寻找可能性,将卖方发展成为战略伙伴,寻求总拥有成本最低,或者考虑是否值得开发新供应商,或者改变产品属性,标准化是一个选择。 |

续表

| 定位 | 偏好 | 状态 | 描 述 | 短 期 行 动 | 长 期 战 略 |
|---|---|---|---|---|---|
| (a) | | | | | |
| 瓶颈 | 核心客户 | 稳态 | 这是对买方最好的组合之一，但需要小心谨慎地呵护。买方的小额产品已足够支撑卖方的业务量，可称为靠山吃山，从而找到了事业发展的"火车头"。 | 短期维护和保持关系，绝对不可以与供应商玩弄"画大饼"的游戏。买方对于产品的需求是否有长期性？双方是否愿意保持长期的合同关系？未来的产品、市场是否会转移方向？应建立互相的信任、沟通及承诺，共同规划未来的发展愿景。 | 买方需要关注并与供应商讨论其长期发展战略。若战略有冲突，如供应商希望发展壮大，而采购方没有足够需求；或者采购方产品膨胀，或反之，都需要双方对未来可能的风险有所预判，并做些相应调整。 |
| (b) | | | | | |
| 非关键 | 开发对象 | 不稳定，但无大风险 | 可能原因是卖方希望利用采购方的品牌力量，或者是对产品或技术有兴趣，希望借此开发自己的其他产品；或者作为获得买方其他业务的敲门砖；或者"借鸡下蛋"，趁机开拓其市场。最不好的情况是供应商判断错误或是被采购方不切实际的未来需求所误导。 | 了解买方微小的产品需求为何会被销售给也不占重要地位的卖方作为重要客户？短期可以没有作为，并不需要投入太多的资源。但如果是卖方的误判，需要及时纠正，以防断货的风险。 | 关注买方吸引力是否可持续，或者买方别的产品形成组合优势吸引卖方，否则买方需要寻找新的出路，好在寻找供应源并非难事。 |
| 非关键 | 非重要客户 | 不稳定，有风险 | 双方都没有足够的意愿和资源投入以加强关系管理，买方的诉求，如供货质量或交付问题的投诉不会得到卖方的积极响应。虽然产品不重要，但缺货或质量问题还是会影响生产、运营，特别是如果影响交付，会造成客户的不满意和投诉。 | 买方过度的资源投入是得不偿失的，交易成本、缺货的损失远远高于产品本身的成本。应该也有可能非常容易地从卖方的"非重要客户"中迅速摆脱出来，从而离开这个不利的组合。 | 寻找更加有利于买方的组合形式，例如，打包以增加采购量，交给有兴趣、有能力的供应商。买方可以将这一活动交给新手处理，以培养新人成长。从战略上，检讨供应商关系管理的实施绩效。 |
| 非关键 | 战术利润 | 稳定，但被盘剥 | 虽然买方的量不算可观，但足以让卖方作为主要的客户，而且买方成本控制和管理的（例如，谈判、寻找新的供应商，获取真实的价格信息）费用太高而忽略，使得供应商有丰厚的利润。 | 如果买方考虑降低成本的压力暂时不大，或者手头还有更紧急更重要的工作在等候，则可短期内不作为。 | 长期来说对于细化成本控制，可考虑这是一个小的突破口，常常这也是训练新人新手，管理供应商，选择供应商的试验田。 |
| 非关键 | 核心客户 | 稳定，低风险 | 这是对于采购方的最佳组合之一，买方没有必要在此投入太多的资源，而卖方因为是其核心客户，愿意为买方尽心尽力。 | 短期可无所作为，关注关系管理，与供应商沟通需求，防止断货风险。 | 长期关注供应商战略是否有所改变，防止事到临头懊悔太迟，或者束手无策。 |

续表

(c)

| 定位 | 偏好 | 状态 | 描述 | 短期行动 | 长期战略 |
|---|---|---|---|---|---|
| 杠杆 | 开发对象 | 不稳定 | 显然买方的采购量对卖方来说并不足以构成吸引力。相对于买方,供应商是一个大块头,希望利用采购方的品牌力量这个原因的可能性比较小,或者对买方产品或技术有兴趣,希望借此开发自己的其他产品,或者希望获得买方更多的其他业务,或者希望借此机会开拓其市场,或者买方是一个"好客户"。不好的情形是供应商判断错误。当卖方认识到错误,纠正之时,便是买方风险变成现实之际。 | 短期可以不作为,需要了解卖方进行"开发"的诉求的驱动力来自何处?是否有足够的长期吸引力?若是对方找到更有吸引力的客户,是否会将买方的重要性降低,如果买方让卖方认为是一个"好客户",并不是一件坏事,但要注意到,如果价格太"好",则是买方需要改善之处。 | 不应该长期停留在这个组合,这是一个竞争的市场,应该有许多的供应源可供选择,成本降低是采购在这个象限的重要使命。所以应将供应商牢固地置于"战略"象限的位置。 |
| 杠杆 | 非重要客户 | 冲突,不稳定 | 这是一个"牛头不对马嘴"的组合。买方试图不断地压榨卖方,而卖方则毫不理会,根本没有将买方放在眼里,缺乏与买方做生意的积极性。卖方可能会和买方签合同,但并没有履约的保障,或许这是一个"店大欺客"的供应商。 | 短期做好关系管理。检讨供应商的选择是否恰当,迅速离开这个组合,在竞争市场上,应该比较容易找到愿意供货的卖家。 | 检讨供应商选择的流程、寻源战略是否需要改善,或者是在执行时有偏差。买方的采购成本的战略在制定和实施中是否需要检讨。 |
| 杠杆 | 战术利润 | 竞争 | 这是"针尖对麦芒"的组合,双方势均力敌,毫不相让,这是考验双方的勇气和智慧的较量场,可能卖方比买房更不愿意放弃这笔业务,所以这个组合应该促使卖方朝向"核心客户"象限移动。 | 短期的竞争和较量不可避免,能力和技巧的运用是关键要素之一。 | 如果长期处于这个组合,采购方应该考虑自身的问题,改变做法,提升供应商管理水平。若长期恋战而无功而返,则考虑是否需要改变战术或是战略转移。 |
| 杠杆 | 核心客户 | 稳定,低风险 | 这个组合是买方的"上上签",最佳组合中的最佳。买方可以不断寻求降本的机会,而供应商则是不离不弃。重要的是相对于卖方的巨大采购额的支撑,买方也能够有机会在此获得可观的利益。在这个组合中,资源的投入是值得的、有回报的。买方的战略在这个组合是有分歧的。培训战略供应商,长期合作是一个选项;而多供应商供货,创造更加竞争的环境,也是更多买方的根本理念和行动。 | 在不断降低成本努力的同时,注意供应商关系管理的建设。在这个组合中,采购方占上风,可能的错误是买方人员蛮横无理的粗暴作风,而飞扬跋扈的态度极可能会导致关系的破裂,引发合作终止。再有买方不断地降价要求会导致供应商入不敷出,从而铤而走险、偷工减料,以次充好。 | 短期低风险并不意味着可以一劳永逸,在这个领域中还可不断挖掘新的供应源,寻求新的机会,因为这是一个充满竞争的市场环境。再有对于现存的卖方,需要关注其长期战略的变化。买方不仅要考虑降低价格,还要考虑降低整体成本,或者通过质量改进提升附加值、工艺改革降低成本,实现双赢。 |

续表

| 定位 | 偏好 | 状态 | 描　述 | 短期行动 | 长期战略 |
|---|---|---|---|---|---|
| | | | (d) | | |
| 战略 | 开发对象 | 有风险，不稳定 | 作为被卖方"开发"的"对象"，都应该问为什么卖方将自己置于"开发对象"？如果有吸引卖方之处是值得拥有的，如品牌潜在的未来核心客户，短期内不会有风险，但卖方最终还是希望成为对方的核心客户，或者找到更多的产品销量和市场。 | 短期可以接受，分析卖方置于"重要"的原因，做出对策。这可能是一家比买方大得多的供应商。是否有可能与供应商结为战略伙伴？买方还应该不断检讨其供应商战略是否正确。 | 对于重要的产品，如果不是长期稳定的组合，需要早做计划，设法改变这个组合。是否未来有更多的产品与供应商合作？是否能够保持供应商的吸引力？否定的回答则应该更换或开发供应商。 |
| 战略 | 非重要客户 | 高风险 | 这是16种组合中对采购方最不利的局面。糟糕的情形在于供应商对这项业务并不抱有兴趣，可有可无，随时可以丢弃，而对于买方来说却是其重要且采购量大的产品。如果这是不可改变的状况，则采购遇到了垄断，而且是巨头型的垄断供应商。 | 像做销售一样做采购，将供应商奉为上帝，做好关系管理。中心工作是保障供应，手段是找出吸引供应商的要素，做一个好客户。 | 考虑是否下决心开发其竞争对手，动用的资源会非常巨大，需要得到组织内部特别是高层的广泛支持和共识。改变组合是组织的高层决策，战略性的长远产品目标。 |
| 战略 | 战术利润 | 稳定，受盘剥 | 买方的价格付出特别高，而降低价格的努力非常有限，但一般情况下供货不会受到影响，但额外的要求和附加的条件都不会受到热情的款待。应该考虑为什么这么大的需求还没有足够的吸引力，是买方太小，还是卖方太大？是否是自身的优势没有发挥出来，还是技能问题，或者是产品求大于供？还是因为选错了供应商？ | 分析原因，找到突破口，弄清是否是供应商关系没有处理好，或者是买方不够强硬或努力不够造成的局面。积极进取的态势、努力的投入都一定会有回报。能力和技巧的作用不可忽视，管理这一个组合的人员也是关键要素之一。 | 长期目标希望转移到下一个组合，成为供应商的核心客户。考虑造成这一现状的原因是供应商关系处理方式不对，还是供应商选择的错误？这是采购方可能的利润点之一，在这一象限做出的投入是值得的。 |
| 战略 | 核心客户 | 稳定 | 这是对买卖双方都有利，并都可接受的组合，名副其实的战略合作伙伴，双方都有长期合作的意愿。但这并不意味着供应商关系不用再维护。一些意外的因素，如个人沟通的误解、组织结构的改变、人事变动等，如果没有处理恰当，也会造成关系破裂。 | 发展和巩固供应商关系，保持高层的参与和沟通。共同寻求提升质量、降低成本之道。关注可能导致关系破裂或可能离开这一组合的潜在风险。 | 关注双方长期的战略是否一致？长期的合作往往会导致变革阻力的惰性的生成，如何克服是一项长期任务，是吐故纳新，还是不断完善自我？这是管理者要做的决断。 |

关注买方和卖方对对方的看法,这些看法会随着关系的进程而变化。例如,应避免出现供应商关系开始处于"开发对象"象限,而结束于"非重要客户"象限的局面。

在分析关系矩阵时可能会产生的一个错误是:大供应商和其产品的销量、重要性并不一定画等号。例如,大企业往往分为各个事业部,而某些产品虽然量很小,但对于特定的事业部来说,已经算拳头产品了,因而名不见经传的小买家也可能成为其关键客户。

## 阅读

### 徐工发展小供应商作为战略伙伴

徐工初创于1943年八路军的鲁南第八兵工厂,最早产品是装备抗战一线的炮弹、手榴弹和拉雷;20世纪60年代初,研制出我国第一台汽车起重机、第一台压路机;20世纪90年代初新组建的徐工集团连续24年实现了主要经营指标居全国工程机械第1位,并跻身全球工程机械前5强。在不断的发展中,供应商管理的理念也在前进中摸索新的方法。过去采购更依赖于竞争性的方法,逐渐地,也发展了一些战略性的合作伙伴。在徐工发展的同时,这些合作伙伴与供应商实现共赢。徐工有许多客户定制化产品,其中一些加工件,由于数量少、非标准化,大厂商不愿意承接,而小供应商,特别是周边的小厂家因为没有专用设备及工艺能力低下而望而生畏。徐工曾经主动开发过一些小供应商,但都因为这些小供应商不愿进行人力、设备、工艺技术的投入,因此产品质量得不到保障,从而夭折了。深刻的原因在于他们担心前景,受短期利益驱动,这导致徐工一直没有培养出可信任的长期合作伙伴。徐工认识到,供应商不可信任来自徐工对供应商的不信任,但这是基于事实,即供应商对长期投入缺乏的事实;而供应商不投入,则是因为对徐工的不信任。这是一个解不开的死结。这不是一场"囚徒博弈",而是大小企业间的"智猪游戏":欲走出困境,必须首先迈出第一步的只能是徐工,特别是需要由徐工来建立双方信任和长期合作信心。徐工在对周边供应环境做了深入调查和分析之后,选择了一些供应商。徐工不但在订单上做出了长期的承诺,还在设备、技术、质量和工艺上进行了帮扶,提升了供应商的供应水平,使其达到了徐工的高要求。更重要的是这些供应商因为有了信心,得到了信任,自己也愿意为徐工做进一步的投入。通过不断努力,徐工在自己的周边发展出了一批忠实的小供应商群,基本上解决了小订单的加工问题。用徐工的一位采购总监的话说:"与小供应商建立战略合作伙伴关系更是供应商管理中不可忽视的重要环节。"

## 5.3 供应商绩效评估与改善

发展并管理供应商关系对企业的重要意义不言而喻。关系管理的一个关键就是要建立结构化的供应商绩效评估系统。评估的目的是管理绩效并加强与供应商的关系。一般来说,需要根据3~6个月的指标平均值来评估供应商绩效,主要是为了避免因为供应商偶尔犯过一次错误,就永远将其拉入黑名单。

## 5.3.1 供应商绩效评估流程

供应商绩效评估可以遵循 4 个环节的循环过程,包括绩效目标的制定、确定绩效指标、考核过程的实施,以及绩效结果的反馈 4 个环节,如图 5-6 所示。

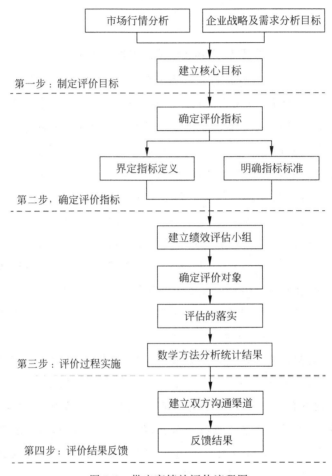

图 5-6 供应商绩效评估流程图

### 1. 绩效目标的制定

绩效目标的制定过程首先要根据买方自身的需求来分析市场行情,再确定哪一类型的供应商适合采购方的发展,并与战略供应商建立长远的合作伙伴关系。其次还要对绩效考核过程的后续工作做出合理的安排,确定绩效考核实施过程中每一个环节的责任者,保证每一个环节的顺利衔接,以降低成本和减少风险因素的影响为核心目标。

### 2. 确定绩效指标

根据不同的环境及不同的条件,指标的设定是不同的。不变的是制定指标的基本原则。涉及供应商绩效考核的基本状况的指标是基本相似的,如对质量、价格、交货能力、服务、技术等项目的考察。同时在此过程中,还应该明确界定每一指标的具体定义及评判的标准,以便考核者顺利操作。

**3. 考核过程的实施**

考核过程的实施是绩效考核体系的重要组成部分。由于涉及的人员数目较多,因而操作起来具有一定的复杂性。因此,建立一个团队用来控制和实施供应商的绩效考核过程是许多买方常常采取的一个主要手段。团队成员以来自采购部门、质量部门、生产部门和工程部门等与供应商合作非常密切的组织部门为主。在实施考核的过程中应该对不同供应商的属性、分类有所侧重,以及采用不同的考核方法。考核过程主要包括考核供应商的合同实施情况、现场考核、文件评审等多种形式,并且需要收集相关方面的数据信息。以收集到的数据为基础,根据指标的性质,最好能采用科学的数学方法来计算出供应商的综合绩效水准,从而对供应商进行分级处理,奖励优秀供应商,从中选择出优质的供应商,并与之建立合作关系。找出需要改进的领域,从而提升整体的供应水平。

**4. 绩效结果的反馈**

考核过程的结果以书面或电子方式及时反馈给供应商,这个过程就是双方发现问题并解决问题的过程。要想建立长期的合作伙伴关系,就必须经过这样一个磨合的过程,才能达到真正意义上"双赢"的局面。

## 5.3.2 绩效整体指标

评估供应商的绩效需要分类进行,并且综合考虑各项指标。计算供应商绩效的整体得分也有许多方法,如加权平均法、项目列举(或雷达图)法、仪表盘法、双坐标轴的业绩评估法、标杆学习法、卓越绩效模式等,其中使用最广泛的是加权平均法。

**1. 加权平均法**

确定指标权重之后,定量指标采用加权平均法评价。具体步骤如下。

(1) 整理基础数据

① 整理各指标的权重数值。通过以上步骤整理出各指标层中指标的最终权重值。

② 整理各指标的评分结果。根据上一节中各指标的评分标准,通过各部门收集的数据或问卷调查的形式,对每项指标打分,并统计出每项指标的最终得分。

(2) 采用加权平均法计算结果

表5-5显示了一个供应商绩效考核的加权平均计算方法的例子。

表 5-5 供应商绩效考核的加权平均计算方法的例子

| 因素 | 实际 | 目标 | 得分 | 权重 | 加权得分 |
| --- | --- | --- | --- | --- | --- |
| 交付质量 | 13 | 15 | 0.87 | 25% | 0.218 |
| 按时交付 | 15 | 15 | 1 | 30% | 0.261 |
| 售后服务/天 | 20 | 10 | 0.5 | 20% | 0.100 |
| 配合及响应程度 | 83% | 100% | 0.83 | 10% | 0.083 |
| 价格/元 | 330 | 290 | 0.86 | 15% | 0.129 |
| 合计 |  |  |  | 100% | 0.791 |

注释：①得分来自无量纲化的计算分数；②应用权重（例如，质量＝0.87×25%＝0.218）；③将加权值加起来；④将实际值与目标值作比较（1 或 100%）。

可以看出，在这个例子中，买方更强调能按时交付，而对价格的重视程度稍微低些。表 5-5 的注释说明了计算过程：将核心指标和辅助指标中每项指标的权重与得分相乘就是该指标最终的得分。注意，当使用加权时，全部的权数总是 1 或 100%。

能够看出，对于同一个供应商提供的同一个产品/服务，同样的表现，如果使用加权方法，则完成率是 79%；而如果用简单等级评定，则结果（将所有得分不加权重进行平均）为 81%，提高了 2 个百分点。如果以 80% 作为分级的划分线，就有可能将 C 级上升为 B 级，在现实中，它意味着在采购方视角中供应商性质的改变。虽然加权系统更加复杂，但也更加有效。值得注意的是，会存在一些因素干扰计算的过程，从而有可能导致结果偏离或被歪曲，普遍的原因有以下 3 种。

① 数据不准确，或者数据源不合适。

② 权重不正确，因此数据在不正确的绩效测量中有偏倚。

③ 定性数据基于个人观点，可能有偏倚，或者其与定量数据在无量纲化时分值划分不合理。

图 5-7 显示了一个完整的加权平均法供应商绩效考核过程。

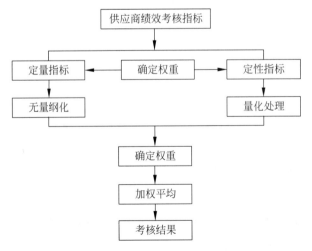

图 5-7 加权平均法供应商绩效考核过程

## 2. 雷达图法

利用加权平均计算供应商的绩效考核得分有上述所说的主要优点,但因为权重分配的不同而导致产生的结果不一。其次,仅仅从最终的得分也无法对整个绩效的全貌图有一个展示。而使用雷达图加列表法,就可以实现这一诉求,但其缺点是没有总体的得分。为此,更多的买方将这两种方法结合在一起使用,即又给出雷达图,还提供最终的得分。图 5-8 是表 5-5 中的数据不加权重的雷达图。雷达图还有一个作用,即可以将几个供应商的绩效考核得分置于同一个雷达图中进行比较,以便观察各个供应商的不同优劣势。

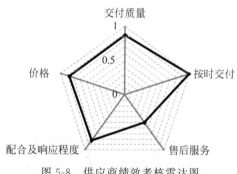

图 5-8　供应商绩效考核雷达图

## 3. 仪表盘法监控

与雷达图类似,许多供应商采用仪表盘图的方法,将供应商的各个指标拆分开,并且将每一个指标用一个仪表盘来表示。如图 5-9 所示,将表 5-5 中的 5 个指标分为 5 个仪表盘。仪表盘分为红色区域、黄色区域和绿色区域。其中,红色区域表示警告或不可接受、差等;黄色区域表示可以接受或一般、尚可等;绿色区域表示优秀或最佳状态等。仪表盘的特点是实时性。一些买方将数据实时更新,则利用系统就可以随时查得供应商的表现;还有些买方将供应商的 KPI 放在仪表盘中,以进行实时性的跟踪和监控,从而形成供应商绩效监控。这种方法可以做到随时有问题,随时给出纠正指令,不必等到考核时再整改,提升绩效改进的时效性。

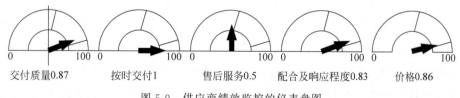

图 5-9　供应商绩效监控的仪表盘图

## 4. 双坐标轴法

双坐标轴法也称为双坐标轴的业绩评估方式,其核心体现在对供应商业绩评估过程和结果的共同关注,从而避免了到底过程和结果哪个权重更高的争论;而且若采用过程与结果相乘,无论过程和结果哪项不高,都会影响最终的总分。例如,$X$ 为原因系列,共 100 分,$Y$ 结果系列也是 100 分。最终结果得分 $R$ 为

$$R = \sqrt{X \times Y}$$

其原则还是由数据驱动,表 5-6 列出了一个评估方式的例子。

表 5-6 双坐标轴法的供应商绩效考核例子

| X 坐标:原因系列 | | | | |
|---|---|---|---|---|
| 质量管理<br>(50 分) | 技术能力<br>(20 分) | 产品及工艺复杂性<br>(20 分) | 管理合作<br>(10 分) | 合计 |

| Y 坐标:结果系列 | | | | | |
|---|---|---|---|---|---|
| 来料质量<br>(20 分) | 售时质量<br>(20 分) | 售后表现<br>(15 分) | 交付表现<br>(25 分) | 成本表现<br>(20 分) | 合计 |

### 5. 标杆学习法

大多数企业在管理供应商绩效时,往往用一个标准去衡量所有的供应商。例如,某家企业的供应商绩效考核标准为:质量水平要求达到 1000PPM 为 5 分,达到 500PPM 为 4 分,达到 100PPM 为 3 分,100PPM 以下则为不可接受;价格要求比市场价低 5%,每年降价幅度超过 10% 为 5 分,价格高于市场价,没有年度降价的为不及格;到货准时率高于 98% 为 5 分;小于 95% 以下的为不及格。容易理解,PPM 水平与产品属性息息相关。例如,铸造件由于工艺所限,其合格率相比于电子元器件的合格率要低得多,简单的产品比起复杂的产品合格率会偏高;价格因素更是与市场紧密关联,供应商降价可能是市场的因素,而涨价未必是其心甘情愿,而可能是无奈之举,质量高的供应商降价的幅度也可能会低些。交付准时率更是受到外界坏境,特别是自然灾害等非人为不可抗力的干扰。事实上,这种比较会造成差的供应商评分高,而优秀的供应商却被列入不可接受的供应商名单之中。

针对这种情况,标杆对比的方法改变了做法。标杆对比的第一步是,寻找与供应商相同或相近业内或业外的优秀企业作为基准,通过全方位的比较、分析和学习,找出相对应的指标,作为标杆学习值;第二步,明确本企业在市场中目前的地位及未来的发展目标,从而分解到对供应商的具体的指标要求,再对照第一步中的标杆学习值,进行修正和调整,进一步做出分级,例如,排列为优秀到可接受各个级别,做出现实可行的供应商指标体系;第三步,与供应商一起,找出差距,明确问题,为供应商下一步的工作提供方向;第四步,拟定目标,明确企业的问题之后就要确立供应商的改进目标,这个目标应该是细化的、可以考量的,它的目标可以以供应商目前的状况作为参照,再与标杆进行对比,通过学习,使供应商达到这些重要的指标甚至是超过目标;第五步,执行 PDCA 循环,不断提升;第六步,计划实施效果评定。在该阶段,为供应商所制定的标杆学习计划已经顺利完成,但是是否达到了预期的效果还尚未可知,需要做出综合评定。效果的评定主要指计划的实施是否达到了期望的目标。通过标杆学习,企业希望的是客户价值和供应商价值的共同提升。标杆学习

的效果不仅仅是局限在几个具体的指标,更重要的是应当接受市场的检验,以使最终客户满意。

#### 6. 卓越绩效模式

卓越绩效模式(performance excellence model)是当前国际上广泛认同的一种组织综合绩效管理的有效方法。供应商作为一个经营组织,其运营体系是围绕组织的业务流程所设立的各管理职能模块组成的,而供应商是否能够永续经营,取决于组织能否正确地做正确的事。卓越绩效模式框架图中有两个三角:领导作用、战略及以顾客和市场为中心组成了"领导三要素";人力资源、过程管理及经营结果组成了"结果三要素"。其中,"领导三要素"强调高层领导在组织所处的特定环境中,通过制定以顾客和市场为中心的战略,为组织谋划长远未来,其关注的是组织如何做正确的事。而"结果三要素"则强调如何充分调动组织中人的积极性和能动性,通过组织中的人在各个业务流程中发挥作用和过程管理的规范,高效地实现组织所追求的经营结果,其关注的是组织如何正确地做事,解决的是效率和效果的问题。

### 5.3.3 供应商分级

供应商绩效评估体系设计的一个目标就是通过对供应商的绩效评估,对各个级别的供应商进行相应的处理,以此能够更好地提高供应商的绩效。图 5-10 给出了一个供应商评级的案例,表 5-7 给出了一个具体的评级方法案例,根据供应商绩效综合考核的得分情况,将其得分按照百分制的方法,划分得分区间,归类为 4 个等级,并且对供应商绩效处理结果进行分析。

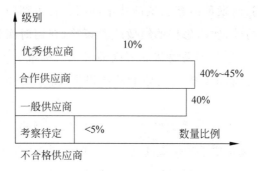

图 5-10 供应商分级

表 5-7 供应商分级区间

| 等 级 | 分区间(T) | 综 合 评 估 |
| --- | --- | --- |
| A | 80≤T<100 | 优质的产品质量和服务 |
| B | 70≤T<80 | 产品质量和业务配合较好,基本上能够满足需求 |
| C | 60≤T<70 | 不能够达到所期望的需求,但是没有影响正常作业 |
| D | T<60 | 不能满足需求,并且已经严重地影响正常作业 |

对于不同级别的供应商,管理的方式和侧重点也不一样。当供应商的绩效考核级别在C级和D级时,需要对供应商进行相应的处理与整改;而对于A、B两个级别的供应商的重点是在于对供应商的激励和供应商的关系等方面进行管理。对于C、D两个级别的供应商所采取的措施也不尽相同,级别的类型不同,处理的方式也不同。

### 5.3.4 供应商绩效改善

供应商绩效评估体系是企业建立的一种客观公正科学的评价手段,以保证供应商绩效得到实事求是的体现,它的建立只是管理供应商绩效的一部分工作。企业要追求的主要目标是在得到供应商绩效考核的结果以后,针对考核结果实施后续的对应措施,从而使供应商绩效维持一定水准并持续整体改进,以此来保证供应链的整体绩效。

对绩效评估结果实施后续对应措施的过程,称为供应商绩效改善。绩效改善活动是供应商绩效管理的组成部分,是整个供应商管理体系中必不可少的一部分。供应商绩效评估的结果只有在作为绩效改善过程的输入,经过绩效改善过程的运作后才能实现价值,否则绩效评估的所有努力就失去了原本的意义。

**1. 绩效改善策略实施流程**

供应商绩效改善对采购方而言是一项富有挑战性的工作。改善过程中的每一项决策都会对改善效果造成影响。因此,建立完善的供应商绩效改善流程才能确保改善工作取得预想的成果。

供应商绩效改善是一项需要买方内各部门跨部门沟通合作才能完成的任务,涉及供应商的管理部门、采购部门、研发部门甚至生产技术部门。各个部门之间如何分工协作需要建立明确的程序说明。另外,实施怎样的绩效改善策略,在何时实施等都需要综合大局进行谨慎的评估后才能决定,这些都需要建立明确的可执行标准。因此,买方需要制定供应商绩效改善策略实施流程,将绩效改善实施活动流程化,图5-11给出了一个绩效改善实施流程的例子。

在绩效改善的同时,要想确保未来绩效改善的效果,以及最大限度减少对买方营运造成的风险,对绩效还不能满足要求的供应商要有一些限制措施,举例如下。

(1) 当供应商已经被确定为绩效待改善的对象时,及时停止筹备中的合作及购买计划,直到该供应商改善效果合格再重新启动。

(2) 当供应商绩效表现异常时,调整采购比例的动作要快速进行,降低生产风险。

(3) 不论是否继续与供应商配合,当绩效表现异常的供应商是该产品的单一供应商时,都要积极寻找替代供应商的资源,并且要保证寻找活动的时效性。

(4) 当确定要对供应商进行现场辅导时,供应商管理部门、采购部门要依据生产状况、库存状况等共同设定改善完成的时间点,避免生产风险。

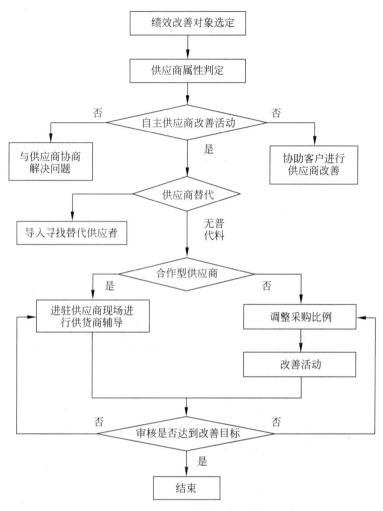

图 5-11　供应商绩效改善流程

通过绩效改善策略实施流程使买方内部采购系统、质量管理系统保持正常运作以确保供应商绩效改善取得成果。同时,还应建立内部审核机制,定期审核供应商绩效来改善策略实施流程的适当性,以及核实该流程是否有被正确执行。

## 2. 绩效改善状况监控以及绩效再评价

供应商绩效改善是一项需要管控时效性的任务,当改善工作没有按时完成或没有达到预期效果时都会引发买方一连串的风险,如生产停止,客户需求不能及时满足等。因此,在整个改善过程中需要随时审查改善进行状况,包括改善活动是否按时进行和改善是否取得预期效果。这就需要供应商管理部门负责紧密监控供应商的绩效改善状况。供应商管理部门可以成立专门的改善小组来负责这项工作。改善小组的成员与供应商一起列出所有待改善事项,针对每个事项定义清楚负责人和完成时间,并整理成清单列表以便于追踪。改善小组的成员可以进行现场确认或定期召开会议来审查所有改善项目是否如期进行,针对未按时完成行的项目立即检讨原因并提出解决方案,针对有按时完成的项目则实施绩效再评价工作,以检视改善方案是否有效。另外,改善活动在各个领域通常被强调需要持续进行,对于供应商绩效而言同样需要持续改善,不断追求卓越绩效。绩效改善状况监控以及绩效再评价可以依据如图 5-12 的流程进行。

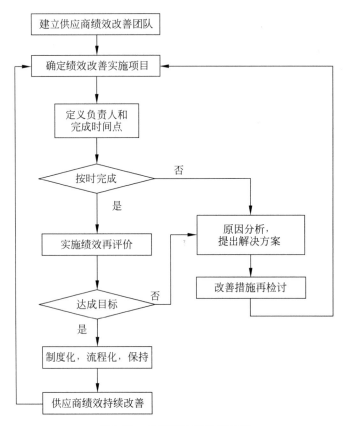

图 5-12 供应商改善监控过程

供应商绩效改善对于发展与供应商的长期合作关系具有十分关键的意义。绩效改善的目标在于以下内容。

(1) 缩短供应商的供货周期、提高供应商的快速反应能力。

(2) 降低企业原材料及零部件的库存水平,提高资金周转率。

(3) 降低企业管理费用,加快资金周转,增强企业管理效益。

(4) 提高供应商所供原材料、零部件的质量。

(5) 增强了企业与供应商的沟通,改善订单处理过程,提高了物料需求的及时性和准确性。

(6) 能与供应商共享成功经验,推动企业和供应商整体管理水平的提高,促进供应链整体绩效的提升。

### 3. 供应商激励机制

买方和供应商间不再是过去简单的交易关系,已经变为供需双方互利共赢、共同发展的战略合作关系。此种情况下,企业越来越注重对供应商的绩效管理,对供应商进行激励就是对其实施绩效管理的内容之一。对供应商进行合理的激励,将有助于提升供应商之间的竞争水平,让供应商间的竞争更加公平、公正与客观。通过对供应商的不断激励,能够促使供应商的服务水平不断提高,有效控制企业物资采购的风险。

企业要求供应商持续改善绩效水准,适时地对供应商进行激励是十分必要的。如果没有有效的激励机制,供应商在绩效改善方面就会缺少动力。在进行绩效激励时,企业要注意充分体现公平、一致、公正的原则。供应商绩效激励分为正向激励和反向激励两个方向,而在具体实施手法上,业界较多的是采用价格激励、订单激励,以及淘汰激励等方式进行。

(1) 价格激励:在供应链管理模式下,公司间是共同发展、互利共赢的关系,但各公司也站在自己的利益立场。价格对供应商的激励效果非常明显,较高的价格会刺激供应商的积极性,而过于偏低的低价会打消企业的积极性。企业在选择供应商时,如果一味地追求低价,企业通常会选择报价较低的供应商,而把一些综合实力较强的供应商剔除。最后可能会影响产品的质量、交付期及客户的满意等。导致这种现象是因为企业只注重短期效益不注重长远利益,究其本质因素是:在签订合同前企业对供应商认识不够充分,未注意到报价太低,违约风险会偏高。所以,在采用价格激励时要谨慎使用,不能够只关注低价。

(2) 订单激励:对供应商来说取得额外的订单,对其激励非常大,这意味着营业额的增加、利润的增加。先决条件是买方不止一家供应商。供应商之间的竞争就变成了看谁能获取更多的订单,而给哪家供应商的订单多就是对该家供应商的一种激励。

(3) 快速回款激励:供应商企业在对客户进行供货时,往往客户会占用供应商大量的流动资金,因此,为了缓解供应商的财务压力,可以选取在采购之后就对供应商进行快速回款,以提高供应商的资金周转率。

(4) 商誉激励:对供应商来说商誉是他的无形资产,对企业未来的发展非常重要。商誉主要来自合作企业间的评价,并能够在一定程度上证明供应商的社会地位。如果供应商的商誉比较差,一方面会导致供应商很难得到订单,另一方面企业会认为与商誉差的企业合作具有一定的风险。要让供应商认识到商誉对企业的重要性,需要以长期的规划目标为基础,逐渐提升供应商对守信用、重合同与注重商誉的认识。这样不仅可以帮助供应商提高商誉度,还能让供应商获得更多的新客户,对供应商来说是一种非常有效的激励方式。

(5) 信息共享激励:这本来是一种间接的激励方式,它的作用是不可忽视的,因为企业能获取更多的商业信息及更多的参与机会,这也就意味着将会有更多的发展机会。信息还包括发展目标、新产品的研发,以及市场的反馈等。与有技术能力的合作伙伴共同开发新产品和新技术,使供应商充分掌握最新的产品和新的信息技术的发展,同时促进新技术在供应链中的应用,这样不仅有利于新技术在供应链中的推广,而且能起到激励供应商的作用。将信息主动提供给供应商伙伴,并让他们感到企业是买方发展过程中不可或缺的伙伴,从而激发他们合作的积极性。

(6)淘汰激励:淘汰激励属于负激励。优胜劣汰是市场经济环境下竞争的重要法则。为了使供应商的服务质量得到不断的提升,必须建立供应商的淘汰机制。买方也面临被市场淘汰的风险。采用淘汰激励对供应商与买方来说都能起到激励作用。对于表现较好的供应商,剔除表现较差的供应商可以让其得到更多的订单;对于表现较差的供应商,为了不让自己被淘汰,他们会努力做到最好。淘汰激励能让企业的供应商越来越优秀,并更好地为企业服务,实现企业与供应商互利共赢、共同成长与共同发展。

## 5.4　战略联盟合作关系

### 5.4.1　合作关系

**1. 概念**

合作关系不同于市场化的交易关系。合作者需要认识到合作的相互依赖性和合作的必要性。合作会给双方带来很多益处。成功的合作关系的建立离不开双方的沟通,离不开对合作内容与范围的清晰表示,也离不开信息的相互反馈。合作双方需要共同努力、相向而行,了解对方需求,培养合作意识,建立信任。合作关系常常是构建战略联盟关系的一个良好的开端。

合作是大势所趋。供应链上的合作,可以降低总成本,使需求具有较大的确定性和连续性,有利于供应链战略的实现。

供应经理如何决定是否与供应商建立合作关系,确定合作关系需要考虑的战略因素如下。

(1)供应商的可替换性。如果供应市场存在很多并无差别的供应商,合作关系就不合适。

(2)供应商发展的潜力。如果供应商有发展的经济实力,则可以考虑合作关系,也可以考虑交易关系。

(3)合作的潜在利益大,且双方有共识,有合作需求,那么合作关系通常是合适的。

(4)合作可以带来竞争优势的提升,能够促进企业的战略成长。

(5)供应商在价格、创新、适应能力、团队工作能力、承担风险能力等方面具有综合优势。

(6)战略相关性。

(7)灵活性与响应性的传导性。供应商的灵活性和响应性对企业的灵活性与响应性有直接的影响,如果合作就可以带来竞争优势的提升。

### 2. 合作伙伴关系

供应链合作伙伴关系也就是卖方/供方与买方/需方成为合作伙伴的关系,这是一种紧密的供应商合作关系,指在一定时期内,卖方/供方与买方/需方之间共享信息、共担风险、共同获利的契约(协议)关系。必须通过合理设计契约,减少合作双方的机会主义行为,促进企业之间的紧密合作,确保有效完成任务,保证产品质量,提高顾客满意度,降低供应链成本,提高供应链整体绩效及合作伙伴企业的绩效。

合作契约可增强供应链成员的合作关系,降低"牛鞭效应"的影响。契约中可规定具体场景的决策权、决策机制,规定降价条件、数量折扣规则,规定订货最小批量,规定回购条件,规定退货方式、质量规范及异议处理,规定收益分配方式、激励方式、信息共享机制等,规定损害双方合作行为的判定标准,以及相应行为的惩罚措施。

值得注意的是合作伙伴是相互的、平等的关系。企业需要选择好的供应商,供应商也需要选择好的顾客。一个企业能否被看作是一个好顾客,以下是供应商最关心的几个方面。

(1) 支付能力。顾客是否能够按时支付?这方面的名声如何?现金流是所有供应商关注的主要方面。

(2) 人品。顾客企业的采购员好打交道吗?供应商更愿意同坦率的、可接近的采购员打交道。

(3) 业务的及时响应与回复。与顾客企业的供应管理部门联系能否得到及时的答复,供应机构存在官僚主义吗?供应商期望对方是易于取得联系的。

(4) 企业管理的规范性与专业化。世界级供应商需要为世界级企业服务。

## 5.4.2 协调机制

### 1. 契约

供应链契约指通过提供合适的信息和激励措施,保证买卖双方协调,优化销售渠道绩效的有关条款,是经济学契约理论在供应链中的一种表现形式。供应链是多企业主体参与的复杂网络,成员间的合作关系管理是供应链管理的主题之一。协调是供应链管理所面临的核心问题,而供应链契约是实现供应链协调的有效机制之一。供应链协调机制设计是应对不确定环境和成员之间恶性竞争风险的关键方法。供应链合作协调可应用在资源整合与共享方面,如企业间的信息共享、产能共享、库存共享、物流共享等。例如,在系统的需求和产能同时具有不确定性情况下实现系统内协调。

供应链契约问题的实质是对于不同需求模式来确定相应的优化订货策略,设计优化合同策略,克服供应和需求的不确定性,使供需双方收益最大化。供应链契约具有两个主要目标：一是旨在增加整个供应链收益，使之尽可能接近集中决策下的收益；二是能够更好地控制供应链成员之间因合作而带来的风险。常见的供应链契约主要分为5种基本类型，即收益共享契约、成本共担契约、期权契约、数量弹性契约和回购契约。数量折扣契约、数量承诺契约、延迟补偿契约、预购契约、回馈与惩罚契约等契约模型都是由上述基本契约演变或组合而成。有学者通过分担制造商的产能风险，利用收益共享契约说服零售商考虑再制造产能的不确定性来决定奖励金额。还有学者基于收益共享和成本共担契约来实现供应链协作，有效改进企业产能利用率等。

交易成本理论认为，契约控制机制是有效防范机会主义的手段。它主要通过正式规则、制度、程序等契约来规范双方的合作行为，并对合作的过程、结果，以及双方履行的责任、义务进行严格的监督（Poppo和Zenger），即对整合的过程和结果进行控制。其中，过程控制指依据一定的契约规则来监控和指导伙伴的行为以实现特定的目标，强调对整合过程中伙伴相关行为的监督；结果控制是对伙伴合作结果的测量和控制，其仅仅聚焦于最终的结果，而并不关注结果是如何取得的。

过程控制的实施，一方面会促使合作伙伴密切关注对方在合作过程中的行动，并提供相关支持，营造一种和谐的合作氛围；另一方面表明了双方对整合重要性的认同，可以激发双方建立长久的合作关系，降低合作伙伴的机会主义行为。结果控制主要是通过合作伙伴按照事先制定的详细目标自觉实施对合作组织有利的行为，这种"不干预"机制可以促使双方实现整合目标过程中的行为自由达到最大化，减少相互之间的抵触行为。有学者认为，结果控制是在没有连续监督的情况下对合作成员能力和合作意图的信任，有助于提高合作双方的积极性和组织承诺水平。无论是过程控制还是结果控制，都会事先制定明确的规则，并对违反预期的行为，依据事先的规则采取相应的惩罚措施，这在一定程度上降低了伙伴机会主义行为的动机。

过程控制的实施一方面激发了双方按照一定的规则进行合作的意愿，保证了整合的初步运作；另一方面过程控制的制定和完善也是双方进一步了解的过程，促进了相互之间的信任。但面临环境的不确定性，双方通过长期的联合行动建立起的信任关系很容易被破坏。在这种情况下，过程控制机制可以按照一定的规则约束双方的行为，产生并履行合作承诺，减少机会主义行为，并且还能够促进双方在环境不确定性的困境下进行共同协调和合作，联手解决问题，甚至共同承担合作损失。这样双方便更愿意紧密地进行合作以履行各自的职责和义务，并在相互的接触过程中不断完善过程控制机制。

结果控制的实施主要是聚焦于对合作双方努力结果的测量和监督。在该阶段，合作双方彼此之间已经比较熟悉，合作的范围、整合的目标等都已达成一致并形成了良好的合作关系，相互信任并遵守各自的承诺，对双方联合行动的实施也达成了默契。在这种良好关系治理机制下，详尽的、正式的结果控制规则容易使双方相互不信任，造成双方的孤立和担忧，增加冲突，并且各自的利己行为和不信任很容易阻碍合作的长期发展，导致双方丧失共同努力的动机。但强制性的结果控制措施可以有效约束双方的行为，避免将合作伙伴的不努力行为转移到另一方,从而分享对方的劳动成果。

2. 关系治理

关系治理是与正式契约治理机制相对应的非正式治理机制,指合作伙伴为保证合作过程的顺利进行而共享关系规则、监督和协调相互之间的行为,强调内在规则和外在行为。内在规则包括信任、承诺、灵活性等规则,外在行为指合作伙伴联合行动和解决问题(劳尔和瓦伦堡,2013)。

学者据此对关系治理和正式控制的关系进行了大量的研究,主要有 3 种观点。第一种认为关系治理与正式控制机制互为补充,联合使用两种治理机制可以更好地防范机会主义行为。第二种认为关系治理与正式控制机制互为替代。第三种是在互补和替代关系的基础上进行的延伸,少数学者认为在关系治理和正式控制之间互补和替代共存,或者是既不存在互补关系也不存在替代关系。总而言之,对于这种互补或替代关系的研究都是基于合作整体进行的。而实践中,不同合作阶段伙伴关系的表现一般不同。例如,在合作运营过程阶段,同行竞争者为获取互补的能力和资源,在弱正式控制机制下会表现出相互之间的信任和承诺,并采取联合行动以期实现联盟目标;在合作结果输出阶段,合作伙伴又会为实现各自的利益目标展开竞争,此时就需要正式控制机制的约束以防范机会主义行为。

伙伴间的信任可减少伙伴间的投机行为,这是防范机会主义行为的基础。联盟伙伴之间通过联合行动可以共享需求和行为期望,并在长期的联合行动过程中会逐渐形成共同遵守的行为规范。不断加强的伙伴间联合行动可提高双方间的信任和有效承诺水平,双方能够更默契地联合解决整合过程中遇到的问题,最小化关系交易成本,降低双方机会主义行为,提高伙伴整合成功的可能性。在没有正式控制机制时,良好的信任关系能够有效促进合作伙伴相互间的信息共享,降低信息不对称。当合作双方相信整合能够带来较多的利益时,合作双方便愿意履行各自的承诺,自觉减少机会主义行为。另外,在共同设计整合活动的过程中,当双方采取联合行动而频繁接触时,一方面有助于促进双方的相互理解、沟通,建立亲密的伙伴关系,培养共同的目标;另一方面双方可以相互监督和控制,这样伙伴之间就比较容易进行协调与合作,及时发现对方的机会主义行为。

合作机会主义是采用投机手段的一种利己主义行为。它忽视了对方的利益,很容易破坏合作伙伴间的关系准则,降低相互之间的信任,增加联盟合作的风险,导致投入更多的资源对合作伙伴的行为进行监督和控制,从而增加合作成本。机会主义不仅会损害对方的利益,而且会引发双方的冲突,威胁与对方和谐的合作关系。

### 5.4.3 战略供应商联盟

1. 概念

供应链中的战略供应商联盟开发指增加关键或战略供应商能力的供应商开发的延伸。

开发战略联盟的目的在于缩减一般供应商的数量，提升战略供应商的能力。若建立战略供应商联盟，则联盟的合作伙伴成员间一定要存在合作空间，具有价值互补特征（有对方看重的价值），具有各自的需求，具有共同的理想，在合作领域内能够达成共识。战略联盟还需要共同制定持续改进目标，共同制定"章程"、准则及规章制度，确立联盟解散的条件与清算机制，建立有效的正式与非正式的沟通机制与信任机制。例如，联盟成员可以在合作范围内交流彼此的战略计划，共享相关的成本信息，预测、设计和制造质量规范、风险防范手段、成员基层部门的沟通机制、信息系统访问机制等。

联盟成员可以从战略联盟中获得产品价值的提升，获得更好的市场渗透途径及更广泛的市场机会，获取新技术、新知识，提高组织技能，增强技术力量，相互学习，提高运营能力，进而得到较高的投资回报率，增强企业的财务优势等。

随着企业关键供应商构建其自身联盟发展活动的进行，战略联盟的开发最终会延伸至企业供应商的供应商。企业与其关键供应商之间的联盟发展趋向于更加紧密的多合作伙伴关系。这需要各方投入更多的时间、人力、沟通和资金来实现共赢目标。伴随着联盟伙伴内部的质量改进与学习活动的展开，供应商的关键能力得以扩散，并延伸至供应链中。

### 2. 管理

战略供应商联盟拥有自己的生命周期，并需要战略联盟项目的协调者和联盟活动的促进者（可设立一定的部门）来进行持续的管理和发展，由其协调各项活动，做好监督、管控好冲突、定期评估联盟绩效，以及合作伙伴的适配性，做好联盟合作伙伴的选择，不断吸收新伙伴。战略联盟可以基于供应链战略重点对联盟伙伴做出相应的调整。

在联盟合作伙伴的选择中，供应商认证项目是确定战略联盟伙伴候选人的一种重要方式。可以不断规范正式的供应商认证项目，也有必要要求 ISO 9000 或类似的质量认证审核过程作为其认证的一部分。

选择战略联盟伙伴首先要考察其是否具有合作关系的基础。在合作关系的基础上再发展战略联盟关系，主要看 3 个关键点。

(1) 创新能力。战略联盟是企业获得新知识和增强创新能力的最佳途径。供应链战略联盟需要合作伙伴之间资源和信息的共享，通过共同的努力，形成技术创新应用的相互依赖与支持。

(2) 互补优势。优势互补是战略联盟存在的基础。合作伙伴必须有互补性的优势，只有这样才能达到双赢的效果。同时，一个有活力的组织应具有很强的学习能力。学习合作伙伴先进的组织管理经验、先进的企业文化和创新的能力等，也是企业参与供应链战略联盟的重要目标。

(3) 文化相融。供应链的运作以统一的协调行动为基础。合作各方在实现供应链整体价值的基础上，实现自我价值的增值。因此，它要求联盟企业有协同行动的基础。而企业文化体现了企业的核心价值观念，是企业的精神支柱。合作企业必须有共同的价值观念，才能有效地实现行动的协调性。因此,价值观念的相容,以及由此决定的相容的企业文化是企业选择合作伙伴的重要因素。

### 3. 优势

战略供应商联盟可给联盟成员带来竞争优势的提升,至少表现在以下几个方面。

(1) 降低供应链总成本。联盟中能够产生的协同运作是一般合作关系所不能达到的。联盟伙伴部门间的协同运作能够减少劳动力、机器、物料和总体直接或间接的成本。

(2) 缩短产品入市时间。减少设计、开发和分销产品与服务时间是提高市场份额和增加边际收益的关键推动力。

(3) 提高质量。战略供应联盟使设计和制造符合质量要求,而不是只停留在检验上。战略供应联盟通过更低的总成本改进了质量。

(4) 提高了技术人员的交流与技术共享程度。开放和信任机制增加了联盟中合作伙伴的技术交流,加大了团体内的技术扩散,从而有利于新产品升级与问题的解决。

(5) 提高供应的连续性。通过战略供应联盟,可以确保在突发事件出现时供应不中断。

### 4. 构建步骤

构建供应链战略联盟,不管是与关键供应商建立战略供应商联盟,还是与第三方物流商建立物流联盟,或者是与连锁零售商建立供货联盟等,都应考虑下列步骤。

(1) 明确目标。

实施供应链联盟的目的在于实现企业的战略规划和目标,企业首先必须明确战略目标和规划。根据战略目标、战略规划,确定企业建立供应链联盟的策略。

(2) 环境分析。

企业必须全面了解和评价企业内部和外部环境,认真思考企业经营战略、组织结构和人员安排等,以便能使战略联盟顺利推进。根据企业创建战略联盟的目标,分析企业的核心竞争力和核心能力、企业竞争优势的真正源泉、企业可以利用的资源(包括人力、财力和便利条件等)、企业能够控制及吸纳的资源等。同时,企业还必须认真分析目标市场目前的状态,掌握顾客目前的和未来的真实需求,以及竞争对手的优势和劣势,并掌握其未来发展的潜力和动向等。

(3) 理解合作伙伴关系及其依赖性。

供应链联盟的企业之间是一种战略合作伙伴关系。对企业来说,建立战略联盟给企业带来的竞争优势是什么? 联盟企业必须正确地认识和把握相互间的关系,了解对方如何看待自己,坚持信任与合作原则,在合作中提高企业竞争力。合作中要注意学习对方的核心能力与技术,适当保护本企业的核心能力与核心技术。

(4) 理性选择联盟合作伙伴。

战略联盟伙伴的选择是实施供应链战略联盟非常关键的一步。战略联盟失败的主要原因往往与伙伴的选择有关。在长期的合作过程中,应选择那些可以帮助企业实现战略目标的联盟伙伴。

(5) 确定适合的战略联盟形式。

企业应该根据自己的战略目标、自身条件和需求,与合作伙伴协商,选择并采用适当的联盟方式,如股权式联盟或契约式联盟等,并明确联盟的权利和义务关系。同时企业应对厂址选择、成本分摊和市场份额等通常的细节,以及对知识创新和技术协同等方法进行约定,以确保联盟得以顺利实施。

(6) 构建联盟的实施条件。

供应链战略联盟实施的条件包括确立适当的战略伙伴关系模式,就运作模式、利润分配和成本分摊等问题达成一致,建立有效的绩效评价体系、解决冲突的机制和机构,以及利用信息技术和网络工具建立共同的信息交流平台等。信息交流和信息共享是供应链战略联盟运营的基础。合作伙伴一旦确立了战略联盟关系,就应立即着手建立共同的信息平台,建立联盟内信息共享和信息交换的通道。

(7) 实施供应链战略管理。

根据供应链联盟业务需要,企业可以重新勾画自己的市场边界,对供应链关系实施有效的管理,合作开发充满活力的产品,拓展目标市场;并运用适当的绩效评价手段,按照已经确定的评价体系,对供应链效果进行评价和监控,同时将监控结果进行反馈。企业可以定期召开伙伴会议,交流并解决协作中的问题和矛盾。必要时对供应链业务流程进行重组,在动态中管理和发展供应链联盟。

 案例

**顺 序 颠 倒**

柏青公司为自己公司的流程完备并能被严格执行而倍感自豪,"按流程办事"成为企业员工的座右铭,并已根植于企业的文化中。经过几年的努力,采购及供应商管理流程也逐步建立和完善起来,而且为流程中的每一个关键节点设立了控制或检验点。

采购的主流程中的一个关键点是规格书的制定。流程规定只有规格书制定完成并获得批准之后才能选择供应商进行谈判、签订合同。规格书→供应商谈判→价格→合同,这一顺序也被认为是符合审计要求的。在公司,这一流程的执行非常顺利有序。

柏青公司渐渐地向高科技的方向发展。随着技术复杂程度的加大,公司对供应商的依赖也提升了。越来越多的规格书需要供应商直接参与设计,并需要供应商与公司共同制定规格书。采购及管理层清楚地认识到供应商早期参与是当前采购发展的一个趋势,对公司来说也是势在必行。如前所述,柏青公司是一个非常重视流程的企业,没有规矩不成方圆,为此公司制定了一个供应商早期参与流程,如图5-13所示。

供应商也非常乐意参与柏青公司的早期产品设计。正所谓"天下没有免费的午餐",供

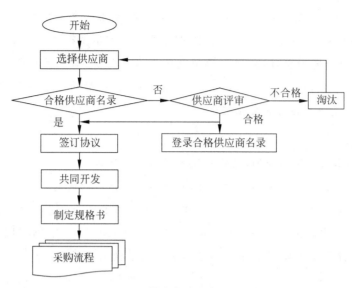

图 5-13 供应商早期参与流程

应商的热情来自对未来实际订单的获取,因而供应商的技术人员的投入都是不收费的。但按照公司的流程,规格书审批通过后,要再进行供应商选择和价格谈判。但在这里就遇到了许多困难。例如,因为某家供应商参与了早期的设计,因而他对该产品的熟悉程度远远高于其他竞争者,在供应商选择价格谈判中比竞争对手明显处于优势地位;而不少供应商在早期设计中,有意无意地将自己的独有特点加入规格书,从而给别的竞争者设定障碍,那么后续的供应商选择价格谈判将形同虚设,如果障碍太大,规格书成为只有独家供应商所能提供,则供应商在价格谈判上会更加强硬,且决不让步。供应商会利用各种手段提供不能降价的理由。他的成本分解比采购做的还详细,包括设备、人工、材料、投资要多少、年收益等,会采购也无法反驳。

再如,如果没有技术、设备等障碍,则早期设计参与者往往不能保证能得到最后的合同。如果这样的经历多来几次,则供应商参与再次设计的热度会大大降低,甚至拒绝参加,或者敷衍了事。而研发部门则会意见很大,对此不满。

很显然,供应商的参与程度和投入与对未来期望的实现成正比,并与双方力量对比相关联。公司的采购人员和技术人员聚在一起希望能找出一个解决方案。

还有别的例子:有些供应商与柏青公司一样,崇尚标准化流程的企业文化,不做稀里糊涂的生意,要求与柏青公司就早期参与设计签订合同,并提供两种方案,一是如果设计成功,则分享未来的订单;二是将开发作为一个独立的项目,向柏青收费。很显然提出这种要求显示了供应商的强势,而能够向柏青公司展示力量的供应商往往是柏青公司期待合作、希望邀请其参加的。

先有规格书,再有供应商选择,然后定价格,最后签合同,明晰的流程应该是不容置疑的。但目前该流程却遭到了"供应商早期参与"这一活动的严重挑战。一方面,采购希望严格执行流程,另一方面,供应商早期参与给公司带来的优势也是不容忽视的。但如果先与供应商签合同再做设计,显然是"合同"先于"规格书",这就不是很合理;而如果将早期设计供应商参加作为一个采购项目,又因为费用是由技术部门支付的,因此将受到技术部门的反对,说这是虎口夺食,且需要从他们的预算中扣掉一大块,管理层也不赞许。而糊里糊涂做了再说,则更不是柏青公司的企业文化。

 讨论题

1. 先有规格书再定价格合同,是否一定要坚持?为什么?
2. 请设计一个供应商早期参与的流程,防止案例中出现的问题。
3. 您赞同还是反对将供应商早期参与作为一个独立项目并付费?为什么?
4. 是否可以考虑在供应商早期参与中使用"单一供应商",即从设计到最终就使用同一家供应商?请分析优势及劣势,以及在什么条件下可以使用这种方法?

习题

即测即练

1. 需求管理对供应链管理重要吗?在供应链管理中如何做好需求管理?
2. 请给出一个客户关系管理的定义。是什么引起了客户关系管理的不断发展?
3. 请举例说明为什么在供应链管理中 CRM 是如此重要。
4. 客户服务要素有哪些?
5. 为什么要对客户服务进行细分?
6. 客户服务的标准是什么?有哪些评价指标?
7. 银行怎样评价客户满意度?对于餐馆、生产型企业和零售商来说呢?
8. 组织为什么注重供应商关系?
9. 为什么要了解供应商的偏好?为什么要了解供应市场?
10. 有助于与供应商建立长期合作伙伴关系的关键因素有哪些?
11. 为什么很大一部分战略联盟关系会破裂,其中有哪些原因?
12. 什么叫供应商开发?
13. 供应商认证有什么必要性?
14. 建立客户与供应商关系时,保持距离的状态与合作伙伴关系状态有何不同?
15. 确定与供应商的合作关系、战略联盟关系分别需要考虑哪些战略因素?
16. 战略供应商联盟有哪些优势?如何保持联盟的良好发展?
17. 请小组讨论一下:组织该如何开展供应商绩效评定与认证项目。

# 第 6 章

# 供应链风险与危机管理

## 6.1 供应链风险管理

供应链管理对传统企业内部业务部门及企业之间的职能和策略在供应链上进行跨越职能和跨越企业边界的系统性、战略性的协调,其目的在于提高供应链及每个企业的长期绩效。供应链管理的优越性及给企业带来的多赢局面使其早在20世纪90年代已逐渐成为企业"抱团取暖"共同获取竞争优势及增强竞争力的重要手段。

然而,随着供应和需求不确定性的增加、运作与市场的全球化、产品和技术生命周期的缩短,企业供应链运作的内外环境正在发生着快速的变革,从产品结构、生产过程、管理方式到组织结构准则都在经历着日新月异的变化。这既会给企业的供应链带来更高的效率与响应能力,但也使得供应链整体及环节上面临的风险在加大。除了外在环境的影响,企业在实际运作过程中还存在着大量诸如需求不确定、信息不对称、供应不稳定、竞争环境及其干扰等随机因素,这些因素也会导致供应链管理的巨大风险性。特别是一些重大事件,如金融危机、安全生产事故、自然灾害、恐怖袭击等的发生给企业和社会造成了巨大影响。

鉴于供应链风险和全球不确定性因素对企业经营正产生越来越大的影响,近年来供应链企业管理者的态度已经有了很大的转变。他们已不仅仅关注企业利润的最大化,而更注重企业获得预期利润的可能性及面临的各种风险给企业带来的后果。即他们不仅仅关注本企业的风险,更关注企业的"前后左右"及其所在供应链的上下游所面临的风险。对供应链风险管理的关注,正是在这种现实要求下所产生的。

### 6.1.1 企业风险管理概述

风险管理是一门新兴的管理学科,最早起源于第一次世界大战后的德国。19世纪30年代,由于受到1929—1933年的世界性经济危机的影响,美国约有40%的银行和企业破产,经济倒退了约20年。1931年美国管理协会(American management association,AMA)首先倡导风险管理理念,并在以后的若干年里,以研究班和学术会议等多种形式集中探讨和研究企业风险管理问题。风险管理问题逐步得到了理论探讨和一些大企业的初步实践,但风险管理问题直到 19 世纪 50 年代,才真正在美国的工商企业中引起重视和得到推广。有学者将风险管理的发展历程分为 3 个阶段:传统风险管理阶段、现代风险管理阶段和全面风险管理阶段。

### 1. 传统风险管理阶段

风险管理的内容主要针对信用风险和财务风险,例如,1952 年马克维茨的"组合理论";1965 年夏普(Sharp)在马克维茨"组合理论"的基础上提出的资本资产定价模型;罗斯(Ross)的套利套价理论;1973 年,Black & Scholes 提出的期权定价公式。并且在传统风险管理阶段,风险管理是事后的管理,缺乏系统性和全局性。

### 2. 现代风险管理阶段

20 世纪 80 年代末 90 年代初,随着国际金融和工商业的不断发展,迅速发展的新经济使企业面对的社会大环境发生了很大的变化。企业面临的风险更加多样化和复杂化,从墨西哥金融危机、亚洲金融危机、拉美部分国家出现的金融动荡等系统性事件,到巴林银行、爱尔兰联合银行、长期资本基金倒闭等个体事件,都昭示着损失不再由单一风险造成,而是由信用风险、市场风险和操作风险等多种风险因素交织作用而成的。人们意识到以零散的方式管理公司所面对的各类风险已经不能满足需要,于是全面风险管理的思想得以发展。其标志有如下事件。

(1) 1993 年"首席风险总监"(chief risk officer,CRO)的头衔第一次被使用。CRO 的诞生,是风险管理由传统风险管理向现代风险管理过渡的转折点,它标志着现代风险管理阶段的开始。

(2) 1995 年由澳大利业标准委员会和新西兰标准委员会成立的联合技术委员会经过广泛的信息搜集、整理和讨论,并多次修改,制定和出版了全球第一个企业风险管理标准——澳大利亚/新西兰风险管理标准(AS/NZS4360,以下简称澳洲风险标准)。

(3) 1996 年全球风险管理协会(Global association of risk professionals,GARP)成立。

(4) 整体风险管理(total risk management,TRM)的思想已形成及成熟。

### 3. 全面风险管理

1999 年,《巴塞尔新资本协议》形成了全面风险管理发展的一个推动力。《巴塞尔新资本协议》将市场风险和操作风险纳入资本约束的范围,提出了资本充足率、监管部门监督检查和市场纪律三大监管支柱,蕴含了全面风险管理的理念。进入 21 世纪,尤其以 2001 年美国遭受 9.11 恐怖主义袭击、2002 年安然公司倒闭等重大事件为标志,众多企业意识到风险是多元的、复杂的,必须采用综合的管理手段。全面风险管理的概念获得了广泛认同。2004 年,反虚假财务报告委员会下属的发起人委员会(The Committee of Sponsoring Organizations of the Treadway Commission,COSO)在《内部控制整体框架》的基础上,结合《萨班斯—奥克斯法案》(Sarbanes-Oxley Act)在报告方面的要求,同时吸收各方面风险管理的研究成果,颁布了《企业风险管理框架》(Enterprise Risk Management Framework, ERM)。COSO的风险管理框架中的风险管理概念、内容、框架构成了现代全面风险管理理论的核心。ERM框架定义全面风险管理,阐述原则、模式、标准,为企业和其他类型组织评价和加强全面风险管理提供了基础,并引入了风险偏好、风险容忍度等概念和风险评估方法,为企业有效实施风险管理提供了指导。

《企业风险管理框架》旨在为各国的企业风险管理提供一个统一术语与概念体系的全面的应用指南。COSO将企业风险管理定义为:"企业风险管理是一个过程,受企业董事会、管理层和其他员工的影响,包括内部控制及其在战略和整个公司的应用,旨在为实现经营的效率和效果、财务报告的可靠性,以及法规的遵循提供合理保证。"

COSO-ERM框架是一个指导性的理论框架,为公司的董事会提供了有关企业所面临的重要风险,以及如何进行风险管理方面的重要信息。企业风险管理本身是一个由企业董事会、管理层和其他员工共同参与的,应用于企业战略制定和企业内部各个层次与部门的,用于识别可能对企业造成潜在影响的事项并在其风险偏好范围内进行多层面、流程化的企业风险管理过程。它为企业实现目标提供了合理的保证。

COSO风险管理框架把风险管理的要素分为8个:内部环境、目标制定、风险事项识别、风险评估、风险应对、控制活动、信息与沟通、监督,如图6-1所示。

图6-1 企业风险管理框架

(1) 内部环境。企业的内部环境是其他所有风险管理要素的基础,内部环境能为其他要素提供规则和结构。内部环境会影响企业战略和目标的制定、业务活动的组织和风险的识别、评估和执行,等等。它还会影响企业控制活动的设计和执行、信息和沟通系统,以及监控活动。内部环境包含很多内容,包括企业员工的道德观和胜任能力、人员的培训、管理者的经营模式、分配权限和职责的方式等。董事会是内部环境的一个重要组成部分,对其他内部环境的组成内容有重要的影响。而企业的管理者也是内部环境的一部分,其职责是建立企业的风险管理理念,确定企业的风险偏好,营造企业的风险文化,并将企业的风险管理和相关的行动计划结合起来。

（2）目标制定。根据企业确定的任务或预期，管理者确定企业的战略目标，选择战略方案，确定相关的子目标并在企业内层层分解和落实。各子目标都应遵循企业的战略方案并与战略方案相联系。

（3）风险事项识别。管理者意识到了不确定性的存在，即管理者不能确切地知道某一事项是否会发生、何时发生，或者如果事项发生其结果如何。作为事项识别的一部分，管理者应考虑会影响事项发生的各种企业内、外部的因素。外部因素包括经济、商业、自然环境、政治、社会和技术因素等，内部因素则反映出管理者所做的选择，包括企业的基础设施、人员、生产过程和技术等事项。

（4）风险评估。风险评估可以使企业了解潜在事项是如何影响企业目标的实现的。管理者应从两个方面对风险进行评估——风险发生的可能性和影响。

（5）风险应对。管理者可以制定不同的风险应对方案，并在风险容忍度和成本效益原则的前提下，考虑每个方案如何影响事项发生的可能性和事项对企业的影响，并设计和执行风险应对方案。风险管理所要做的就是考虑多种风险应对方案，并选择和执行一个方案。有效的风险管理要求管理者选择的风险应对方案，可以使企业风险发生的可能性和影响都落在风险容忍度范围之内。

（6）控制活动。控制活动是帮助保证风险应对方案得到正确执行的相关政策和程序。控制活动存在于企业业务的各部分、各个层面和各个部门。控制活动是企业努力实现其商业目标的过程的一部分，通常包括两个要素：确定企业管理活动决策问题的策略和影响该策略的一系列过程。

（7）信息和沟通。来自企业内部和外部的相关信息必须以一定的格式和时间间隔进行确认、捕捉和传递，以保证企业员工能够履行其职责。有效的沟通也是广义上的沟通，包括企业内自上而下、自下而上，以及横向的沟通。有效的沟通还包括将相关的信息与企业外部相关方的有效沟通和交换，如客户、供应商、政府管理机构和股东等。

（8）监控。对企业风险管理的监控指评估风险管理要素，以及一段时期内的运行质量的过程。企业可以通过两种方式对风险管理进行监控——持续监控和重点评估。持续监控和重点评估都是用来保证企业风险管理在企业内各管理层面和各部门得到持续执行。

另外，美国项目管理协会在2000年版的PMBOK中将风险管理分为6个阶段：风险管理计划、风险识别、风险估计、风险量化、风险处理、风险监控。我国内部审计协会颁布的《风险管理审计准则》第六条规定，风险管理包括以下主要阶段。

（1）风险识别，即根据组织目标、战略规划等识别所面临的风险。

（2）风险评估，即对已识别的风险，评估其发生的可能性及影响程度。

（3）风险应对，即采取应对措施，将风险控制在组织可接受的范围内。

国务院国资委颁布的《中央企业全面风险管理指引》将风险管理基本流程分为以下5个

阶段：收集风险管理初始信息、进行风险评估、制定风险管理策略、提出和实施风险管理解决方案、风险管理的监督与改进。

## 6.1.2 供应链风险识别

### 1. 风险与不确定性

英国皇家采购与供应协会（The chartered institute of procurement and supply，CIPS）将风险定义为："不希望的结果所发生的概率。"概率是某一事件或结果发生可能性的度量。风险管理国际标准（ISO31000：2018）简单地将风险定义为："不确定性对目标的影响。"影响是与预期的偏差。影响可以是积极的或消极的，并且可以锁定，从而创造机会或导致威胁。

任何在未来结果上包含不确定性要素的交易或工作都伴随着风险要素。不确定性源自易变形与模糊性。易变性指某一刻测量因素可能是一系列可能值中的某一个值的情形。因为某一情形可能演化或发展出许多可能的方式，所以就产生了不确定性。模糊性指含义的不确定性。由于某一情形的信息存在多种解释方法，所以产生了不确定性。

风险管理包含有关风险本质的认识与分析、风险事件发生概率的计算（常常是计算过去类似事件发生的频率）、风险事件后果或影响的计算、抵消或降低风险的备选方案的制定等方面。

风险管理是一门应对不确定性的学科，它可以定义为：

"组织处理与其业务活动有关联的风险的过程，通过这一过程，组织处理风险可以做到有条不紊，有望实现每项业务活动及跨所有业务活动组合的持久收益的目标（风险管理学会）。"

"指挥并控制组织应对风险的各种经过协调的活动（ISO 31000）。"

供应链风险可以定义为："由供应链内、外部环境中存在的不确定性因素所导致的造成供应链崩溃或运营障碍的可能性"。供应链风险来源于供应链不确定性。供应链不确定性的存在和传播会影响整个供应链。

表 6-1 给出了不确定性在供应链中的常见表现形式。

表 6-1 供应链不确定性分析框架

| 类型 | 表现形式 | 内容 | 原因 |
|---|---|---|---|
| 需求 | 时间、延迟 | 不规则的订购时间；客户要求提前或延迟取货；预测的时间错误 | 供应链组织成员间信息的不对称和信息传递过程中的信息扭曲（包括非主观故意与主观故意造成） |
| | 数量、中断、库存 | 不规则的订购数量；预测数量错误；客户要求增减数量、产品过时报废 | |
| | 信息、预测 | 消费者偏好改变；市场产品组合改变；不可预测的竞争者；产品的退化率；新产品出现 | |

续表

| 类型 | 表现形式 | 内容 | 原因 |
|---|---|---|---|
| 供应 | 时间、延迟 | 承诺的供货时间与实际不符 | 供应商的败德或机会主义行为、自身素质(能力)及自然灾害和突发公共事件(包括恐怖袭击、游行、罢工、瘟疫等) |
| | 数量、中断 | 与订购量不符 | |
| | 质量 | 毁损率过大；原材料的质量不符合要求 | |
| | 成本、预测、汇率 | 原材料售价的变动、供应商的变化 | |
| 生产 | 时间、延迟 | 生产周期不稳定 | 机器故障；机器损坏(正常损坏/非正常损坏如天灾)；备用零件不足；信息系统出错；员工疏失 |
| | 质量 | 质量不稳定 | |
| | 数量、中断 | 数量不稳定 | |
| | 产能 | 产能成本、产能柔性 | |
| | 库存 | 库存持有成本 | |
| 物流 | 时间、延迟、中断 | 车辆出行时间、到达时间不稳定 | 车辆故障；道路拥堵；驾驶员缺乏时间意识；路途颠簸导致货物破损；天气等原因导致货物损坏；配送路线变更导致成本增加 |
| | 质量 | 破损率不稳定 | |
| | 成本 | 运输线路、运输距离不确定 | |

### 2. 风险的后果

尽管风险的常用定义与"不希望的结果"相联系，但风险在引起可能损失的同时也带来了机会。消除所有的不确定性或风险的尝试可能使组织处于瘫痪的境地，组织将没有能力承担不确定的投机与投资活动，从而无法得到自己想要的结果。"风险大，收益也大"就是这个道理。创新本身就是一种风险。开发一种新的产品或进入一个新的市场，这也是一种风险。风险的结果可以是正面的，也可以是负面的。因此，合理的风险评估对于组织目标的实现是必需的，它能使企业绩效和利润率达到最大。

塞德格洛夫在《商务风险管理完全指南》中指出，大量的风险事件最终会直接或间接地导致财务上的损失，如表 6-2 所示。这就是风险管理对于企业和供应链管理至关重要的原因。其他类型的损失包括信誉损失、环境损失和机会损失，关键损失种类如表 6-3 所示。

表 6-2 不可控风险的后果

| 风险类型 | 最初的影响 | 最终的影响 |
|---|---|---|
| 质量问题 | 产品召回，顾客流失 | 财务损失 |
| 环境污染 | 不良的公众形象、客户不满意与背叛、法律措施、罚款 | 财务损失 |
| 健康和安全伤害 | 不良的公众形象、工人赔偿诉讼、员工不满、依法处罚的罚款 | 对人的伤害、财务损失 |
| 火灾 | 对人造成伤害、生产和资产受损 | 对人的伤害、财务损失 |
| 计算机故障 | 无法接单、处理工作或发出发票；顾客流失 | 财务损失 |
| 市场风险 | 收入下降 | 财务损失 |
| 欺诈 | 金钱偷盗 | 财务损失 |
| 安全 | 金钱、资产或计划的偷盗 | 财务损失 |
| 国际贸易 | 外汇汇率损失 | 财务损失 |
| 政治风险 | 外国政府冻结资产、阻碍利润汇回本国 | 财务损失 |

表 6-3 关键损失种类

| 关键损失 | 影响 | 减轻措施示例 |
|---|---|---|
| 财务损失（如事件造成汇率损失、利润损失、成本增加、资产损失） | • 财务损失<br>• 利润率下降<br>• 生存能力下降<br>• 投资损失 | • 保险<br>• 财务控制<br>• 财务管理<br>• 安全措施 |
| 信誉损失（如源于违法的或不道德的贸易、雇佣，以及环境事件、质量或交付故障等） | • 吸引素质的员工和供应商的能力下降<br>• 失去投资者的支持<br>• 失去商誉和影响力<br>• 商标权益的贬值<br>• 监督出现漏洞 | • 积极主动的问题管理<br>• 危机管理计划<br>• 道德和质量政策和政策监督与检查<br>• 供应商监督和管理 |
| 环境损失（如自然力量造成的供应中断、资源稀缺性恶化、资源价格攀升、"污染者支付"的罚款和环境恢复成本） | • 声誉损失<br>• 环境恶化<br>• "污染者支付"的罚款<br>• 环境修复的成本<br>• 环保组织的抵制 | • 环境风险及其影响的分析与监督<br>• 环境政策与控制 |
| 健康与安全损失（如医疗福利成本、生产损失、更高的保险费、诉讼、赔偿和人员流动率） | • 生产率下降<br>• 成本（如维修、处罚、赔偿、更高的保险费）<br>• 信誉和员工关系受损 | • 健康与安全政策和规定<br>• 沟通、培训<br>• 风险防范<br>• 安全文化<br>• 防护设备<br>• 保险 |
| 机会损失（如风险厌恶或成本中心导致投资小和创新少） | • 投资回报损失<br>• 改进机会丧失<br>• 想法、供应和收入等来源减少 | • 支持企业家精神<br>• 提高授权风险偏好<br>• 创建可接受风险的文化 |

### 3. 有效风险管理的益处

塞德格洛夫认为，"为了应对外部因素，如丑闻、法律法规，公司倾向于引入风险管理。他们不太可能是由于风险管理会帮助企业产出更好的结果才引入风险管理的"。

事实上，主动积极地、系统性地对供应链进行风险管理可以带来如下好处。

（1）避免风险事件的打击和危机等因素的成本或将这些因素最小化。

（2）避免生产流程或收入流的中断。

（3）通过减轻供应链的脆弱性，保障供应安全。

（4）提高企业和供应链的弹性，促进业务的持续性，支持供应链的灾后恢复。

（5）使组织吸引并挽留高素质的员工、供应商和风险伙伴。

（6）促进组织和供应链的合作。

（7）提高利益相关者的信心和满意度。

……

### 4. 风险识别技术

风险识别和分析流程指对导致某一活动可能出问题的所有可能因素进行识别并且估计其发生概率的一个过程。风险识别是在风险管理中努力发现潜在问题或不确定性领域的一个系统过程。

风险识别是一门不精确的学科，它依赖于人们在潜在风险领域的认识和经验。最初的风险识别可能结合了下述活动。

(1) 风险顾问对结果和报告的追踪。

(2) 环境扫描与评估。

(3) 范围扫描（发现是否会带来新机会和风险）。

(4) 监测同类组织中的风险事件。

(5) 收集市场情报和管理信息系统。

(6) 关键事件调查（调查重大意外合同或项目偏差/问题的原因）。

(7) 情景分析（例如，利用计算机模型或电子表格来模拟变量变化的效果，或者措施的后果）。

(8) 过程审计（检查质量管理、环境管理、绩效管理和其他流程的效果）。

(9) 对健康和安全、质量、维护等进行定期检查和检验。

(10) 研究项目计划、供应链等，发现可辨认的脆弱性。

(11) 开展正式的风险评估（针对环境变化中的高价值项目或活动，以及已发现的脆弱性）。

(12) 征求关键利益相关者和行业专家的意见：利用头脑风暴法、调查问卷、讨论会，以及思维图、石川图（因果分析图）、决策树、供应链图析等视觉捕捉工具。

(13) 聘用第三方风险审计和风险顾问。

目前，常用的风险识别方法如图 6-2 所示。

### 5. 供应链图析技术

供应链风险识别的一个有用工具是供应链或价值流图析。来自克兰菲尔德大学的研究——《建立适应性强的供应链》表明：在价值朝向客户流动中的某个点，或者该链条中的某个"节点"，有必要利用系统的方法，识别供应链内部故障引发的商业、供应和合同风险。

供应链图析（supply chain mapping）是一种基于时间展示流程的技术，该流程包括物料、信息和其他增值资源沿着供应链移动的过程。该图（如网络图或流程图）显示了链条内连接点之间或移动点上所花费的时间。这可以让组织决定下列事项。

(1) 供应商的交互连接"管道"。增值要素必须通过这条管道才能到达终端用户。

(2) 运输路线。增值要素通过该路线从一个节点转移到链上的另外一个节点。

(3) 管道中每阶段半成品或库存的储存数量。

(4) 在供应链中断的情况下，从管道中的不同点补充库存所花费的时间。

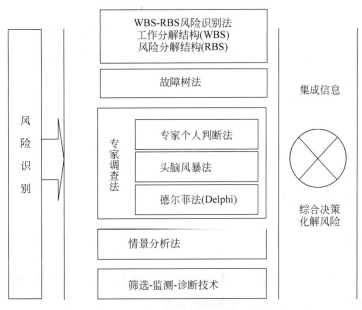

图 6-2　常用的风险识别技术

图 6-3 是简单的供应链图析模型。通过供应链图析得到的信息,可以帮助识别供应链的风险领域,并计划下列行动。

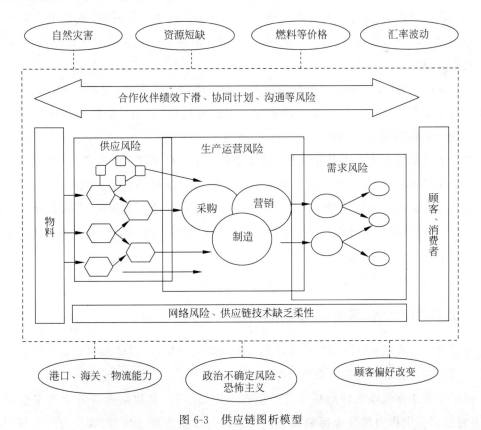

图 6-3　供应链图析模型

(1) 征求供应链伙伴的意见并与其合作,控制已发现的脆弱性领域。

(2) 对于易受攻击的连接点或供应商关系,加强关系保护与契约保护。

(3) 对于供应链中第一级供应商对更低级别供应商的管理状况进行监督与控制,降低更低层次供应商的脆弱性。

(4) 确定替代的供应源。

(5) 增加安全库存。

(6) 在易于中断供应的领域,为备选的运输安排制订应急计划。

### 6.1.3 供应链风险评估

1. 风险评估

风险评估是对潜在的已识别风险事件的概率和严重程度进行评估。换句话说,就是问"它发生的可能性有多大,它可能造成多坏的结果"。

对于风险,可以用基本公式进行量化,其公式为

$$风险 = 可能性(概率) \times 影响(负面的后果)$$

(1) 风险可能性(risk likelihood)指在假定风险性质和当前风险管理做法的情况下发生的概率。它可以用0(没有机会)到1(确定)之间的一个数字来表示,或者用百分比(0~100%)、分值(0~10)或等级(低、中、高)等来表示。风险事件发生的可能性越高,风险管理的优先级就越高。

(2) 风险影响(risk impact)指给组织造成的可能损失或成本,或者对组织完成其目标的能力可能的影响水平。对影响的严重性可以进行量化(如用估算的成本或损失)、计分(1~10分)或评级(低、中、高)。

供应链风险的大小本质上取决于不确定事件发生的概率和后果的严重程度。

对于高概率事件,不太可能找到将事件发生风险最小化的方法。相反,要调动资源来对它们造成的影响最小化。对于小概率事件,如果其造成的影响很大,那么需要制订应急和恢复计划,这样组织就可以在事件发生时进行有效响应。那些发生概率小却会造成灾难性后果的事件,更应该引起重视。

下面介绍一些常用的定性/定量风险评估工具与技术。

2. 定性风险评估:风险概率/影响矩阵

可以利用矩阵或风险图来进行简单的风险或影响评估,根据威胁和危险发生的可能性及其一旦发生所造成影响的严重性,在图上绘出相应的点,如图6-4所示。

风险矩阵法将风险事件后果按其严重程度定性分级,将风险事件发生概率也定性分级,并将二者分别作为横纵坐标制成表。交点即为加权指数,加权指数代表风险等级。注

意相比 B、C 区而言，C 区更不可忽视。该方法在
确定风险可能性及后果严重程度时过于依赖分析
者的经验，主观性也较大，精度不高。

塞德格洛夫更为详细地对影响的严重性（微
小的、较小的、严重的、惨重的）和发生概率（非常
不可能、不太可能、相当可能和确定/非常可能）进
行了简单的、定性的分类，并建立了风险图分析方

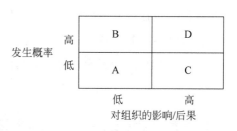

图 6-4　风险评估栅格

法。然后，将风险绘制在一个简单的栅格上，如图 6-5 所示。对角线代表一个分界线，即将
大体尚可接受的风险分开，分为风险管理的高优先级（线上）与低优先级（线下）两类。

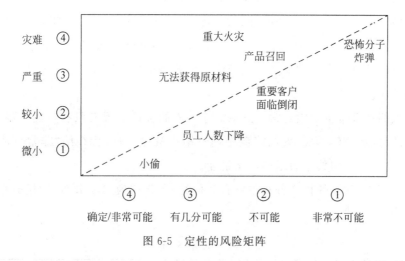

图 6-5　定性的风险矩阵

### 3. 定性风险评估：情景分析

在情景分析中，必须回答"如果……，会……"之类的问题，并试着对决策的行动和结果
进行预测。例如，如果原材料价格翻倍，情况会怎么样呢？如果失去两个最大的客户，情况
会怎么样？如果因特网崩溃了，情况会怎么样？如果希腊退出欧元区，情况会怎么样？

简而言之，情景分析包括以下几个方面。

（1）利用头脑风暴或团组研讨会，以激发对供应链、行业或市场，以及更广的外部环境
中的问题和可能性（正面和负面）的识别。

（2）描述或计算模拟（利用电子表格或其他更为复杂的模拟软件）某情境中的关
键变量。

（3）改变所选变量（根据"如果……，会……"的问题）并观察对其他变量和对总体结果
的影响。

（4）创建最优的、最可能的和最坏的情形来测量影响。

有学者采用系统动力学方法对供应系统的稳定性进行评估，以发现影响系统稳定性的
风险因素。考虑供应策略的不同情形，将系统内部和外部各环节的不确定因素纳入模型

中,风险因素包括企业环境风险、质量风险、订购风险、物流风险、需求预测风险、维修风险、信息传递风险、财务风险、人力风险等。分析各因素与供应系统运行之间的因果关系,建立系统动力学模型,设计实验并通过仿真模拟和敏感性分析方法对关键因素进行选择。根据系统动力学仿真分析结果,考虑关键风险因素,优化供应系统,从而规避风险。

4. 定量风险评估:统计学和概率论

估计事件发生概率的关键技术是从历史经验数据外推,预测未来事件发生的可能性。在风险评估的例子中,过去一个风险事件的发生是推断其未来发生可能性的很好的指导。风险评估师会利用一系列的风险数据,特别是可计量的、可统计的数据,如发生频率和成本,还包括风险事件发生所处的环境,以及当时采取了(或没有采取)哪些减轻或预防措施。

例如,某公司为了将市场营销风险降至最低,它们就应该重视新产品在市场上受青睐的概率。通过在具有代表性的消费者正交样本中开展市场研究工作,公司可以预测更广泛市场可能的反应。

概率是人们在日常生活中经常碰到的概念。人们会说今天有没有可能下雨,以及购买的彩票中奖的可能性有多大。人们将概率理论用作量化工具,旨在给"非常可能"或"相当可能"等概念加上一个用数字表示的比例量度。

在风险管理中,常见的概率分布主要有 3 种类型,分别为二项分布、泊松分布和正态分布,如表 6-4 所示。

表 6-4 概 率 分 布

| 分布 | 要 点 | 应 用 示 例 |
| --- | --- | --- |
| 二项分布 | 试验重复进行 $n$ 次,试验只有两个可能的结果(各次试验结果互不影响),概率为 $p$ 或 $q=1-p$(如成功或失败,具有或不具有某种属性,"是"或"否",有故障或无故障)。事件发生的次数服从二项分布。$P_n(k)=C_n^k p^k q^{n-k}(k=0,1,2,\cdots,n)$。 | • 某一批次包含缺陷品或合格品的概率<br>• 客户购买或不购买某一品牌<br>• 项目成功或失败;准时或延迟交付 |
| 泊松分布 | 当试验的总数 $n$ 很大(多于10),事件试验中发生的概率 $p$ 很小(不超 0.1)时,用泊松分布代替二项分布。$P(k)=\dfrac{\lambda^k}{k!}e^{-\lambda}$ 式中 $\lambda=np$。 | • 质量控制:在一定长度的电缆上或在一定期间出现的缺陷数<br>• 风险评估:在给定时间间隔发生问题的次数 |
| 正态分布 | 基于连续的历史数据,形成一个频率分布,用直方图来呈现。连续型随机变量 $X\sim N(\mu,\sigma^2)$。变量可能值落在某区间的概率为 $P(x_1<X\leqslant x_2)=\int_{x_1}^{x_2}f(x)\mathrm{d}x=F_s\left(\dfrac{x_2-\mu}{\sigma}\right)-F_s\left(\dfrac{x_1-\mu}{\sigma}\right)$,式中 $F_s$ 为标准正态分布累积函数。 | • 产品在某一市场的需求量服从正态分布<br>• 测量误差一般服从正态分布 |

### 5. 定量风险评估：决策树分析

决策树分析(decision tree analysis)是一个可以在不确定情况下用于评估决策方案的图形工具。每一个决策都涉及许多可能的结果。决策树以一种结构化的方式，将决策和结果的各种组合图示出来。通过估算各种可能结果的概率，并且为其分配可能的收益或损失，提高决策相关风险的可视性，从而让管理者做出最优决策方案的选择。一般情况下，决策者会选择利润期望最高的方案，但应注意还存在许多不应忽视的非财务决策因素。

在下列情况下，决策树是很有用的。具体的供应管理问题或项目决策问题可以抽象为一套互斥的要素；每个决策都有一套可识别的方法，对每个结果都可以评估出发生可能性(概率)和现金价值(收益)。在实际工作中，可以利用合适的计算机软件来绘制决策树。例如，在决策时设定多种情境，确定不确定性因素，以及确定每一个不确定性因素的表示，如服从什么分布？从现有状态开始，考虑状态的持续改变及状态转移概率，画出决策树；从决策树末端开始(T期)，确定最优决策和期望收益，返回到 T-1 期，再确定最优决策和期望收益，直到返回决策树根部(0 期)。

### 6. 相关性建模

建模是为了理解事物而对事物做出的一种抽象，是对事物的一种无歧义的书面描述。在风险管理中，风险不一定是由某个单一的故障引起的；相反，常常是因为多种因素结合在一起才产生了风险，如人、系统和环境等。因此，可以利用建模的方法来分析那些共同导致风险产生的相关变量之间的联系。

在对企业供应链风险进行建模时，可以从公司目标开始，沿着实现目标所需的所有变量组成的相互依赖的网络分析下去。模型的输出包括组织所面临的风险的分析；这些风险可能的影响；在关键节点上可能的应对措施。

## 6.1.4 供应链风险应对

可以从改变风险后果的性质、风险发生的概率或风险后果大小3个方面提出多种策略。下面介绍风险回避、风险转移、风险缓解、风险预防、风险自留和后备措施6种策略。每一种策略都有其侧重点，具体采取哪一种或几种取决于供应链的风险形势。

### 1. 风险回避

风险回避指当项目风险潜在威胁发生的可能性太大，不利后果也很严重，又无其他策略来减轻，主动放弃项目或改变项目的目标与行动方案，从而消除风险或产生风险的条件，以达到回避风险的一种策略。

在供应链风险管理的选择阶段，对于已识别的政治风险、经济风险、社会风险，可以通过风险澄清、获取信息、加强沟通、听取专家意见的方式进行风险评价。如果发现项目的实施将面临巨大的威胁，而供应链管理者又没有其他可用的措施控制风险，甚至保险公司亦有可能认为风险太大拒绝承保，这时就应当考虑放弃执行，从而避免产生巨大的经济损失。例如，当某国家政局不稳定时，应放弃在该国家设立工厂。而在供应链运营阶段，可以通过增加项目资源或时间，或者采用一种熟悉的、而不是创新的方法，或者避免使用一个不熟悉的开发方法，以此来达到风险规避的目的。

### 2．风险转移

风险转移是设法将某风险的结果连同应对风险的权利和责任转移给他方。风险转移应当是正当的、合法的转移方式，而不是无限制的、无约束的，甚至带有欺诈性的风险转移。项目风险转移分为保险和非保险两类，非保险风险转移的主要途径有合同、保证。

针对海外供应商可制订保险计划，以应对突发商业事件给企业供货流程带来的麻烦。

为避免供应延误而导致的生产中断，制造商将供应委托于第三方物流服务商，从而实现了供应风险的转移。

### 3．风险缓解

风险缓解即通过缓和或预知等手段将项目风险的发生概率或后果降低到可以接受的程度。相对于风险回避而言，风险缓解措施是一种积极的风险处理手段，也是应对无预警项目风险的主要措施之一，它指设法将某一负面风险事件的发生概率或其后果降低到可以承受的限度。

风险缓解的形式多种多样，它可以是执行一种减少问题的新的行动方案。例如，增加供应链运营中的项目资源或延长进度计划。当不可能减少风险发生的概率时，可以针对那些决定风险严重性的关联环节采取措施，以减少风险对项目的影响。举例来说，对于关键供应商或唯一供应商，如果出现问题将直接影响公司运营，此时可考虑增加备份供应商或可替代的产品，以减少质量不良所导致的影响。

### 4．风险预防

风险预防是一种主动的风险管理策略，其目的在于控制风险事件的发生。在供应链风险管理中通常采取缩短供应链的策略，以达到缩短供应链周转时间、避免"战线"过长而导致供应链中断的风险，如汽车装配商的供应商大都在"汽车城"内。供应链弹性网络设计不失为一种供应链风险管理策略。采取供应链网络资源优化的方法，做好选址，设计抵抗风险的供应链网络，通过多样化来获取灵活性。

当企业面向全球市场进行全球供应链运营时，缩短供应链策略是不切合实际的，与企业战略目标不符。此时，全球供应链网络设计就变得重要了。优化企业全球资源，平衡不同的资源获取方案所带来的不同的收益和风险，设计弹性网络。

在实践中还应采用一些切合实际的风险预防方法,增强组织学习能力,防止风险因素出现,从而降低风险。

(1) 应用协同需求预测、供方管理库存,与分销商、零售商建立更加紧密的合作关系,提高需求规划的准确性。合作伙伴是朋友。合作关系有助于缓冲不利时机,且长期合作关系与友谊有助于企业在逆境中获得合作伙伴的支持。发展合作及联盟关系可有效降低需求或供应的不确定性。

(2) 提高供应链的可视化程度。从下订单到接收,都能对运输及库存进行全程监控,实现货物流的全球跟踪。企业可以根据需要适时调整运输计划。

(3) 加强产品零部件的标准化,同时混合使用不同供应商的零部件能使制造商的供应链变得更加灵活。采用多采购渠道有助于避免供货风险。通过供应商绩效评价建立备选供应商方案。

(4) 在供货服务协议方面适当增加柔性要求。

(5) 降低产品的复杂性,不仅有助于缩短生产时间,还能提高企业对供应危机的响应速度。

(6) 需要区别对待不同产品的订货策略,对它们的库存单独进行建模和优化。应考虑交货延误及提前期的波动等不确定性因素。

(7) 监控风险预警信号。通常跟踪的绩效参数包括服务水平、提前期、库存,以及物流成本等。然而,要有效地管理供应链风险,这些参数是远远不够的。还需要对其他一些供应链风险指标进行跟踪,如订单拖延时间、零部件交付可变性,以及汇率变动等。它们能提供一些至关重要的警报。

使用预防策略时需要注意的是,在供应链管理部门的组织结构中加入风险预防机构,增加其责任意识,虽然提高了项目成本,但他们有经验的专业工作会帮助供应链消除风险因素。

### 5. 风险自留

这种手段意味着供应链团队决定以不变的计划去应对某一风险,或者团队不能找到其他合适的风险应对策略。主动的风险自留指供应链管理者在识别和衡量风险的基础上,对各种可能的风险处理方式进行比较、权衡利弊,从而决定将风险留置内部,即由供应链管理部门自己承担风险损失的全部或部分。由于在风险管理规划阶段已对一些风险有了准备,所以当风险事件发生时可以马上执行应急计划。主动的风险自留是一种有周密计划、有充分准备的风险处理方式。

最通常的风险接受措施是为了应对已知风险,建立一项应急储备,包括一定量的时间、资金或其他资源。应急救助应由已接受的风险影响程度来决定,并在某一可接受的风险基础上进行测算。

与供应商共同制订突发事件应变计划。例如,美国一家大型的汽车供应商,在"9·11"事件发生后,这家公司立即启动原有的运输紧急服务关系来补充空运自欧洲的汽车零部件的不足。通过对同一时间的空运部件的风险评估,该公司能够提前进行海运的排期,保有相当的库存,从而为汽车制造商的持续运营提供有力的保证。

#### 6. 后备措施

有些风险要求事先制定后备措施,这样一旦当项目的实际进展情况与计划不同时,就可动用后备措施。后备措施主要有费用、质量和技术等方面的措施。

在实践中风险处置的各种策略都是组合使用的,对于风险太大的供应链项目一开始就应该拒绝;在那些被接受的供应链项目中,减轻、预防、转移、回避、自留风险和后备措施等策略,都应随时间、环境、条件的不同,而被用于不同的组合策略中。

### 6.1.5 风险监控与分析

任何供应链风险都有一个发生、发展的过程,必须对供应链风险管理过程实施监控,以动态掌握供应链风险及其变化情况,跟踪并控制供应链风险管理计划,同时对供应链风险进行存档与总结。供应链风险监控与分析就是为确保高效地达成供应链目标而设计的。

通过有效的风险监控,能够在风险事件发生时及时实施风险管理计划中预定的规避措施。另外,当实际情况发生变化时,要重新进行风险分析,并制定新的规避措施。

风险监控的主要工具和技术有核对表、定期评估、净值分析、风险应对计划、风险分析等。风险监控的成果表现在随机应变措施、纠正行动、变更请求、修改风险应对计划等。

风险管理应该具有行政层的优先级,应该考虑潜在的风险,并且要设计合理的响应,这样才能使损失最小。这种机制应该发展到能够快速、有序地修复,并且对公司的声誉和客户的满意度带来最小的损失。同时也需要采取有效措施来监督正在提高的风险管理能力。

公司的风险管理监控信息系统应该监督风险和调整公司风险管理计划的方向。这样才能保证及时制订降低风险计划,并及时修复供应链合作风险带来的破坏。例如,2005 年,某拖拉机供应公司开发了一个灾难恢复系统,以作为风险管理的一部分。一年以后,公司位于得州的威客配送中心遭到了夜晚台风的破坏,设备上有厚厚的积水,物品也散落在附近几英里。当物流副总裁第二天回到办公室时,很快就得以制订修复计划,其他地区的设备也已经在服务威客配送中心的客户了。尽管这个月是需求高峰期,但在随后的一周内,威客配送中心没有遗漏过一次交货。

## 6.2 供应链危机管理

在变化迅速的市场经济条件下,供应链也有脆弱的一面。供应链中潜伏着危机,如在自然灾害、人为因素等方面。在这种情况下,企业要积极应对,主动采取措施,建立"生于忧患"的危机意识,发展多种供应渠道,与供应商结成战略合作伙伴关系,建立多种信息传递渠道,以防范信息风险。

但在现实中,当供应链遇到灾难事件或突发性障碍时,供应链管理者应该怎样应对呢?面对SARS事件、美伊战争,以及恐怖袭击,危机管理理论更加受到关注。美国管理学家孔茨曾说:"企业不担心正常的事件发生,最担心的是突发事件。"来自企业内外的危机或突发事件,随时可能会冒出来,并点中企业管理的死穴。供应链也是如此。

供应链及物流都有脆弱的一面,就算在物流发达的国家如美国也是一样。供应链管理的两位教授曾经做过调查,同时他们得到了供应链一直处于脆弱的原因。这是因为供应链物流的管理者很少制定有效的危机应变策略,所以当遇到突发性事件时,他们立即束手无策。供应链管理需要危机管理。

## 6.2.1 含义及特性

危机指影响到组织并使组织的利益相关者或公众受到威胁的重大事件,而危机管理则是对这种事件进行预测、预防及应对的一系列过程。危机管理起源于20世纪80年代大规模工业和环境灾害的研究,被认为是公共关系中最重要的一环。

危机的三要素包括:①组织的共同威胁;②意外因素;③决策时间短。

根据以往供应链危机的发生、表现与影响等方面,可以将供应链危机的主要特性总结如下。

1. **突发性**

突发性的含义包括难以预测危机何时、何地、以何种形式发生;难以把握危机的起因、发展过程及趋势;难以及时评估危机影响。这就给处理供应链危机带来了极大的不确定性。

2. **扩散性**

供应链作为一个因上下游协作关系而形成的网状运作组织,危机对组织内任何成员的危害,都将直接或间接地扩散到其他成员及整个供应链组织。同时,供应链危机的危害不仅体现在直接的经济损失上,也会扩散到合作成员的心理层面,打击其合作信心,给今后的供应链协调造成困难。这种危害带来的损失可能比直接经济损失更大。

3. **复杂性**

造成危机的原因是复杂的,既有供应链外部因素,也有供应链内部因素。外部因素主要有自然灾害、政治经济事件、社会突发事件等,而内部因素主要来自供应链成员的协调失误、利益冲突,以及企业自身运作中出现的问题。同样,危机的发生过程和产生的后果也是复杂的,这主要是因为在危机中信息获取与沟通十分困难,从而使得供应链成员难以评估影响并准确及时地做出决策,极大地影响了危机的应对。

### 4. 持续性

一方面,危机的发生虽然突然,但其过程和危害势必将持续一段时间。持续时间的长短视事件本身的危害程度与应对事件的措施而定；另一方面,若要完全杜绝供应链危机,从以往历史来看,几乎不可能。很多不可抗拒因素成为供应链危机的直接导火索,如自然灾害、地区的和平与战争。因此,从历史的角度来看,供应链危机自供应链这种生产组织形式产生以来就是持续存在的。因此,通过对以上供应链危机主要特性的分析,可将供应链危机的一般性含义总结归纳如下:供应链危机是由供应链系统内外部突发因素引起,能迅速扩散至整个供应链系统,危害严重且发展趋势难以及时准确把握,能造成供应链系统运营障碍甚至断裂的,急需处理的非常规恶性事件。

## 6.2.2 分类

根据危机管理理论,首先应该分析在供应链中潜伏着哪些危机。

供应链的危机来自多个方面,从危机来源上看,可以将其分为两大类。

(1) 自然灾害类。台风、地震、洪水、雪灾、疾病等来自大自然的破坏和袭击,时刻威胁着供应链的安全。飞利浦公司的大火就是因为大自然的破坏而引起的：暴风雨中的雷电引起高压增高,陡然升高的电压产生电火花从而点燃了车间的大火。又如,台湾"9·21"地震,引起了全球IT业的震动。还有SARS病毒,让许多企业面临了空前的危机,航空、餐饮、旅游业等服务业更是遭受重创。人类目前普遍面临着环境恶化的问题,天灾爆发的频率也越来越高,作为一种不可抗力,它将成为供应链的致命杀手。

(2) 人为因素。人为因素有5个方面。①供应链的连锁反应。完善的供应链系统固然能够节省成本,加快产品生产和发展的速度,但由于供应链同时连接供应商、制造商、分销商以至客户,架构日趋复杂,所以每个环节都潜伏危机。其中一家公司出了问题,就可能产生连锁反应,影响到供应链上的多家公司,破坏力也因此比以往任何时候都大。特别是当供应链上有些企业是独家供应商供货时,潜在危机更大。供应链上出现独家供应商,是各种利益冲突比拼形成的结果。从爱立信的案例可以看出,采取独家供应商政策存在巨大风险：一个环节出现问题,整个链条就会崩溃。②IT技术的缺陷会制约供应链作用的发挥,如网络传输速度,服务器的稳定性和运行速度,软件设计中的缺陷,还有令人防不胜防、隐伏于各个角落虎视眈眈的病毒等。③信息传递方面的问题。当供应链的规模日益扩大、结构日趋繁杂时,供应链上发生信息错误的机会也随之增多。例如,信息的输入错误,理解错误等。④企业文化方面的问题。不同的企业一般具有自己的企业文化,它表现在企业的管理理念和文化制度上,也表现在员工的职业素质和敬业精神上等。不同的企业文化会导致不同企业对相同问题的不同看法,从而采取有差异的处理手法,最后输出不同的结果。如何协调供应链成员之间不同的企业文化,也是供应链上各厂家头痛的问题。⑤政治经济风波。其中最明显的是恐怖袭击和罢工。"9·11"事件后,美国的所有机场、港口关闭数天,航班、船期全部延误,货物不能马上进入美国。在"9·11"事件后的几年时间里,世界爆发了南美金融风暴、美国海运工人大罢工、伊拉克战争等多次危机。在全球化时代,美国的一群海运工人罢工便酿成了全球供应链中断的后果。另外,经济高速增长容易导致企业原材料供应出现短缺,影响企业的正常生产,而经济萧条,会使产品库存成本上升。

从危机对供应链的不同影响来对供应链危机进行分类,可分为以下 3 种。

(1) 造成供应失效的危机。造成供应失效的危机既包括发生在供应链上游的供应商导致供应中断的危机,也包括发生在分销中心造成供应链零售商的供应中断的危机。

(2) 造成需求失效的危机。造成需求失效的危机主要指由于短时间内无法满足市场需求及其变化,而造成客户信心丧失、市场份额下降,重要客户流失的一类供应链危机。

(3) 造成内部运营失效的危机。这里内部的含义是针对供应链系统而言的,既包括供应链各成员内部的运营,也包括成员之间的运营。这一类危机具体体现为企业产生设备的破坏和信息系统等的失效造成的危机。

## 6.2.3　危机应对措施

由以上所述的有关供应链危机,可以看出,有些危机是可控的,而有些危机是不可控的。针对危机的不同特性可以采取不同的应对措施。

一般来说,供应链危机管理可以分为危机防范和应急管理。危机防范指如何预防危机的发生;而应急管理指在面临危机的情况下,应采取何种手段来降低或转移危机,并把危机可能造成的危害降低到最小。有些危险如关键人员、技术流失,关键客户流失,产品信誉、契约风险等,可以采取危机防范手段来预防发生;而对于恐怖袭击、SARS 等事先无法预料的危机,只有通过应急管理来妥善化解。对于应急管理,本章第 3 节将做详细的说明。

供应链危机管理可以采取的措施包括以下内容。

(1) 建立"生于忧患"的危机意识。危机意识不是泛指能够防范和应对企业危机的所有管理意识,而是特指防范与应对企业危机内涵层的思维意识。比尔·盖茨的"微软破产永远只有 18 个月",张瑞敏的"我每天的心情都是如履薄冰,如临深渊"和任正非的"华为总会有冬天,准备好棉衣,比不准备好",以及所有国内优秀企业领袖的危机观点,都是各自成功企业危机意识的精髓。

(2) 发展多种供应渠道,以及多地域的供应渠道,对供应商的情况进行跟踪评估。为确保产品供应稳定,在供应链上应发展多个供应渠道,不能单单依靠某一个供应商,否则一旦该厂商出现问题,势必影响整个供应链的正常运行。同时在对某些供应材料或产品有依赖时，还要考虑地域风险。例如，战争会使某些地区的原材料供应中断，如果没有其他地区的供应，势必会造成危机。除了建立多地域、多个供应商外，还需要对每个供应商的情况进行跟踪，随时了解供应商的供货情况。

（3）与供应商结成战略合作伙伴关系。在供应链中，战略伙伴关系就意味着，厂商与供应商不仅仅是买家和卖家的关系，更重要的是一种伙伴甚至是朋友的关系。双方在买卖之外还应有更多其他方面的往来。与供应商建立信任、合作、开放性交流的供应链长期合作关系，必须首先分析市场竞争环境，其目的在于找到针对哪些产品市场开发供应链合作关系才有效；必须知道现在产品的需要是什么，产品的类型和特征是什么，从而确定用户的需求，以及确认是否有建立供应链合作关系的必要。如果已经建立供应链合作关系，那么对供应商的业绩、设备管理、人力资源开发、质量控制、成本控制、技术开发、用户满意度、交货协议等方面也要做充分的调查，它们很可能成为影响供应链安全的因素。一旦发现某个供应商出现问题，应及时调整供应链战略。

（4）建立多种信息传递渠道，防范信息风险。厂家——消费者——供应商在供应链中起着多种作用，他们之间的互动日益加快，关系也变得越来越复杂。因此，这就要求给予支持的网络基础设施必须确保供应链所要求的数据完整、可靠和安全。

总之，危机管理的目的并不是去百分百地避免危机，而是去了解究竟会面临哪些危机，其中有哪些是可以预防的，以及出现危机时应采取何种手段去降低或转移危机，并把危机可能造成的危害降低到最小。

### 6.2.4 供应链安全管理

整个供应链生态系统依赖于每个环节的安全性能。供应性安全管理旨在降低有意造成供应链中断的运营风险，管控可能引发供应链危机的因素，防范各类给供应链带来损失的因素，包括产品和信息的盗窃、员工安全，以及任何可能对供应链框架造成破坏的因素。

供应链的安全性取决于供应链网络最脆弱的那个环节的安全性。因此，供应链企业不仅要做好本企业的安全管理，还要管控供应链合作伙伴的安全性。安全管理在供应链管理的各个进程中显得非常重要。例如，某化学品从工厂开始包装、装运，接着是物流公司运送到港口，在港口码头装船后，海运到目的地港口，再由运输公司运送到配送中心，最后由配送中心发运到工厂。哪个环节有安全隐患，都会影响到供应链的安全性。安全管理需要供应链的合作。安全系统的合同要求、商品移动中的安全提示、搬运和储存的注意事项等安全防范意识与措施都应到位。加强各环节，特别是薄弱环节的安全程序并且整合到安全系统中，才会有整个供应链的安全。

乔尔·威斯纳等提出了供应链安全管理的4类措施：基本措施、反应措施、预防措施、先进措施。

### 1. 基本措施

基于最基本的要求,安全系统应该包括办公室、生产工厂、仓库和其他设施的安全,此外,还应该包括提供个人人身安全、设备安全、计算机安全和货运安全。管理者应该考虑使用安全徽章、安排警卫、核实客户及合作者背景、运用反病毒反黑客软件、使用加密通行证、使用货物全程跟踪技术等。可以运用高科技手段来防止货物在运输途中丢失和被盗。

### 2. 反应措施

与基本措施相比,反应措施代表着对安全管理的更深刻的理解,但是对安全管理仍然缺少系统的、全面的、长期坚持的全企业计划。许多公司往往是在危机出现后,进行安全措施的补救,"吃一堑,长一智"以防止类似危机的出现。这些措施有时与国家或地区的反恐活动密切相关。

美国"9·11"恐怖分子袭击事件后,政府各类组织都加强了安全防范措施。美国海关、国际货运安全理事会和全球性安保评估公司贫克顿(Pinkerton)成立了海关商贸反恐怖联盟(Customs-trade partnership against terrorism,C-TPAT),用于评估供应商安全系统,制订业务持续性发展计划,实施具体的安全训练和教育项目。达到 C-TPAT 安全标准、加入联盟、全面提升供应链安全的公司,可以获得过境处"快车道"的回报,而非联盟参与者可能接受集装箱安全检查的概率高。此外,对于所有进入美国的货船集装箱施行进口安全申报制度,对于所有空运到美国的货物施行检验认证程序(Certified cargo screening program,CCSP)。

### 3. 预防措施

预防措施应该是公司系统化的、正规的安全管理方法。公司安全措施包括设立安全管理职能部门与安全管理经理,可以招聘前军队、情报机关和法律部门有安全管理经验的人员;成立跨部门的安全管理委员会;全面评估公司的安全隐患和安全风险;强化信息安全,构建反黑客、反入侵的网络信息侦测系统与防火墙;开发综合的供应链物流合作安全计划;开发或购买安全管理软件应用系统,快速评估风险,及时发出风险预警;积极参与安全管理协会。

### 4. 先进措施

有远见的领导者善于采用先进的安全管理措施。这类措施着眼于整个供应链的合作,在供应链签订合作契约时就规定供应链中断时采取的恢复方案;着眼于对已经发生安全事故的全球类似公司的反思,并将其反应措施充实到公司的安全管理系统中。安全管理的先进措施包括与关键供应商和顾客在供应链中断后的快速恢复和持续计划中的全面合作,完善公司安全系统,吸取其他公司及本公司的教训,设计更综合、有效的包括所有关键合作伙伴的全面供应链安全管理系统,开展各类安全训练活动,检验各类应急措施是否充分,建立供应链范围的紧急控制中心与大数据中心来应对突发的供应链危机。

陶氏化学公司的运输安全与保安部总管亨利说,"我们把安全看作是一种确保我们保持可靠的市场产品供应商的措施之一,我们从供应链整体上考虑,采取供应链安全的综合措施"。陶氏化学公司提高供应链可视性和安全性的计划使得公司的商业运输保持着50%的增长速度,且终端存货降低了20%。随着大规模的联合运输集装箱从北美运往亚洲,陶氏化学公司使用无线射频技术和全球定位系统来进行全程追踪。陶氏化学公司清楚地意识到,与政府和供应链合作伙伴的合作是成功的关键,若没有安全,一切无从谈起。

全面落实供应链安全管理措施,绝不能拖延。不可低估供应链安全漏洞的成本。安全漏洞带来的危机会对社会及无辜的人造成伤害,甚至会演变为公共危机。随着供应链低成本战略的扩散,越来越多的供应链企业通过寻找更廉价的供应商来降低成本,或者运用大型远洋巨轮运输及大容量陆上运输来降低成本。与此同时,安全风险却在迅速增加。不幸的是,只有少数公司拥有有效的供应链安全监控及防范系统。管理者和政府监控部门面临的挑战是空前的。另外,不可忽视贪污腐败问题。贪污是企业管理者必须面对的潜在问题,应防止贪污腐败对供应链各环节的安全措施的执行带来影响。

## 6.3 供应链应急计划

### 6.3.1 应急计划

应急计划(contingency planning)指通过制订第二计划、权宜之计、退却阵地或"B计划"以防止情况变糟或最初的计划失败,从而减轻风险事件、偏差和失败所造成的影响。换句话说,应急计划就是提出这样的问题:"如果出现突发事件,我们将如何根据危机程度制定相应的预案?"

在供应链应急中,直接的应急响应计划应当与更全面的计划联系起来,应发挥两个作用。

(1) 维持。维持业务持续性,让基本流程和服务在风险事件中能够连续下去。

(2) 恢复。开始灾难恢复,即开始恢复风险事件后丢失的数据、资产、基础设施和职能。

应急计划基于如下3点认识。

(1) 意外事件或突发事件引起的风险。在风险管理中,由组织所能控制之外的因素引起的风险(如自然灾害、疾病暴发、恐怖主义或第三方行动)是不可能消除的。如果为了消除风险,对组织的正常活动大加限制,就会造成组织功能失调,失去判断力、灵活性、创新性和机会。不能因为会有意外发生,就什么也不做。杞人忧天对企业来说也是灾难,这种企业注定不能生存。正确的做法是对突发意外事件有应对措施。

（2）小概率事件引起的风险但影响大。一个风险发生的可能性太小，以至于不值得采取持续的或代价高昂的措施来预防它的发生，但是若其影响足够大，则有理由做出减轻措施计划（使成本或后果最小化）以防止它真的发生。制订应急计划可避免小概率事件发生后造成大的损失。

（3）积极主动的风险减轻措施比被动的措施更加有效。风险减轻措施要求组织进行系统的计划、资源配置和执行提前期，因为一旦发生风险事件则可能会出现供应短缺。应急计划是当风险发生时，有资源可调配使用。

制订应急计划的一般过程包括以下内容。

（1）识别关键风险。

（2）评估风险程度，制定应急计划方案。

（3）明确方案中可选择的应急措施。

（4）明确应急措施的触发条件与计划执行者。

（5）建立和培训应急团队。

（6）对计划的宣传，让人们在需要的时候可应对。

## 6.3.2 供应链韧性

"韧性"(resilience)，亦翻译为"弹性"，词源来自拉丁词汇"resilio"，原意是跳回（原来的状态）。1973年，生态学家霍林（Holling）首先将韧性概念作为一种生态学研究框架，后来该框架被扩展到社会学、经济学、城市规划与地理学等学科领域，其概念内涵也得到了进一步深化。供应链韧性强调在非常规扰动风险下的灵活应对和持续运营的能力，即当发生如传染病疫情等导致供应发生强烈波动乃至面临"断链"风险的突发事件时，企业仍能通过灵活组织、动态建设、战略优化等方式应对压力，迅速恢复并保持正常持续运转，从而避免出现"一冲即断，断后难复"的现象。有学者从供应链的预测能力、适应能力、反应能力、恢复能力、学习能力这5个维度构建了供应链韧性评价指标体系。若供应链具有一定的韧性，就可以规避风险。即使供应链中断，也能够快速恢复。

很多学者在随机需求条件下，利用库存和储备能力管理供应链中断风险的问题。最佳风险缓解策略需要考虑供应链战略及产品特性（功能型还是创新型）和供应链特性（敏捷型还是效率型）。在市场需求可变的情形下，供应中断、顾客流失率，以及核心技术等因素对供应商、制造商和应急供应商组成的生产库存系统的订购决策都有影响。

目前针对供应链中断风险的缓解与恢复、韧性预防的措施，主要从多源供应与后备供应、提高供应过程的可靠性与健壮性，以及应急协调3个方面开展。

（1）采取多源供应方式可以有效分散外生或内生供应中断所带来的损失，同时可以利用备用能力，尽快恢复以提升供应链韧性。可替代资源用于在中断期间重新配置供应链。例如，认证备用供应商产能和购买多种运输能力，使公司能够重新配置其供应链网络。

（2）提高供应过程的可靠性与健壮性。有学者研究考虑配送中心和供应商随机中断的可靠供应链网络设计模型，该模型通过优化供应链的可靠性和运输成本来确定配送中心的位置。

（3）应急协调。应急协调着眼于组织内部和外部两个视角：缓冲策略和联盟策略。缓冲策略聚焦于内部协调，重塑内部结构，建立保障措施来保持业务连续性，利用松弛资源来免除外部干扰的影响。安全库存、过剩产能和提前期可以使公司免受干扰，防止供应链中断；联盟策略则聚焦于组织外部，关注供应链关系管理，构建跨越边界的联系，以获得更多信息与能力来减少组织环境的不确定性，并通过供应链活动来保持业务连续性。供应链关系管理利用工具、技术和战略的内部实施，以及与供应链成员的外部协调和协作，对供应链风险进行评估、处理和监测，以减少脆弱性，确保连续性，同时提高盈利能力，从而获得竞争优势。萨福万·沙希德（Kazi Safowan Shahed）等人研究基于库存策略的中断风险缓解模型，为制造商在生产周期内实现利润最大化提供了策略支持，并利用遗传算法和模式搜索两种启发式算法进行了测试，保证了模型在实际应用中的适用性。需求市场端风险受政策变动、交通中断，以及地区文化差异等因素影响，部分下游企业不得不中止服务，消费者也会因对疫情的恐惧而中止消费，因此，制定相应的韧性预防策略以对抗供应链中断风险显得尤为重要。吕克（Lücker F.）等人在随机需求条件下，利用安全库存和安全能力储备管理供应链中断风险的问题，通过对比分析 4 种风险缓解战略：库存战略、安全能力储备战略、混合战略和被动接受，解释了依赖于产品特性（功能与创新）和供应链特性（敏捷与高效）的最佳风险缓解策略。

### 6.3.3　业务持续性计划

业务持续性计划是通过对组织关键活动执行成功因素的分析，识别潜在威胁，降低威胁的危险等级，制定应对措施，确保在风险事件中业务职能和流程的运行。它关系到组织在供应链中断期间或局势持续变化期间是否能够维持基本的可交付业务成果。

业务持续性计划是应急计划的一个分支，它特别强调威胁运营连续性的因素，以及在面临潜在的中断事件、问题或故障时企业职能如何维持（或恢复）。如果应急计划提的问题是"如果意外事件 X 发生，B 计划是什么？"那么业务持续性计划提出的问题就是"能够使我们业务中断的意外事件是什么？如果意外真的发生了，如何才能保持核心职能的运营？"

**1. 业务持续计划框架与系列计划**

业务持续性计划提供了一个框架，具体如下所述。

（1）目的是确保组织及供应链的韧性、弹性和连续生存能力。

（2）根据企业层次的风险评估，做出应对预案。

（3）避免在对企业关键的流程或资源（包括数据和知识、系统、人才）上造成损失、损害、故障或中断,强化核心业务,确保其可交付成果的连续性。

(4) 在受到破坏影响的时候,确保给关键客户服务的连续性,确保现金流。

业务持续性计划涉及有关确保核心业务职能免遭重要威胁的一系列计划的制订、测试和维护流程与程序,它包括以下内容。

(1) 管理者继任计划(确保领导和管理"人才"的连续性)。

(2) 知识管理计划(保护和保存对业务关键的知识)。

(3) 供应商过渡计划(将更换供应商引起的供应中断和资产、知识产权和/或交付情况等风险降至最低)。

(4) 技术更新或系统变革计划。

### 2. 灾难恢复计划

灾难恢复计划指在重大危机事件、自然或人为灾难或故障之后,特定运营、职能、场所、服务和应用的恢复计划。

这也是应急计划的重要部分。尽管事前有应急预案,事后也要立即派遣危机处理小组赶到现场,根据现场实际情况,展开紧急救援行动计划,以及救援后的恢复计划。

一个全面的业务持续性恢复计划涉及以下 7 项内容。

(1) 人员:角色、责任、意识和教育。

(2) 计划:积极主动地过程管理。

(3) 流程:所有业务流程,包括供应和信息管理。

(4) 建筑物:大楼和设施。

(5) 供应商:供应链及外包供应商。

(6) 形象:品牌、形象和信誉。

(7) 绩效:指标、评价和审计。

 案例

**海上风电项目质量风险管控的失败**

经过无数个日日夜夜的奋战,克服了重重困难,G 公司在海上终于竖起了自己的第一台大容量风电机组。G 公司在海上风电的旅程中,从戈壁走向了海洋。看着这傲人的里程碑成果,林岩终于松了口气。这段日子过得太辛苦,过程中的种种突发状况让他常常措手不及,现在他自认为终于可以好好放松一下了。然而,好景不长,项目现场传来噩耗,风机的变流器报故障,内部模块突然爆炸,已造成现场停机。出现变流器模块爆炸的事故令项目组的所有人都感到很意外,林岩更是像热锅上的蚂蚁急得团团转,怎么也不敢相信在层层把关过后还会出如此重大的质量事故。然而,着急归着急,也不能乱了阵脚,对拥有多年管理经验的林岩来说,目前要做的是找到停机的原因。恢复运行是第一要务。

林岩组织项目组成员召开了紧急会议,并指定了一名变流柜技术专家赵工前往,同时为了第一时间安抚客户,也派去了拥有资深经验的售后主李工与客户进行沟通,以最大限度地降低此次质量事故造成的影响。二位连夜赶赴现场,在路上还不忘跟驻扎现场的维修人员进行沟通。通过维修人员的描述,以及结合故障现象,拥有多年变流柜设计经验的赵工已经基本可以确定引起此次事故的原因。其并非模块本身的质量问题,而可能是哪个错误操作或其他什么意外引起的。赵工根据自己的推测,耐心地指导现场维修人员一一确认各个模块所处的环境是否有异常。终于在爆炸模块的周围发现了液体。虽然是海上机组,且运行环境湿气很重,但是维修人员可以确定这些液体并不是水,而是冷却液乙二醇。维修人员顺着冷却液滴下的方向看去,一滴未落下的冷却液还挂在模块入水管的接口处。导致问题发生的直接原因找到了——模块入水管的接口处漏水了。现场维修人员拆卸后发现水管的密封圈已经严重挤压变形,之后维修人员按照赵工的远程指导换上了备用密封圈。用力矩扳手紧固后,故障真的消除了,水管不再滴水。

虽然问题的原因似乎已经找到了,同时也得到了解决,但是大家心里都清楚,这只是表象。为什么密封圈会变形?是什么导致的密封圈变形?是在哪个环节?此刻的林岩像是悬疑剧里失败的侦探,满脑的问号,满脑的毫无头绪。

海上风机的模块发生爆炸,在 G 公司上上下下的关注度都非常高。质量工程师每天待在产线上,从人、机、料、法、环、测 6 个方面一个一个地排查分析,想尽办法想要复现故障。一耗就是一周,这一周里现场人员每天监测各个模块水管的漏液情况,随后陆陆续续从风电现场反馈回来类似的质量问题。在一周之内共出现了 5 台模块软水管漏水的问题,但是因为及时发现漏液,故没有引起模块的爆炸,现场人员二次紧固后问题得以解决。质量工程师盯着维修人员发回来的水管漏水的照片,放大得不能再放大,希望能找到丁点儿的线索。突然他发现所有照片中反馈的漏水水管全部都是一个厂家——TH 公司,这会不会是批量物料问题?

顾不得想那么多了,他立马联系入厂检验工程师,并拿来 PZ 和 TH 的水管做对比。不比不知道,一比吓一跳。TH 公司提供的水管密封圈足足比 PZ 家的小了一圈,而且材质也明显不同:PZ 家是磨砂面,增加了装配时的阻力;而 TH 家的水管内密封圈表面是光滑的。翻看之前赵工提供的设计图纸,图纸中竟然对密封圈没有任何参数要求。严格来说,造成这个问题有一大半是 G 公司自己的责任。TH 公司只是按照图纸加工,但对于没有注明要求的密封圈没有向赵工确认,其实也是有问题的。此前,TH 公司一直想做变流柜内连接模块的水管供应商,并承诺前 100 套比 PZ 公司的报价低将近一半。

此时,林岩更是责怪自己当时没有识别出这个质量风险点,也就没有采取任何控制措施。林岩建议成立专项小组,从设计源头与供方入手,对设计中的漏洞进行查漏补缺,重新识别评价风险点,同时对于同一物料的不同供方进行三方对标,避免同一代码不同物料的情况发生。除此之外,采购和质量工程师也需要重新评估关键物料的供方生产能力,规范合格供方引入合格物料的流程,避免合格供方不合格物料的情况发生。林岩现在已经明白,这个项目最大的风险不仅仅在于厂内的组装,更多地来自供方,所以风险识别不仅要在厂内,更要延伸至供应链。

### 讨论题

1. 请说明 G 公司在海上风电项目中如何规避质量风险。
2. G 公司的危机管理措施是否恰当?

## 习题

即测即练

1. 请给出风险管理的定义,并说明一个风险管理的框架。
2. 请列举供应链中可能存在的风险源。
3. 有效风险管理的好处有哪些?
4. 有哪些风险识别技术?
5. 如何进行风险的评估?请分别解释风险可能性和风险影响的含义。
6. 请举例说明风险评估方法的应用与步骤。
7. 请查阅文献,说明定量评估风险的方法有哪些?你认为哪个最好?
8. 对供应链中的风险可采取哪些应对策略?
9. 请说明企业供应链风险管理中风险预防的措施有哪些。
10. 供应链风险管理和供应链安全管理有什么不同?你认为哪个更重要?为什么?
11. 什么类型的供应链最可能受到风险和危机的影响?为什么?
12. 什么是危机管理?危机管理有什么特征?
13. 请说明供应链安全管理的 4 项措施。
14. 请说明供应链应急计划的重要性。
15. 如何制订供应链应急计划?
16. 什么是业务持续性计划?请说明业务持续计划的框架。
17. 业务持续性计划属于应急计划吗?为什么?
18. 灾难恢复计划属于应急计划吗?为什么?

# 第 7 章

# 社 会 责 任

## 7.1 企业社会责任与可持续供应链

### 7.1.1 企业社会责任

道德和道德准则,是预防欺诈和贪污的一个重要因素。商务伦理道德是道德准则在商业环境中的运用。事实上,从更广的视角来看,商务伦理道德问题可能会在不同层次上影响组织。

(1) 全球化及工业化对环境的影响加剧,在更宏观的层次上,有可持续发展的需要。

(2) 在公司层次上,组织在制定如何与各种利益相关者打交道的战略和政策时会遇到各种道德问题。这些一般指"企业社会责任"所覆盖的、组织为了利益相关者利益所采用的政策,包括公司治理问题。

(3) 在个人层次上,个人与组织供应链打交道时会面临道德问题。例如,个人是否要接受一些礼物或招待,这些东西会影响选择。

英国皇家采购与供应学会将企业社会责任定义为"一种方法,企业依靠这种方法,可以认识到企业活动对其所处社会所产生的广泛影响,而社会发展反过来又会对企业追求商业成功的能力造成影响"。

在供应链物流管理中,企业应重点履行以下 4 方面的社会责任。

(1) 坚守商务伦理道德准则、相关法规。

① 在供应链的所有层次上,贸易、环境责任和劳动标准等都应符合商务伦理道德规范。

② 坚守商务伦理道德框架和行为准则。例如,国际劳工组织、公平贸易协会或道德贸易倡议,国际标准化组织关于公司社会责任的指导方针(ISO 26000:2010),或者有关专业团体的道德准则。

③ 承诺遵守关于消费者、供应商和工人保护的所有相关法律、法规。

(2) 符合商务伦理道德的供应管理。

① 在采购中促进公平、公开、透明的竞争,避免不公平、欺骗的、操纵或胁迫的供应商管理。

② 促进供应商的多源化、多样化,利用供应商选择的政策来促进社会与经济目标的实现。例如,促进供应商的公平机会和多样化、对本地和小型供应商多多支持、对少数民族企业多支持、实现运输路程的最小化(并减少对环境的影响和碳排放)等。

③ 在供应商开发与管理中注重商务伦理。例如,对供应商进行资格认证时要审核企业社会责任政策、商务伦理道德准则、环境管理体系、逆向物流和回收能力;对遵循商务伦理道德的模范供应商,应予以奖励。

④ 采购的物品也应符合道德规范。例如,获得"没有在动物身上做测试"的认证;采购物品不属于稀缺资源;在安全工作条件下制造等。

⑤ 承诺逐年提高供应商的收益,不压榨供应商,确保价格公平,尤其是在买方占据主导地位时。

⑥ 承担对供应商的社会责任意识的教育、监督和管理的责任,以确保供应商公平地对待员工并且遵守环境标准。

(3) 保护自然环境。

要想给后代留下一个健康的、可持续的、多样化的世界,就要承担起这个责任,必须明白保护环境和经济增长并不是互斥的目标。时代在变,商业环境的推动力量也在变,环境保护可以是重要的推动社会发展的动力。由于对全球资源的过度开发与消耗,生态系统逐渐变得脆弱,生物多样性和清洁健康的空气正在消失,海洋污染也正在急剧增加,环境保护成为影响人类生活质量的重要因素,这同时也给企业带来了更多的市场机会。环境保护应首先集中在对各种污染的预防上。企业可以开发环保类产品、环保型包装和绿色生产工艺,自行制定环境保护规则,构建绿色、低碳的供应链,满足追求环保的消费者的需求,树立良好的企业形象,形成自己独特的竞争战略。一旦绿色行动成为一个时尚的媒体话题,电视和报纸杂志就会将它推向深入,环保企业就会获得更广泛的顾客群体。

随着环境保护的立法,保护自然环境已经成为企业不可逾越的"红线"。各类环境问题的责任追究与认定更加清晰,处罚及法律惩治也更加明确。

(4) 为所在地带来价值,尊重当地文化。

企业应为当地社区、城市居民带来价值,并且需要遵守当地的法律与习俗,为当地文化注入新能量。企业可以传播新技术,为当地带来就业,提升当地员工的知识水平与能力;传播先进环保理念,促进当地的环境保护;平等地对待当地员工,提供安全健康的工作场所;倡导公平竞争理念,杜绝收受贿赂;为所有员工提供平等的机会,杜绝性别、年龄、种族、宗教信仰等的歧视。

现在,企业不能承担社会责任已经成为一种重要的商业风险,会产生重大的潜在成本。例如,某化工企业超标排放,已被当地政府依法关闭。苹果公司在中国装配工厂的恶劣的工作条件被曝光,这使畅销的苹果品牌受到来自公众的压力;苹果公司在我国的供应商对环境造成的污染,将受到环保组织的指责。企业社会责任和道德风险,以及控制/减轻措施如表7-1所示。

表 7-1　企业社会责任和道德风险概览

| 企业社会责任和道德风险 | 减轻措施示例 |
| --- | --- |
| 对不负责任行为的财务惩罚和运营处罚(如"污染者支付"的税金、诉讼成本、清洁成本) | 制定并贯彻企业的社会责任目标、政策和实践准则 |
| 由于不公平、抗议、"经营许可证"吊销等导致的社会、政治或经济不稳定 | 通过供应链中的供应商认证、合同 KPI 和罚金等,鼓励企业履行社会责任 |
| 资源利用的不可持续性,导致稀缺性和价格上涨 | 对员工和供应链进行教育、培训和发展 |
| 企业社会责任问题对信誉和品牌的影响,导致失去客户的忠诚度、品牌权益和信誉资本 | 对企业社会责任、道德进行监督与汇报(特别是在问题严重的地区) |
| 由于公众曝光,销售额、利润、股东价值、信用评级等受损 | 分享最佳实践,向履行企业社会责任领先的企业看齐 |
| 丧失首选雇主或交易伙伴地位,对可靠性、关系、资源造成损害 | 开设企业社会责任,举行道德论坛,举行研讨会,鼓励以企业社会责任为中心的交流 |

我国政府还建立了基于供应链的重要产品质量安全追溯机制,特别针对肉类、蔬菜、水产品、中药材等食用农产品,婴幼儿配方食品、肉制品、乳制品、食用植物油、白酒等食品,农药、兽药、饲料、肥料、种子等农业生产资料,将供应链上下游的企业全部纳入追溯体系,构建来源可查、去向可追、责任可究的全链条可追溯体系,以提高消费安全水平。而且,推进各类供应链平台有机对接,加强对供应链企业的信用评级、信用记录、风险预警、违法失信行为等信息的披露和共享,以促使企业履行社会责任。

### 7.1.2　可持续供应链

#### 1. 可持续发展

1987 年 4 月,布伦特夫人在题为《我们共同的未来》工作报告中第一次提出"可持续发展"的概念,指出要综合考虑人口、资源、环境和发展,强调发达国家应与发展中国家广泛合作。1992 年联合国环境与发展会议(United Nations Conference on Environment and Development,UNCED)把可持续发展作为 21 世纪人类的共同发展战略,并正式提出了可持续发展的概念,这标志着可持续发展理论的产生。其含义表明人类社会在经济增长的同时,也要适应并满足生态环境的承载能力,以促进人口、环境、生态和资源与经济的协调发展。对于商业及贸易伙伴,可持续性如今被认为是一种正确的经济发展方式,既要维护人类所赖以生存的共同世界,也要维护组织的可持续性。

可持续发展考虑"三重底线"的理念,不仅考虑经济方面,而且要考虑环境方面,还要考虑社会方面。

- 经济可持续性:可持续的经济绩效及其对社会的效益(如就业、货物和服务的可持续获得性、纳税和社区投资等)。
- 环境的可持续性:可持续的环境措施,要么有益于环境,要么对自然环境的不良影响最小。

- 社会可持续性：对劳动力和企业所处的社会应该是公平的和有益的，践行促进社会发展的商业实践。社会可持续性问题包含员工安全、小时工资、工作环境、童工使用和基本人权等内容。

企业及供应链运营应当符合可持续发展的要求，这样运营才是可持续的。企业的绩效不应当仅仅用营利、利润来衡量，而应当考虑企业对环境的友好，以及如何将环境的负面影响降到最低，以促进员工的快乐和社会的和谐。

企业在环境方面和社会方面保持可持续性，可以从以下方面入手。

（1）确保组织获得政府部门的经营许可证。

（2）通过可持续品牌的树立，增加企业信誉，获得盈利潜力。

（3）将不道德的行为或不负责任的行为（或者有关的供应商不道德的行为或不负责任的行为）造成的信誉损失和风险降至最低。

（4）保护稀缺的、不可再生的资源。

（5）通过多种途径提高收益，降低成本，如节省资源，使资源浪费最小化；循环利用资源；减少包装和能源的使用。

（6）降低社会责任与道德风险。

## 2. 可持续供应链管理

目前，在全球化趋势影响下的供应链竞争战略已经成为企业的新型竞争力，而可持续供应链管理是企业的核心战略武器。可持续供应链管理（sustainable supply chain management，SSCM）是可持续理念在供应链管理中的体现，即"在不阻碍子孙后代应对经济、环境和社会挑战等方面能力的前提下，满足现有供应链成员的需求的能力"。可持续供应链管理需要考虑客户和利益相关方的需求驱动，通过系统协调跨组织的核心业务流程，对供应链中的物流、信息流和资金流，以及与供应商等企业间的合作进行管理；并对组织的社会、环境和经济目标进行战略的、透明的集成和实现。实施可持续供应链管理，要求在组织管理活动的发展模式、文化价值观、生产方式、产品性能和技术管理等方面突出人与自然的关系，重新认识企业的社会责任，对知识和技术进行全面整合，这是一种企业综合竞争力的提升和长期战略规划，对企业的可持续发展具有深远意义。

在可持续供应链的环境下，可持续采购（sustainable sourcing）成为其中最重要的一种活动，其不仅包括绿色采购，还包括注重社会责任和财务绩效方面的采购等。可持续采购被认为是一项"考虑到对人类、利润和地球造成长期影响的购买产品和服务的过程"。英国"可持续采购小组"在《未来采购》报告中，将可持续采购定义为："以对组织、社会和整个经济都有利，同时对环境损害最小的方式，满足组织对货物、服务、工程和公共事业需求的过程，获得全生命周期的价值。"

实施可持续采购战略的企业通常采取以下活动。

(1) 推出可持续的环境友好型新产品/服务来增加收入。

(2) 节省资源,提高能源效率,选择可持续的供应商,优化分销网络来降低成本。

(3) 重视品牌管理,视信誉为生命,发展具有社会与环境意识的顾客群体来控制风险。

(4) 打造企业社会责任和环境责任的品牌,提升这方面的信誉价值,构建企业无形资产。

(5) 发展企业与关键供应商和顾客间密切的合作关系。

绿色采购(green purchasing)理念来自环境保护意识,指为确保所购买的物料满足组织环境保护目标的活动,如减少浪费、消除风险、资源循环利用等都属于组织的环境保护目标。根据全球供应管理协会的规定,绿色采购指在采购过程中所做出的决策始终考虑到对环境的影响,始于产品与流程设计并贯穿整个产品加工过程直至产品的生命周期结束。

特别需要注意,数字化供应链为全球可持续发展提供了巨大机会。人工智能、大数据、无人机、机器人、卫星定位导航系统等对解决传统供应链所面临的社会和环境问题的挑战至关重要,并有助于提高企业供应链的可持续能力。新兴的数字技术已经推动了循环供应链的发展;电子商务新模式也已经优化了逆向物流;同时新兴的数字化技术还提高了供应链的可视化程度,降低了供应链的运营风险。智慧物流系统减少和代替了人工繁重重复的劳动。机器学习算法有助于企业抓住供应链战略机会,规避供应链风险,还能够智能分析以帮助企业找到问题的原因和改善供应链的绩效,从而做出可持续的管理决策。数字化供应链平台提供了最佳的供应链计划与最优的网络设计,其能够减少运输次数,缩短运输距离,大幅促进碳减排。新能源车辆的使用也能够减少碳排放,有利于保护环境。

供应链领导企业应该做可持续发展的领跑者,带头实施供应链的可持续运营,如降低包装费,减少运输和燃料成本,在标准化、数字化上下功夫,以数字化无缝集成实现可持续发展;使用可再生能源,销售有利于资源和环境可持续的绿色产品,做环境、经济上都具有可持续性的公司,承担社会责任。

## 7.2 绿色供应链与绿色物流

### 7.2.1 绿色供应链

如果企业重视绿色供应链管理,那么需要上下游企业之间互相沟通,从产品最开始的设计到材料的选择,以及产品的制造、包装、物流、销售回收利用等方面都应考虑到环境影响,体现绿色理念。企业在对产品进行设计时,要面向产品的全寿命周期,即在概念设计阶段,充分考虑产品制造、销售、使用及报废后对环境的影响,使得在产品再制造和使用过程中可拆卸、易回收,不产生毒副作用及保证产生最少的废弃物。产品内部的构成部件应尽量标准化、通用化,以便于在产品消费后回收利用其内部部件。产品材料应尽量选用一般材料,避免使用稀缺材料;尽量使用环境友好型、废弃后能自然分解且能被自然界吸收的材料;产品应以较少的材料承载相同的功能,或者以同样的材料承载更多的功能。在生产过程中,应全面实施清洁生产,有效使用和替代原材料,改革生产工艺和设备,改进运营管理,从而实现节能、降耗、减污。产品包装功能应当单一,尽量避免过度包装,同时提高物料的利用率,做到省料,废弃最少。

针对功能型产品的供应链,可以评估其对环境的影响,其中对环境影响严重的部分,可以考虑改进,特别是使用环保替换件。新型材料或部件的替换有时会大大提升原有产品的性能。对于这类供应链,还应帮助供应商,令其成为环保友好型供应商。对于功能型产品中的重要一类——维护/维修/作业(maintenance, repair and operations, MRO)物品,其改进的机会更大,因为随着技术的发展,维修维护方式必然会发生深刻的变化。重视 MRO 物品也是对环境的贡献,因为良好的维护维修会延长产品的生命周期,促进产品的再使用。对于创新型产品供应链,在设计阶段就应考虑环境友好特性。新型应用软件或智能系统是受欢迎的创新方向。供应商选择要重声誉、重技术,运用有道德和可持续的长期采购战略。尽管创新型产品的生命周期短,供应的部件或原材料不会长期不变,但供应商的产品也可不断升级,并随供应链产品而更新。

我国政府倡导绿色供应链管理,积极推行产品全生命周期绿色管理,并在汽车、电器电子、通信、大型成套装备及机械等行业开展绿色供应链管理示范,强化供应链的绿色监管,积极探索建立统一的绿色产品标准、认证、标识体系,鼓励企业采购绿色产品和服务,积极扶植绿色产业,推动构建绿色制造供应链体系。

## 7.2.2 绿色物流

有标准(GB/T37099—2018)给出绿色物流的定义,"通过充分利用物流资源、采用先进的物流技术,合理实施运输、储存、包装、装卸、搬运、流通加工、配送、信息处理等物流活动,降低物流活动对环境影响的过程"。绿色物流的目标是将环境管理导入物流业的各个系统,加强物流业中保管、运输、包装、装卸搬运、流通加工和废旧物资回收等各个部门的环境管理和监督,并配合政府相关的政策和法规,来有效地遏止物流发展造成的污染和能源浪费。可见,绿色物流不仅指企业的绿色物流活动,而且宏观上也指社会化绿色物流设施、活动的管理与统筹。

绿色物流具体体现在以下几个方面。

(1) 绿色运输。环境污染的主要原因之一是运输产生的燃油消耗和污染。绿色运输,首先要对运输工具、运输线路合理规划和布局,以提高车辆装载率、缩短运输路线、缓解交通拥堵,使得运输过程最优化,从而实现节能减排的目的。其次,使用清洁燃料,并防止泄漏,能够提高能效,减少污染。物流运输安排应考虑交通拥堵时段,运用好时间窗口、促进运输与共同配送的发展、发展物流联盟合作。另外在宏观方面,城市也要规划好道路建设,注重公路、铁路、水路的衔接与交叉发展,构建综合的交通管制系统,还需要统筹物流园区建设。

(2) 绿色仓储。对于仓库应合理选址,对于仓储应科学布局,同时利用先进技术,从而降低运输成本,提高仓储利用率,降低仓储设施的能耗。有些物品在保管过程中会发生物理或化学变化,对周围环境存在潜在的危害,对这些物品应进行科学的养护和维护。因此,应制定物品科学储存规划,采取一定的防护措施,抑制其变化、释放和泄漏,并建立环境管理体系和科学保管程序,以确保周围环境的安全,减少物品损耗和环境损失。

(3) 绿色包装。避免包装过程中产生不可燃废弃物等,应选用简化的、可降解的包装材料,提高包装材料与器具的利用率,控制资源的消耗。当前,很多企业使用绿色包装材料,如可食性包装,这种包装是可以食用的。例如,大豆蛋白可食性包装膜、耐水蛋白质薄膜、以豆渣为原料的可食性包装纸等,这些都是可以食用的包装;可回收再利用的包装;啤酒玻璃瓶就是可回收的;纸质包装,如牛奶、饮料等液体食品的纸质包装盒就是利用无菌保鲜纸盒包装。

① 绿色装卸搬运。减少装卸搬运环节产生的粉尘烟雾,减少泄漏和损坏,采用防尘装置,加强现场管理和监督。

② 绿色流通加工。以规模作业的集中加工方式来操作,提高资源利用率。统一处理加工过程中产生的废料,减少分散加工带来的污染。

③ 逆向物流。它指所有与产品循环、产品替代、产品回收利用和产品退回处置有关的物流活动,强调要有完善的产品召回制度、废物回收制度,以及危险废物处理制度。逆向物流为了重塑产品价值,强调资源的回收再利用,它与顺向物流是相对的。在一定的成本下,对未实现其本身价值的物品进行再加工利用,是绿色物流中一个非常重要的内容。

绿色物流的发展,不可忽视环境友好的文化建设与人的作用。应加强对企业员工绿色物流理念的宣传。可在仓库、货车等处张贴标语,以随时提醒保管员与驾驶员,对他们进行环保知识宣传。员工们意识到绿色环保的重要性之后,会不自觉地应用到日常活动中。例如,驾驶员在等待装货和卸货时会自觉关闭货车的发动机引擎。

世界各国都非常重视绿色物流的发展。例如,我国在《物流业发展中长期规划(2014—2020)》(以下简称《规划》)中提到要将节能减排、绿色环保作为物流业发展的主要原则。《规划》提出到 2020 年,要基本建立布局合理、技术先进、便捷高效、绿色环保、安全有序的现代物流服务体系。我国政府还积极倡导绿色消费理念,培育绿色消费市场。鼓励在流通环节中推广节能技术,加快节能设施设备的升级改造,注重培育集节能改造和节能产品销售于一体的绿色流通企业。加强绿色物流新技术和设备的研究与应用;贯彻执行运输、装卸、仓储等环节的绿色标准;开发应用绿色包装材料,建立绿色物流体系。

我国政府 2022 年发布"十四五"现代物流发展规划的通知,要求深入推进物流领域节能减排。加强货运车辆适用的充电桩、加氢站及内河船舶适用的岸电设施、液化天然气(LNG)加注站等配套布局建设,加快新能源、符合国六排放标准等货运车辆在现代物流特别是城市配送领域应用,促进新能源叉车在仓储领域应用。推动物流企业强化绿色节能和低碳管理,推广合同能源管理模式,积极开展节能诊断。加强绿色物流新技术和设备研发应用,推广使用循环包装,减少过度包装和二次包装,促进包装减量化、再利用。加快标准化物流周转箱推广应用,推动托盘循环共用系统建设。

美国在2015年的《国家运输科技发展战略》中规定,交通产业结构或交通科技进步的总目标是"建立安全、高效、充足和可靠的运输系统,其范围是国际性的,形式是综合性的,特点是智能性的,性质是环境友善的"。

欧洲是引进"物流"概念较早的地区之一,也是将现代技术用于物流管理、提高物流绿色化的先锋。欧洲最近又提出一项整体运输安全计划,其目的是监控船舶的运行状态。通过测量船舶的运动、船体的变形情况和海水的状况,就可以提供足够的信息,避免事故的发生,或者是在事故发生之后,能够及时采取应急措施。

日本自1956年从美国全面引进现代物流管理理念后,就把物流行业作为本国经济发展的生命线,十分重视绿色物流。除了在传统的防止交通事故、抑制道路沿线噪声和振动等方面加大政府部门的监管和控制作用外,日本政府还特别设定了一些实施绿色物流的具体目标值,如货物的托盘使用率、货物在停留场所的滞留时间等,以此来减轻物流对环境带来的负荷。

## 7.2.3 逆向物流中的退货管理

逆向物流发生在供应链向上游的流动中。逆向物流是将产品反向由消费者流向制造商或供应商,可能是由于产品损坏、维修、产品更换、产品召回、旧产品回收等,也可能是因为消费者退货。退货是逆向物流的一项重要内容。因为网上购物、直接到店和直接到户的出货量的增长,分销中的退货率呈现增加趋势。同时,利用廉价的和未经测试的产品的供应商也造成了相对较高数量的产品的退货或企业的召回。退货及召回会产生额外的运输、装卸、维修、翻新、重新包装、转售、处置和销售损失,这无疑增加了企业的成本。更重要的,如果不能及时妥善处理退货,或者尽快召回产品,就会对客户服务、公司信誉和盈利能力产生较大的负面影响。退货及召回已经令顾客失望过一次,现在必须尽快解决问题,以挽回声誉。

处置退货要考虑的问题很多。例如,信息系统是否可以处理退货并监视整个逆向过程,逆向物流过程中的工人是否经过培训,没有退货包装的产品如何识别,是否需要借助于检验和测试设备工具,如何将损坏的退货产品与正常销售库存分开。

退货成本远高于正向物流的成本,其处理步骤也远多于正向物流。尽管如此,企业也要做好逆向物流系统,因为逆向物流系统的完备性将直接影响整个供应链的效益及顾客的满意度,并且也会影响未来销售量的提升,从而直接影响企业竞争力。一个便利、快速的退货过程有利于吸引顾客,因为它可以降低顾客购买产品的风险,这也是一个好的营销手段。

退货往往意味着产品的缺陷。这类缺陷信息的及时返回可以供设计人员研究、分析原因使用,由此成为改进产品质量、减少产品未来缺陷的新起点。当然,也可以通过维修、坏件更换、翻新等活动创造退回产品的价值。

大数据分析可以优化退货路线、优化产品处理流程、对逆向库存进行管理,还可以分析退货原因进而优化产品设计,以减少退货。

我国政府鼓励建立基于供应链的废旧资源回收利用平台,建设线上废弃物和再生资源交易市场。积极落实生产者责任延伸制度,重点针对电器电子、汽车产品、轮胎、蓄电池和包装物等产品,优化供应链逆向物流网点布局,促进产品回收和再制造发展。

我国政府2022年发布"十四五"现代物流发展规划的通知,要求加快健全逆向物流服务体系。探索符合我国国情的逆向物流发展模式,鼓励相关装备设施建设和技术应用,推进标准制定、检测认证等基础工作,培育专业化逆向物流服务企业。支持国家物流枢纽率先开展逆向物流体系建设,针对产品包装、物流器具、汽车以及电商退换货等,建立线上线下融合的逆向物流服务平台和网络,创新服务模式和场景,促进产品回收和资源循环利用。

## 7.3 低碳供应链物流

### 7.3.1 碳足迹

目前关于碳足迹并没有形成统一定义,各国研究者从不同的角度出发,对其进行了不同的定义,其中比较有代表的定义主要包括以下几种。Global Footprint Network 于 2007 年提出碳足迹是生态足迹的一部分,可以被看作化石能源的生态足迹,即某一区域内吸收相应的碳排放所需的林地面积;Energetics 指出碳足迹是人类在经济活动中直接和间接排放的二氧化碳总量;ETAP 指出碳足迹指人类活动中所产生的温室气体转化成的二氧化碳等价物;Hammond 指出碳足迹指人类个人或其进行的各种活动所产生的二氧化碳的碳重量;WRI/WBCSD 将碳足迹分为 3 个层面,第一个层面是来自各类机构自身的直接碳排放,第二个层面是将统计的边界扩大到为该机构提供能源的各部门的直接碳排放,第三个层面包括供应链全生命周期的直接和间接碳排放;格鲁布与埃利斯(Grub 和 Ellis)将碳足迹定义为化石燃料燃烧时所释放的二氧化碳的总量;碳信托机构指出碳足迹是衡量某一种产品在其全生命周期中(包括原材料的开采、加工、废弃物的处理)所产生的温室气体转化为二氧化碳等价物的量。

虽然以上不同学者和机构对碳足迹的定义不尽相同,但可以获知碳足迹是一种度量人类活动产生的温室气体排放的量,在这一观点上以上定义基本是一致的。从现有研究来看,碳足迹的度量主要从两个角度来衡量,一是以土地面积为度量单位,即吸收人类活动排放的二氧化碳所需要的生产力土地面积,碳排放量和土地的碳吸收能力会影响碳足迹的大小;二是以二氧化碳排放量(或二氧化碳当量排放量)为度量单位,并且碳排放与碳足迹的关系也由此来进行区分。这里采用后者的定义,碳足迹即是碳排放总量。

目前,关于供应链物流碳足迹的测算有两种方法。一种方法是基于供应链物流过程中的能源消耗量,不同能源的碳排放系数不同;另一种方法是基于供应链物流运输距离的计算,且需要根据单位运输距离的碳排放系数进一步计算。

## 7.3.2 低碳政策

低碳政策体系应从传统经济向低碳经济发展模式转型的高度,重新审视各行业的政策措施,既要参照国外已有的成功经验,也要考虑本国经济发展的实际;既要考虑惩罚,也要考虑奖励,按照自上而下的原则进行设计。我国低碳经济发展的政策体系应包括多个层次。

### 1. 清洁能源

能源战略是我国的首要考量。能源战略下的低碳政策所关注的焦点集中在减少碳排放量的数据指标及在此基础上改造高碳产业、积极发展可再生能源与新型清洁能源,广泛开展国际碳减排合作等方面。2012年10月24日,《中国的能源政策》白皮书中概述了我国能源的发展现状和面临的诸多挑战,并指出2015年我国非化石能源占一次能源消费的比重达到11.4%,单位国内生产总值二氧化碳排放比2010年降低17%。2020年我国非化石能源占一次能源消费的比重将达到15%左右,单位国内生产总值二氧化碳排放比2005年下降40%~45%。

减少能源消费、增加可再生能源及使用清洁能源是减轻能源生产和消费负面影响的主要手段;提高能源效率和低碳技术,能够促进城市转型;发展清洁能源,可以降低碳排放量。

在大幅度节能降耗、促进经济发展方式转变与国民经济结构调整的同时,还应注意强制性政策工具的慎重、适当的运用。

### 2. 碳减排政策

碳减排政策工具分为基于价格和基于数量两类,包括碳税、碳总量-交易、碳排放总量限制政策等。在完全竞争市场情况下,采用碳价等市场手段通常比指挥和控制手段具有更好的表现,碳税要比碳排放限额更具有促进技术研发和创新的效果。碳减排政策不仅需要对制造业,也要对物流服务业开征碳税,并参与碳交易市场中的交易。碳税实际上是一种矫正税,有的国家称为能源税。20世纪90年代初,芬兰、瑞典、丹麦、荷兰4个北欧国家先后开征碳税;1999年意大利开始征收碳税;2007年和2008年加拿大魁北克省和不列颠哥伦比亚省先后开征碳税,为碳税的理论和实践注入了新的活力。国外学者对于碳税的研究主要集中在碳税的可行性及其对经济社会的影响等方面。Andrew 等人指出,碳税作为一种治理污染的政策手段源于社会和经济活动对碳减排的需求,碳税基本上对经济结构中各个行业的产出都会产生影响。

为降低减排的成本,可以建立长期有效的合约,将不同国家和地区的碳交易系统联系起来,建立一个全局的碳交易市场。英国政府曾提出建立个人碳交易制度。尽管构建和运行个人碳交易制度的成本是高昂的,但个人碳交易制度能够为整个经济社会带来更多收益。无论是征收碳税或建立碳交易市场,都需要政府干预。建立碳交易市场需要政府制定相关的法律法规,并为一些相关的基础设施建设投资;开征碳税也需要政府立法来确保其合法性,并由政府制定合适的税率等。目前我国国家发改委也在研究范围在 0.01～0.10 元/千克 $CO_2$eq 之间的碳税。如果从企业征收的碳税能用来开展政府采购的话,则可以实现碳税政策的双倍红利效应。碳税的征收应遵循循序渐进的原则,以便企业和居民能够在较低的税收下不断调整其能源消费行为。

对于企业来讲,控制碳排放一方面是企业的社会责任所在,另一方面会造成企业成本的增加。在国内大中型城市里,市内交通一般被认为是导致污染的重要原因之一,而物流业又是城市交通的重要组成部分,它所带来的城市交通拥塞和环境污染也因此日益受到政府和居民的重视。这也是福利经济学重点研究的经济活动外部不经济性问题,它也是碳税政策的理论依据。

由于企业是减排主体,所以无论是开征碳税或建立碳交易市场,都会对企业产生影响。税率的固定性会使企业面对更加确定的结果,这对于企业来说相对有利;而在碳交易机制下,由于供求关系的变动而导致的价格变化,将使得企业面临更多的不确定性因素。尽管两者存在差异,但并不导致两者彼此冲突。恰恰相反,两者可以实现优势互补。从实践情况来看,碳排放权交易制度是除碳税之外,促使排放主体自主减排的重要推动力,两者可以形成有益补充。

成熟的国际碳交易市场是最终实现全球节能减排的终极举措。世界银行甚至预测,在不久的将来,碳交易市场将超越石油,成为全球最大的商品交易市场。然而它的形成并非一日之功。目前,在欧洲、澳大利亚、美国、加拿大、英国、新加坡、中国、日本等都建立了自己的碳交易市场,其中运转得最为成熟、参与实体最多、效果最大的市场即欧盟排放交易所(EU-ETS)。欧盟排放交易所的运行机制是配额-市场制,即每家企业都会得到一个配额,对于企业超标排放的部分或减额排放的部分,都需要到市场上购买或销售,市场上的价格则根据市场需求进行动态变化。2021 年 7 月 16 日,全国碳排放权交易正式启动,目前碳排放权交易试点有 8 个,分别为北京、天津、上海、重庆、广东、湖北、深圳、福建,碳排放权交易陆续进行。全国碳排放权交易市场启动以来,总体运行平稳;目前已覆盖的二氧化碳年排放量为 51 亿吨,成为全球覆盖温室气体排放量最大的碳市场。

### 3. 行政措施与法律制度

最快捷有效的政策措施恐怕要数行政关停措施。政府政策可以分为"一刀切"和循序渐进两种形式。前者指,政府设立一个明确的能效阈值,达不到这个阈值的就要关停改,直到达标为止;后者指政府根据不同时间段设立不同指标,以此来促进行业整体的低碳技术升级和改造。

另外,政策还可以从某一个地区或行业的碳排放总量上加以控制。一旦地区或行业的排放超标,将不得不接受严厉的惩罚,并付出一定代价。这就要求地方政府或企业必须在一个生产和碳排放监测周期内,对每一个环节或小周期的碳排放,以及对应的生产、配送及销售计划进行统筹安排,以满足最终的碳排放总量目标。这种政策还可能有两个变种。其中一种变种是,不仅仅在总量超标时对企业进行处罚,在企业碳排放目标完成较好,甚至低于设定的排放指标时,也要对企业进行额外的奖励。这种额外的奖励可以是定额的,也可以是按照减排总量阶梯定价的,或者也可以是按照每一个减排单位贴上一个价格标签。这种机制可以在继续保持经济活力的同时,还可以更好地促进节能减排技术的应用,因为此时的标杆企业,可以通过技术上的努力在经济上得到一定的回报。如果这种回报对企业的吸引力足够大的话,就能够促进企业更好地降低碳排放;另外一个变种是碳补偿,即超标排放的企业,要通过给予第三方企业一定的价格,让第三方企业通过种植适当的树种,来抵消企业多余的碳排放。

### 7.3.3 低碳物流

低碳物流是生态物流、可持续物流、绿色物流等理论理念的继承和发展。低碳物流的概念是,在产品从企业到顾客、废弃物从顾客再回到回收企业这样的一个整体循环过程中,利用先进的物流技术和环境管理理念,对物流活动进行规划、计划、控制并实施,从而实现降低能耗和污染物(不仅仅是温室效应气体)排放的活动。

低碳物流理念包含了可持续发展和三重底线原则的思想。低碳物流的发展不仅要满足消费者和企业机构的需求,也要满足城市对于物流活动环保、无污染、民生的要求。即物流活动不应该只有短期的经济目标,还应该和社会发展的长远目标结合起来。低碳物流其实涵盖了产品从原材料获取直至报废回收的整个过程,包括原材料的采掘、产品的生产、运输、销售、库存、使用、报废、回收再利用等。从物流作业环节来看,低碳物流应该包括低碳供应、低碳生产、低碳运输、低碳仓储、低碳消费、低碳流通加工与低碳回收等。

如果把物流活动和其所在的外部环境看成两个相互独立又联系的系统,可以知道,物流活动需要从外部汲取其所需的资源和能源,这些资源和能源经过使用后的副产物——三态废弃物,则必须通过环境来吸收及循环,如图7-1所示。

对于物流作业来讲,排放物或污染或许是不可避免的,但有些排放是没有必要且过量的。例如,物流网络设计得不够合理,库存决策不到位,车辆运输路线规划不周,或者多品种少批量的需求与大规模经济性配送之间不可调和的矛盾等。在城市物流中,由于文化或

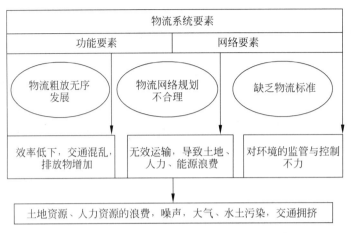

图 7-1　物流系统与环境系统之间的交互影响

环境的原因,顾客的需求越来越难以得到满足,他们对从下订单到收到货物之间的等待时间越来越没有耐心,这导致了货物运输的严重不经济性,并提升了市区的拥堵状况且增加了环境污染。

　　反过来,由于物流活动的这些外部不经济性、不可持续性,导致居民低碳意识的觉醒和政府不断对物流低碳化进行管制。另外,环境污染导致的社会成本是巨大的,甚至有时难以逆转,是多少经济代价都无可挽回的;并且,对于城市物流来讲,交通的拥堵和混乱造成了社会秩序的混乱,同时也是事故频发的源头,严重影响了社会治安、经济效率和物流自身的效率。另外,环境污染会导致员工和居民身体状况的恶化,加重社会医疗和保险的负担。在国外,也往往由于某些国家和地区对我国产品收取碳关税,导致物流企业在这些地区的业务成本急剧增加,从而在国际市场竞争中处于劣势。

　　一个产品或一个系统的碳排放是可以度量的,借助生命周期分析法和经济投入产出法可以达到这一目的。对于物流系统的减排,需要从碳效率角度来考量,应当建立碳效率指标,以便于物流系统之间的比较,并以此促进低碳物流及低碳配送的发展。

　　我国政府 2022 年发布的"十四五"现代物流发展规划通知要求开展绿色低碳物流创新工程,依托行业协会等第三方机构,开展绿色物流企业对标贯标达标活动,推广一批节能低碳技术装备,创建一批绿色物流枢纽、绿色物流园区。在运输、仓储、配送等环节积极扩大电力、氢能、天然气、先进生物液体燃料等新能源、清洁能源应用。加快建立天然气、氢能等清洁能源供应和加注体系。通知还特别要求促进物流业与制造业深度融合,支持生态融合发展。统筹推进工业互联网和智慧物流体系同步设计、一体建设、协同运作,加大智能技术装备在制造业物流领域应用,推进关键物流环节和流程智慧化升级。打造制造业物流服务平台,促进制造业供应链上下游企业加强采购、生产、流通等环节信息实时采集、互联共享,实现物流资源共享和过程协同,提高生产制造和物流服务一体化运行水平,形成技术驱动、平台赋能的物流业制造业融合发展新生态。

## 案例

### 城市地下物流系统

面对城市越来越拥挤的现实状况,地下物流在解决交通拥堵、减少环境污染、提高货运准时率、减少噪声扰民等方面具有巨大的优越性。荷兰发展了城市地下物流系统。在荷兰首都阿姆斯特丹有着世界上最大的花卉供给市场。往返于机场和花卉市场之间的供给完全依靠公路,对于一些对时间性要求很高的鲜花来说,拥挤的公路交通将是重大的威胁,因为供给和配送的滞期会严重影响货色质量(鲜花耽搁1天贬值15%)。在机场和花卉市场之间建立一个专业的地下物流系统,使整个花卉的运输过程全部在地下进行,可以达到快捷、平安的运输效果。该物流系统的特点是服务对象明晰、针对性强,且要求系统设计、构建和运行等过程必须完全按照严格的质量标准来规划,其缺点是建造费用高、工程量大。

地下物流在人口相对集中、国土狭小的日本获得了关注。2000年日本将地下物流技术列为未来10年政府重点研发的高新技术领域之一,并主要致力于研究开通物流专用隧道,实现网络化,建立集散中心,以形成地下物流系统。日本建设厅的公共行动措施研究院对东京的地下物流系统进行了二十多年的研究,研究内容涉及东京地下物流系统的交通模拟、经济环境因素作用分析,以及地下物流系统的构建方式等诸多方面。拟建系统的地下通道总长度可达到201km,并设有106个仓储设施,经由这些设施可以将地下物流系统与地上物流连接起来。系统建成之后能承担整个东京地区将近36%的货运,且地面车辆的运行速度能够提高30%左右;运输网络分析显示每天将会有超过32万车辆使用该系统,成本效益分析估计每年的总收益能达到12亿日元,其中包括降低车辆运行成本、减少行驶时间和事故发生率,降低二氧化碳和氮化物的排放量带来的综合效益。该系统规模大、涵盖规模广,它的优势在于综合运用知识,并与地理信息系统紧密结合,保证了地下物流系统的高效率、高质量、高经济效益,以及高社会效益。

在我国,地下物流系统也逐渐受到关注。2016年上海市计划建设长度为100km的新型地下综合管廊,用于预留地下物流通道。2018年京东物流向外界宣布,将在雄安试行一项由无人车、无人管道构成的新型物流计划。未来城市空间物流将体现为空间立体化、基础设施智能化、数据互通互联。为实现无人通道物流计划,京东物流与美国磁飞机技术公司达成战略合作,联合开发直驱轮轨磁悬浮技术以推动京东物流地面和地下智能轨道运输网络的落地。当地下通道物流体系建成以后,酷似胶囊般的无人运输设备,将在雄安新区地下管道中来回穿梭,将物品直接配送到住宅、写字楼、商场、专业市场仓库等末端,并且有回收功能。

### 讨论题

(1) 专用的地下物流系统对城市的可持续发展有好处吗?

(2) 使用无人运输设备节能减排,不给城市添堵体现了物流企业的社会责任,但同时又可能会带来企业减员,给就业带来困难,这还是企业的社会责任吗?

（3）按照本章理论，若物流企业履行社会责任，还有哪些其他做法？

 习题

即测即练

1. 如何定义企业的社会责任？
2. 供应链上的企业应履行哪些社会责任？
3. 企业不能承担社会责任会有哪些风险？
4. 什么是"可持续发展"？在供应链中引入可持续发展的意义是什么？
5. 可持续供应链的含义是什么？
6. 可持续采购与绿色采购有什么不同？
7. "三重底线"是什么意思？
8. 绿色供应链与可持续供应链有何不同？
9. 请列出组织坚守道德的供应管理所能采取的措施。
10. 什么是绿色物流？绿色物流有哪些具体内容？
11. 什么是逆向物流？
12. 退货物流与逆向物流相同吗？
13. 为什么说企业建立良好的退货物流系统是重要的？
14. 通过调查研究，请提出绿色运输的具体措施。
15. 什么是低碳物流？
16. 发展低碳物流，有哪些具体的举措？
17. 低碳物流与绿色物流有何区别与联系？
18. 为什么说发展低碳物流也是在履行企业的社会责任？

# 参 考 文 献

[1] 苏尼尔·乔普拉,彼得·迈因德尔. 供应链管理[M]. 陈荣秋等译. 5版. 北京:中国人民大学出版社,2013.
[2] 乔尔·威斯纳,等. 供应链管理原理:均衡方法[M]. 刘学元等译. 3版. 北京:机械工业出版社,2013.
[3] 罗伯特·蒙茨卡,罗伯特·特伦特,罗伯特·汉德菲尔德. 采购与供应链管理[M]. 3版. 北京:电子工业出版社,2008.
[4] BALLOU RONALD H. 企业物流管理[M]. 王晓东,故瑞娟,译. 2版. 北京:机械工业出版社,2006.
[5] 大卫·伯特,唐纳德·多布勒,斯蒂芬·其大林. 世界级供应管理[M]. 何明珂,张海燕,张京敏,译. 7版. 北京:电子工业出版社,2003.
[6] 大卫·辛奇·利维,菲利普·卡明斯基,伊迪斯·辛奇·利维. 供应链设计与管理:概念、战略与案例研究[M]. 季建华,邵晓峰,译. 3版. 北京:中国人民大学出版社,2008.
[7] 英国皇家采购与供应协会. 供应链风险管理[M]. 北京中交协物流人力资源培训中心,译. 北京:机械工业出版社,2014.
[8] 马士华. 新编供应链管理[M]. 北京:中国人民大学出版社,2008.
[9] 苏雄义. 企业物流总论:新竞争力源泉[M]. 北京:高等教育出版社,2003.
[10] 杨建华,张群,杨新泉. 生产运作管理[M]. 3版. 北京:电子工业出版社,2016.
[11] Yang Jianhua, Guo Jidong, Ma SG. Low-carbon city logistics distribution network design with resource deployment[J]. Journal of Cleaner Production,2016/04,Vol. 119:223-228
[12] Al-Sayed R and Yang Jianhua. Chinese Innovation Ecosystem in the Context of the Belt and Road Initiative[C], Proceedings of the European Conference on Knowledge Management (ECKM), Volume 1,2018:33-42.
[13] Al-Sayed R and Yang J H. Artificial Intelligence Policy in China:Implications and Challenges[C]. Proceedings of the European Conference on the Impact of Artificial Intelligence and Robotics (ECIAIR 2019),Oxford UK:12-22.
[14] Waheed A and Yang J H . Effect of corporate social responsibility disclosure on firms' sales performance:A perspective of stakeholder engagement and theory[J]. Corporate Social Responsibility and Environmental Management. 2019/05,26(3):559-566
[15] Jalil,Fazila,Yang Jianhua,Muhammad Irbaz Siddique. Optimizing Supply Chain Performance of SMEs through Big Data Analytic and IT-enabled Capabilities[C]. 7th International Conference on Management Engineering, Software Engineering and Service Sciences, ICMSS 2023. Wuhan University :172-176.